普通高校"十二五"规划教材
金融学系列

证券投资理论与实务

陈文汉 主 编
操 君 杨 凌 副主编

清华大学出版社
北 京

内容简介

本书通过理论与应用实践相结合的方法向读者展示了现代证券投资学的基本理论，为读者进一步学习更为高深的证券投资学理论铺垫基石，并为实际投资者提供一个有用的参考。

本书内容包括：证券投资概述、证券投资工具、金融衍生工具、证券发行市场、证券流通市场、证券投资的收益与风险、证券投资基本分析、投资技术分析、证券市场监管和证券投资策略。通过对这些内容的学习，读者将对证券及证券投资技术有一个比较全面的了解，形成自己的证券投资分析框架。

本书适合作为高等院校财经管理类专业课程教材，也可作为政府机关、企事业单位相关人员学习证券投资知识的参考书，还可作为广大投资者学习证券投资理论知识的基础教材。

本书封面贴有清华大学出版社防伪标签，无标签者不得销售。
版权所有，侵权必究。举报：010-62782989，beiqinquan@tup.tsinghua.edu.cn

图书在版编目(CIP)数据

证券投资理论与实务/陈文汉主编．--北京：清华大学出版社，2012（2022.6重印）
（普通高校"十二五"规划教材·金融学系列）
ISBN 978-7-302-29727-7

Ⅰ．①证… Ⅱ．①陈… Ⅲ．①证券投资—高等学校—教材 Ⅳ．①F830.91

中国版本图书馆 CIP 数据核字(2012)第 188194 号

责任编辑：梁云慈
封面设计：汉风唐韵
责任校对：宋玉莲
责任印制：朱雨萌

出版发行：清华大学出版社
网　　址：http://www.tup.com.cn, http://www.wqbook.com
地　　址：北京清华大学学研大厦 A 座　　邮　编：100084
社 总 机：010-83470000　　邮　购：010-62786544
投稿与读者服务：010-62776969, c-service@tup.tsinghua.edu.cn
质量反馈：010-62772015, zhiliang@tup.tsinghua.edu.cn

印 装 者：三河市龙大印装有限公司
经　　销：全国新华书店
开　　本：185mm×230mm　　印　张：20　　字　数：436 千字
版　　次：2012 年 9 月第 1 版　　印　次：2022 年 6 月第 8 次印刷
定　　价：49.00 元

产品编号：047500-02

前言

随着我国经济快速发展，居民个人财富日益增长，中等收入的居民和家庭数量不断增加。在满足基本生活之后，如何使财富保值增值，是大家普遍关心的问题。近几年来，金融市场迅猛发展，呈现出金融产品多样化、投资决策复杂化、家庭理财综合化等特点。而证券投资无疑是人们投资理财的首选，学习这方面的知识和操作技巧显得非常迫切和必要。

本书以金融投资为主题，对现代投资理论、原理与内在机制进行了全面的阐述与介绍。并在以下几个方面独具特色：一是除了对已有投资工具的系统介绍之外，还帮助读者理解这些金融工具背后的金融机理；二是本书不是生硬地介绍理论，而是对理论进行了应用导向的介绍，学用结合；三是在写作中始终贯穿理论联系实际的思想；四是本书的编写不但吸收了最新的研究成果，而且与我国证券发展的最新实践相结合。

本书由陈文汉负责制定大纲和写作规划，并进行最后的修改、总纂和定稿。其主要撰写人员分工如下：陈文汉（第1章、第2章、第4章、第10章）；操君（第5章、第8章），杨凌（第7章、第9章），张红霞（第6章），肖春蓉（第3章）。

本书的编写得到许多同行的大力支持，周明华、刘成群、王坤震等同志为本书的出版做了贡献并提出宝贵意见；本书还借用了许多先贤的研究成果，在此深表谢意！由于编者水平有限，加之时间仓促，书中难免会有错漏之处，敬请前辈、同行和读者指正。作者电子邮箱：cwhan2008@163.com。

目 录

第 1 章 证券投资概述 … 1

1.1 投资 … 2
- 1.1.1 投资及投资分类 … 2
- 1.1.2 为什么要进行投资 … 3

1.2 证券投资 … 4
- 1.2.1 证券投资的定义 … 4
- 1.2.2 证券投资与实物投资、储蓄存款 … 4
- 1.2.3 直接金融投资与间接金融投资 … 7
- 1.2.4 证券投资的构成 … 7
- 1.2.5 证券投资的准备 … 8
- 1.2.6 证券投资的影响因素及投资原则 … 10

1.3 证券投资学科简介 … 17
- 1.3.1 证券投资的研究对象 … 17
- 1.3.2 证券投资的形成和发展 … 18
- 1.3.3 证券投资的研究内容和任务 … 19

本章小结 … 21
推荐参考网站 … 21
综合练习 … 21

第 2 章 证券投资工具 … 23

2.1 有价证券概述 … 24
- 2.1.1 有价证券的定义和分类 … 24
- 2.1.2 有价证券的特征 … 26

2.2 股票 … 27
- 2.2.1 股票概述 … 27
- 2.2.2 股票的性质与特点 … 28

        2.2.3 股票的种类 ………………………………………… 30
    2.3 债券 ……………………………………………………………… 38
        2.3.1 债券概述 …………………………………………… 38
        2.3.2 债券的特征及类型 ………………………………… 40
    2.4 证券投资基金 …………………………………………………… 43
        2.4.1 证券投资基金概述 …………………………………… 43
        2.4.2 证券投资基金的特征 ………………………………… 44
        2.4.3 证券投资资金的类型 ………………………………… 45
        2.4.4 我国证券投资基金的发展 …………………………… 48
        2.4.5 投资基金的设立 ……………………………………… 51
本章小结 ………………………………………………………………… 54
推荐参考网站 …………………………………………………………… 54
综合练习 ………………………………………………………………… 54

第 3 章 金融衍生工具 …………………………………………………… 56

    3.1 金融衍生工具 …………………………………………………… 57
        3.1.1 金融衍生工具的概念 ………………………………… 57
        3.1.2 金融衍生工具的基本特征 …………………………… 57
        3.1.3 金融衍生工具的种类 ………………………………… 58
    3.2 优先认股权、权证和可转债 …………………………………… 58
        3.2.1 优先认股权 …………………………………………… 58
        3.2.2 认股权证 ……………………………………………… 59
        3.2.3 可转换债券 …………………………………………… 62
    3.3 期货与股指期货 ………………………………………………… 65
        3.3.1 期货 …………………………………………………… 65
        3.3.2 股指期货 ……………………………………………… 66
        3.3.3 沪深 300 指数期货合约 ……………………………… 67
    3.4 期权 ……………………………………………………………… 70
        3.4.1 期权的概念与要素 …………………………………… 70
        3.4.2 期权的种类 …………………………………………… 70
        3.4.3 期权与期货的区别 …………………………………… 71
    3.5 其他衍生工具简介 ……………………………………………… 72
        3.5.1 存托凭证 ……………………………………………… 72
        3.5.2 资产证券化和证券化产品 …………………………… 73

3.6 证券市场价格指数 ··· 74
    3.6.1 股票价格指数 ··· 74
    3.6.2 债券价格指数 ··· 78
    3.6.3 基金指数 ··· 79
本章小结 ·· 79
推荐参考网站 ·· 80
综合练习 ·· 80

第 4 章 证券发行市场 ··· 82

4.1 证券发行市场概述 ··· 83
    4.1.1 证券发行市场的特点、结构及发行方式 ····························· 84
    4.1.2 证券发行审核 ··· 87
4.2 股票发行市场 ··· 88
    4.2.1 股票发行的目的 ··· 88
    4.2.2 首次公开发行股票的准备和推荐核准程序 ························ 89
    4.2.3 股票发行的条件 ··· 92
    4.2.4 股票发行的方式 ··· 94
    4.2.5 股票发行价格 ··· 96
    4.2.6 发行费用 ··· 99
    4.2.7 新股申购流程、网上路演及"绿鞋"制度 ························ 99
4.3 债券发行市场 ··· 101
    4.3.1 债券发行的目的 ··· 101
    4.3.2 债券发行方式 ··· 102
    4.3.3 债券发行价格 ··· 103
    4.3.4 债券发行的条件 ··· 103
    4.3.5 可转换公司债券的发行条件 ······································· 105
4.4 投资基金发行市场 ··· 105
    4.4.1 投资基金的发行 ··· 105
    4.4.2 基金的认购 ··· 106
本章小结 ·· 106
推荐参考网站 ·· 106
综合练习 ·· 107

第5章 证券流通市场 …………………………………………………………… 109

5.1 证券上市 …………………………………………………………………… 110
5.1.1 股票上市 ……………………………………………………………… 110
5.1.2 债券上市 ……………………………………………………………… 113
5.1.3 基金上市 ……………………………………………………………… 114

5.2 证券交易及其程序 ………………………………………………………… 115
5.2.1 股票交易程序 ………………………………………………………… 115
5.2.2 投资基金的交易 ……………………………………………………… 119
5.2.3 证券交易费用 ………………………………………………………… 121

5.3 证券交易所 ………………………………………………………………… 121
5.3.1 证券交易所的概念 …………………………………………………… 121
5.3.2 证券交易所的组织形式 ……………………………………………… 122
5.3.3 证券交易所的功能 …………………………………………………… 123
5.3.4 证券交易所的会员与席位 …………………………………………… 123

5.4 场外交易市场 ……………………………………………………………… 125
5.4.1 场外交易市场的特点 ………………………………………………… 125
5.4.2 场外交易市场的组成 ………………………………………………… 125
5.4.3 我国场外证券交易市场 ……………………………………………… 126

5.5 创业板市场 ………………………………………………………………… 127
5.5.1 创业板市场的功能 …………………………………………………… 127
5.5.2 国内外主要创业板市场 ……………………………………………… 127

5.6 保证金信用交易 …………………………………………………………… 135
5.6.1 保证金的种类 ………………………………………………………… 135
5.6.2 保证金比率 …………………………………………………………… 135
5.6.3 保证金账户 …………………………………………………………… 136
5.6.4 保证金买空交易的公式 ……………………………………………… 136
5.6.5 上海证券交易所、深圳证券交易所融资融券业务的办理 ………… 138

本章小结 …………………………………………………………………………… 141
推荐参考网站 ……………………………………………………………………… 141
综合练习 …………………………………………………………………………… 141

第6章 证券投资的收益与风险 ……………………………………………… 143

6.1 证券投资收益 ……………………………………………………………… 144
6.1.1 债券收益 ……………………………………………………………… 144

6.1.2　股票投资的收益 ··· 155
　　　6.1.3　证券投资基金的收益 ··· 158
　6.2　证券投资风险的识别与控制 ·· 159
　　　6.2.1　系统风险 ··· 159
　　　6.2.2　非系统风险 ··· 162
　　　6.2.3　收益和风险的关系 ··· 163
　　　6.2.4　证券交易过程风险 ··· 165
本章小结 ·· 166
推荐参考网站 ··· 166
综合练习 ··· 166

第 7 章　证券投资基本分析 ··· 170

　7.1　宏观经济分析 ··· 171
　　　7.1.1　宏观经济分析的方法 ··· 171
　　　7.1.2　宏观经济因素 ··· 173
　　　7.1.3　宏观经济运行对证券市场的影响 ······················· 175
　　　7.1.4　宏观经济政策调整对证券市场的影响 ··············· 175
　7.2　行业分析 ··· 180
　　　7.2.1　行业的划分 ··· 180
　　　7.2.2　行业分析的基本内容 ··· 181
　　　7.2.3　行业分析的应用 ··· 182
　7.3　公司分析 ··· 183
　　　7.3.1　公司基本面分析 ··· 186
　　　7.3.2　公司财务分析 ··· 186
　　　7.3.3　公司财务指标分析 ··· 190
　7.4　资本结构与公司价值 ·· 198
　　　7.4.1　早期资本结构理论 ··· 198
　　　7.4.2　MM 资本结构理论 ··· 199
　　　7.4.3　新的资本结构理论 ··· 199
本章小结 ·· 200
推荐参考网站 ··· 200
综合练习 ··· 200

第8章 投资技术分析 203

8.1 技术分析概述 204
8.1.1 技术分析的含义 204

8.2 技术分析的主要理论 207
8.2.1 道氏理论 207
8.2.2 波浪理论 209

8.3 技术分析的主要方法 212
8.3.1 K线分析法 212
8.3.2 切线分析方法 219
8.3.3 形态分析方法 224

8.4 技术分析的主要指标 232
8.4.1 技术指标概述 232
8.4.2 市场趋势指标 233
8.4.3 市场动量指标 240
8.4.4 市场大盘指标 245
8.4.5 市场人气指标 247

本章小结 251
推荐参考网站 252
综合练习 252

第9章 证券市场监管 256

9.1 证券市场监管要素 257
9.1.1 证券监管主体 257
9.1.2 证券监管目标与原则 258
9.1.3 证券监管的对象和内容 259
9.1.4 证券监管手段 266

9.2 证券市场监管模式 268
9.2.1 证券市场监管模式的选择 268
9.2.2 世界主要发达国家的证券监管模式 269
9.2.3 中国证券监管模式 273

9.3 证券市场监管的国际合作 274
9.3.1 证券监管国际合作的意义和作用 274
9.3.2 我国证券监管国际合作 275

本章小结……276
推荐参考网站……277
综合练习……277

第10章 证券投资策略……278

10.1 证券投资者分析……279
- 10.1.1 证券投资者的类型……279
- 10.1.2 证券投资者心理分析……281

10.2 证券投资行为分析……284
- 10.2.1 投资者个体投资行为分析……284
- 10.2.2 "羊群效应"心理与从众行为……290
- 10.2.3 证券市场常见的异象行为……292

10.3 证券投资策略与技巧……296
- 10.3.1 证券投资基本策略……296
- 10.3.2 证券投资技巧……298

10.4 证券投资业绩评价……301
- 10.4.1 夏普指数……302
- 10.4.2 特雷诺指数……302
- 10.4.3 詹森指数……303
- 10.4.4 M^2 指数……304

本章小结……304
推荐参考网站……305
综合练习……305

主要参考文献……307

第 1 章

证券投资概述

【学习目标】

通过本章学习,读者应能理解投资和证券投资的相关概念,掌握证券投资学的研究对象、内容体系和研究任务。主要为以后课程的学习提供必要的基础知识和总体上的学习指导。

成为富豪有诀窍

在2011年,不时传出亏损和被套的消息。面对股市长期量价低迷,房市也不再是买房必赚的境况,一些富人开始跟风炒矿、炒蒜、炒药材、炒艺术品,还有一些人放起了自认为安全的高利贷。不过,等到年底一计算,很多人发现自己的资产要么深陷泥潭要么亏损,难以翻身。一些过于激进的有钱人的惨痛经历告诉我们,如果要想成为长久的富豪,还真不是件容易的事情。

当你听到很多笼罩着美好光环的"高收益"的金融产品,有的甚至投入很少,似乎可以以小博大,你的第一反应应该是怀疑,还是喜悦呢?是分析观望,还是抓紧参与呢?

无论是炒房者、职业股民,还是企业主,在创富阶段所拥有的特质就是冒险、敏锐发现机会的能力和投资眼光。然而,到了财富管理阶段,是选择冒险还是要求稳健和分散投资呢?创业家如何向投资家转变呢?

如果你已经是富豪了,是应该将投资领域放在自己更加熟悉,也更容易理解的本土,还是另有其他选择呢?在投资任何领域或理财产品之前,该如何了解其中的风险在哪里?要不要借助于专业的理财服务渠道,如私人银行、券商、信托公司、第三方理财机构呢?在选择渠道时,对于这些机构所具有的专业性、中立性、客观性的考量又该如何考虑呢?

资料来源:作者根据有关资料整理而得

【启示】 俗话说的好,理财应有道。这里的意思是说要成为有财的人,首先要理财,你不理财,财不理你;其次还要会理财,就是要懂理财的门道。看来投资理财我们每一个人都得学学啊!要学会投资理财,就得搞清楚什么是投资,如何投资等问题。这一章的学习,就将解决这些问题。

1.1 投 资

1.1.1 投资及投资分类

1. 投资的概念

所谓投资,就是经济主体为获得预期的经济利益而在当前进行资金投入,用以购买金融资产或实物资产达到增值的行为和过程。投资过程包括资金投入、资产增值、收回资金3个阶段。对任何经济社会和经济人而言,持续不断地进行投资是保持经济利益持续增长必不可少的前提条件,可以从以下几个方面来认识投资:

(1) 投资是现在支出一定价值的经济活动。从当前来看,投资就是现在要支付一定的资金;从长远来看,投资就是为了获取未来的报酬而现在采取的付出资金的经济行为。

(2) 投资具有时间性。也就是说,现在付出的价值只能到未来的时间才能收回,而且未来的时间越长,未来收益的不确定性就越大,从而风险就越大。

(3) 投资具有一定的风险性。当前投入的价值是确定的,但是,未来可能获取的收益却是不确定的,这种未来收益的不确定性就是风险。

2. 投资的分类

投资是一个多层次、多侧面、多角度、内容极其丰富的概念,因而可按许多方式进行归纳和分类。

(1) 按投资对象划分为实物投资和金融投资。实物投资就是投资主体为获取未来收益和经营某种事业,预先垫付货币或其他资源,以形成实物资产的经济行为。实物投资可分为稀有资产投资、固定资产投资和流动资产投资。其中稀有资产投资是一种分门别类的、专业性、技术性很强的传统投资方式,具有很强的操作性、实用性,也是很受大众喜爱的一种投资方式。稀有资产投资包括贵金属、宝石、文物古董、书画、邮票和其他艺术品投资。金融投资就是投资主体为获取预期收益,预先垫付货币以形成金融资产,并借以获取收益的经济行为。金融投资包括股票投资、债券投资、期货投资等有价证券投资和投资主体在银行的储蓄行为。把钱送存银行,也能使投资者获得一定的未来收益,因而也是一种金融投资。

(2) 按投资方式划分为直接投资和间接投资。直接投资是指投资主体将资金直接投入社会再生产过程,从事创造和实现商品价值的活动。如开办企业、公司,购买房地产等,从直接生产经营活动中获取经济利益。间接投资是指投资者置身于生产经营活动之外,将资金委托给他人使用,投资者坐收其利并到期收回本金。购买证券即属于间接投资。

(3) 按投资期限划分为短期投资和长期投资。一般来说,投资时间在 1 年以下(含 1 年)的为短期投资,1 年以上的为长期投资。严格地说,1~5 年为中期投资,5 年以上才是真正意义上的长期投资。选择短期投资还是中、长期投资,是件很重要的事,它直接关系到投资者的收益、资金周转速度和机会成本等问题。短期投资与长期投资相比,收益率较低,但其风险相对较小,资金周转快,也许会从再投资中获取新的收益。另外,长期投资和短期投资是可以互相转化的。如购买股票虽然是一种长期投资,无偿还期,但股票持有者可以在二级市场进行短线操作,卖出股票,这又变成短期投资。

此外,按投资主体划分,有个人投资、企业投资、政府投资和外国投资。其中,个人投资与企业投资合称为民间投资,与政府投资相对应。

按投资的口径划分,可以分为狭义投资与广义投资。

1.1.2 为什么要进行投资

假设你是一个年轻人,从现在开始能够定期每年存下 1.4 万元,如此持续 40 年;如果你将每年应存下的钱都能投资到股票、基金或外汇市场,并获得每年平均 20% 的投资报酬率,那么 40 年后,你能积累多少财富?

一般人所猜的金额,多会在 200 万元至 800 万元之间,顶多猜到 1 000 万元。然而正确的答案却是:1.23 亿元。这个数据是依照财务学计算年金的公式所得,人生财富公式计算如下:$1.4 \times \left[\frac{(1+20\%)^{40}}{20\%} - 1 \right] \approx 1.23$(亿元)。

这个故事里的财富公式让正忙于致富的年轻人为之振奋或者热血沸腾,但随后冷静下来分析一下,恐怕就会发现其中的问题:你能不能保证每年存下 1.4 万元?你能不能保证投资后一定获取了 20% 的报酬率?其成功与否的关键在于恒心和投资理财能力,如果我们的一生能严格执行财富公式,谁都有机会最后成为富豪。

【专栏 1.1】

投资的"72 法则"

你听说过"72 法则"(The Rule of 72s)吗?如果听说过,那你成为富人的可能性就更高些。所谓"72 法则",就是以 1% 的复利来计息,经过 72 年以后,你的本金就会变成原来的一倍。简单地说,"72 法则"就是用 72 除以复利收益率,就能计算出使本钱翻一番的时间。例如,年复利收益率是 9%,那么本钱翻一番的时间就是 8 年(72÷9=8)。同样的道理,假如复利收益率是 12%,则每 6 年本钱就可以翻一番(72÷12=6)。如果收益率是 18%,则每 4 年本钱可以翻一番(72÷18=4)。

一个聪明的投资者在活用"72法则"的时候，会先预测投资效果，即在先算出各个投资品种的收益率之后，才决定投资哪个品种。举例来说，你现在拥有20万元，如果你想在5年内将它变成80万元，那么依据"72法则"，那你就一定要选择每股复利率为28.8%的投资品种。投资20万元时，只有当收益率为28.8%时，经过2.5年，20万元才会变成40万元，再经过2.5年，就有80万元。学会活用"72法则"，对投资者来说，是相当重要的一件事情。但是在这里，还有更重要的一点，那就是聪明的投资者在投资时，总是很注重明确的投资目标时间和目标收益。为了达成自己设定的目标时间和目标收益，他们会利用"72法则"，算出自己应该投资复利率多少的投资品种，以便决定投资品种。总而言之，就像我们在上面看到的一样，投资的时间越早，且每年的追加投资都采取复利投资的方式，将会获得巨大的成功。

1.2　证　券　投　资

1.2.1　证券投资的定义

所谓证券投资，是指个人或法人对有价值证券的购买行为，这种行为会使投资者在证券持有期内获得与其所承担的风险相对称的收益。

在现代社会中，证券投资在投资活动中占有突出的地位，是目前发达国家最重要和基本的投资方式，是筹集和再分配资金的重要渠道。证券投资可使社会上的闲散货币转化为投资资金，可使储蓄转化为投资，对促进社会资金合理流动、促进经济增长有重要作用。

1.2.2　证券投资与实物投资、储蓄存款

1. 证券投资与实物投资

证券投资是以有价证券的存在和流通为前提条件的，是一种金融投资，它和实物投资之间既有密切联系，又存在一定的区别。

实物投资是对现实的物质资产的投资，它的投资会形成社会资本存量和生产能力的直接增加，并可直接增加社会物质财富或提供社会所需要的服务，被称为直接投资。证券投资所形成的资金运动是建立在金融资产的基础上的，投资于证券的资金通过金融工具的发行转移到企业部门，被称为间接投资。

证券投资和实物投资并不是竞争性的，而是互补的。实物投资在其无法满足巨额资本的需求时，往往要借助于证券投资。证券投资的资金来源于社会储蓄，这部分社会储蓄虽然没有直接投资于生产经营活动，而是通过证券市场间接投资于实物投资，但由于证券市场自身机制的作用，不但使资金在盈余单位和不足单位之间重新配置，解决了资金不足的矛盾，而且还会促使社会资金流向经济效益好的部门和企业，提高资金利用效率和社会

生产力水平。高度发达的证券投资使实物投资更为便捷,通过金融投资可使实物投资筹集到所需资本。

尽管证券投资在发达商品经济条件下占有重要的地位,但是还应看到,实物资产是金融资产存在和发展的基础。金融资产的收益最终也来源于实物资产在社会再生产过程中的创造。因而证券投资的资金运动是以实物投资的资金运动为根据的,实物投资对证券投资有重大影响;同时,企业生产能力的变化会影响到投资者对该企业证券的前景预算,从而使金融投资的水平发生变化。

2．证券投资与储蓄存款

证券投资和储蓄存款这两种行为在形式上均表现为:货币所有者将一定的资金交付给政府、公司或银行机构,并获取相应的收益。但两者在本质上是根本不同的,具体表现在以下方面:

(1) 性质不同。证券投资和储蓄存款尽管都是建立在某种信用基础上的,但证券主要是以资本信用为基础,体现着政府、公司与投资者之间围绕证券投资行为而形成的权利和义务关系;而储蓄存款则是一种银行信用,建立的是银行和储蓄者之间的借贷性债权债务关系。

(2) 证券持有者与银行存款人的法律地位和权利内容不同。就证券中的股票而言,其持有者处于股份有限公司股东的地位,依法有权参与股份公司的经营决策,并对股份公司的经营风险承担相应的责任;而银行存款人的行为相当于向银行贷款,处于银行债权人的地位,其债权的内容只限于定期或不定期收回本金并获取利息,不能参与债务人——银行的经营管理活动,对其经营状况也不负任何责任。

(3) 投资增值的效果不同。证券投资和存款储蓄都可以使货币增值,但货币增值的多少是不同的。证券中债券的票面利率通常高于同期银行存款利率;证券当中的股票是持有者向股份公司的直接投资,投资者的投资收益来自于公司根据盈利情况派发的股息、红利。这一收益可能很高,也可能根本没有,它受股份公司当年经营业绩的影响,处于经常性的变动之中。而储蓄存款是通过实现货币的储蓄职能来获取货币的增值部分,即存款利息,这一回报率是银行事先约定的,不受银行经营状况的影响。

(4) 存续时间与转让条件不同。证券中的股票是无期限的,只要发行的股份公司存在,股东就不能要求退股以收回本金,但可以进行买卖或转让;储蓄存款一般为固定期限,存款到期时存款人收回本金和取得利息。

(5) 风险不同。证券投资是一种风险性较高的投资方式。以股票为例,其投资回报率可能很高,但是高收益伴随的必然是高风险。银行作为整个国民经济的重要支柱,其地位一般来说是稳固的。尽管银行存款的利息收入通常要低于股票的股息与红利收益,但它是可靠的,而且存款人存款后也不必像买入股票后那样经常投入精力去关注股票市场价格的变化。

【专栏1.2】
初入社会年轻人的理财规划方案

■ 个案资料

唐小姐,24岁,大学本科,工作10个月,税后年收入30 000元左右,五险一金,有环境艺术设计特长,身体健康。

男友郑先生,26岁,大学本科,工作一年,税后年收入35 000元左右(含5 000元年终奖),五险,身体健康,有环境艺术设计特长,身体健康。

两人有自住房一套,市值40万元,现金及活期存款32 000元,定期存款8 000元,无负债。日支出1 500元,年支出全部为各月生活支出,合计18 000元。

双方父母均有退休金,目前没有赡养压力,但都没有保险。唐小姐在央企做平面设计,福利待遇较好,工作稳定,收入来源于基本工资,无业务提成。男友在酒店设计公司工作,收入结构为基本工资加上业务提成,但工作不太稳定。

■ 理财目标

两人过年能买一台5 000元左右的笔记本电脑和一部5 000元左右的单反相机;两年内买一辆10万元左右的小车;两年内拥有10万元的存款。

■ 财务状况分析

唐小姐和男友目前生活压力尚小,其主要精力应集中于积累工作经验。两人自有住房大大减少了租房支出,月支出全部为生活开销1 500元,占月工资收入的30%,属于合理范围内。以后可以通过记账等方式将支出控制在合理范围,开源节流是刚步入社会年轻人的理财重点。

目前,两人有现金及活期存款32 000元,流动性资金太多,降低了资金利用率。定期存款8 000元,同其他理财品种比较,收益率偏低。应对这40 000元进行理财规则。

■ 理财建议

1. 紧急备用金保留1万元即可

通常,现金及银行存款金额为3~6个月的月生活支出。鉴于郑先生目前工作不太稳定,收入结构为浮动模式,因此保留1万元流动性资金作为紧急备用金为宜。

2. 年终福利及存款购买笔记本电脑和相机

唐小姐和男友都有环境艺术设计的特长,并都从事着相关工作。笔记本电脑和相机对他们会有很大帮助,配置理所应当。两人可用年终奖和存款实现这个目标。

3. 投资基金积累购车首付

两人每月结余的3 500元中,可用1 500元定投基金。按照8%的年均收益计算,两年后本金收益和约为40 435元,可支付购车首付款,其余资金可用来缴纳各种购车费用,如保险押金,手续费等。

4. 利用可投资资金尝试基金理财

两人扣除保留的流动性资金后,现有 3 万元资金可打理。建议投资于开放式基金,组合以稳健为原则,配置比例为 70% 的股票型基金,30% 的债券型基金。按照 12% 的年均收益计算,两年后,可获得本金收益和约为 37 632 元。通过打理现有资金,达到两年后积累 10 万元资产的目标尚无法满足。除了通过投资途径,还需要努力开源节流。比如二人都有环境艺术设计特长,可以利用这个优势创造兼职收入。目前有设计方案选中悬赏的网站,可以进行尝试。

资料来源:http://www.icbc.com.cn/icbc/网上理财/综合版理财/初入社会年轻人的理财规划方案.htm

1.2.3 直接金融投资与间接金融投资

在金融投资中还有直接金融投资与间接金融投资之分。投资者将资金存入银行或其他机构,以储蓄存款或企业存款、机构存款的形式存在,称为间接金融投资。投资者以购买股票、债券、商业票据等形式进行的金融投资,称为直接金融投资。银行信贷是间接金融投资最重要的形式,间接金融投资的中介机构主要是商业银行。股票、债券是直接金融投资最重要的形式,直接金融投资的中介机构是证券经营机构。

直接金融投资与间接金融投资的区别在于投资者与筹资者之间建立了不同的经济关系。在直接金融投资活动中,投资者和筹资者之间是直接的所有权关系或是债权债务关系,投资者必须直接承担投资风险,并从筹资者处取得股息或利息收益。证券机构作为中介人,以承销商或经纪人的身份提供中介服务,并不直接介入融资活动。在间接金融投资活动中,投资者和筹资者之间是一种间接的信用关系,商业银行既是存款人的债权人,又是贷款人的债权人,投资者无须直接承担贷款风险,投资收益是商业银行支付的存款利息。

1.2.4 证券投资的构成

1. 证券投资主体

证券投资主体,是指进入证券市场进行证券买卖的各类投资者。它包括 4 类:一是个人,包括其家庭;二是政府,包括中央政府部门和地方政府;三是企业,包括各种以营利为目的的工商企业;四是金融机构,主要是商业银行、保险公司、证券公司及各种基金组织等。前面一类称为个人投资者,后面 3 类合称为机构投资者。证券投资过程实际上是证券投资者一系列投资活动的综合,而不同类别投资者的投资行为有较大的差别。这些差别主要是因各自的资金来源与规模、投资理念、动机、目的的因素不同而造成的。

2. 证券投资客体

证券投资客体,即证券投资的对象或标的。证券投资客体是有价证券,主要包括股票、债券、投资基金、期权等投资对象。投资客体对可利用的投资机会的种类、投资方式、投资的回报有决定性的作用。首先,对于不同种类的证券,由于其发行者、合约条款、税收待遇等不一样,因而投资所产生的回报一般也不尽相同。其次,不同种类证券的发行和流通方式一般也不同,投资程序有繁有简,投资技术有难有易,从而要求采取不同的投资方式。例如,国内股票和国外股票在投资程序和投资技术等方面大不一样。最后,不同种类的证券所要求的初始投资额有多有少,有些有价证券只对部分投资者发行,如国外投资者购买中国国内证券受到严格的管制,使得每一位证券投资者可能面对不同的投资机会。没有投资客体,投资只能是纸上谈兵。

3. 证券投资环境

投资环境是指不受投资主体控制的、除投资主、客体以外的其他影响投资的因素,包括经济周期、金融市场环境、政府行为等。宏观经济环境运行会对投资效果产生全局性的影响。经济繁荣时期投资的回报水平普遍上升;经济萧条时期投资的回报水平普遍降低;经济周期的更替则会使投资回报水平的波动性加大。金融市场环境在证券投资中起着十分重要的作用。首先,金融市场的价格直接决定买入证券的成本和卖出证券的收入;其次,金融市场提供投资决策所需要的投资信息和实现金融投资的各种交易机制,对投资决策成本和交易成本起着关键性作用;最后,金融市场提供的融资机会影响投资资金的来源。政府行为直接影响金融市场和投资者行为,税收直接减少投资者的最终收益,通货膨胀则会影响投资的真实收益,而行业结构、市场状况会影响相关的投资绩效。

1.2.5 证券投资的准备

证券投资的目的是证券投资净额效用(即收益带来的正效用减去风险带来的负效用)最大化,因此,收益最大化和风险最小化是证券投资的两大目标。但是证券投资收益与风险呈正向变动,收益高,则风险大,收益低,则风险小,一定的收益总是伴随着一定的风险。要想取得较好的投资效果,实现理想的投资目标,关键是投资者的决策水平,而拥有较高的决策水平首先要求具备一定的条件与知识。

1. 投资者必须熟练掌握证券投资的基本知识

在证券市场上,投资者为了培养自身投资能力,必须掌握必要的证券投资知识,这是从事证券投资的重要前提,没有知识的投资行为只能是盲目的、投机性的。证券投资知识包括:证券的种类、各种证券的性质、不同证券的特点与收益、证券市场的结构和运行特征、证券的基本分析和技术分析,以及有关的法律、法规和交易制度等。只有掌握了有效的证券投资知识,才能在复杂多变的证券投资中具备投资辨析能力,增强投资的主动性,形成理性化的具有自我价值判断和选择的投资行为,这对于投资者躲避投资风险、提高风险防范能力等都有非常重要的意义。

2. 投资者要熟悉投资的程序

证券投资是一项复杂的投资活动,要求投资者必须十分熟悉投资的程序,了解投资过程的每一个环节并严格遵循。其程序大致可以分为准备阶段、了解阶段、分析阶段和决策阶段四个过程。

(1) 准备阶段。投资的前提是需要预先筹集一笔资金。在投资之前，必须确定能否筹集到一定数量的资金，然后才能考虑如何投资、投在何处等问题。就个人投资者来说，其资金来源主要是自身的积蓄，也包括继承的遗产、亲友的馈赠、产业的变卖、保险的赔偿金等其他资金来源。投资者需首先根据个人收入及家庭支出，编制家庭预算，然后计算能有多少节余，制订出投资计划。机构投资者的资金来源因性质不同而异。例如，商业银行的资金主要来源于客户的存款、自有资金和盈利收入；保险机构的资金主要来自部分保险费收入；社会团体机构的资金主要来自可支配的资金等。

(2) 了解阶段。一旦投资者将投资所需要的款项筹措好，就必须深入了解投资的各个方面。首先应熟悉投资中的收益与风险。投资的主要目的是获得收益，当然希望收益越多越好，但在取得盈利的同时，连带有损失本金的危险，风险是收益的必然代价。正视风险与收益的关系，树立正确的风险意识，要求投资者先衡量自身具有多大的风险承受能力，然后决定拟投入多少资金，以及选择何种投资对象。其次，应广泛了解投资对象的收益与风险情况。投资对象的种类繁多，就有价证券而言，就有债券、股票等形式，各种证券因其性质、时间长短、有无担保等的不同，收益与风险的大小都有差异；收益的支付方式，风险所包含的内容亦互不相同。因此，必须熟悉各种情况，才能进行投资对象的选择。再次，由于证券交易大都通过经纪商在证券市场上进行，所以必须进一步了解证券市场的组织和机制、经纪商的职能和作用、买卖证券的程序和手续、管理证券交易的法律法规、证券的交割和清算、买卖证券的佣金费用等。否则就无从进行证券买卖，甚至蒙受不应有的损失。

(3) 分析阶段。投资者对于各种证券的性质及其收益与风险，市场上经营方式等各种情况大致有了一般的认识和了解以后，在决定选择哪种证券之前，还必须围绕该证券进行全面的宏观与微观经济分析。首先，需要判断当时的经济形势的变动趋势，需要对此经济趋势下各种行业的发展前途作出判断；其次，需要根据发行证券的公司的财务力量、销售状况、产品结构和适宜的生产设备等预测公司未来的收益和风险程度；最后，还需根据证券市场行情，对证券的真实价值、上市价格和价格涨落的趋势进行认真的分析。因为证券的质量决定于其真实价值，价值的市场反映便是市场价格，市场价格受到多种因素的影响，经常发生变动。这里牵扯到种类繁多的因素和错综复杂的相互关系，如不进行深入细致的研究分析，就无从获悉其真相。这会造成投资者盲目选购，导致买进收益低、风险大的证券，或者没有选择买卖时机，在价高时买进，价跌时抛出，带来巨大损失。

(4) 决策阶段。通过以上各个阶段和步骤，投资者有了条件按照自己拟定的投资目标，针对个人对收益和风险的衡量，考虑到今后对资金的需要和用途并预计未来经济环境及本身财务状况的变化后，作出妥当、合理的决策，决定将资金投入到何种具体的证券上去。操作过程开始后，需要了解和严格遵守证券交易中的委托、成交、清算和交割的一系列程序，确保顺利地完成证券投资过程。

3. 投资者需要熟悉和熟练运用各种投资技巧

熟练地掌握投资技巧,可以收到事半功倍的效果,帮助投资者关键时刻化险为夷,取得最大效益。证券投资技巧将在后面作详细介绍。

1.2.6 证券投资的影响因素及投资原则

1. 证券投资决策的影响因素

投资者在选择证券时,一般需要考虑以下基本要素。

(1) 资金安全性。投资于任何一种证券都存在一定风险,这里的安全性包含两层含义:

① 风险与收益的对称程度。在证券市场上各种证券的风险和收益有四种组合,即高风险高收益、低风险低收益、高风险低收益和低风险高收益。其中,前两种是正常的对称关系,后两种则是特殊的非常搭配。高风险低收益是最不可取的选择,而低风险高收益显然是最理想的选择对象。

② 风险性与投资者的适合程度。在证券市场上,不同的投资者由于其财力、能力的不同,风险承担能力也不一样。这就要求投资者基于对自身情况的充分了解选择风险适度的证券。财力微薄、初涉市场的投资者不能期望获得巨额的收益而选择高风险证券;同样,财力丰厚、经验丰富的投资者选择低风险证券进行投资显然过于保守,风险较大但收益可观的证券经常是他们选择的对象。

(2) 收益稳定性。对投资者来说,稳定的利息和股息收入是投资证券最可靠的收益。一般来说,所投资的公司能定期分配利息和股息,投资者就得到稳定的收入。因此,投资时慎重考虑投资对象对以后的收益稳定具有重要意义。一般来说,收益性应当考虑以下几个因素:

① 收益率。证券投资的收益率是指投资收益占投入本金的比率。在风险程度相当的情况下,收益率高的产品是投资者应该选择的投资对象。

② 证券价格。考虑这一因素主要是看证券发行公司已上市债券和股票的价格变动情况。如果债券是低价发行的,购买这种债券会获得偿还差益;如果已上市股票的价格是看涨的,那么投资者除股息外,还能获得差价收益。

③ 手续费。投资者委托经纪人购买证券需要支付一定的佣金,佣金的比率在有些国家是由政府或证券行业协会确定的,有些国家是自由商定的,这就有个选择的问题。此外,有些国家规定的手续费率是累退的,用同样金额一次完成买卖和分次完成买卖,成本显然是不一样的,这也要求投资者合理安排,降低投资成本。

④ 税金。在证券市场上,各种证券的发行人不同,政府所规定的税率标准也不一样。例如,政府债券的收益通常是免税的,国家重点支持的行业所发行的股票和债券的收益是低税率的,而国家限制发行的行业所发行的股票和债券收益则是征收高税的。由于税金

是构成投资成本的重要内容,因此,它也是投资选择中所要考虑的重要因素。

(3)证券的流动性。证券的流动性是指证券的变现能力。在没有二级市场的情况下,证券的流动性取决于证券的偿还期限,期限越短,流动性越强。

(4)证券的便利性。证券投资的便利性是购买证券所需要的时间、交割的期限、认购手续是否迅速方便、是否符合投资者的偏好等。一般说来,证券投资的便利性与证券市场的发达程度是相对应的。在国际证券投资中,投资者往往需要考虑这一因素。

应该指出,在证券市场上,某种证券同时具备所有有利因素是不多见的,这就要求投资者权衡利弊得失,果敢地做出抉择。

2. 证券投资原则

为了进行有效的证券投资,将投资风险减少到最低程度,投资者一般应当遵循以下原则:

(1)效益与风险最佳组合原则。在进行证券投资时,如何妥善地处理好收益与风险的矛盾至关重要。一般来说,解决这一矛盾只有两个方法可供选择:一是在风险已定的条件下,尽可能使投资收益最大;二是在收益已定的条件下,力争使风险降低到最低程度。这是证券投资的一条最基本原则,它要求投资者首先必须明确自己的目标,恰当地把握自己的投资能力,从而不断地培养自己驾驭风险的能力,从心理上确立自己的出发点和应付各种情况的基本素质。

(2)量力投资原则。作为个人投资者,量力投资原则显得十分重要。量力投资包括以下两层含义。

① 就广大个人投资者而言,能够从事证券投资的资金只能是家庭或个人全部货币收入中扣除必要消费的剩余部分。如果将全部收入都用于投资,一旦亏损,就会危及现在或将来的正常生活,如果利用融资或融券从事投资,则在股价涨跌一定幅度后,极可能被迫结束投资生涯且负债累累。因此,只有利用剩余资金才能采取宽松的投资行为,这是证券投资赖以成功的必不可少的条件。就此意义上而言,"量力而行"原则就是投资者要在投资前衡量个人的财力,即衡量是否有足够的闲置资金进行证券投资。

② 证券资产是一种风险性资产,证券价格涨跌难以预料,证券投资是具有一定冒险性的投资行为,绝对不能只想到理想的一面,而应对损失的可能性做充分的估计和必要的准备,否则一旦损失过度,就会不堪承受。

(3)理智投资原则。证券市场投资品种繁多,行市风云变幻,各种影响因素也处于不断变化中。因此,投资者需要具备丰富的证券知识、聪慧的头脑和丰富的经验。不仅如此,还要求投资者具有两个基本素质,即理智和果断。

在证券投资时,投资者必须冷静、理智、谨慎、稳重,要善于克制和控制自己的情绪,避免感情冲动,特别不要过多地受到各种传言的影响,要亲自去了解各种证券及其发行者的状况,细心分析证券市场行情,然后审慎地做出具有自我比较、分析、判断的投资选择。否则,在情绪冲动下进行投资极易导致失败。往往有不少投资者,在股市发生变动时,由于受报纸、广播或周围投资者的影响,不对各种股票行情涨落因果或趋势进行耐心细致的分析比较,感情用事,在情绪冲动下进行投资决策,结果导致本来可以避免的失败。理智投资是建立在对证券的客观认识基础上并经分析比较后采取行动,具有客观性、周密性和可控性等特点。

(4) 分散投资原则。分散投资原则也称"投资组合"原则,是依据不同证券的获利与风险程度,加之适当的选择,并按不同的比例,合理搭配投资于若干种不同风险程度的证券,建立理想的资产组合,从而将投资风险降低到最小限度的方法。

分散投资一般包括两方面的内容。

① 投资于多种证券。如果仅对一种证券投资,如只购买一家公司的股票,一旦该公司经营不善甚至倒闭,投资者不仅得不到股息,还会伤及本金。显然,这种投资方法是不可取的。如果对多种股票或几家公司同时投资,即使其中一种或数种股票得不到股利分派,但其他股票并不一定也无收益分派,如果其他公司的收益较好,还可以得到一定程度的补偿,而不至于全军覆没。

② 进行多种证券投资时,应注意投资方向,进行合理的投资组合。证券投资的合理组合可以分为证券品种的合理组合、时间地点的合理组合、风险等级和获利大小的合理组合以及期限合理组合。

证券品种的合理组合。通常将证券投资分为进攻性投资与防御性投资两部分。前者通常是股票,后者是指债券。因为通常股票投资利高但风险较大,债券投资则利低但风险小,相对来说,债券的风险比股票的风险要小得多,其投资安全性也相对好得多。将资金一分为二,并在股票及债券投资中进行合理选择搭配,这样,即使一种证券投资失利,还有其他证券盈利,即使股票投资失利,还有债券垫底,从而不至于全盘皆输,无反手之力。在证券投资中,有种理论叫作最佳证券投资理论,就是指选择一组满足一系列假定条件的投资组合,这种投资组合能够在既定风险条件下实现最大的利润。其原则就是将收益既定的证券,经组合后,使其风险减少到最低程度,能够实现这种组合,就是最佳证券组合。当然,证券市场上的风险千变万化,投资组合的形式多种多样,并且随着市场情况的变化,组合也必须不断地调整。

不同企业以及不同时间、地点的分散组合投资。这里包括以下几方面:第一,企业种类的分散。不宜集中购买同一行业企业的股票和债券,以免遇上行业性不景气,投资者因无法逃脱而遭受重大损失。第二,企业单位的分散。也不宜把全部资金集中购买某一个企业的证券,即使该企业业绩很好。第三,投资时间上的分散。投资股票前应先了解派息时间,一般每年3月开股东大会,4月派息,也有半年派息一次的,可按派息时间岔开选择投资。按照惯例,派息前股价都会升高,即使某种股票因利率、物价等变动而一时遭受系统风险,还可以期待到另一种股票派息时获利。第四,投资区域分散。企业不可避免会受地区市场、法律、政策乃至自然条件等诸方面因素的影响,分区域投资,正所谓"东方不亮西方亮",同样可收到分散风险之效。

按风险等级和获利大小的组合投资。虽说投资风险变幻莫测,但现代证券理论越来越倾向于对风险进行定量分析,即在可能的条件下将证券风险计算出来。例如,计算本利比,便可推算不同证券不同的风险等级。本利比越低,风险等级越低,投资风险越小;本利比越大,风险等级也越高,投资风险越大。另一方面,报酬率(收益率)也可加以测算,投资债券可以很容易按公式计算出年收益率,投资股票也可以根据公司的财务报表及股价变动记录,预测每年的报酬率。最理想的组合形式,就是投资者在测定自己希望得到的投资报酬和所能承担的投资风险之间选择一个最佳组合。例如,投资者希望得到的投资报酬率为20%,那么,应在报酬为20%的上市证券中,选择风险最小的品种;如果投资者能承担的风险为20%(即可承担20%的损失),那么应在那些同样风险等级的证券中,尽量选择投资报酬较高的品种。

③ 长、中、短线的比例组合投资。长线投资是指买进证券以后不立即转售,准备长期持有以便享受优厚的股东收益,其持有时间起码在半年以上,主要对象是目前财务良好又有发展前景的公司证券;中线投资是指将数月内暂时不用的资金投放出去,其投资对象是估计几个月内即能提供良好盈利的证券;短线投资指那些价格起伏甚大,几天内可能有大涨大落的证券。投资者应将资金分成较长期内不会动用以待获利,中期内不用以及随时可能动用的三部分,分别用于长线投资、中线投资和短线投资。

【专栏 1.3】

巴菲特投资理念大盘点:五逻辑、八标准、十二点

1. 五项投资逻辑

(1) 因为我把自己当成是企业的经营者,所以我成为优秀的投资人;因为我把自己当成投资人,所以我成为优秀的企业经营者。

(2) 好的企业比好的价格更重要。

(3) 一生追求消费垄断企业。

(4) 最终决定公司股价的是公司的实际价值。

(5) 没有任何时间适合将最优秀的企业脱手。

2. 八项投资标准

(1) 必须是消费垄断企业。

(2) 产品简单、易了解、前景看好。

(3) 有稳定的经营史。

(4) 经营者理性、忠诚,始终以股东利益为先。

(5) 财务稳健。

(6) 经营效率高、收益好。

(7) 资本支出少、自由现金流量充裕。

(8) 价格合理。

3. 十二项投资要点

(1) 利用市场的愚蠢,进行有规律的投资。

(2) 买价决定报酬率的高低,即使是长线投资也是如此。

(3) 利润的复合增长与交易费用和税负的避免使投资人受益无穷。

(4) 不在意一家公司来年可赚多少,仅在意其未来5~10年间能赚多少。

(5) 只投资未来收益确定性高的企业。

(6) 通货膨胀是投资者的最大敌人。

(7) 价值型与成长型的投资理念是相通的;价值是一项投资未来现金流量的折现值;而成长只是用来决定价值的预测过程。

(8) 投资人财务上的成功与他对投资企业的了解程度成正比。

(9) "安全边际"从两个方面协助你的投资:首先是缓冲可能的价格风险;其次是可获得相对高的权益报酬率。

(10) 拥有一只股票,期待它下个星期就上涨,是十分愚蠢的。

(11) 就算美联储主席偷偷告诉我未来两年的货币政策,我也不会改变我的任何一个作为。

(12) 不理会股市的涨跌,不担心经济情势的变化,不相信任何预测,不接受任何内幕消息,只注意两点:A. 买什么股票;B. 买入价格。

资料来源:http://www.enorth.con.cn,2009年12月27日

【财富故事】

亿万富翁的五大黄金傻瓜定律:给予即是获得

观念定律:不要放过每一个新奇的念头

生活中,我们每天都在感受,新奇的想法和念头常常闪现,但绝大多数人只是把它当成一个念头而已,想想就过去了;却不知这些念头中潜藏着巨大的商机。

财富的成功获取者与穷困一生者之间,就差那么一点点——他把新奇的念头紧紧抓住了,而别人把它轻易放过去了。

商业奇才,身价达数亿英镑的超级女富婆安妮塔·罗蒂克在做化妆品生意之前,是个喜欢冒险的嬉皮士,她尝试过许多种职业,做过不少生意,但都失败了。一天,她在与男友谈天时,突然产生了一个神奇的念头,于是,她按照那个念头去做了。这个念头是:为什么我不能像卖杂货和蔬菜那样,用重量或容量的计算方式来卖化妆品?为什么我不能卖一小瓶面霜或乳液……将化妆品的大部分成本都花在精美的包装上,以此来吸引消费者?

她开始按照这个想法运作。然而,就在安妮塔费尽心机,用贷款得来的钱将小店开张的一切准备就绪时,一位律师受两家殡仪馆的委托控告安妮塔,她要么不开业,要么改掉店名,原因是她的"美容小店"这种花哨的店名,势必影响殡仪馆庄严的气氛而破坏业主的生意。

百般无奈之中,她又有了新念头。她打了个匿名电话给布利顿的《观察晚报》,声称她知道一个吸引读者的新闻:黑手党经营的殡仪馆正在恐吓一个手无缚鸡之力的可怜女人——安妮塔·罗蒂克,这个女人只不过想在丈夫外出探险时开一家美容小店维持生计而已。

《观察晚报》在显著位置报道了这个新闻,不少仗义正直的人们来美容小店安慰安妮塔。这使安妮塔解决了问题,而且她的美容小店尚未开张就已名声大振。安妮塔尝到了不花钱做广告的绝美滋味。在她日后的经营中,直至她的美容小店成为大型跨国企业,她都没有在广告宣传上花过一分钱。

当一个好的念头被成功利用后,大脑的兴奋点受到刺激,创意细胞被激活,新奇的想法会连续出现,而且会越来越绝妙。

行动定律:绝不犹豫不决

俗话说:"机不可失,时不再来。"当你畏首畏尾不敢迈动哪怕是极小的一步时,滚滚的财源正在从你的脚下悄悄地溜走。

美国钢铁大王安德鲁·卡耐基现在早已是成功商业精英的典范,他的事被众多成功学大师引为例证。他认为:机遇往往有这样的特点,它是意外突然地来临,又会像电光石火一样稍纵即逝。这个特征要求人们在资料、信息、证据不是很充足,而又来不及做更多搜集、分析的情况下,做出决断。否则,有机不遇,悔恨莫及。

安德鲁·卡耐基开始做交易时,也有过犹豫。然而,随着经验的增长,他变得越来越果断,事业也因此之越做越大。对铁路不计血本的大投入,就是其果断行事取得成功的极好例证。

美国南北战争结束后,联邦政府与议会首先核准联合太平洋铁路公司,再以它所建造的铁路为中心路线,核准另外三条横贯大陆的铁路路线。与此同时,各级政府部门还提出了数十条铁路工程计划。这一切都说明,美洲大陆的铁路革命和钢铁时代来临。

卡耐基围绕怎样垄断横贯铁路的铁轨和铁桥的问题,做出了大胆的决断。他在欧洲旅行的途中,买下了两项专利。他在伦敦钢铁研究所得知,道兹兄弟发明了把钢分布在铣铁表面的方法,卡耐基买下了这项钢铁制造的专利。当时的铁轨制造方法是,先铸造成铣铁,再制成眼下这种铁轨,其含有相当多的碳,缺乏弹性,极其容易产生裂纹。而在伦敦钢铁研究所发明的这种钢,采用一种特殊方法,在炉中以低温还原矿石时,除去了碳和其他杂质,这样就可以增加约1/3的纯度,大大地延长了铁轨的使用年限。卡耐基承认,此项专利给他带来了约5 000磅黄金的利润。

犹豫不决最多地产生于初始阶段。许多人就是因为未能迈出第一步而丧失大好时机的。当第一步迈出以后,第二步、第三步的决断就好做多了。卡耐基大刀阔斧地行动,经过若干年的努力成了一位名副其实的亿万富翁。

信誉定律:信誉才是无价之宝

做生意最重信誉,声誉好就能揽住生意,牌子硬客户会主动上门。包玉刚对此深信不疑。他常说:"签订合同是一种必不可少的惯例手续,纸上的合同可以撕毁,但签订在心上的合同撕不毁,人与人之间的友谊建立在相互信任之上。"他始终守信用,从不开空头支票。凡他口头答应的事,比那些捧着合同去撞骗的人还要可靠千万倍。良好的经营信誉,奠定了他事业上成功的基础。

商人都是追求利润的,当一边是丰厚的利润,一边是看不见摸不着的信用时,抉择是痛苦的。只有那些站得高看得远的人才能不被眼前的蝇头小利所利诱。

包玉刚以恪守信用为做人准则,因而对那些背信弃义、不守信用的人,疾恶如仇,他们就是顶着香炉跑到他面前哀求,他也绝不宽容。包氏在租船给美国ESSO石油公司之前,也就是他刚刚出道之时,手中才7艘货船。他把一条货船租给一个港商,期限6个月,未和他签订长期合同。因包氏对此人不甚了解,只听说此人搞买空卖空,无经济实力,无固定地点,是皮包公司。包氏之所以租船给这个人,实是看在一个朋友面上,又是短期、临时性的租借,而那港商在他和他的朋友面前起誓赌咒,决不逾期。

然而,租约到期之日,正值苏伊士运河关闭引起运费飞涨的黄金时期,那个港商挖空心思,寻找种种理由,迟迟不把到期的货船退回,想继续租用包氏的低租金货船,并主动把租金提高一倍,同时预付1/3的租费。

包玉刚坚决维护信用,不被高租金所动摇。那个港商把一沓钞票放在他的面前,请他点钞,他却看也不看,那个港商灰溜溜地走了。包玉刚立即把船租给另一家信誉较好的航运公司,仍旧执行他的低租金长合同方针,不贪图眼前的短合同高租金。

不久,埃以战争结束了,关闭的苏伊士运河重新开放,运费暴跌,那个冒险投机家宣告破产,而那些租船给他的船东亦蒙受了很大损失,有的也跟着他破产了。在此期间,唯独包玉刚既没有受到运河重新开放而引起的营业波动,又没有遭到因租户破产所带来的损失。

盈利定律:给予即是获得

在商界,企业对外宣传时总会打出这样的招牌:"用户即是上帝","顾客是我们的衣食父母"。为什么要这样说呢?因为用户是你赚钱的对象,只有把他们侍候好了,他们才能心甘情愿地掏钱让你赚。也就是说,你先要给予他们良好的服务,优质对路的产品,才能够获得丰厚的利润。

作为一名商人,乐善好施有时要比精打细算获利更多。日本名古屋有一家制酪公司,这里的社长日比孝吉先生十分乐善好施,无论是什么都免费或超低价供给,无味大蒜就是一例。

这种无味大蒜是由一个拥有此项开发技术的人推销到日比先生这儿的,日比先生自己试过后感觉很好,于是就买下了这项技术。一次,一个朋友来要点儿过年用的咖啡,"那么,这个也给你,一起用着试试看。"日比先生顺手将无味大蒜也给了这位朋友一些。朋友们反应很好,日比先生灵机一动,何不让更多的人都知道无味大蒜的妙处?于是,他以此为开端,开始广泛地发放。到现在为止,这种无味大蒜已经派发给了全国3万余人。

大家越吃越上瘾,却不好意思再白要,就打电话过来,要花钱购买。日比先生就是不允。照样白送,近的派车送,远的就邮寄过去。这件事说起来简单,做起来可是非同小可,大蒜本身的成本加上运费、邮资,他每年至少要花费25亿日元。

然而,另一笔账就是另一种算法了,自从派发这种无味大蒜以后,公司的营业额迅猛增长,第二年收入就超过700亿日元。

"给予便是获得"并非只是宗教中的一种境界,还是商战中一招极为有效的战术。

发展定律:为自己营造一个良好的环境

美国石油大亨洛克菲勒就曾说过:"好的创富环境是无价之宝,我愿意牺牲太阳底下的任何东西去争取它。"

皮尔·卡丹就是一个善于为自己营造良好环境的高手。与上层人物打交道,使他获得了许多别人得不到的创业机会,这也是他的生意越做越大的真谛所在。他曾十分巧妙地利用前苏共总书记戈尔巴乔夫偕夫人访问法国的难得机会,邀请总书记夫人参观他的收藏品展览会,并赠给她一件漂亮的黑色外套,于是皮尔·卡丹就成了戈尔巴乔夫和夫人在法国举行官方宴会的三位私人宾客之一。

这一次机会,使得皮尔·卡丹与戈尔巴乔夫有了见面与交谈的时间,这为他日后打入苏联市场铺平了道路。不久,他与苏联达成协议:在苏联创办服装工厂,开设一家面积6 000平方米的展览厅。

"卡丹帝国"不但建立起来,而且规模越来越大,服装服饰、手表、眼镜、化妆品……他不仅投资自己的产业,还投资房地产,他想让2亿8千万苏联人穿上他设计的衣服,他的目标是把高质量与简朴融为一体。世界四大服装中心:巴黎、米兰、纽约、东京,还有第三世界国家都受到皮尔·卡丹的影响,都少不了他的服装店。

资料来源:证券之星 www.stockstar.com 2012-01-20 9:41:21

1.3 证券投资学科简介

1.3.1 证券投资的研究对象

证券投资是专门研究建立在虚拟资产(有价证券)基础上的资金运动规律及与之相联系的各种经济关系发展规律的学科。它包含三个层次:

(1) 各种有价证券的特殊运动形式、运动规律及其所体现的特殊经济关系。

(2) 由各种有价证券组成的证券市场的运动规律。各种有价证券运动的有机联系构成了统一的证券市场,证券市场是各种经济关系的总和。作为经济关系总和的证券市场有其统一的发展规律,绝不是各种有价证券运动规律的机械排列和简单相加。证券市场的整体运动规律决定并支配着各种有价证券的特殊运动规律。

(3) 投资主体的投资活动规律。证券业广泛发展所推动的资本高度社会化和证券投资的日益大众化,特别是有价证券的虚拟资本性质和证券市场的博弈性质等因素,决定了主观因素在证券市场运动过程中具有特殊重要的地位和作用。在其他投资领域中,各种客观因素直接影响和支持着投资者的决策活动,或者说,投资者是直接根据各种客观情况作出决策并付诸行动的。证券投资则不同,投资者不仅仅是根据各种客观情况进行决策,更重要的是必须根据其他投资者对各种客观情况的主观判定来作为自己决策的主要依据。证券市场这种突出的博弈性质决定了证券投资领域中主客体运动之间具有高度的相融性和互换性。这是证券投资学与其他学科相比较的一个重要的不同之处。

证券投资是一门综合性学科。证券投资学的综合学科性质主要反映在它以众多学科为基础和它涉及范围十分广泛。证券投资学与经济学、货币银行学、财政学、会计学、数量经济学等学科有着十分密切的联系。此外,证券经济学还是一门应用性的经济学科。证券投资学虽然也研究一些经济理论问题,但是从其学科内容的主要组成部分来看,它属于应用性较强的学科。

1.3.2 证券投资的形成和发展

证券投资学是伴随着证券投资业这一新的经济领域产生和发展起来的,并随着证券投资业的广泛发展而趋于成熟。虚拟资本的特殊运动形式和其特殊运动规律是证券投资学产生的客观基础。证券投资学的历史发展过程,大体可分为三个阶段:

(1) 萌芽阶段。在此阶段,人们开始把证券投资活动作为一种技能或艺术。在17世纪和18世纪初,西方资本主义国家的商品经济已经相当发达,随着股份公司的产生和股票、债券的出现,证券投资开始引起人们的注意。但由于当时证券交易还未发展到足以决定和影响整个国家或地区经济运行的程度,因而政府政策对此并没有予以足够的重视,证券的发行和交易也缺乏必要的法律保证。人们主要靠经验和直觉来决定证券买卖与何时买卖等。那时,人们普遍认为,证券投资活动只是靠运气,靠个人技能的"艺术"活动。当然,这并不意味着当时的证券发行和交易及其市场运行的背后就不存在于某些规律。事实上,当时人们已经开始总结证券交易活动的经验法则。尽管如此,证券投资学仍然处于萌芽状态。因为当时还属于依靠经验和直觉判断开展证券投资活动的阶段。

(2) 形成阶段。在此阶段,证券投资学作为一门学问初步形成。在19世纪末至20世纪上半叶,西方证券市场经历了膨胀、崩溃、恢复的过程。证券市场的曲折经历大大促

进了证券投资学的发展。可以说,在这一时期,作为一门学问的证券投资学已初步形成,这主要表现在以下几个方面:

① 证券投资理论进一步明确化和具体化。在此之前,证券投资理论只是作为一般经济理论的附属而出现的,而在此时,一大批专门论述证券投资的著作相继问世。这些著作对证券投资理论做出了多方面的基础性贡献。

② 一些有关证券投资的格言、经验上升到理论的高度。

③ 证券市场和证券投资业对整个经济发展所起的作用也日益明显,各国政府开始重视对证券投资活动进行全面规范和管理。所有这些都表明证券投资学已经开始作为一门学问出现,但其在学科体系、理论基础及科学性等方面仍嫌不足,有待于进一步发展和完善。

(3) 成熟阶段。在此阶段,证券投资学开始作为一门独立的经济学科。经过长期的证券投资实践经验的总结和许多证券从业人员的精心研究和探索,从 20 世纪 50 年代起,证券投资学成为一门独立的学科,开始进入了它的成熟与完善期。其主要标志是:研究对象更具科学性;学科体系更加科学化;基础理论更加坚实;研究方法更加精确化和实用化。从 20 世纪 70 年代起,国际证券市场正在经历一场前所未有的深刻革命,证券投资学也在这场革命中不断汲取营养,并日臻完善。

1.3.3 证券投资的研究内容和任务

1. 证券投资学的研究内容

证券投资的研究对象决定了证券投资学的研究内容,它主要包括证券投资的一般理论,证券市场及证券投资的运行过程与机制,证券投资决策的方法以及政府进行的证券投资管理等。具体来讲,它包括以下六大部分:

(1) 证券投资基本原理,包括证券投资的概念,证券投资的基本特征,证券投资的目标和原则,证券投资的运行过程等。

(2) 证券投资工具,包括股票、债券、投资基金及各种金融衍生产品等各类证券的类型和特点。

(3) 证券投资场所,包括证券的发行市场和证券交易市场的功能和作用,运行机制及其业务活动。

(4) 证券投资分析,包括证券价格,证券投资收益与风险分析,证券投资基本分析,证券投资的技术分析等。

(5) 证券投资决策和策略,主要是从投资者的角度研究如何进行具体的证券投资,包括证券投资应掌握的原则、方法和技巧。

(6) 证券投资管理,主要从政府的角度研究如何对证券市场与证券投资活动进行规范化管理。

2. 证券投资的基本任务

证券投资学的基本任务就是揭示证券市场的内在规律，指导投资者以最有效的方法和最安全的途径从事证券投资活动，以获得最大的投资收益。

所谓最有效的方法，是指尽可能用最少的资本投入获取最大的投资收益的方法。与实业投资相比，证券投资的一个重要特征就是投资方式复杂繁多，如现货交易、信用交易、期货交易、期权交易，以及存托凭证、票据等。其中，除现货交易之外的诸多交易方式都具有以小博大的高倍数杠杆效应，从而能够实现短期内资金的迅速增值，甚至以几何级数连续翻番。证券投资学就是帮助投资者灵活地选择和运用各种投资方式，有效地利用它们的杠杆倍数效应，以最少的资金投入获得最大的投资效益，甚至实现巴菲特那种"梦幻般的投资效果"。

所谓最安全的途径，是指最大限度地防范和控制投资风险，努力在资金安全的前提下实现预期投资增值的目的。证券投资与实业投资相比的一个最大区别就是具有高风险的特征。证券投资属于风险投资，风险投资的收入是未来价值，而未来世界是未知的，受政治、经济、军事、社会、科技、心理、国内国际等各种因素的影响，投资收益是极不确定的，这种收益的不确定性就是投资风险。并且，诸如衍生金融工具等交易方式的杠杆倍数效应，本身就是一把"双刃剑"，既能够以小博大地获取高收益，又会在风险发生时迅速地增大风险倍数，加重投资者的损失。虽然从理论上讲，风险和收益具有相关性，高风险高收益，低风险低收益。但是，在市场上风险和收益的关系极其复杂，二者往往不成比例，相同的风险不一定有相同的收益。因此，投资的基本目标，就是将风险置于控制之下，尽可能使风险降低到最低程度，在一定限制的安全条件之下，实现收益的最大化。

3. 证券投资的体系结构

证券投资学是研究证券投资运行及其规律的学科，其体系结构应根据所研究的对象和内容来确立。从基本框架上说，可以分为四部分，即证券投资基本理论与知识；证券市场环境及运行；证券投资分析与操作实务；证券投资监管。证券投资基本理论与知识是学习证券投资所必须掌握的重要内容，也是作为一个理性投资者所必须充分理解的部分。其内容主要包括：证券投资中涉及的一些重要概念和范畴、证券投资的功能、证券投资的要素、证券投资的对象等。证券投资的市场环境，即从事证券投资活动的空间，包括证券的发行市场、流通市场、证券价格的决定，股票价格指数，证券投资的收益和风险等。证券投资分析与操作实务是实践性较强的部分，其主要内容包括证券投资的操作原则、证券投资的实施程序、证券投资的基本分析方法、证券投资的技术分析方法、证券投资组合管理、证券投资操作技巧等。而对于金融证券投资监管，主要是对证券市场的法律与制度进行规范。对于完全没有或掌握很少金融知识的学生来说，应当系统地学习本书各章的内容，而对于金融专业的学生来说，由于其已经具备了一定的金融知识，则可以将学习的侧重点放在证券投资分析与操作上。但即使如此，为了保证学习的系统性，对于基础理论和基本知识部分仍需要作必要的复习和巩固。

本 章 小 结

投资就是为了未来不确定的收益而现在需付出的确定的代价,按不同标准投资可分为实物投资和金融投资、直接投资与间接投资等。

证券投资过程包括筹备投资资金、确定投资政策、全面了解金融资产特征和金融市场结构、进行证券投资分析、构造证券投资组合、评估投资绩效、调整七个步骤。

证券投资是专门研究各种有价证券的特殊运动形式、运动规律及其所体现的特殊经济关系;由各种有价证券组成的证券市场的运动规律;投资主体的投资活动等规律。

证券投资学是研究证券投资运行及其规律的学科,其体系结构应根据所研究的对象和内容来确立。从基本框架上说,可以分为四部分,即证券投资基本理论与知识;证券市场环境及运行;证券投资分析与操作实务;证券投资监管。

推荐参考网站

1. http://www.cmbchina.com 招商银行
2. http://www.eastmoney.com 东方财富网
3. http://www.zgjrw.com 中国金融网
4. http://www.ecitic.com 中信金融网

综 合 练 习

一、名词解释

证券 有价证券 商品证券 货币证券 资本证券 证券市场 投资 金融投资 证券投资 直接金融投资 间接金融投资

二、多项选择题

1. 证券投资和储蓄投资的区别表现在(　　)。
   A. 投资增值的效果不同
   B. 性质不同
   C. 证券持有者和银行存款人的法律地位不同
   D. 存续时间和转让条件不同

E. 风险不同
2. 证券投资的构成要素有（　　）。
   A. 主体　　　　　B. 客体　　　　　C. 环境　　　　　D. 时间
   E. 经验
3. 投资目标一般有（　　）。
   A. 资本保全　　　B. 资本增值　　　C. 当前收益　　　D. 总收益
   E. 避险
4. 证券投资学的研究对象包括（　　）。
   A. 各种有价证券的特殊运动形式　　B. 各种有价证券的运动规律
   C. 各种有价证券的经济关系　　　　D. 证券市场的运动规律
   E. 投资主体的投资活动规律

三、思考题

1. 简述有价证券的种类和特征。
2. 什么是投资？如何正确理解投资的含义？
3. 什么是证券投资？它与实物投资有何异同？
4. 证券投资一般要经过哪些步骤？
5. 你认为在人生的青年、中年、老年等不同生命阶段，会各自偏重4种投资目标中的哪一种？请说明理由。
6. 试说明直接金融投资与间接金融投资的主要区别和相互关系。

第 2 章

证券投资工具

【学习目标】

通过本章学习,读者应了解证券投资工具的基本知识,掌握证券投资工具中的债券、股票、投资基金的概念、特点、分类等知识,能够运用所学的基本知识,为进行证券投资分析打下理论基础。

80后的理财故事:善用各种金融工具

小蔡虽是一名80后,因为在银行上班的关系,她很早就接触到了金融理财知识,现在她已经是一名专业的理财规划师了。尽早达到财务自由是小蔡的理财终极目标,于是工作不久的小蔡在25岁就为自己制订了一份理财规划。

"我每个月会对自己的薪酬收入列一个支出计划表,把满足必要支出后的部分节余用来定投基金,定投的扣款日即为发工资的后一日,从而强制使自己做好储蓄。"从2007年开始的每月投入500元,到2008年增加到1 500元,再到如今每月2 000元的月投入,小蔡根据自己的开支情况不断调整着投资金额。"选择基金定投,主要出于两个方面的考虑:一方面,从长期而言基金定投在平抑风险的同时可以获得较好的收益;另一方面,通过定投不同类型的基金,可以形成一个小小的适合自己的稳定的投资组合,且通过网上银行、手机银行等途径就可以很方便地随时把握基金走势。"

在之后的时间里,小蔡又分别参与了股票交易、黄金T+0等操作。对于股票,她一直持谨慎态度,基本只要赚到10%的收益就见好而收。如果股市不好,她会把重心放在黄金T+0上,比较看好黄金的中长期走势,另外操作时间也不会影响她的上班时间。在投资金额中,年终奖是她进行投资的主要资金来源。扣去孝敬父母的金额,她会将其中的一部分投入资本市场,其余则通过定期存款的形式留存为备用金。

资料来源:作者根据有关资料整理而得

【启示】 小蔡的窍门就是要学会"善用工具"。在现实生活中,投资理财有哪些工具呢?小蔡投资的基金、股票……都有哪些特点呢?这些我们还真得搞清楚了。本章就是介绍这些证券投资的工具的。

2.1 有价证券概述

2.1.1 有价证券的定义和分类

1. 有价证券的定义

证券是商品经济和社会化大生产发展的产物,其含义非常广泛。从法律意义上说,证券是指各类记载并代表一定权利的法律凭证的统称,用以证明持券人有权依其所持证券记载的内容而取得应有的权益。从一般意义上来说,证券是指用以证明或设定权利所做成的书面凭证,它表明证券持有人或第三者有权取得该证券拥有的特定权益,或证明其曾经发生过的行为。

有价证券(valuable papers)是指标有票面金额,证明持券人有权按期取得一定收入并可自由转让和买卖的所有权或债权凭证,这类证券本身没有价值,但由于它代表着一定量的财产权利,持有者可凭以直接取得一定量的商品、货币,或是取得利息、股息等收入,因而可以在证券市场上买卖和流通,客观上具有了交易价格。影响有价证券价格的因素很多,主要是预期收入和市场利率,因此,有价证券价格实际上是资本化了的收入。

2. 有价证券的分类

有价证券有广义与狭义两种概念,广义的有价证券包括商品证券、货币证券和资本证券。

商品证券是证明持券人拥有商品所有权或使用权的凭证,取得这种证券就等于取得这种商品的所有权,持有者对这种证券所代表的商品所有权受法律保护。属于商品证券的有提货单、运货单、仓库栈单等。

货币证券是指本身能使持券人或第三者取得货币索取权的有价证券,它主要包括两大类:一类是商业证券,主要包括商业汇票和商业本票;另一类是银行证券,主要包括银行汇票、银行本票和支票。

资本证券是指由金融投资或与金融投资有直接联系的活动而产生的证券。持券人对发行人有一定的收入请求权,它包括股票、债券及其衍生品种如认股权证、可转换债券等。

资本证券是有价证券的主要形式,狭义的有价证券即指资本证券。在日常生活中,人们通常把狭义的有价证券——资本证券直接称为有价证券乃至证券。本书即在此种意义上使用这一概念。

有价证券可以从不同角度、按不同标准进行分类：

(1) 按证券发行主体分类。按证券发行主体的不同，有价证券可分为政府证券、政府机构证券和公司证券。

政府证券通常是由中央政府或地方政府发行的债券。中央政府债券也称国债，通常由一国财政部发行。地方政府债券由地方政府发行，以地方税或其他收入偿还。政府机构证券是由经批准的政府机构发行的证券，政府机构证券与政府证券的发行主体不同，我国目前还不允许政府机构发行证券。公司证券是公司为筹措资金而发行的有价证券，其包括的范围比较广泛，有股票、公司债券及商业票据等。此外，在公司证券中，通常将银行及非银行金融机构发行的证券称为金融证券，其中金融债券尤为常见。

(2) 按证券适销性分类。证券按是否具有适销性，可以分为适销证券和不适销证券。

适销证券是指证券持有人在需要现金或希望将持有的证券转化为现金时，能够迅速地在证券市场上出售的证券。这类证券是金融投资者的主要投资对象，包括公司股票、公司债券、金融债券、国库券、公债券、优先认股权证以及认股证书等。

不适销证券是指证券持有人在需要现金时，不能或不能迅速地在证券市场上出售的证券。这种证券虽不能或不能迅速地在证券市场上出售，但都具有投资风险较小、投资收益确定、在特定条件下也可以换成现金等特点，如定期存单等。

(3) 按证券上市与否分类。按证券是否在证券交易所挂牌交易，证券可分为上市证券和非上市证券。

上市证券又称挂牌证券，是指经证券主管机关批准，并向证券交易所注册登记，获得在交易所内公开买卖资格的证券。

非上市证券也称非挂牌证券、场外证券，指未申请上市或不符合在证券交易所挂牌交易条件的证券。

(4) 按证券收益是否固定分类。根据收益的固定与否，证券可分为固定收益证券和变动收益证券。

固定收益证券是指持券人可以在特定的时间内取得固定的收益并预先知道取得收益的数量和时间，如固定利率债券、优先股股票等。

变动收益证券是指因客观条件的变化其收益也随之变化的证券。如普通股，其股利收益事先不确定，而是随公司税后利润的多少来确定，又如浮动利率债券也属此类证券。

一般说来，变动收益证券比固定收益证券的收益高、风险大，但是在通货膨胀条件下，固定收益证券的风险要比变动收益证券大得多。

(5) 按证券发行的地域和国家分类。根据发行的地域或国家的不同，证券可分为国内证券和国际证券。

国内证券是一国国内的金融机构、公司企业等经济组织或该国政府在国内资本市场上以本国货币为面值所发行的证券。

国际证券则是由一国政府、金融机构、公司企业或国际经济机构在国际证券市场上以其他国家的货币为面值而发行的证券,包括国际债券和国际股票两大类。

(6)按证券募集方式分类。根据募集方式的不同,证券可分为公募证券和私募证券。

公募证券是指发行人通过中介机构向不特定的社会公众投资者公开发行的证券,其审批较严格并采取公示制度。

私募证券是指向少数特定的投资者发行的证券,其审查条件相对较松,投资者也较少,不采取公示制度。其投资者多为与发行者有特定关系的机构投资者,也有发行公司、企业的内部职工。

(7)按证券性质分类。证券按其经济性质可分为基础证券和金融衍生证券两大类。

股票、债券和投资基金都属于基础证券,它们是最活跃的投资工具,是证券市场的主要交易对象,也是证券理论和实务研究的重点。

金融衍生证券是指由基础证券派生出来的证券交易品种,主要有金融期货与期权、可转换证券、存托凭证、认股权证等。

2.1.2 有价证券的特征

有价证券具有以下基本特征:

(1)产权性。证券的产权性是指有价证券记载着权利人的财产权内容,代表着一定的财产所有权,拥有证券就意味着享有财产的占有、使用、收益和处分的权利。在现代经济社会里,财产权利和证券已密不可分,两者融合为一体,权利证券化。虽然证券持有人并不实际占有财产,但可以通过持有证券,在法律上拥有有关财产的所有权或债权。

(2)收益性。收益性是指持有证券本身可以获得一定数额的收益,这是投资者转让资本使用权的回报。证券代表的是对一定数额的某种特定资产的所有权或债权,而资产是一种特殊的价值,它要在社会经济运行中不断运动,不断增值,最终形成高于原始投入价值的价值。由于这种资产的所有权或债权属于证券投资者,投资者持有证券也就同时拥有取得这部分资产增值收益的权利,因而证券本身具有收益性。有价证券的收益表现为利息收入、红利收入和买卖证券的差价。收益的多少通常取决于该资产增值数额的多少和证券市场的供求状况。

(3)流通性。证券的流动性又称变现性,是指证券持有人可按自己的需要灵活地转让证券以换取现金。流通性是证券的生命力所在。证券的期限性约束了投资者的灵活偏好,但其流通性以变通的方式满足了投资者对资金的随机需求。证券的流通是通过承兑、贴现、交易实现的。证券流通性的强弱,受证券期限、利率水平及计息方式、信用度、知名度、市场便利程度等多种因素的制约。

(4)风险性。证券的风险性是指证券持有者面临着预期投资收益不能实现,甚至使本金也受到损失的可能。这是由证券的期限性和未来经济状况的不确定性所致。在现有的社会生产条件下，未来经济的发展变化有些是投资者可以预测的，而有些则无法预测，因此，投资者难以确定他所持有的证券将来能否取得收益和能获得多少收益，从而就使持有证券具有风险。

（5）期限性。债券一般有明确的还本付息期限，以满足不同投资者和筹资者对融资期限以及与此相关的收益率需求。债券的期限具有法律的约束力，是对双方的融资权益的保护。股票没有期限，可视为无期证券。

2.2　股　　票

2.2.1　股票概述

1. 股票的概念

股票是股份公司为筹集长期资金而公开发行的一种有价证券，是股份公司发给股东证明其所入股份的凭证。投资者在认购了股份公司的股票以后，就成为该公司的股东，股东按其持有的股份多少，对公司经营管理、重大投资事项的决定、红利分配等享有相应的权利。而股票是股东对股份公司享有权利的依据。股票是证券市场上投资者进行投资的主要投资品种，截至 2012 年 3 月 23 日，沪市上市公司为 977 家，深市上市公司为 1 449 家，两市合计已经超过 2 000 家，这使投资者有了更多的选择余地。

2. 股票的格式与内容

股票作为一种所有权凭证，有一定的格式与内容，从股票的发展历程看，最初的股票票面格式和内容既不统一，又不规范，由各发行公司自行决定。随着股份制度的发展和完善，为了避免纠纷与混乱，各国对股票票面格式和内容作了规定，提出票面应载明的事项和具体要求。我国《公司法》规定："股票采用纸面形式或者国务院证券监督管理机构规定的其他形式。股票应当载明下列主要事项：公司名称、公司成立日期、股票种类、票面金额及代表的股份数、股票的编号。股票由法定代表人签名，公司盖章。发起人的股票，应当标明发起人股票字样。"

一般而言，股票的票面内容包括正、反两面载明的内容。股票的正面应载明下列事项：

① 发行股票公司的名称，所在地址；

② 批准发行股票的机构、批准日期和批准文号；

③ 股票种类、票面金额及代表的股份数；

④ 股票的编号；

⑤ 发行日期；

⑥ 公司章程有关条款；

⑦ 公司的印章及法定代表人签字签章；
⑧ 防伪暗记。

股票的背面一般印制和登记下列内容：

① 股票持有人的姓名及证明身份的证件号码；
② 记载股票转让、过户的登记栏；
③ 公司认为需要说明的其他事项。

图 2.1 为上海延中实业（600601,SH,现已更名为方正科技）的股票式样。

图 2.1 延中实业的股票式样

2.2.2 股票的性质与特点

1. 股票的性质

（1）股票是一种有价证券。一般讲到有价证券，主要是指其所代表的权利是一种具有财产价值的权利，同时行使这种权利必须以持有该证券作为必要条件。由此来看，股票是有价证券的一种。

（2）股票是一种要式证券。股票应记载一定的事项，其内容要全面真实，这表现在股票的制作程序、记载的内容和记载方式都必须符合法律规定和公司章程的规定。如果股票记载的内容欠缺或不真实，缺少规定的要件，股票就无法律效力。另外，股票的制作和发行都必须经过证券主管机关的审核和批准，并受到国家的严格控制和监督，任何个人或团体，不得擅自印制、发行股票。

（3）股票是一种资本证券。股份公司发行股票作为吸引认购者投资以筹措公司自有资本的手段，对认购者而言，购买股票就是投资行为。股票可以作为买卖或抵押的对象，是金融市场上主要的、长期的信用工具。因此，股票是投入股份公司的资本份额的证券化，属于资本证券。但股票不是现实的财富，股票的资本价值具有虚幻的性质，是一种虚拟资本。

（4）股票是一种证权证券。证券可以分为设权证券和证权证券。设权证券是指证券所代表的权利本来不存在，而是随着证券的制作而产生，即权利的产生是以证券的制作和存在为条件的。证权证券是指证券是权利的"一种物化的外在形式"，它是权利的载体，权利是已经存在的。股票代表的是股东权利，它的发行是以股份的存在为条件的，股票只是把已经存在的股东权利表现为证券的形式，它的作用不是创造股东的权利，而是证明股东的权利。股东权利可以不随股票的损毁或遗失而消失，股东可以依照法定程序要求公司补发新的股票。因此，股票是证权证券。

（5）股票是一种综合权利证券。股东权是一种综合权利，包括出席股东大会、投票表决、分配股息红利等权利。股东虽然是公司财产的所有者，享有种种权利，但对于公司的财产不能直接支配处理,而对公司的财产直接支配处理是物权证券的特征,所以股票不属于物权证券。此外,投资者一旦购买了股票,他就成为公司部分财产的所有人,但该所有人在性质上是公司内部的一分子,而不是与公司对立的债权人,所以股票也不是债权证券。

2. 股票的特点

股票是投资者对股份有限公司投资入股的凭证,又是股份的书面表现形式,作为投资工具,股票一般具有如下几方面的特点。

(1) 不可返还性。股票的不可返还性是指股票是一种无返还期限的投资工具,投资者一旦购买了股票,就不能要求发行股票的公司退还其投资入股的本金。股票的有效期与股份公司的存续期间相联系,两者是并存关系,这种关系实质上反映了股东与股份公司之间稳定的经济关系。因为股本是没有还本可能的,除非公司破产清偿或因故解散,故股票的不可返还性是由股本的非偿还性所决定的。这一特征是股票与其他金融市场工具之间的重要区别。理解股票的不可返还性应注意两点:其一,股票虽然属于永久性投资,但因其具有流动性,股票持有者可以通过出售股票而转让其股东身份;其二,一旦股份公司不再存在,其发行的股票也就分文不值。

(2) 风险性。证券投资风险的内涵是预期收益的不确定性。股票尽管可能给持有者带来收益,但该收益是不确定的,投资于股票必须承担一定的风险。股票作为高风险的投资工具,是由股本清偿性上的附属性和报酬上的剩余性所决定的。公司实现的税后利润要首先支付到期的对外负债并提取公积金,然后才能以股息、红利的方式向股东支付报酬,如果剩余利润少或没有剩余利润,可以少发或不发放股息、红利。股票的收益直接受到公司盈利状况的影响,有利则分,无利不分,利多多分,利少少分。当公司解散或破产清算时,其财产要首先清偿其所欠税款和债务,剩余财产才能分配给股东。一旦公司倒闭,该公司股票可能将一文不值。此外,股票的价格也受公司盈利状况及相关政治、经济等因素的影响,变化无常。如果股票价格下降,投资者也会蒙受损失。

(3) 收益性。投资者购买股票的目的在于获取收益。由于股本具有报酬上的剩余性,剩余利润越多,报酬便越多,既不受股票面额影响,又没有一个事先严格规定的封顶标准,所以,股票具有潜在的收益性。股票的收益分成两类:第一类来自于股份公司,即股票持有者从股份公司领取的股息或分得的红利,股息红利的多少取决于公司的经营状况和盈利水平;第二类来自于股票流通,即投资者低买高卖获得的价差收益。

(4) 流通性。流通性是指股票持有人可按自己的意愿和市场情况,灵活地转让股票。法律赋予了股票的可自由转让性,因而股票成为一种流动性较强的证券。事实上,股本的有限责任性决定了股票必须能够自由转让。假如股本具有无限责任,股东投入了股本就要以个人全部财产作为清偿公司债务的保证,一旦公司的全部财产不足以清偿其全部债务时,债权人有权要求公司股东以其个人财产清偿。这时的股本便不代表股东投入公司的金额,而是代表股东的全部财产。在这种情况下,如果股东把代表股本的股票转让给他人,股票的价值就会因持有人的富有程度而发生变化。同一张股票,富人持有时价值高,穷人持有时价值低,这样的工具是无法转让的。具有有限责任的股本则不然,股票的价值完全不取决于谁持有股票,这样股票才成为一种非个人性的可转让的投资工具。

(5) 投机性。股票的投机性是指投资者利用股票交易价格与票面价格的不一致及交易价格的频繁波动,通过低买高卖来获取价差收益的行为。股票的投机性虽然对公司股东的稳定和经济具有一定破坏性,但对活跃市场交易,加速资本流动也具有积极意义。

2.2.3 股票的种类

股票的种类繁多,可以按不同的标准将股票划分成不同的类型,这里只介绍常见的股票分类。

1. 普通股和优先股

按股东享有权利和承担风险大小的不同,可将股票分为普通股股票和优先股股票。

(1) 普通股。普通股是股份公司最初发行的,最基本、最常见和最重要的股票形式。普通股是股份有限公司资本构成中最基本的股份,每一股普通股股份对公司财产都拥有平等权益,且对其股东享有的平等权利不加以特别限制,并能随公司利润的变化而分取相应的红利。普通股股票的持有人是公司的基本股东,又是拥有经营管理参与权的股东。通常在股份有限公司中必须有一定数量的普通股股东。

按各国公司法的规定,在公司的存续期间,普通股股东都平等地享有下列法定的不受任何特别限制的权利。

① 公司经营决策的参与权。普通股股东平等的经营决策的参与权表现为:每持有一个股份就有一票表决权,同股同权,任何人不得以任何理由剥夺其表决权。表决权的多寡视其持有的股份数而定,持有的股份数越多,享有的表决权就越多。股东可以直接出席股东大会来行使表决权,也可以按规定手续委托代理人出席股东大会代为行使表决权。在实践中,与股东参与权相联系的一个问题是控制权,股东享有参与权并不意味着就能完全控制股份公司的经营管理决策。由于股东人数众多,所以,对公司的控制不一定需要持有绝对多数股票。少数股东如能根据公司章程规定的表决制度达到选举董事所需的一定比例的股票份额,就可以选派董事,通过这些董事及其选定的经理人来控制股份公司的运作。股东投票制可以采取多数投票制和累积投票制两种方法。多数投票制下,股东的表决权按其实际拥有的股票份数计算,每持有一股就有一票表决权;累积投票制下,股东的表决权则按其实际拥有的股票份数乘以待选董事人数来计算。无论如何,少数大股东都能通过经营决策参与权的行使来控制股份有限公司的经营。

② 公司盈余分配权。公司盈余分配权是指普通股的股东有权获得股利,但必须是从公司的净利润中分取。即公司的税后利润必须先弥补亏损,提取公积金、公益金,发放优

先股股息,之后才能支付普通股的股息和红利,且数额不固定。净利润多,可以多分配,净利润少就少分配,没有净利润就不分配。一般而言,股份有限公司的净利润并非全部分配给普通股股东,通常要保留一部分盈余用于增加公司资本的投入量,或用于维持未来收益分配的稳定性。

③ 剩余资产分配权。在公司因破产或解散而进行清算时,普通股的股东有权要求分得公司的剩余资产,但必须是在公司资产满足了公司债权人的清偿权和优先股股东分配剩余资产的请求权之后。

④ 优先认股权。普通股股东有优先认股权,即公司增发股票时,普通股股东有优先购买新发行股票的权利,以保持其持有的股票在公司总股本中的比例不变,从而维持其在公司中的权益。拥有优先认股权的股东可以有三种选择:一是行使其优先认股权,认购新发行的股票;二是出售、转让其认股权并从中获利;三是转让或出售认股权比较困难时,放弃优先认股权,听任其过期失效(认股权的有效期一股不超过 3 个月)。

普通股股票的种类。不同股份公司发行的普通股股票由于其在市场中的公众形象、投资功能及风险让渡等方面的不同,表现出不同的特点,从而形成了不同的类别。常见的普通股股票的种类有以下几种。

① 蓝筹股股票。蓝筹股股票专指一些业绩优良的大公司发行的普通股股票。这些大公司一般都是经营业绩好,资信程度高,金融实力强,又在所属行业居于重要甚至支配性地位的优秀企业。它们发行的普通股股票收益稳定且优厚,投资者乐于认购并持有。当然,如果发行公司不再拥有上述优势,则其发行的股票也就不再称为蓝筹股股票。

② 成长性股票。成长性股票通常是指成长率高于整个国家及其所在行业增长水平的股份有限公司所发行的股票。企业的成长率主要表现在其销售额及利润的增长幅度方面。成长率高的公司,其销售额及利润的增长幅度要比国民经济增长率高出几倍甚至十几倍。公司的成长率会随着企业规模的扩大、所处行业的发展而逐渐降低。一旦公司放慢了增长步伐,成长率下降,其所发行的股票也就不再是成长性股票。

③ 周期性股票。周期性股票是指股票收益随经济周期而波动的公司所发行的股票。这类股票的特点是:当经济繁荣时,股份公司的利润增加,股票的价格也随之上升;在经济萧条时,公司利润减少,股票的价格下跌。如航空、机械制造、汽车、钢铁、建筑材料等行业的公司发行的股票都属于周期性股票。

④ 防守性股票。防守性股票是与周期性股票相对应的股票,指的是在经济条件普遍恶化时,收益高于其他股票的平均收益的股票。防守性股票的主要特点在于,当经济衰退或经济条件恶化时,其收益具有一定的稳定性。如公用事业、医药等行业的公司发行的股票。

⑤ 投机性股票。投机性股票是指自身价格很不稳定或其发行公司的前景很不确定的股票。由于各种不稳定或不确定因素的存在,这些股票的价格可能在短时间内发生大幅度的涨跌,因而投机性很强,同时风险也很大。如我国股票市场上出现的"重组概念

股",它们要么是经营业绩不好,每股收益很低,要么是由于连续亏损而被特别处理。但市场上流传着这类股票朦胧的重组传闻,使其投机性大增,往往被过度炒作。但是,如果预期的重组活动没有发生,或重组后其业绩没有发生大的改变,其股价又会大幅度下降,甚至可能被停牌。

(2) 优先股。优先股股票是相对于普通股股票而言的,是在分配公司收益和剩余资产方面比普通股股票拥有某些优先权的股票。优先股股票一般要在票面上注明"优先股"字样,它是特殊股票中最重要的一个品种。对优先股的内涵可以从两个角度理解。一方面,优先股股票作为一种股权证明,代表着对公司的所有权,这一点与普通股股票一样。但优先股股东又不具备普通股股东所具有的基本权利,而它的有些权利是优先的,有些权利却要受到限制。另一方面,优先股股票又兼具债券的某些特点,它在发行时事先确定固定的股息率,像债券的利息率事先固定一样。

优先股股票具体享有哪些优先权必须由公司章程加以明确规定,一般包括:优先股优先分配股息的顺序和定额;优先股优先分配股份有限公司剩余资产的顺序和定额;优先股优先行使表决权的条件、顺序和限制;优先股股东的权利和义务;优先股股东转让股份的条件等。其中最重要的优先地位体现在:一是优先领取股息。即公司实现的税后利润,在弥补了亏损(如果有的话)、提取公积金、公益金之后,如果还有剩余,应先支付优先股股票的股息,然后才向普通股股票进行分配;二是优先分配剩余资产。在公司破产或解散进行清算时,可先于普通股股票分得公司的剩余资产。

与普通股股票相比,优先股股票具有如下特点。

① 股息率固定。优先股股票通常在发行时就约定固定的股息率,不管公司经营状况和盈利水平如何变化,约定的股息率不变。如果没有剩余利润或剩余利润不足以按固定股息率派发股息,则按公司章程的规定或不派发股息(对非累积优先股),或累积到以后年度补发(对累积优先股)。优先股的股息率一般以票面价值的百分比表示,对于没有票面价值的优先股则直接标出其股息数。

② 优先分配剩余资产。当公司破产或解散进行清算时,在对公司剩余资产的分配上,优先股股东排在债权人之后,普通股股东之前。即优先股股票先于普通股股票分得公司的剩余资产。

③ 优先股股票的表决权受到一定限制。一般情况下,优先股没有投票表决权,无权过问公司的经营管理。优先股股票尽管有分配利润和剩余资产的优先权,但仍是有风险的。公司能否支付优先股股东约定的股息,得看公司是否有营业利润。当利润不足以付息时,优先股股东将得不到应得的股息。另外,优先股对公司资产的优先分配权不过是一项附带的条件,一般是徒有虚名。这是因为公司在倒闭破产时其剩余财产已所剩无几,即使有也大都成为公司债务的抵押品,能分到股东手中的实在是寥寥无几。

④ 具有可赎回性。优先股股东不能要求退股,但却可以依照优先股股票所附的赎回

条款,由发行公司以高于发行价格的赎回价格赎回。

设立和发行优先股股票,对于发行公司而言,其意义在于既可以广泛地筹集资金,又不影响普通股东对公司的经营管理权;同时,优先股股息固定,也不影响公司的利润分配。对投资者来说,购买优先股票收益固定,风险小于普通股,股息高于债券收益,而且股份可以转让,适合保守型投资者。

股份公司为了满足广大投资者和公司的多种需要,常常对优先股附加不同的优惠条件,形成了一系列既有同类本质共性又互相各异的优先股股票。

① 累积优先股与非累积优先股。累积优先股是最常见的、发行范围最广泛的优先股股票,是指可以将公司在以往年度未支付的股息累积起来,由以后营业年度的盈利一起支付的优先股股票。它具有股息率固定,股息可以累积计算的特点。如果公司当年经营不佳甚至发生亏损,没有盈利而不能分配股息,或盈利不足以支付全部股息,公司就将未分配的股息累积计算,直到公司盈利足以完全付清为止。累积优先股股东有权要求公司补付累积股息。非累积优先股是指按当年盈利分配股息,所欠股息不予累积计算,也不在以后年度的营业利润中补给的优先股股票。

② 参与优先股股票与非参与优先股股票。参与优先股股票是指除按规定的股息率获得股息外,还可以同普通股股票一起参加剩余利润分配的优先股股票。反之,不能与普通股股票一起参与剩余利润分配的优先股股票就是非参与优先股股票。

③ 可转换优先股股票和不可转换优先股股票。可转换优先股股票是指公司在发行这种优先股时,就附加了"转换"条款,规定股票的持有人在特定条件下可将其与公司发行的其他证券(通常是普通股或公司债券)进行转换。一般地说,应在公司章程中明确规定转换的具体要求,即转换权限、转换条件、转换期限、转换内容和转换手续。持有这类股票的股东可以根据公司的经营状况及公司普通股股票或债券的价格自行决定是否将其转换成普通股股票或公司债券。不可转换优先股股票,是指发行后不允许其持有者将它转换成其他种类股票或债券的优先股股票。

④ 可赎回优先股股票和不可赎回优先股股票。可赎回优先股股票是指在发行后一定时限内,公司按特定的赎买价格收回的优先股股票。股份公司一旦赎回自己的股票,必须在短期内予以注销。不可赎回优先股股票是指发行后按规定不能赎回的优先股股票。这种股票一经投资者认购,在任何条件下都不能由股份公司赎回。由于投资人不能从股份公司抽回股本,这就保证了公司资本的长期稳定。

⑤ 股息率可调整优先股和股息率固定优先股。股息率可调整优先股是指股票发行后股息率可以根据情况按规定进行调整的优先股。该种股票的股息率是可变动的,股息率的变化一般是随其他证券价格或银行存款利率的变化进行调整。股息率固定优先股是指股票发行后股息率固定不再变动的优先股。

从上述对优先股的分析可看出,优先股是股份有限公司出于特定的需要和满足投资者的不同要求而发行的股票。它是用一定的优先权作为对股东的某些权利限制的补偿，通常在公司急需筹集资金而又不想分散公司经营决策权时发行。而对于不关心经营决策权的稳健的投资者来说，优先股的收益率固定且高于普通公司债券或其他债券，是一种很好的、可供选择的投资工具。

2. 有面值股票和无面值股票

按股票有无票面额可将股票分为有面值股票和无面值股票。

（1）有面值股票。有面值股票是指股票的票面上记载有一定金额的股票，也称有面额股票。现在各国股份有限公司发行的股票多是有面值股票，许多国家都以法律的形式明确规定了有面值股票的最低票面金额，但英、美等国家的相关证券法规均不作规定，而由发行公司自己决定。

（2）无面值股票。无面值股票是指股票的票面上不记载金额的股票，也称无面额股票。这种股票仅在票面上标明每股在公司总股本中所占的比例，因此又称为比例股。无面值股票并不是说股票没有票面价值，只是它的价值随着公司实际资产总额的增减而增减，总处于变动状态，其票面金额不确定而已。在美国，这种股票比较常见，但大多数国家的证券法规定不允许发行这种股票。

无面值股票和有面值股票在性质上相同，都代表着股东对公司资本总额的投资比例，股东都享有同等的权利。但由于形式上的差异，无面值股票又具有下列特点。

无面值股票发行价格更为灵活自由，由于没有票面金额的限制，其发行价格可以自由确定，还能随公司的经营效益而浮动；便于进行股权分割，划分股东的权利与义务，计算盈余分配比例，所以这类股票又叫分权股票。由于公司可以灵活地确定无面值股票的发行价格，合理地进行股票的分割，投资者在认购时能计算股份的真实价值，不会被票面金额所迷惑，因此，能够提高股票的流通数量和流通速度，具有更强的流动性。无面值股票的缺陷在于：股票金额具有不确定性，公司不便于掌握，有可能产生欺诈行为。

3. 记名股票和不记名股票

按股票记名与否可将股票分为记名股票和不记名股票。

（1）记名股票，是指把股东的姓名记载在股票票面和公司的股东名册上的股票，记名股票所代表的股东权益归属于记名股东，除记名股东或其正式委托授权的代理人外，任何人不得行使股权。记名股票如果遗失，记名股东的资格和股东权利并不会消失，可依照法定程序要求公司补发。转让记名股票，必须依照法律和公司章程规定的程序办理过户手续，将受让人的姓名（名称）及其住所登记在股票票面和公司的股东名册上，否则，转让无效；只记载于股票票面而未记入公司股东名册上的也无效。就是说，记名股票不得私自转让，必须通过公司，并且必须通过法定程序办理过户手续。

（2）不记名股票，是指股票上不记载股东姓名的股票，无论是谁，只要持有股票就具有股东资格。股票转让时不需要办理过户手续，只要将股票交付给受让人，转让就是有效的。

记名股票与不记名股票相比,其区别只是是否记载股东姓名,其代表的股东权的内容并无区别。我国公司法规定,公司发行的股票,可以为记名股票,也可以为无记名股票。公司向发起人、法人发行的股票,应当为记名股票,并应当记载该发起人、法人的名称或者姓名,不得另立户名或者以代表人姓名记名。

4. 表决权股票和无表决权股票

表决权股票是指持有人对公司的经营管理享有表决权的股票。根据被赋予的表决权不同,表决权股票又可分为以下几种。

① 普通表决权股票,即每股股票只享有一票表决权,也称为单权股票。该类股票符合同股同权的原则,各国公司法均予以确认,其适用范围广泛,发行量大。

② 多数表决权股票,即每股股票享有若干表决权,也称多权股票或议决权股票。这种股票是股份有限公司向特定的股东(如公司董事会或监事会成员)发行的,其目的在于保证某些股东对公司的控制权,限制公司外部股东对公司的控制,或限制股票的外国持有者对本国产业的控制。

③ 限制表决权股票,即表决权受到法律和公司章程限制的股票。如当某股东持有的股票达到一定数量后,即限制其拥有的表决权,以保护众多小股东的权益。

④ 有表决权优先股股票,这种股票是优先股中的特例,持有该股票的股东可以参加股东大会,有权对规定范围内的公司事务行使表决权。

无表决权股票是指根据法律或公司章程的规定,持有人对公司的经营管理不享有表决权的股票。发行人通常要提供收益分配和剩余财产清偿的优先权作为对股东不享有表决权的补偿。公司发行无表决权股票既有利于少数大股东对公司的控制,又可满足那些只为获取投资收益而不重视决策参与权的投资者的需要。

5. A 股、B 股、H 股、N 股和 S 股

我国上市公司的股票有 A 股、B 股、H 股、N 股和 S 股等的区分。

(1) A 股。A 股的正式名称是人民币普通股票。它是由我国境内的公司发行,供境内机构、组织或个人(不含台、港、澳投资者)以人民币认购和交易的普通股股票。

(2) B 股。B 股也称为人民币特种股票。是指那些在中国境内(上海、深圳)证券交易所注册、上市的特种股票。以人民币标明面值,但只能以外币认购和交易。图 2.2 就是上海证券市场发行的一张人民币特种股票。

(3) H 股。H 股也称为国企股,是指国有

图 2.2 第一铅笔(B 股)人民币特种股票

企业在中国香港（Hong Kong）上市的股票。

（4）S股。S股是指那些主要生产或者经营等核心业务在中国大陆，而企业的注册地在新加坡（Singapore）或者其他国家和地区，在新加坡交易所上市挂牌的企业股票。

（5）N股。N股是指那些在中国大陆注册，而在纽约（New York）上市的外资股。

【专栏 2.1】

上海"老八股"

提起上海"老八股"，几乎是尽人皆知，但如果问"老八股"是哪八只股票，它们是何时发行的，这八家公司的创立背景如何，它们的股票是什么样的，它们的收藏价值何在？恐怕就没有多少人知道得那么清楚了，这里就给朋友们介绍一下"老八股"。它们是上海申华电工联合公司、上海豫园旅游商城股份有限公司、上海飞乐股份有限公司、上海真空电子器件股份有限公司、浙江凤凰化工股份有限公司、上海飞乐音响股份有限公司、上海爱使电子设备股份有限公司、上海延中实业股份有限公司。上海"老八股"股票式样如图2.3所示。

上海申华电工联合公司
股票代码：600653 股票名称：申华控股

上海豫园旅游商城股份有限公司
股票代码：600655 股票名称：豫园商城

上海飞乐股份有限公司
股票代码：600654 股票名称：飞乐股份

上海真空电子器件股份有限公司
股票代码：600602 股票名称：广电电子

浙江凤凰化工股份有限公司
股票代码：600656 股票名称：ST方源

上海飞乐音响股份有限公司
股票代码：600651 股票名称：飞乐音响

上海爱使电子设备股份有限公司
股票代码：600652 股票名称：爱使股份

上海延中实业股份有限公司
股票代码：600601 股票名称：方正科技

"老八股"是一种历史遗产，也是利用或依托资本市场发展来推进我国产权改革的破冰之作。它的历史意义还在于：不仅影响了中国股市早期的试点和后来的发展，而且对中国经济体制改革也产生了深远的影响。"老八股"的前世今生，既翻开了当代中国证券市场发展的新页，又预示了改革本身就是一种发展。

图2.3 上海"老八股"股票式样

上海申华电工联合公司于1987年年初向社会公开发行股票1万股，每股金额100元，总计金额100万元，是上海市郊区唯一一家向社会公开发行股票的股份制企业。1990年3月1日起正式上市交易。1990年12月中旬该公司进行股票拆细，把一股拆成十股，每股面值10元，同时以每股15元的价格发行了40万股面额10元的股票。1992年3月

20日该公司正式更名为上海申华实业股份有限公司。

上海豫园旅游商城股份公司是在上海豫园商场股份有限公司的基础上重新组建的股份制企业。为适应上海商业、旅游业的发展,进一步开发建设豫园地区的商业、旅游业,豫园商场股份有限公司吸收上海豫园旅游服务公司等12家公司共同发起,组成上海豫园旅游商城股份有限公司。其注册资本总额11 290.428万元,每股10元,计1 129.042 8万股,国有股、法人股、个人股分别占14.34%、71.64%和14.02%。其中发起人投资折计5 940.428万元,向社会法人公开发行4 000万元,向社会个人发行1 350万元,包括公司内部职工认购240万元,定向商场公司个人股股东发行150万元,用于优先配购公司股票。公司股票每股10元,股票面额分为1 000股和10股两种。

上海飞乐股份有限公司原为上海飞乐电声总厂。飞乐电声总厂成立于1980年,是经上海市仪表电讯工业局批准,由全民企业上海无线电十一厂,集体企业上海电子元件十厂和上海风雷广播器材厂联合组成的国营、集体联营企业。1984年曾发起组建飞乐音响股份有限公司。因此,习惯上将飞乐股份称为"大飞乐",而将飞乐音响称为"小飞乐"。

1986年,上海市着手酝酿以国营大中型企业为主,选择8家企业进行股份制试点。最后正式批准上海真空电子器件公司为股份制试点企业,成为上海第一家实行股份制的大中型国有企业。上海真空电子器件股份有限公司是由上海灯泡厂、电子管厂、电子管二厂、电子管三厂、电子管四厂、显像管玻璃厂、电真空器件研究所这六厂一所组成的资产一体化股份制公司。1987年1月12日发行普通股14.5万股。1988年4月26日发行12.5万股,1989年2月28日发行22.1万股,每股面值100元。1991年11月29日又溢价发行了B种股票,成为中国第一张专供海外投资者认购的人民币特种股票。发行量100万股,每股100元,发行价420元/每股。

1985年1月,上海延中实业股份有限公司成立,发行股票80万股,每股10元,其中法人股5万股,个人股45万股。

1986年9月26日,延中实业与飞乐音响两只股票率先在中国工商银行上海信托投资公司静安证券部柜台交易,这是我国首批上市交易的股票。

浙江凤凰化工股份有限公司是1988年10月由原兰溪化工总厂改组而成的,是浙江省第一家国营大中型股份制企业,实收股本2 563万元。公司主要生产日用化工产品和化工原料。浙江凤凰化工作为第一个在上海上市的外省市股票,标志着上海的证券交易已打破了行政区域的限制。

1984年11月14日,经人民银行上海分行批准,由上海飞乐电声总厂、飞乐电声总厂三分厂、上海电子元件工业公司、工商银行上海市分行信托公司静安分部发起设立上海飞乐音响股份有限公司,向社会公众及职工发行股票。总股本1万股,每股面值50元,共筹集50万元股金,其中35%由法人认购,65%向社会公众公开发行。成为上海市第一家股份制企业,而且飞乐音响公司这次发行的股票,没有期限限制,不能退股,可以流通转让,也可以说是我国改革开放新时期第一张真正意义上的股票。人们习惯称之为"小飞乐"。

"小飞乐"在我国股份制试点历史中创造了四个第一。①是上海市首家向社会公开发行股票的公司。②1986年9月26日,飞乐音响与延中实业两只股票率先在中国工商银行上海信托投资公司静安证券部进行柜台交易,这是我国改革开放以来第一次股票买卖交易。③1986年11月14日,国家领导人在北京人民大会堂会见美国纽约证券交易所董事长约翰·凡尔霖率领的美国证券代表团,将一张面额为人民币50元的上海飞乐音响公司股票送给凡尔霖,这张"小飞乐"股票成为第一张被外国人拥有的股票,凡尔霖先生成为中国上市公司第一位中国股东。④1989年3月,"小飞乐"经批准,第一次增资扩散,采取对老股东无偿增资的方式,这是国内股份制度点中第一次实行无偿增资。

上海爱使电子设备股份有限公司于1985年1月公开发行股票,实收股本40万元。1991年8月经中国人民银行上海市分行批准,"爱使"向社会增发230万元股票,实有资产达到1 300万元,股东3 000多名。

上海"老八股"对中国第一代股民而言是一种难以割舍的情结。

资料来源:作者根据有关资料整理

2.3 债　　券

2.3.1 债券概述

1. 债券的定义

债券(Bond)是政府、金融机构、工商企业等机构直接向社会借债筹措资金时,向投资者发行,并且承诺按一定利率支付利息,并按约定条件偿还本金的债权债务凭证。债券的本质是债务的证明书,具有法律效力。债券购买者与发行者之间是一种债券债务关系,债券发行人即债务人,投资者(或债券持有人)即债权人。

由此,债券包含了以下四层含义:

(1) 债券的发行人(政府、金融机构、企业等机构)是资金的借入者;

(2) 购买债券的投资者是资金的借出者;

(3) 发行人(借入者)需要在一定时期还本付息;

(4) 债券是债的证明书,具有法律效力。债券购买者与发行者之间是一种债权债务关系,债券发行人即债务人,投资者(或债券持有人)即债权人。

2. 债券的基本要素

债券作为证明债权债务关系的凭证,一般由具有一定格式的票面形式来表现。通常,债券票面上基本标明的内容要素有:

(1) 债券价值。债券价值是债券的券面上所表示的金额。包括币种、票面金额。一一般而言,发行单位可设计几种面额,以方便投资者认购。

(2) 还本期限。还本期限指债券从发行之日起至偿清本息之日止的时间,即指债券的偿还年限。债券的期限长短主要依据债券发行人使用资金的计划、投资项目的投资回收期、金融市场利率的变动趋势以及债券市场的情况综合决定。如果债券发行者使用资金的周期比较长,投资项目的投资回收期也较长,而市场利率预计会逐渐上升,则债券的期限会长一些;反之,则债券的期限会短一些。

(3) 债券利率。债券利率也称作债券的息票利率,即在债券的券面上标明的利率。其表述方式如下:

债券利息与债券票面价值的比率,通常年利率用百分比表示。

债券的券面利率一般是参考当时的银行同期存款利率水平、债券市场的一般收益率水平、使用资金的年限、投资项目的收益率水平等因素确定的。

(4) 发行人名称。指明债券的债务主体,为债权人到期追回本金和利息提供依据。

上述四个要素是债券票面的基本要素,但在发行时并不一定全部在票面上印制出来。例如,在很多情况下,债券发行者是以公告或条例形式向社会公布债券的期限和利率。此外,一些债券还包含有其他要素,如还本付息方式。

【专栏2.2】

2012年记账式附息(四期)国债

其详细资料见表2.1。

表 2.1 2012 年记账式附息(四期)国债详细资料

债券代码	019204	发行额/亿元	280.0000
代码简称	12国债04	面额/元	100.00
发布时间	2012年2月24日	发行价/元	100.00
上市日	2012年2月29日	期限/年	10
年利率/%	3.51	债券价值	0
调整后年利率	0	上市地	沪市
计息日	2.23、8.23	发行单位	财政部
到期日	2022年2月23日	还本付息方式	半年付
兑付价/元	0	发行方式	荷兰式招标
发行起始日	2012年2月23日	债券类型	固定
发行截止日	2012年2月27日		

资料来源:和讯财经网 http://bond.money.hexun.com/all_bond/019204.shtml

2.3.2 债券的特征及类型

1. 债券的特征

债券作为一种债权债务凭证，与其他有价证券一样，也是一种虚拟资本，而非真实资本，它是经济运行中实际运用的真实资本的证书。

债券作为一种重要的融资手段和金融工具具有如下特征：

（1）偿还性。债券一般都规定有偿还期限，发行人必须按约定条件偿还本金并支付利息。

（2）流通性。债券一般都可以在流通市场上自由转让。债券的流动性是指其有较强的变现能力。债券的流动性对于筹资人来说，并不影响其所筹资金的长期稳定，而对于投资人来说，则是为其提供了可以随时转卖、变换现金的投资商品。

（3）安全性。债券的安全性是指债券的投资风险比较小。首先，债券的利率是固定的，筹资人必须按规定的期限和利率向投资人支付利息，直到期满为止。债券利率一般不受银行利率变动的影响，因而债券也称为"固定附息债券"。其次，本利安全。一方面债券本金的偿还和利息的支付有法律保障，国家在商业法、公司法、财政法、信托法等都有确保债券还本付息的明确规定；另一方面投资人可以根据债券的评级对债券风险的大小及安全程度作出判断。

（4）收益性。债券的收益性主要表现在两个方面：一是投资债券可以给投资者定期或不定期地带来利息收入；二是投资者可以利用债券价格的变动，买卖债券赚取差额。

（5）期限性。几乎所有债券都有规定的到期日，即其发行期限。按其发行期限或到期日的长短，债券可分为短期债券（期限为1年以内）；中期债券，（期限为1～5年）；长期债券（期限为5年以上）。到期日持有人将全部收回本金。

2. 债券的类型

（1）根据是否约定利息可分为零息债券、附息债券和息票累积债券。

① 零息债券。未约定支付利息，一般低于面值发行。

② 附息债券。约定半年/一年支付一次，又分固定、浮动利率债券。

③ 息票累积债券。债券到期一次性付本息，其间无利息。

（2）根据债券的券面形态可分为实物债券、凭证式债券、国家储蓄债券和记账式债券。

① 实物债券。具有标准格式实物券面的债券。在其券面上，一般印制了债券面额、债券利率、债券期限、债券发行人全称、还本付息方式等各种债券票面要素。实物债券不记名、不挂失、可上市流通。

② 凭证式债券。债权人认购债券的收款凭证，而不是债券发行人制定的标准格式的债券。

③ 国家储蓄债券即凭证式国债收款凭证。是由财政部发行的，有固定面值和票面利

率,以低质收款凭证记录债权债务关系的债券。国家储蓄债券从投资者购买之日起开始记息,可记名、挂失,不可上市流通。持有期提前支取,按持有天数支付利息。银行收取2‰的手续费。

④ 记账式债券。无实物形态的票券,利用账户通过计算机系统完成债券发行、交易及兑付的全过程,我国 1994 年开始发行。可记名、挂失和上市流通,安全性好。

(3) 根据发行主体可分为政府债券、金融债券和公司债券。

① 政府债券即国债。国债是国家为筹集资金而向投资者出具的、承诺在一定时期支付利息和到期偿还本金的债务凭证,由于发行主体是国家,所以它具有最高的信用度,被公认为是最安全的投资工具。图 2.4 为我国 1994 年发行的面额为 1 000 元的国库券。

图 2.4　中华人民共和国国库券式样

② 金融债券。金融债券是银行等金融机构作为筹资主体为筹措资金而面向个人发行的一种有价证券。

③ 公司债券。公司债券是由公司依照法定程序发行的,约定在一定期限还本付息的有价证券。

(4) 按是否有财产担保,债券可以分为抵押债券和信用债券。

① 抵押债券,是以企业财产作为担保的债券,按抵押品的不同又可以分为一般抵押债券、不动产抵押债券、动产抵押债券和证券信用抵押债券。抵押债券的价值取决于担保资产的价值。抵押品的价值一般超过它所提供担保债券价值的 25%～35%。

② 信用债券,是不以任何公司财产作为担保,完全凭信用发行的债券。其持有人只对公司的非抵押资产具有追索权,企业的盈利能力是这些债券投资人的主要担保。因为信用债券没有财产担保,所以在债券契约中都要加入保护性条款,如不能将资产抵押给其他债权人、不能兼并其他企业、未经债权人同意不能出售资产、不能发行其他长期债券等。

(5) 按是否能转换为公司股票,债券可以分为可转换债券、可交换公司债券和不可转换债券。

① 可转换债券,指在特定时期内可以按某一固定的比例转换成普通股的债券,它具有债务与权益双重属性,属于一种混合性筹资方式。由于可转换债券赋予债券持有人将

来成为公司股东的权利,因此其利率通常低于不可转换债券。若将来转换成功,在转换前发行企业达到了低成本筹资的目的,转换后又可节省股票的发行成本。根据《公司法》的规定,发行可转换债券应由国务院证券管理部门批准,发行公司应同时具备发行公司债券和发行股票的条件。

② 可交换公司债券(Exchangeable Bonds,EB),是成熟市场存在已久的固定收益类证券品种,它赋予债券投资人在一定期限内有权按照事先约定的条件将债券转换成发行人所持有的其他公司的股票。

可交换公司债券相比于可转换债券,有其相同之处,其要素与可转换债券类似,也包括票面利率、期限、换股价格和换股比率、换股期等;对投资者来说,与持有标的上市公司的可转换债券相同,投资价值与上市公司业绩相关,且在约定期限内可以约定的价格交换为标的股票。

不同之处一是发债主体和偿债主体不同,前者是上市公司的股东,后者是上市公司本身;二是所换股份的来源不同,前者是发行人持有的其他公司的股份,后者是发行人本身未来发行的新股。再者可转换债券转股会使发行人的总股本扩大,摊薄每股收益;可交换公司债券换股不会导致标的公司的总股本发生变化,也无摊薄收益的影响。

③ 不可转换债券,指不能转换为普通股的债券,又称为普通债券。由于它没有赋予债券持有人将来成为公司股东的权利,所以其利率一般高于可转换债券。本部分所讨论的债券的有关问题主要是针对普通债券的。

(6) 按利率是否固定,债券可以分为固定利率债券和浮动利率债券。

① 固定利率债券,是将利率印在票面上并按其向债券持有人支付利息的债券。该利率不随市场利率的变化而调整,因而固定利率债券可以较好地抵制通货紧缩风险。

② 浮动利率债券。浮动利率债券的息票率是随市场利率变动而调整的利率。因为浮动利率债券的利率同当前市场利率挂钩,而当前市场利率又考虑到了通货膨胀率的影响,所以浮动利率债券可以较好地抵制通货膨胀风险。

(7) 按是否能够提前偿还,债券可以分为可赎回债券和不可赎回债券。

① 可赎回债券,指在债券到期前,发行人可以以事先约定的赎回价格收回的债券。公司发行可赎回债券主要是考虑到公司未来的投资机会和回避利率风险等问题,以增加公司资本结构调整的灵活性。发行可赎回债券最关键的问题是赎回期限和赎回价格的制定。

② 不可赎回债券,指不能在债券到期前收回的债券。

(8) 按偿还方式的不同,债券可以分为一次到期债券和分期到期债券。

① 一次到期债券,是发行公司于债券到期日一次偿还全部债券本金的债券。

② 分期到期债券,指在债券发行的当时就规定有不同到期日的债券,即分批偿还本金的债券。

【专栏 2.3】

杨百万倒卖国库券掘得第一桶金

"我是1988年3月28日从工厂辞职的,把自己的铁饭碗扔下之后,在家里躺了两个礼拜,琢磨该干哪一行。"在杨百万回忆中,那两周做的另外一件事情,就是看报纸。在4月初的一天,一条新闻引起了他的注意:1988年4月21日,中国将开放国库券交易。

"我看过《子夜》,只要有证券交易,就有高低价。虽然我们是社会主义经济,但证券交易是市场经济的产物,只要存在,就一定会有高有低……"杨百万称,当时他就"傻"想,或许能从差价中赚上一笔。

在首个交易日,杨百万,不,是杨怀定,拿着两万元钱到了交易所,站在交易所的门口,他算了一笔账:国库券1985年的开盘价为104元,利息率为15%,如果2万元全部买下,一年就有利息3000元。"当时存在银行的利率是5.4%,全年利息为1080元。那多出来的近2000元,早已超出我在工厂的工资。"于是他把所有的钱都买了国库券,下午就发现涨到112元了,赶紧卖了,赚了1500多元。一年的工资到手了,杨怀定心放宽了些,又开始突发奇想:如果我能把104元的国库券买回来,再以112元的价格卖出去,不就可以赚钱了吗? 由于当时全国有7个城市都开放了国库券交易,杨怀定跑到上海图书馆翻看全国各地的党报,他查到,安徽合肥当日国库券开盘价为94元,收盘价为98元。

连夜去合肥! 一个来回,20 000元的本钱一下子变成了22 000多元。跑了几次以后,他决定借钱,在把所有亲朋好友的钱都借了之后,他手头有了14万元现金,开始背着更多的钱往返于合肥和上海之间。随着钱越来越多,杨怀定每一个往返所赚的钱也越来越多。而通过这种蚂蚁搬家式的积累,一年之间,杨怀定变成了杨百万。

资料来源:作者根据有关报道整理

2.4 证券投资基金

2.4.1 证券投资基金概述

证券投资基金是一种实行组合投资、专业管理、利益共享、风险共担的集合投资方式。与股票、债券不同,证券投资基金是一种间接投资工具。基金投资者、基金管理人和托管人是基金运作中的主要当事人。

1. 投资基金的概念

投资基金是一种受益证券,是通过发行单位基金证券,募集社会公众投资者资金,再分散投资于各种有价证券,所获收益按单位基金份额分配给公众投资者的一种投资工具。

2. 投资基金的性质

（1）投资基金是一种金融市场的媒介物。投资基金的管理者把投资者的资金转换成股票、债券等金融资产，并对这些金融资产负有经营、管理的责职，而且，投资基金必须按照基金合同的要求确定资金的投向，保证投资者的资金安全和投资收益的最大化。另外，投资者把资金交由基金管理者运用，基金运营的好坏，投资收益的高低取决于基金管理者的经营业绩，基金管理者按经营业绩的好坏提取费用，投资者则必须承担投资风险。而储蓄则不同，储蓄是存款人将货币资金存入银行，在间隔一定期限后可将本金和利息收回（除非存款银行破产）的一种投资方式，存款人的收益比较固定而风险则很低。银行要对吸收进来的资金进行有效的管理和运用，并对使用资金的盈亏负责。

（2）投资基金是一种金融信托形式。投资基金主要当事人有基金管理人（基金管理有限公司）、基金托管人（一般为银行）、基金持有人（投资者）三个。投资者根据各种基金的章程（其中包括基金的基本情况、投资操作目标、投资范围、投资组合、投资策略及投资限制），选择适合自己投资的基金。

基金管理人把投资者的资金集合起来，形成一笔巨额资金进行投资。基金管理人可根据事先确定的投资原则进行投资组合，可大大减少投资风险，并能获取较高的收益，而基金管理人与基金托管人之间订有信托契约；基金管理人主要负责按照基金契约的规定，运用基金资产投资并管理资产，同时及时、足额地向基金持有人支付基金收益；基金托管人主要负责安全保管基金的全部资产，执行基金管理人的投资指令并办理基金名下的资金往来，监督基金管理人的投资运作，复核、审查基金管理人计算的基金资产净值及基金价格。

（3）投资基金本身属于有价证券的范畴。投资基金设立时发行的受益凭证（基金证券）与股票、债券一起构成了有价证券的三大品种，投资者都希望通过购买这些有价证券获得较大的投资收益，在这一点上，三者之间并无实质上的差别。

2.4.2 证券投资基金的特征

投资基金作为一种专为中小投资者设计的金融投资工具，与其他投资方式相比，有着不可替代的独特的优势。

1. 集合理财、专业管理

基金将众多投资者的资金集中起来，委托基金管理人进行共同投资，表现出一种集合理财的特点。通过汇集众多投资者的资金，积少成多，有利于发挥资金的规模优势，降低投资成本。基金由基金管理人进行投资管理和运作。基金管理人一般拥有大量的专业投资研究人员和强大的信息网络，能够更好地对证券市场进行全方位的动态跟踪与深入分析。将资金交给基金管理人管理，使中小投资者也能享受到专业化的投资管理服务。

2. **组合投资、分散风险**

为降低投资风险，一些国家的法律通常规定基金必须以组合投资的方式进行基金的投资运作，从而使"组合投资、分散风险"成为基金的一大特色。中小投资者由于资金量小，一般无法通过购买数量众多的股票来分散投资风险。基金通常会购买几十种甚至上百种股票，投资者购买基金就相当于用很少的资金购买了一揽子股票，在多数情况下，某些股票下跌造成的损失可以用其他股票上涨的盈利来弥补，因此可以充分享受到组合投资、分散风险的好处。

3. **利益共享、风险共担**

证券投资基金实行"利益共享、风险共担"的原则。基金投资者是基金的所有者。基金投资收益在扣除由基金承担的费用后的盈余全部归基金投资者所有，并依据各投资者所持有的基金份额比例进行分配。为基金提供服务的基金托管人、基金管理人只能按规定收取一定比例的托管费、管理费，并不参与基金收益的分配。

4. **严格监管、信息透明**

为切实保护投资者的利益，增强投资者对基金投资的信心，各国(地区)基金监管机构都对基金业实行严格的监管，对各种有损于投资者利益的行为进行严厉的打击，并强制基金进行及时、准确、充分的信息披露。

5. **独立托管、保障安全**

基金管理人负责基金的投资操作，本身并不参与基金财产的保管，基金财产的保管由独立于基金管理人的基金托管人负责，这种相互制约、相互监督的制衡机制对投资者的利益提供了重要的保障。

2.4.3 证券投资资金的类型

投资基金内容丰富，种类繁多。在国外，不同投资目的的投资者几乎都可找到自己所需要的投资基金。由于划分的标准不同，投资基金可分为不同的类别。

1. **根据基金组织形态的不同，可分为公司型基金与契约型基金**

契约型基金又称单位信托基金，契约型基金由基金投资者、基金管理人、基金托管人之间所签署的基金合同而设立，基金投资者的权利主要体现在基金合同的条款上，而基金合同条款的主要方面通常由基金法所规定。

公司型基金在法律上是具有独立"法人"地位的股份投资公司。公司型基金依据基金公司的章程设立，基金投资者是基金公司的股东，享有股东权，并按所持有的股份承担有限责任、分享投资收益。基金公司设有董事会，代表投资者的利益行使职权。公司型基金在形式上类似于一般股份公司，但不同于一般股份公司的是它委托基金管理公司作为专业的财务顾问或管理公司来经营与管理基金资产。

契约型基金与公司型基金的区别主要表现在以下几个方面。

（1）资金的性质不同。契约型基金的资金是通过发行受益凭证筹集起来的信托资产；公司型基金的资金是通过发行普通股股票筹集起来的，是公司法人的资本。

（2）投资者的地位不同。契约型基金的投资者购买基金份额后成为基金合同的当事人之一，投资者既是基金的委托人，即基于对基金管理人的信任，将自己的资金委托给基金管理人管理和运作，又是基金的受益人，即享有基金的受益权。公司型基金的投资者购买基金公司的股票后成为该公司的股东。因此，契约型基金的投资者没有管理基金资产的权力，而公司型基金的股东通过股东大会享有管理基金公司的权力。由此可见，公司型基金的投资者比契约型基金的投资者权力要大一些。

（3）基金的运作依据不同。契约型基金依据基金合同运作基金，而公司型基金是根据基金公司的章程进行运作的。

公司型基金的优点是法律关系明确清晰，监督约束机制较为完善，但契约型基金在设立上更为简单易行。由于二者之间的区别主要表现在法律形式的不同，实际上并无优劣之分，因此，为使证券投资制度更具灵活性，许多国家都允许公司型基金与契约型基金并存。

在基金发展史上，投资基金最早是以"投资信托"形式出现的，即使是现在，信托型基金仍为很多国家所采用，而公司型基金则以美国的投资公司为代表。我国目前设立的投资基金均为契约型基金。

2. 根据基金规模是否可变，可分为开放型基金与封闭型基金

（1）开放型基金。开放型基金是指基金的资本总额或股份总额可以随时变动，即可以根据市场供求情况，发行新基金份额或赎回股份的投资基金。开放型基金的交易价格可根据基金净资产价值加一定手续费来确定。由于投资基金总额是不封闭的、可以追加的。因此也称为追加型投资基金。

（2）封闭型基金。封闭型基金是指基金资本总额及发行份数在基金发行之前就已确定下来，在基金发行完毕后和规定的期限内，基金的资本总额及发行份数都保持固定不变的投资基金。由于基金的受益凭证不能被追加认购或赎回，投资者只能通过证券商在证券交易市场进行交易，因此又称封闭型基金为公开交易投资基金。基金收益以股利、红利的方式支付给投资者。基金的交易价格虽然是以基金净资产价值为基础，但更多的是反映证券市场供求关系，通常情况下，基金交易价格或高于或低于基金净资产价值。

从基金发展的历史看，封闭式基金的出现早于开放式基金，在投资基金的初创阶段，一般以封闭式基金为主，而在投资基金进入成熟期后，则以开放式基金为主。

封闭式基金与开放式基金的主要区别表现在以下几个方面。

（1）期限不同。封闭式基金一般有一个固定的存续期，而开放式基金一般是无期限的。我国《证券投资基金法》规定，封闭式基金的存续期应为5~15年，封闭式基金期满后可以通过一定的法定程序延期或进行清盘处理。目前,我国传统的封闭式基金存续期基本在 15 年,而创新型封闭式基金存续期基本在 5 年。

(2) 规模限制不同。封闭式基金的规模是固定的,在封闭期限内未经法定程序认可不能增减。开放式基金没有规模限制,投资者可随时提出申购或赎回申请,基金规模也会随之增加或减少。

(3) 交易场所不同。封闭式基金在完成募集后,基金份额只能在证券交易所上市交易,投资者买卖封闭式基金份额,只能委托证券公司在证券交易所按市价买卖,交易是在投资者之间完成的。开放式基金因其规模不固定,投资者可以按照基金管理人确定的时间和地点向基金管理人或其销售代理人提出申购、赎回申请,交易是在投资者与基金管理人之间完成的。开放式基金作为一种场外交易品种,投资者既可以通过基金管理人设立的直销中心买卖开放式基金份额,又可以通过基金管理人委托的证券公司、商业银行等销售代理人进行开放式基金的申购、赎回;"上市型开放式基金"和"交易型开放式指数基金"则是可以在交易所和场外同时进行交易的基金。

(4) 价格形成方式不同。封闭式基金的交易价格虽然是以净值为基础,但受二级市场供求关系的影响很大。当投资需求旺盛时,封闭式基金二级市场的交易价格会超过基金单位净值而出现溢价交易现象;反之,当投资需求低迷时,交易价格会低于单位净值而出现折价交易现象。开放式基金的申购和赎回价格则完全以基金单位净值为基础,不受市场供求关系的影响。

(5) 激励约束机制不同。封闭式基金由于其规模固定,即使基金运作的业绩突出,也无法扩大规模,即使表现得不尽如人意,但由于投资者无法赎回投资,基金经理也不会在经营上面临直接的压力。与此不同,如果开放式基金的业绩表现好,就会吸引到新的投资,基金管理人的管理费收入也会随之增加;如果开放式基金运作较差,就会面临来自投资者要求赎回投资的压力,因此与封闭式基金相比,开放式基金向基金管理人提供了更好的激励约束机制。

(6) 投资策略不同。由于开放式基金的规模不固定,其投资操作常常会受到不可预测的资金流入、流出的影响与干扰,特别是为满足基金赎回的要求,开放式基金必须保留一定的现金资产,并高度重视基金资产的流动性,这在一定程度上会对基金的长期经营带来不利影响。相对而言,封闭式基金由于其基金规模固定,没有赎回压力,基金经理人完全可以根据预先设定的投资计划进行投资,当证券市场出现较大涨幅且具有一定泡沫时,他可以减仓操作,而当证券市场下跌严重,大多数股票具有投资价值时,他又可以重仓吃进,这种套利操作既可以让受益人的利益得到最大化,同时也起到了稳定市场的重要作用。单从这一点看,封闭式基金更有利于长期业绩的提高。

3. 按照基金的投资目标不同,可以分为成长型基金和收入型基金

(1) 成长型基金。成长型基金是指该类投资基金的目的是追求资金的长期成长。

(2) 收入型基金。收入型基金重视当期最高收入。

因为投资目标不同，这两种基金的投资方向、投资策略自然不同，这样势必影响投资人的收益及本金的稳定性。围绕这两个不同的投资目标，可派生出各种其他类型的基金。如成长型基金、积极成长型基金、成长与收入型基金、平衡型基金、收入型基金、指数型基金、对冲基金、创业基金等。

4. 根据基金的资金来源和用途不同，可分为在岸基金和离岸基金

在岸基金是指在本国募集资金并投资于本国证券市场的投资基金。由于在岸基金的投资者、基金组织、基金经理人、基金托管人及其他当事人和基金的投资市场均处于本国境内，所以，基金的监管部门比较容易运用本国法律、法规及相关技术手段对投资基金的投资运作行为进行监管。

离岸基金是指一国的基金组织在他国发行基金份额，并将募集的资金投资于本国或第三国证券市场的投资基金。

投资基金的划分方式还有很多，我们可从不同的角度，按不同的标准将其分类。例如，根据买卖基金时是否需要投资者支付手续费，可以将基金划分为收费基金和不收费基金；根据投资理念的不同，可以将基金划分为主动型基金和被动型基金等。这里需要特别指出的是，不同划分标准之间是交叉的，不是平行的。

2.4.4 我国证券投资基金的发展

1. 投资基金发展的探索阶段

我国最早的投资基金设立于1987年，当时由中国新技术创业公司与汇丰集团、渣打集团在香港联合发起成立了中国置业基金，首期集资3 900万港币，直接投资于以广东珠江三角洲为中心的乡镇高科技企业，随即在香港联合交易所挂牌交易。中国国内第一家比较规范的投资基金——淄博乡镇企业投资基金，于1992年11月经中国人民银行总行批准正式设立，并于1993年8月在上海证券交易所最早挂牌交易。

相对于1998年《证券投资基金管理暂行办法》实施以后发展起来的新的证券投资基金，人们习惯上将1997年以前设立的基金称为"老基金"。"老基金"主要存在以下三个方面的问题。一是缺乏基本的法律规范，普遍存在法律关系不清、无法可依、监管不力的问题。二是"老基金"并不以上市证券为基本投资方向，而是大量投向了房地产、企业等产业部门，因此它们实际上是一种直接投资基金，而非严格意义上的证券投资基金。三是"老基金"深受房地产市场降温、实业投资无法变现以及贷款资产无法回收的困扰，资产质量普遍不高。总体上看，这一阶段中国基金业的发展带有很大的探索性与自发性。

2. 封闭式基金发展阶段

在"老基金"发展的基础上，国务院证券委员会于1997年11月14日颁布了《证券投资基金管理暂行办法》。这是我国首次颁布的规范证券投资基金运作的行政法规，为我国证券投资基金业的规范发展奠定了法律基础,由此中国基金业的发展进入了一个新的阶段。

1998年3月27日,经中国证监会批准,新成立的南方基金管理公司和国泰基金管理公司分别发起设立了规模均为20亿元的两只封闭式基金——"基金开元"和"基金金泰",由此拉开了中国证券投资基金试点的序幕。这两只基金的发行立即受到市场的追捧,申购中签率不足2.5%。上市交易后的溢价幅度最高均超过100%。

到1999年,我国共设立10家基金管理公司,管理着19只新成立的封闭式基金。在新基金快速发展的同时,证监会开始着手对原有的投资基金进行清理和规范。1999年10月下旬,10只"老基金"经资产置换后改制成4只证券投资基金,率先加入到了新基金的行列。

截至2012年3月23日,沪、深两个交易所共有25只封闭式基金在挂牌交易,基金净值最高的基金汉盛为每份1.0843元,而净值最低基金鸿阳每份为0.6763元。

3. 开放式基金发展阶段

在封闭式基金成功试点的基础上,2000年10月8日,中国证监会发布了《开放式证券投资基金试点办法》。2001年9月,我国第一只开放式基金——"华安创新"诞生,这标志着我国证券投资基金进入一个全新的发展阶段。开放式基金的发展,为我国证券投资基金业的发展注入了新的活力,为我国基金产品的创新开辟了道路。

2002年8月,南方基金管理公司推出了我国第一只以债券投资为主的基金——南方宝元债券基金。2003年4月28日,中外合资基金公司招商基金管理公司推出我国第一只系列基金——招商安泰系列基金,2003年5月南方基金管理公司推出了我国第一只具有保本特色的基金——南方避险保本型基金。2003年12月,华安基金管理公司推出了我国第一只准货币型基金——华安现金富利基金。2004年11月8日,诺安基金管理公司发行了第一只真正意义上的货币市场基金——诺安货币市场证券投资基金。2004年8月24日,南方基金管理公司发行了首只LOF——南方积极配置基金。2004年11月29日,华夏基金管理公司发行了第一只ETF——华夏上证50基金。

2007年,我国证券市场的牛市促使基金业迅猛发展,2007年7月10日,封闭式基金获得新生,国投瑞银基金管理有限公司发行了第一只创新型封闭式基金——瑞福进取。可随后仅发行了三只创新型封闭式基金,就停止发行了,原因主要是折价交易问题依然没有解决。因此,只能继续发行开放式基金,到2009年3月底,共有封闭式基金32只,开放式基金440只,开放式基金的数量占基金总数的93.2%,早已成为基金市场的主流,而封闭式基金在逐渐被边缘化。

2012年3月26日,历经5年筹备,沪深300ETF终于获批,这标志着国内首个联通沪市、深市以及股指期货市场的金融工具诞生,资本市场或将迎来对冲交易大发展时期。华泰柏瑞基金、嘉实基金3月26日分别宣布,华泰柏瑞沪深300ETF和嘉实沪深

300ETF已获证监会批复,这两只ETF分别由沪深交易所联合两家基金公司开发推出,华泰柏瑞沪深300ETF自2012年4月5日至2012年4月26日在上交所上市;嘉实沪深300ETF则自2012年4月5日至2012年4月27日在深交所上市。沪深300是A股市场的代表性指数,具备较好的投资价值;而且,沪深300ETF能与现有的沪深300股指期货进行便利的期现套利操作,也是一个较好的投资工具。沪深300ETF推出后,结合期现套利、融资融券等对冲交易,势必激活蓝筹股活跃性,将对市场估值体系形成有利影响。

(1) 分别采用两种模式。根据产品资料,两只沪深300ETF设计的主要差异在于是采用"部分现金替代"还是"实物申赎"模式,华泰柏瑞选择了前者,而嘉实则最终选择了后者。

由于沪、深两市的交易及登记结算系统没有联合运作机制,给跨市场ETF的产品设计及创新带来挑战。在沪深300ETF开发过程中,两家基金公司几易其稿,最终确定了目前的模式。具体而言,华泰柏瑞沪深300ETF采用"沪市实物申赎+深市现金替代"的方式,即对约占指数权重75%的沪市股票采用实物申赎,而对约占指数权重25%的深市股票由基金公司即时替投资者进行实时代买入。在此基础上,这只ETF可基本保持原有单个市场ETF"T+0"的特点,即T日买入的股票T日就可以即时用于申购,T日申购的ETF可T日即时实时卖出;同样,T日买入的ETF在T日可以即时赎回,T日赎回得到的股票可T日实时卖出。除了T日申购且T日未卖出的ETF份额,须等T+1日清算交收完成后T+2日方可卖出和赎回之外,其余均与单个市场ETF一致。嘉实沪深300ETF则采用场外实物申赎的模式,在沪、深两个交易所上市的组合证券都采用实物申赎ETF份额,申赎指令T+1日确认,申购份额及赎回所得证券T+2日可用。不过,借助于融资融券机制,在考虑相关成本的前提下,嘉实沪深300ETF也可以实现一、二级市场的瞬时套利和期现市场间的套利。

(2) 期现套利门槛降低。由于沪深300ETF与股指期货标的直接对应,因此其上市对于期现套利者而言,将是一大利好。沪深300ETF填补了股指期货投资配套工具的重要空白,套利者有望轻松实现日内套利交易,对于股指期货套利投资者队伍的扩大、套利效率的提升将起到重要作用。

据介绍,此前套利投资者的"现货"选择一般是:资金量较小的投资者将上证180ETF和深100ETF按照3∶1的比例或者上证50ETF、上证180ETF和深100ETF按照3∶2∶4的比例进行组合以模拟现货;资金量较大的投资则直接用"一揽子"股票作为现货,但这对交易系统提出了较高的要求。沪深300ETF问世后,将成为股指期货合约的最理想现货,期现套利过程中的不确定性将因此减小。

更值得注意的是,期现套利的参与门槛也将得以降低。以华泰柏瑞沪深300ETF为例,其最小申购赎回单位为90万份,正好与3张股指期货合约对应,利于简单交易,并且资金要求大为减小。

ETF 基金与 LOF 基金

ETF 基金是 Exchange Traded Fund 的英文缩写，中译为"交易型开放式指数基金"，又称交易所交易基金。ETF 是一种在交易所上市交易的开放式证券投资基金产品，交易手续与股票完全相同。但也有它的特点：①它可以在交易所挂牌买卖，投资者可以像交易单个股票那样在证券交易所直接买卖 ETF 份额；②ETF 基本是指数型的开放式基金，其最大优势在于，它是在交易所挂牌的，交易非常便利；③投资者只能用与指数对应的"一揽子"股票申购或者赎回 ETF，而不是现有开放式基金的以现金申购赎回。

LOF 基金，"Listed Open-Ended Fund"（上市型开放式基金）。基金发行结束后，投资者既可以在指定代理机构申购与赎回基金份额，又可以在交易所买卖该基金。但该基金份额是在指定代理机构申购的基金份额，要想上市抛出，须办理转托管手续；同样，如果是在交易所市场买进的基金份额，想要在代理机构赎回，也要办理转托管手续。

2.4.5 投资基金的设立

基金是由基金发起人发起设立的。根据《中华人民共和国证券投资基金法》（以下简称《证券投资基金法》）与相关规章的规定，在我国，发起人申请设立基金，一般要完成以下工作：

（1）基金发起人申请设立基金，首先必须准备各种法律文件，如设立基金的申请报告、发起人协议书、基金契约、基金托管协议、基金招募说明书等。

申请报告主要包括：基金名称、拟申请设立基金的必要性和可行性、基金类型、基金规模、存续期间、发行价格、发行对象、基金的交易或申购与赎回安排、拟委托的基金管理人和基金托管人等。发起人协议应包括拟设立基金的基本情况、发起人的权利和义务、发起人认购基金单位的数量、拟聘任的基金管理人和基金托管人、发起人对主要发起人的授权等内容。

基金契约、托管协议、招募说明书的内容与格式，发起人应严格按照有关要求起草上述文件。

（2）基金发起人准备好各种文件后，应上报中国证监会。中国证监会自受理基金募集申请之日起六个月内依照法律、行政法规及证监会的规定和审慎监管原则进行审查，做出核准或不予核准的决定，并通知申请人；不予核准的应说明理由。

（3）基金发起人收到中国证监会的批文后，于发行前三天公布招募说明书，并公告具体的发行方案。

在《证券投资基金法》及其相关规章中，对申请设立的基金本身也作了一些规定，如发起人可申请设立开放式基金也可申请设立封闭式基金,并规定封闭式基金存续期不得少于5年,发起人申请设立基金的申报材料中有关内容必须符合上述规定,才有可能获得中国证监会批准。基金经批准向社会公众公开发售后,并不表明基金已正式成立。基金要正式成立,还必须满足一定的条件:对封闭式基金来说,自该基金批准之月起,3个月内募集的资金超过批准规模的80%;对开放式基金来说,批准之日起3个月内净销售额不得少于2亿元人民币,且需由会计师事务所出具验资证明。基金正式成立前,募集资金只能存入商业银行,不能动用。基金正式成立后,基金管理公司才能正式承担基金资产管理的责任,使用募集资金,进行投资运作。基金不能成立时,基金发起人必须承担基金募集费用,并将募集的资金连同活期存款利息返还给投资者。

【专栏2.4】

银华优势企业基金概况

基金名称:银华优势企业证券投资基金

基金代码:180001(前端收费);180011(后端收费);161801(深交所净值披露代码)

成立日期:2002年11月13日

基金类型:契约型开放式

份额面值:每份基金份额面值为1.00元人民币

基金管理人:银华基金管理有限公司

基金托管人:中国银行

业绩比较基准:中信标普300指数×70%+中信全债指数×20%+同业活期存款利率×10%。

销售对象:中华人民共和国境内的个人投资者和机构投资者(法律、法规和有关规章禁止的购买者除外)。

申购与赎回费率:

申购金额,前端申购费率:

申购金额(M)≥1 000万元,固定收取1 500元申购费;

100万元≤申购金额(M)<1 000万元,申购费率1.2%;

申购金额(M)<100万元,申购费率1.5%。

持有期,后端申购费率:

不足一年,申购费率1.80%;

满1年不满2年,申购费率1.60%;

满2年不满3年,申购费率1.00%;

满3年不满5年,申购费率0.50%;

5年以上,申购费率0.00%。

持有期,赎回费率:

1～365 天,赎回费率 0.5%;

366～730 天,赎回费率 0.20%;

731 天(含)以上,赎回费率 0%。

分销最低认购金额:1 000 元人民币

最低赎回份额:500 份基金份额

历史分红:

2003 年 5 月 22 日,每 10 份基金份额分配红利 0.40 元。

2003 年 7 月 2 日,每 10 份基金份额分配红利 0.10 元。

2003 年 7 月 24 日,每 10 份基金份额分配红利 0.20 元。

2003 年 12 月 23 日,每 10 份基金份额分配红利 0.15 元。

2004 年 3 月 15 日,每 10 份基金份额分配红利 0.85 元。

2006 年 1 月 10 日,每 10 份基金份额分配红利 0.20 元。

2006 年 4 月 11 日,每 10 份基金份额分配红利 1.50 元。

2006 年 12 月 11 日,每 10 份基金份额分配红利 6.50 元。

2007 年 6 月 1 日,每 10 份基金份额分配红利 6.30 元。

2010 年 1 月 22 日,每 10 份基金份额分配红利 0.10 元。

2011 年 2 月 24 日,每 10 份基金份额分配红利 0.30 元。

代销机构:建设银行、工商银行、中国银行、招商银行、北京银行、浦东发展银行、民生银行、深圳平安银行、广东发展银行、深圳发展银行、光大银行及各大券商(详见基金公告)。

资料来源:银华资金管理有限公司 http://www.yhfund.com.cn/file/link/fund_jjgk_180001.jsp

什么是前端收费和后端收费

基金定投购买时常常有"前端"收费和"后端"收费之说,后端收费指的是投资者在购买开放式基金时并不支付申购费,等到卖出时才支付的付费方式。前端收费指的是投资者在购买开放式基金时就支付申购费的付费方式。

前端收费是一个固定费率,目前网点一般为 0.8%,网上费率为 0.6%;而后端收费,则因持有时间而发生变化,少于一年费率为 1.80%,1～2 年费率为 1.2%,2～3 年为 0.6%,3 年以上则免去费用。

所以如果是超过 3 年以上的基金定投,则可以选择后端收费,成本会相对低一些。

资料来源:东方财富网 www.eastmoney.com 2012 年 02 月 03 日

本 章 小 结

股票作为一种有价证券是公司所有权的象征;是一种不定收益的证券;是一种具有流通性的证券;具有没有期限性等特征。

股票价格是指在股票交易市场上买卖股票的价格,又称股票行市。股票价格指数是衡量股票价格水平的一种技术工具,在股票价格分析中得到广泛的运用。

债券是一种有价证券,是社会各类经济主体为筹措资金而向债券投资者出具的,并且承诺按一定利率定期支付利息和到期偿还本金的债权债务凭证。债券作为一种重要的融资手段和金融工具具有如下特征:偿还性、流通性、安全性、收益性和期限性。

投资基金是一种受益证券,是通过发行单位基金证券,募集社会公众投资者资金,再分散投资于各种有价证券,所获收益按单位基金份额分配给公众投资者的一种投资工具。

推荐参考网站

1. http://www.mof.gov.cn 中华人民共和国财政部
2. http://www.pbc.gov.cn 中国人民银行
3. http://www.deyuan.cn 德源投资网
4. http://www.gstz88.com 国盛证券网

综 合 练 习

一、名词解释

有价证券 债券 可转换证券 可交换证券 股票 股票价格 优先股 投资基金 开放式基金 封闭式基金 沪深300ETF

二、多项选择题

1. 以下属于货币证券的是(   )。
   A. 提货单   B. 商业汇票   C. 银行汇票   D. 优先股股票   E. 债券
2. 以下属于适销证券的有(   )。
   A. 国库券   B. 股票   C. 定期存单   D. 认股证书   E. 证券公司
3. 以下属于债券的特征的有(   )。
   A. 安全性   B. 偿还性   C. 流通性   D. 收益性   E. 期限性

4. 证券投资基金主要将资金投资于（　　）。

   A. 股票市场　　B. 生产领域　　C. 债券市场　　D. 消费领域　　E. 流通领域

5. 契约型基金与公司型基金的区别主要在于（　　）。

   A. 资金的性质不同　　　　　B. 投资者的地位不同

   C. 投资人不同　　　　　　　D. 基金的运作依据不同

   E. 收益分配不同

6. 根据中国证监会对基金的分类标准，基金资产（　　）以上投资于股票的为股票基金。

   A. 50%　　　B. 60%　　　C. 70%　　　D. 80%　　　E. 90%

三、简答题

1. 简述债券的特征有哪些。
2. 股票具有哪些特征？
3. 简述普通股和优先股的区别。
4. 请简述投资基金的性质和特点有哪些。
5. 请说明可转换公司证券与可交换公司债券的区别是什么。

第 3 章 金融衍生工具

【学习目标】

通过本章学习，读者应了解金融衍生工具的基本类别；学习主要金融衍生工具（认股权证、金融期货、金融期权等）的基本概念、基本特征以及基本交易方法。掌握主要股票价格指数、债券指数、基金指数的名称，了解其编制方法。

上海探索金融产品上市试运行机制

据《东方早报》2012年2月1日报道，根据《"十二五"时期上海国际金融中心建设规划》（以下简称《规划》），上海将探索在金融市场引入金融产品上市试运行机制，一些没有得到审批回复的金融新产品，可以先在市场或交易所里先行试运行。

在"十二五"时期，上海希望进一步丰富金融市场产品和工具。《规划》提出，要推动股票、债券等基础性金融产品加快发展，支持上海证券交易所挂牌交易国内跨市场交易所交易基金（ETF）和基于国际指数、债券等的ETF产品，促进企业（公司）债券、短期（超短期）融资债券、中期票据、集合票据、外币债券等债券品种加快发展，支持推出项目收益债券、私募融资工具等新的债券品种，积极开展房地产信托投资基金（REITs）、住房抵押贷款支持证券、汽车消费贷款支持证券等创新产品试点。做深做精现有期货品种，完善商品期货产品系列，有序推出新的能源和金属类大宗商品期货。稳步发展金融衍生产品，研究探索并在条件成熟后推出以汇率、利率、股票、债券等为基础的金融衍生产品，积极培育以上海银行间同业拆借利率为定价基准的各类衍生产品，稳步扩大信用衍生产品的种类和规模，适时开展结构性衍生产品试点，研究探索并在条件成熟后推出黄金ETF和钯金交易品种。

此外,《规划》还提出,有序开发跨市场、跨行业、跨境的金融产品和业务、研究开发系列航运价格指数及航运金融衍生品,创新消费金融产品,大力发展汽车、家电、设计、装修、教育、文化、旅游、医疗保健等领域的消费金融业务,研究开发适合中小企业、文化及创意企业特点的金融产品。

资料来源:《东方早报》2012年02月01日,作者有删减

【启示】 如果把股票、债券、投资基金称为基本投资工具的话,那么由这些基本工具所派生出来的证券投资工具就是衍生金融产品。前文中提到的房地产信托投资基金、汽车消费贷款支持证券就是这类衍生金融产品。金融衍生工具的产生,既是金融创新的结果也是拓宽投资渠道,活跃投资市场的需要。本章将为大家介绍金融衍生工具的有关问题。

3.1 金融衍生工具

3.1.1 金融衍生工具的概念

衍生金融资产也叫金融衍生工具(financial derivative),是金融创新的产物,也就是通过创造金融工具来帮助金融机构管理者更好地进行风险控制,这种工具就叫金融衍生工具。金融衍生产品是指由利率、货币及证券等基本金融投资和交换对象发展、变化而形成的新金融交易品种,也称金融创新工具。

3.1.2 金融衍生工具的基本特征

(1) 跨期交易。即买进近期交货的商品,同时卖出相同数量的远期交货商品,进行一次买进货物交收和一次卖出货物交收,也就是将买进的近期商品继续存放在交货仓库,并办理仓单的注册手续用于远期的交易。

(2) 杠杆效应。一般而言,金融衍生工具只需支付少量的保证金或权利金就可签订远期大额合约或互换不同的金融工具,实现以小博大的效果。收益可能成倍放大,同时投资者所承担的风险与损失也会成倍放大。基础工具价格的轻微变动,也许会带来投资者的大盈或大亏。

(3) 高风险性。金融衍生工具的交易后果取决于交易者对基础工具或基础变量对未来价格的预测准确程度。基础工具未来价格的不确定性以及金融衍生工具的杠杆效应在一定程度上决定了它具有高风险。

(4) 联动性。金融衍生工具的价值与基础产品或基础变量是紧密联系的,具有联动效应。其联动关系既可以是简单的线性关系,也可能是非线性函数或者分段函数。

3.1.3 金融衍生工具的种类

(1) 按基础工具的种类,可分为股权式衍生工具、货币衍生工具、利率衍生工具。

股权式衍生工具:以股票或股票指数为基础工具。它包括:股票期货、股票期权、股票指数期货期权以及上述合约的混合交易合约。

货币衍生工具:以各种货币为基础工具的金融衍生工具。包括:远期外汇合约、货币期权、货币互换以及上述合约的混合交易合约。

利率衍生工具:以利率或利率载体为基础工具的金融衍生工具。包括:远期利率协议、利率期货期权、利率互换以及上述合约的混合交易合约。

(2) 按交易方法与特点,可分为金融远期合约、金融期货、金融期权、金融互换。

金融远期合约:合约双方同意在未来日期按照合约规定交换金融资产的合约。合约一般规定交易的资产种类、日期、价格和数量。

金融期货:交易双方在有组织的交易所内公开竞价的形式达成的,在未来特定时间交收标准数量特定金融工具的协议。

金融期权:合约双方按约定价格,在约定日期内是否买卖某种金融工具达成的契约。

金融互换:当事人按照共同商定的条件,在预定的时间内交换一定支付款的金融交易。

3.2 优先认股权、权证和可转债

3.2.1 优先认股权

1. 优先认股权的概念与性质

(1) 优先认股权的概念。优先认股权是指当股份公司为增加公司资本而决定增加发行新的股票时,原普通股股东享有的按其持股比例、以低于市价的某一特定价格优先认购一定数量新发行股票的权利。优先认股权又称股票先买权,是普通股股东的一种特权,我国证券市场上一般称之为配股权证。

(2) 设立优先认股权的目的。优先认股权又称股票先买权,其本质是给普通股股东的一种特权。股份公司发行新股时,给原股东这种特权方目的,一是不改变与股东对公司的控制权和享有各种权利;二是因发行新股将导致短期内每股净利稀释而给股东的一种风险补偿;三是增加新发行股票对股东的吸引力。

2. 优先认股权的杠杆作用

优先认股权的主要特点之一就是它能提供较大程度的杠杆作用,投资人可以用少量的资金,购买一定数量的股票,一旦这些股份上升即可获得差价收益,具有以小博大的特性。如东方钽业(000962,S2)2011年度的配股方案为每10股配2.5股,配股价格为10.68元,股权登记日为2011年10月24日,而登记日当天,该股的收盘价格为18.34元,如果该投资者10月24日收盘交持有该股一万股,那么他就可以以比市场价格(18.34元)低7.66元的配股价格(10.68元)买入该股票2 500股,上市后即可获得差价收入。配股价格越低,价差收益越大。此外,如果认购比率为1∶4,则该投资者可以以10.68元的价格买入1万股该股股票,那么将来获得的收益更高,杠杆作用更明显。

3.2.2 认股权证

1. 认股权证概述

(1) 认股权证的概念。认股权证,又称"认股证"或"权证",其英文名称为 Warrant,故在中国香港又俗译"窝轮"。在证券市场上,Warrant 是指一种具有到期日及行使价或其他执行条件的金融衍生工具。

认股权证本质上为一种权利契约,投资人于支付权利金购得权证后,有权于某一特定期间或到期日,按约定的价格(行使价),认购或沽出一定数量的标的资产(如股票、股指、黄金、外汇或商品等)。权证的交易实属一种期权的买卖。与所有期权一样,权证持有人在支付权利金后获得的是一种权利,而非义务,行使与否由权证持有人自主决定;而权证的发行人在权证持有人按规定提出履约要求之时,负有提供履约的义务,不得拒绝。

(2) 认股权证与优先认股权的区别。认股权证与优先认股权两者的区别有三点:一是优先认股权产生于公司为筹集资金而向现有股东发行新股时,是对普通股股东的优惠权;而认股权证产生于公司发行债券或优先股时,为提高债券或优先股的吸引力而按债券或优先股的面额同时奉送若干认股权证,是对债权人和优先股股东的优惠权。二是优先认股权的有效期较短,而认股权证的有效期较长。三是优先认股权的认购价格一般低于发行时普通股的市价,而认股权证的认购价格一般高于认股权证发行时公司普通股的市价。

2. 认股权证的种类

(1) 依行使时间的不同,认股证有美式与欧式之分。

① 美式认股证(American Style)。美式认股证指权证持有人在到期日前,可以随时提出履约要求以买进或卖出约定数量的标的资产。

② 欧式认股证(European Style)。欧式认股证则是指权证持有人只能于到期日当天,才可提出买进或卖出标的资产的履约要求。

(2) 依权利内容不同,认股权证可分为认购权证和认沽权证两种。

① 认购权证(Call Warrants)。认购权证是一种买进权利(而非义务)。该权证持有人有权于约定期间(美式)或期日(欧式),以约定价格买进约定数量的标的资产。

② 认沽(售)权证(Put Warrants)。认沽(售)权证则属一种卖出权利(而非义务)。

该权证持有人有权于约定期间或期日,以约定价格卖出约定数量的标的资产。

(3) 依标的资产的不同,可分为股本认股权证与衍生认股权证两类。

① 股本认股权证(Equity Warrants)。股本认股权证是以发行人或其子公司的股票作为标的资产而发行的认购或认沽期权。该权证的发行人通常是发行标的股票(正股)的上市公司。

② 衍生认股权证(Derivative Warrants)。衍生认股权证的标的资产为个股股票或"一揽子"股票、股指、黄金、外汇等。衍生认股证通常是由权证标的资产发行人以外的第三方发行,一般都是国际性投资银行。

(4) 依发行主体不同,可将认股证分为公司认股权证与备兑认股权证。

① 公司认股权证(Company Warrant)。公司认股权证是由权证标的资产的发行人(一般为上市公司)自行发行,通常伴随企业股票或公司债发行,借以增加相关资产对投资人的吸引力。公司认股权证属狭义权证,其履约期限通常较长,如 3 年、5 年甚至 10 年。

② 备兑认股权证(Covered Warrant)又称"备兑权证"、"备兑凭证"或"备兑证"等。备兑认股权证是由权证标的资产发行人以外的第三人(银行或券商等资信良好的专业投资机构)发行,非以该第三人自身的资产为标的的认股证。备兑权证属广义权证,其权利期间多在 1 年以下。

【专栏 3.1】

四川长虹(600839)认股权证上市公告书(摘录)

第六节 认股权证主要条款

一、权证主要条款

(1) 发行人:四川长虹电器股份有限公司

(2) 权证类型:欧式认股权证,即标的证券发行人发行的认股权证,在权证存续期间,认股权证持有人仅有权在行权期行权

(3) 存续期:自认股权证上市之日起 24 个月,即 2009 年 8 月 19 日至 2011 年 8 月 18 日

(4) 行权期:2011 年 8 月 12 日至 2011 年 8 月 18 日的交易日,遇节假日提前(行权期间权证停止交易)

(5) 行权比例:1∶1,即每一份认股权证代表一股公司发行之 A 股股票的认购权利。行权比例的调整详见第八节的内容

(6) 行权价格:5.23 元/股。行权价格的调整详见第八节的内容

(7) 认股权证上市数量:57 300 万份

(8) 认股权证的上市交易时间:2009 年 8 月 19 日

(9) 权证交易及行权的程序:

① 根据《上海证券交易所权证管理暂行办法》,经上海证券交易所认可的具有上海证

券交易所会员资格的证券公司可以自营或代理投资者买卖权证。单笔权证买卖申报数量不得超过100万份,申报价格最小变动单位为0.001元人民币。权证买入申报数量为100份的整数倍。当日买进的权证,当日可以卖出。

认股权证的交易代码:"580027",认股权证的交易简称:"长虹CWB1"。

② 认股权证持有人行权的,应委托上海证券交易所会员通过上海证券交易所交易系统申报;当日行权申报指令,当日有效,当日可以撤销。当日行权取得的标的证券,当日不得卖出。认股权证的持有人行权时,应支付依行权价格及标的证券数量计算的价款,并获得标的证券。认股权证的行权代码为"582027",行权简称为"ES110818"。

二、保荐人对公司认股权证理论价值测算

保荐人(主承销商)招商证券股份有限公司对公司认股权证理论价值采用国际通行的权证估值模型Black-Scholes期权定价模型测算。对应四川长虹不同的A股股票价格,根据标准的Black-Scholes模型计算的每1份认股权证的理论价值区间如表3.1所示。

表3.1　认股权证的理论价值区间　　　　　　　　　　　　　　　　　　　元

四川长虹A股股票价格	4.0	4.5	5.0	5.5	6.0	6.5	7.0
认股权证理论价值	0.798	1.072	1.376	1.708	2.062	2.436	2.827

三、标的证券的有关情况

1. 公司A股股票最近一年(2008年8月15日~2009年8月14日)的最高价和最低价及其出现时间。

最高价:5.94元/股;出现时间:2009年7月29日

最低价:2.74元/股;出现时间:2008年10月28日

2. 公司A股股票最近一年每月月末的收盘价见表3.2。

表3.2　公司A股股票最近一年每月月末的收盘价

年　份	2008					2009						
月份	8	9	10	11	12	1	2	3	4	5	6	7
收盘价/(元/股)	3.86	3.56	2.79	3.12	3.22	3.64	3.93	4.48	4.57	4.66	4.71	5.57

3. 公司A股股票最近一年的成交量。

公司A股股票最近一年(2008年8月15日~2009年8月14日)成交量为68.18亿股。

4. 最近20个交易日(2009年7月16日~2009年8月14日)公司流通股股份市值最低为94.88亿元,平均为101.14亿元。

5. 最近60个交易日(2009年5月15日~2009年8月14日)公司流通股股份累计换

手率为 118.55%。

注:以上股价均已考虑除权、除息等因素。

资料来源:深圳证券交易所 http://www.s2se.cn,作者有删减

3.2.3 可转换债券

可转换债券是债券的一种衍生品,它可以转换成公司发行的股票,正常票面利率较低。

1. 可转换债券的特点

(1) 具有股票和债券的双重特征。附有认股权的债券,一方面,对投资者来说是有保证金的股票,具有股票的特征;另一方面,即便当它失去转换意义后,作为一种低息债券,仍然具有固定的低息收入,又具有债券的性质。

(2) 具有双重选择权。持有人具有是否转换的权利;发行人具有是否赎回的权利。

(3) 期限可长可短。我国现行法规规定:可转换公司债的最短期限为 3 年,最长为 5 年,发行后 6 个月可转换。

(4) 提前赎回。赎回是发行人提前赎买回未到期的发行在外的可转换债券。前提往往是公司股票价格连续高于转股价格一定幅度。

(5) 回售。回售是公司股票在一段时间内连续低于转换价格达到一定幅度时,可转债持有人按事先约定的价格卖给发行人。

(6) 转换价格可能会被修正。由于公司送股等原因导致股票名义价格下降时需要调整转化价格,因而都订有转换价格修正条款。

2. 可转换债券的价值

可转换债券赋予投资者以将其持有的债务或优先股按规定的价格和比例,在规定的时间内转换成普通股的选择权。可转换债券有两种价值:理论价值和转换价值。

① 理论价值。可转换债券的理论价值是指当它作为不具有转换选择权的一种证券的价值。估计可转换债券的理论价值,首先必须估计与它具有同等资信和类似投资特点的不可转换债券的必要收益率,然后利用这个必要收益率算出它未来现金流量的现值。

② 转换价值。如果一种可转换债券可以立即转让,它可转换的普通股票的市场价值与转换比率的乘积便是转换价值,即

$$转换价值 = 普通股股票市场价值 \times 转换比率$$

式中:转换比率为债权持有人获得的每一份债券可转换的股票数。

③ 转换期限。可转换债券具有一定的转换期限,即该债券持有人在该期限内,有权将持有的可转换债券转化为公司股票。转换期限通常是从发行日之后若干年起至债务到期日止。

【专栏3.2】

关于"深机转债"实施转股事宜的公告

一、深机转债的发行规模、票面金额、转股起止日、利率

（一）发行规模：人民币200 000万元；

（二）票面金额：每张面值人民币100元，共2 000万张；

（三）转股起止日：2012年1月16日至2017年7月14日；

（四）债券利率：第一年到第六年的票面利率分别为第一年为0.6%，第二年为0.8%，第三年为1.0%，第四年为1.3%，第五年为1.6%，第六年为1.9%。

二、转股的具体程序

深机转债持有人可以依据募集说明书约定的条件，按照当时生效的转股价格在转股期内的转债交易时间内将自己持有的可转债全部或部分转为公司A股股票。转股申请通过深交所系统以报盘方式进行。转股申请报盘及确认程序依据深圳证券交易所的有关规定进行。

深交所对转股申请确认有效后，将记减（冻结并注销）持有人的深机转债数额，同时记加深机转债持有人相应的股份数额。

深机转债经申请转股后所增加的股票将自动登记到投资者的证券账户。因深机转债转股而增加的本公司股票享有与原股票同等的权益，在股利分配股权登记日当日登记在册的所有股东均享受当期股利，并可于转股后的下一个交易日上市流通。

三、转股价格及调整的有关规定

（一）初始转股价格的确定依据

初始转股价格为5.66元/股，该价格不低于公布本可转债募集说明书公告日前20个交易日公司A股股票交易均价（若在该20个交易日内发生过因除权、除息引起股价调整的情形，则对调整前交易日的收盘价按经过相应除权、除息调整后的价格计算）和前一交易日公司股票交易均价。

（二）转股价格的调整方法及计算公式

在本次发行之后，当公司因送红股、转增股本、增发新股或配股、派息等情况（不包括因可转债转股增加的股本）使公司股份发生变化时，将按下述公式进行转股价格的调整。

送股或转增股本：$P=P_0/(1+n)$；

增发新股或配股：$P=(P_0+A\times k)/(1+k)$；

两项同时进行：$P=(P_0+A\times k)/(1+n+k)$；

派息：$P=P_0-D$；

上述三项同时进行：$P=(P_0-D+A\times k)/(1+n+k)$。

式中：P_0 为初始转股价，n 为送股率，k 为增发新股或配股率，A 为增发新股价或配股价，D 为每股派息，P 为调整后转股价。

（三）转股价格向下修正条款

1. 修正权限与修正幅度

在本可转债存续期间，当公司股票在任意连续20个交易日中有10个交易日的收盘价低于当期转股价格的85%时，公司董事会有权提出转股价格向下修正方案并提交公司股东大会表决。修正后的转股价格应不低于本次股东大会召开日前20个交易日公司股票交易均价和前一交易日均价之间的较高者，同时修正后的转股价格不低于最近一期经审计的每股净资产和股票面值。

2. 修正程序

如公司决定向下修正转股价格时，公司将在中国证监会指定的信息披露报刊及互联网网站上刊登股东大会决议公告，公告修正幅度和股权登记日及暂停转股期间。从股权登记日后的第一个交易日（即转股价格修正日），开始恢复转股申请并执行修正后的转股价格。若转股价格修正日为转股申请日或之后，转换股份登记日之前，该类转股申请应按修正后的转股价格执行。

四、赎回条款

（一）到期赎回

在本可转债期满后5个交易日内，公司将以本可转债面值的107%（含最后一期利息），向投资者赎回全部未转股的可转债。

（二）有条件赎回

在本可转债转股期内，如果公司股票任意连续30个交易日中至少有20个交易日的收盘价不低于当期转股价格的130%（含130%），公司有权按照债券面值的103%（含当期计息年度利息）的赎回价格赎回全部或部分未转股的可转债。任一计息年度公司在赎回条件首次满足后可以进行赎回，首次不实施赎回的，该计息年度不应再行使赎回权。

五、回售条款

在本可转债最后两个计息年度，如果公司股票收盘价连续30个交易日低于当期转股价格的70%时，可转债持有人有权将其持有的可转债全部或部分按面值的103%（含当期计息年度利息）回售给公司。任一计息年度可转债持有人在回售条件首次满足后可以进行回售，但若首次不实施回售的，则该计息年度不应再行使回售权。

六、转股时不足一股金额的处理方法

可转债持有人申请转换成的股份须是整数股。本可转债持有人经申请转股后，对所剩可转债不足转换为一股股票的余额，公司将按照深圳证券交易所等部门的有关规定,在可转债持有人转股后的5个交易日内以现金兑付该部分可转债的票面金额以及利息。

深圳市机场股份有限公司董事会
2012年1月12日

资料来源：东方财富网 www.eastmoney.com 2012年01月13日,作者有删减

3.3 期货与股指期货

3.3.1 期货

1. 期货的概念

期货是一种买卖双方在交易时约定的买卖条件,同意在将来某时间按约定的条件进行买卖的交易方式。期货交易所为方便人们的交易,事先制定了统一的、标准化的合同,这种合同称为期货合约,也是人们买卖的对象。期货合约是期货交易所为期货交易而制定发行的一种交易双方在将来约定时间按当前确定的价格买卖一定数量的某种商品或指标的标准化合同。

2. 期货交易的要点

(1) 期货交易的买卖过程。期货交易的买卖过程与投资者委托证券商在证券交易所的交易场所买卖证券的过程相似,只不过期货交易是在期货交易所的交易场所内进行的。投资者要买卖期货,也必须经过委托、竞价、清算、交割等环节。

(2) 期货交易的保证金要求。为了保证期货合约交易的安全性,期货交易所内的清算所从交易中收取费用建立一笔基金,以担保每一笔期货的履约,这笔资金称为保证金。保证金不作为期货交易的预付款,而只是一种履约的保证,这与股票保证金交易的保证金截然不同。在进行期货交易时,投资者的保证金账户必须每天都要按当天期货合约清算价进行结算,亏则补进,盈则增值。在这样的结算方式下,投资者的保证金账户中的资金可以分成三种：初始保证金、价格变动保证金和维持保证金。

(3) 每日价格限制和头寸限制。在一个未加管制的自由市场上,价格完全由供求关系决定并随市场行情的波动而变化。但期货交易所为缓和期货合约价格的剧烈波动,制定了期货合约的价格限制和头寸限制。价格限制分涨停板和跌停板两种。期货交易所不允许期货交易价格高于涨停板或低于跌停板,但如果交易停止很长时间的话,期货交易所也会改变这些限价。同样,为保障合约执行和交易市场的安全,期货交易所也对每个交易者所拥有的合约数量进行限制。所谓头寸即交易者所持有的期货合约的数量。

(4) 关闭合约和交割。大多数期货合约都不会持有到期实际交割,合约持有者通常

会以出售合约的方式关闭其头寸或终止其对市场所承担的交割义务。如期货合约的出售者通过购买与出售的合约数量相等的合约而使其头寸为零,从而使交易者免除继续参与交易的责任。

少数期货合约会持有到期,这时就要进行交割。有些合约可以在交割月的任何一天进行交割,有些则只允许在最后一个交易日后进行交割,大多数合约都要求以实物交割。而像股票指数期货之类以金融指标为交易对象的期货合约,则要求以现金交割。

3.3.2 股指期货

1. 股指期货的概念

股指期货即股票指数期货,是指以股票指数变动为标的物而进行交易的期货合约。由于股票指数期货是根据股票市场上有代表性的股票价格加权计算出来的,代表市场总体价格水平的指标,因此,购买指数期货可使投资者享受到高度多元化投资的好处。并且,股票指数期货交易成本较低、流动性高,同时具有独特的做空机制,可以让投资者规避系统风险,从而使股票指数期货大受投资者的欢迎。

2. 股票指数期货的特点

(1) 提供较方便的卖空交易。卖空交易的一个先决条件是必须首先从他人手中借到一定数量的股票。国外对于卖空交易的进行设有较严格的条件,这就使得在金融市场上,并非所有的投资者都能很方便地完成卖空交易。

(2) 交易成本较低。相对现货交易,指数期货交易的成本是相当低的。指数期货交易的成本包括:交易佣金、买卖价差、用于支付保证金的资金的机会成本和可能的税项。

(3) 较高的杠杆比率。由于保证金缴纳的数量是根据所交易的指数期货的市场价值来确定的,交易所会根据市场的价格变化情况,决定是否追加保证金或是否可以提取超额部分。

【专栏3.3】

400美元赚2亿美元的神话——理查·丹尼斯

在美国期货市场里,理查·丹尼斯(Richard Dennis)是一位具有传奇色彩的人物,20世纪60年代末,未满20岁的理查·丹尼斯在交易所担任场内跑手(runner),每星期赚40美元,两三年后,他觉得时机成熟,准备亲自投入期货市场一试身手。他从亲朋好友处借来1600美元,但因资金不足,只能在合约量较小的芝加哥买了一个"美中交易所"的席位,花去1200美元,剩下的交易本金只有400美元。对绝大多数人来说,400美元从事期货交易,赚钱的可能性根本是微乎其微的,但是在理查·丹尼斯追随趋势的交易原则下,就是这400美元,最终被丹尼斯像变魔术奇迹般地变成了两亿多美元。用他父亲的话说:"理查这400美元滚得不错。"

理查·丹尼斯并不是天生就会做期货的，1970年，赶上那年玉米闹虫害，他很快就将400美元滚成3 000美元。他本来是要去读大学的，但只上了一周课便决定退学，专职做期货。有一天他进了张臭单，一下子赔了300美元，心里觉得不服，一转方向又进了一张单，很快又赔了几百美元。他一咬牙又掉转方向再进一张，就这么来回一折腾，一天就赔掉1/3本金。那一次赔钱教训很深刻，经历了大起大落以后，他学会了掌握节奏：赔钱不称心时，赶紧砍单离场，出去走走或是回家睡一觉，让自己休息一下，避免受情绪影响而作出另外一个错误决定，他再也不因亏损而加单或急着捞本。

最困难的时候也是最有希望的时候。有时候赔了钱，最不愿再琢磨市场，而往往最好的做单机会就在此时悄悄溜过。只有抓住了应有的赚钱机会，把利润赚足，犯错误时才能够赔得起。同时，又要学会选择最佳做单时机。理查·丹尼斯大概估计过，他做单95%的利润来自5%的好单。

在1973年的大豆期货上升行情中，大豆价格突然冲破40美元大关，大部分盲目相信历史的市场人士认为机不可失，大豆将像1972年以前一样在500美分附近振荡，在近年的最高位410美分附近齐齐放空，但理查·丹尼斯按照追随趋势的交易原则，顺势买入，大豆升势一如升空火箭，曾连续十天涨停板，价格暴升3倍，在短短的四五个月的时间内，攀上1 297美分的高峰，理查·丹尼斯赚取了足够的钱，并迁移到更大的舞台——CBOT，芝加哥商品期货交易所。

理查·丹尼斯成功的关键在于及时总结经验教训。一般人赚了钱后会欣喜若狂，赔了钱后则心灰意冷，很少用心去想为什么赚，为什么赔。理查·丹尼斯在赔钱后总是认真反思，找出错误所在，下次争取不再犯。赚钱时则冷静思考对在哪里，同样的方法如何用到其他市场上。这样日积月累下来，自然形成了一套自己独特的做单方法：追随趋势、技术分析、反市场心理、风险控制。

资料来源：宋文彪，邓秀东. 方财富网 www.eastmoney.com　2010年5月4日

3.3.3　沪深300指数期货合约

2010年3月24日，中国证监会印发《关于同意中国金融期货交易所上市沪深300股票指数期货合约的批复》，同意中国金融期货交易所（以下简称中金所）上市沪深300股票指数期货合约。首批4个沪深300股票指数期货合约于2010年4月16日上市交易。

首批上市合约为2010年5月、6月、9月和12月合约，挂盘基准价由中金所在合约上市交易前一工作日公布。沪深300股指期货合约的交易保证金，5月、6月合约暂定为合约价值的15%，9月、12月合约暂定为合约价值的18%；上市当日涨跌停板幅度，5月、6月合约为挂盘基准价的±10%，9月、12月合约为挂盘基准价的±20%。

沪深300股指期货合约交易手续费暂定为成交金额的万分之零点五，交割手续费标准为交割金额的万分之一；每个交易日结束后，交易所发布单边持仓达到1万手以上和当

月(5月)合约前20名结算会员的成交量、持仓量。

1. 沪深300指数期货合约的主要内容

2012年3月沪深300指数期货合约见表3.3。

表3.3 沪深300指数期货合约

合约标的	沪深300指数
合约乘数	每点300元
合约价值	股指期货指数点乘以合约乘数
报价单位	指数点
最小变动价位	0.2点
上市交易合约	当月、下月及随后两个季月
交易时间	9:15~11:30,13:00~15:15
最后交易日的交易时间	9:15~11:30,13:00~15:00
最大波动限制	上一个交易日结算价的正负10%(上市当日涨跌停板幅度,4月、5月合约为挂盘基准价的±10%,6月、9月合约为挂盘基准价的±20%)
交易保证金	4月合约、5月合约暂定为合约价值的15%,6月合约、9月合约暂定为合约价值的18%
交割方式	现金交割
最后交易日	合约到期月的第3个周五,法定节假日顺延
交割日期	同最后交易日
手续费	沪深300股指期货合约交易手续费暂定为成交金额的万分之零点五,交割手续费标准为交割金额的万分之一
交易代码	IF
上市交易所	中国金融期货交易所

2. 股指期货合约解读

(1) 合约乘数与合约价值。股指期货合约的标的物为表示股价总水平的一系列股票价格指数,由于标的物没有自然单位,这种股价总水平只能以指数的点数与某一既定的货币金额的乘数的乘积来表示,乘数表明了每一指数点代表的价格,被称为合约乘数。

合约价值则等于合约指数报价乘合约乘数。合约价值的大小与标的指数的高低和规定的合约乘数大小有关。

(2) 保证金制度和交易保证金比例。投资者在进行期货交易时,必须按照其买卖期货合约价值的一定比例来缴纳资金,作为履行期货合约的财力保证,然后才能参与期货合约的买卖。这笔资金就是我们常说的保证金,这就是保证金制度。目前中金股指期货合约中拟定的一手合约,按 2012 年 3 月 2 日沪深 300 指数的 2 678.3 点位,乘以每点 300 元,则一手合约的价值就近 80.37 万元。按 15% 的保证金比例,买卖一手所需的资金得有 12.06 万元。

(3) 合约月份与交易时间。股指期货的合约月份是指股指期货合约到期结算所在的月份。不同国家和地区的股指期货合约月份不尽相同。某些国家股指期货的合约月份以 3 月、6 月、9 月、12 月为循环月份。例如,2006 年 2 月,S&P500 指数期货的合约月份为 2006 年 3 月、6 月、9 月、12 月和 2007 年 3 月、6 月、9 月、12 月。而沪深 300 指数期货的合约月份为当月、下月及最近的两个季月(季月指 3 月、6 月、9 月、12 月),见表 3.3。

沪深 300 指数期货合约的交易时间为 9:15~11:30,13:00~15:15,相比股票市场的交易时间,早开盘 15 分钟,晚收盘 15 分钟。早开 15 分钟,更充分体现了股指期货发现价格的作用,帮助现货市场在未开市前建立均衡价格,从而减低现货市场开市时的波幅;晚收 15 分钟,有利于减低现货市场收市时的波幅,在现货市场收市后,为投资者提供对冲工具,同时方便一些根据现货市场收市价作指标的套期保值盘。

股指期货的交易时间是期货交易所规定的可以进行股指期货交易的时间。一些交易所规定交易时间为每周营业 5 天,周六、周日及国家法定节假日休息。一般每个交易日分为两盘,即上午盘和下午盘。一些交易所已经实现了全天候交易。

(4) 价格限制制度。价格限制制度包括涨跌停板制度和价格熔断制度。

涨跌停板制度主要用来限制期货合约每日价格波动的最大幅度。根据涨跌停板的规定,某个期货合约在一个交易日中的交易价格波动不得高于或者低于交易所事先规定的涨跌幅度,超过这一幅度的报价将被视为无效,不能成交。

涨跌停板一般是以某一合约上一交易日的结算价为基准确定的,也就是说,合约上一交易日的结算价加上允许的最大涨幅构成当日价格上涨的上限,称为涨停板;而该合约上一交易日的结算价格减去允许的最大跌幅则构成当日价格下跌的下限,称为跌停板。

此外,价格限制制度还包括熔断制度,即在每日开盘之后,当某一合约申报价触及熔断价格并且持续一分钟,则对该合约启动熔断机制。熔断制度是启动涨跌停板制度前的缓冲手段,发挥防护栏的作用。

沪深 300 股指期货采用结合熔断机制的涨跌停板制度。即当该日涨跌幅度达到 6% 的熔断点,且持续一分钟,启动熔断机制,在此幅度内"熔而不断"地继续交易 10 分钟。启动熔断机制后的连续十分钟内,该合约买卖申报不得超过熔断价格,继续撮合成交。十分钟后取消熔断价格限制,10% 的涨跌停板生效;当某合约出现在熔断价格的申报价申报时,开始进入熔断检查期。该熔断机制每日只启动一次。最后交易日将无涨跌停板限制。

(5) 谨防爆仓。爆仓是指在某些特殊条件下,投资者保证金账户中的客户权益为负值的情况。容易造成爆仓的几种情况:

① 单边市。即行情连续上涨或者下跌一定幅度,特别是在趋势比较明朗的情况下,

谨防做反。

② 远期合约。远期合约的波动幅度和被操作性要远远大于短期合约，收益和风险都更大一些。

③ 保证金不足。要随时查看账户现金余额，持仓量不要太高，切忌满仓操作。

④ 不能盯盘。在没有时间看盘关注行情的情况下，最好先平仓出局观望，以免出现意外。

交易所为了防范市场操纵和少数投资者风险过度集中的情况，对会员和客户手中持有的合约数量上限进行了一定的限制，这就是持仓限制制度。限仓数量是指交易所规定结算会员或投资者可以持有的、按单边计算的某一合约的最大数额。一旦会员或客户的持仓总数超过了这个数额，交易所可按规定强行平仓或者提高保证金比例。

强行平仓制度是与持仓限制制度和涨跌停板制度等相互配合使用的风险管理制度。当交易所会员或客户的交易保证金不足并未在规定时间内补足，或当会员或客户的持仓量超出规定的限额，或当会员或客户违规时，交易所为了防止风险进一步扩大，将对其持有的未平仓合约进行强制性平仓处理，这就是强行平仓制度。

3.4 期权

3.4.1 期权的概念与要素

1. 期权的概念

期权是在约定的期限内，以商定的交易对象、价格和数量，进行"购买权"或"出售权"买卖交易的一种行为。期权交易最早始于股票期权，以后，又出现了利率期权、外汇期权和股票指数期权等交易品种。期权买卖双方的关系如图 3.1 所示。

图 3.1 期权买卖双方关系

2. 期权的要素

（1）施权价：期权合同中规定的购入或售出某种资产的价格，称为期权的施权价，也称协议价格。

（2）施权日：期权合同规定的期权的最后有效日期，称为期权的施权日或到期日。

（3）标的资产：期权合同中规定的双方买入或售出的资产，称为期权的标的资产。

（4）期权费：期权买卖双方购买或出售期权的价格，称为期权费或期权的价格。

3.4.2 期权的种类

1. 按期权买或卖行为的不同，期权交易可分为买入期权和卖出期权

（1）买入期权也称看涨期权，是指在规定的期限内，按事先商定的价格和数量买入某种交易对象的交易权利的行为。当交易对象的价格行情上升时,买方的权益呈上升趋势,买方盈利的可能性较大;当交易对象的价格行情下降时,买方的收益呈下降趋势,买方亏损的可能性较大。

(2) 卖出期权也称看跌期权,是指在规定的期限内,按事先商定的价格和数量卖出某种交易对象的交易权利的行为。当交易对象的价格行情上升时,卖方的收益呈下降趋势,卖方亏损的可能性较大;当价格行情下跌时,卖方的收益呈上升趋势,卖方盈利的可能性较大。

2. 按照期权行使权利的有效期限的不同,期权交易可分为美式期权和欧式期权

(1) 美式期权指可以在成交后有效期内任何一天被执行的期权。也就是指期权持有者可以在期权到期日以前的任何一个工作日纽约时间上午 9 时 30 分以前,选择执行或不执行期权合约。

例如,今天上午欧元/美元即期汇价为 1.150 0,一客户预期欧元的汇价晚上或明天可能升上 1.160 0 或更高水平。于是他便向银行买入一个面值为 10 万欧元,时间为两周,行使价在 1.150 0 的欧元看涨、美元看跌的美式期权,设费率为 2.5%(即买期权要付出 2 500 欧元费用)。翌日,欧元/美元的汇价上升了,且超越 1.150 0,达 1.170 0 水平。那么,该客户可以要求马上执行期权获利 200 点,即 2 000 美元。但减去买入期权时支付的费用后,客户仍亏损 575 美元(2 000－2 500×1.150 0＝－575)。可见,美式期权虽然较为灵活和方便,但期权费的支出是十分昂贵的。

(2) 欧式期权指期权拥有者仅在期权到期日才有行使其交易权利的一种期权。

美式期权与欧式期权的区别主要是执行时间不相同。

美式期权合同在到期日前的任何时候或在到期日都可以执行合同,结算日则是在履约日之后的一天或两天。大多数的美式期权合同允许持有者在交易日到履约日之间随时履约,但也有一些合同规定一段比较短的时间可以履约,如"到期日前两周"。

欧式期权合同要求其持有者只能在到期日履行合同,结算日是履约后的一天或两天。国内的外汇期权交易都是采用的欧式期权合同方式。

3.4.3 期权与期货的区别

(1) 买卖双方的权利义务。期货交易中,买卖双方具有合约规定的对等的权利和义务。期权交易中,买方有以合约规定的价格是否买入或卖出期货合约的权利,而卖方则有被动履约的义务。一旦买方提出执行,卖方则必须以履约的方式了结其期权部位。

(2) 买卖双方的盈亏结构。期货交易中,随着期货价格的变化,买卖双方都面临着无限的盈利与亏损。期权交易中,买方潜在盈利是不确定的,但亏损却是有限的,最大风险是确定的;相反,卖方的收益是有限的,潜在的亏损却是不确定的。

(3) 保证金与权利金。期货交易中,买卖双方均要缴纳交易保证金,但买卖双方都不必向对方支付费用。期权交易中,买方支付权利金,但不缴纳保证金。卖方收到权利金,但要缴纳保证金。

(4) 部位了结的方式。期货交易中,投资者可以采用平仓或进行实物交割的方式了结期货交易。期权交易中,投资者了结其部位的方式包括三种:平仓、执行或到期。

(5) 合约数量。期货交易中,期货合约只有交割月份的差异,数量固定而有限。期权交易中,期权合约不仅有月份的差异,还有执行价格、看涨期权与看跌期权的差异。不但如此,随着期货价格的波动,还要挂出新的执行价格的期权合约,因此期权合约的数量较多。

期权与期货各具优点与缺点。期权的好处在于风险限制特性,但却需要投资者付出权利金成本,只有在标的物价格的变动弥补权利金后才能获利。但是,期权的出现,无论是在投资机会或是风险管理方面,都给具有不同需求的投资者提供了更加灵活的选择。

3.5 其他衍生工具简介

3.5.1 存托凭证

1. 存托凭证定义

存托凭证(Depositary Receipts,DR),也称预托凭证,是指在一国证券市场流通的代表外国公司有价证券的可转让凭证。存托凭证一般代表外国公司股票,有时也代表债券。

存托凭证是由 J. P. 摩根首创的。1927 年,J. P. 摩根设立了一种美国存托凭证(ADR),使持有塞尔弗里奇公司股票的投资者可以把塞尔弗里奇公司股票交给摩根指定的在美国和英国都有分支机构的一家银行,再由这家银行发给各投资者美国存托凭证。这种存托凭证可以在美国的证券市场上市流通,原来持有塞尔弗里奇公司股票的投资者就不必再跑到英国抛售该股票了。同时要投资塞尔弗里奇公司股票的投资者也不必再到英国股票交易所去购买塞尔弗里奇公司股票,可以在美国证券交易所购买该股票的美国存托凭证。这样美国投资者就省去了到英国配股及分红的麻烦。

2. 美国存托凭证

(1) 美国存托凭证的概念。美国存托凭证(American Depositary Receipt,ADR)是现在媒体报道中常见的一个金融术语,又译为美国预托证券。美国存托凭证代表可在美交易的外国公司股票的所有权,多数非美国公司在美国上市均通过美国存托凭证方式实现。美国存托凭证一律以美元计价,并以美元形式支付股息。

(2) 美国存托凭证(ADR)的种类。按照基础证券发行人是否参与存托凭证的发行,美国存托凭证可分为无担保的存托凭证和有担保的存托凭证。

① 无担保的 ADR。无担保的存托凭证由一家或多家银行根据市场的需求发行,基

础证券发行人不参与,存券协议只规定存券银行与存托凭证持有者之间的权利与义务关系。无担保的存托凭证目前已很少应用。

② 有担保的 ADR。有担保的 ADR 由基础证券发行人的承销商委托一家存券银行发行。与承销商、存券银行业托管银行三方签署存券协议。协议内容包括存托凭证与基础证券的关系,存托凭证持有者的权利,存托凭证的转让、清偿、红利或利息的支付以及协议三方的权利义务等。

3. 中国存托凭证

中国存托凭证(Chinese Depositary Receipts, CDR),是指在境外上市的公司将部分已发行上市的股票托管在当地保管银行,由中国境内的存托银行发行、在境内 A 股市场上市、以人民币交易结算、供国内投资者买卖的投资凭证,从而实现股票的异地买卖。

144A 规则下的 ADR

由于美国联邦法律对证券发行有严格的注册和信息披露要求,许多外国公司因此不愿在美国资本市场发行证券。为此,美国证监会于 1988 年起草、1990 年颁布实施了"144A 规则"(即在私募市场面向机构的证券再销售),主要目的是吸引外国企业在美国资本市场发行证券,提高美国国内私募证券市场的流动性和有效性。根据 144A 规则的规定,发行人可以发行不受美国证监会的注册和信息披露要求限制的证券,但这些证券只能在私募市场向 QIB(Qualified Institutional Buyer,合格的机构认购者)发行并只能在 QIBs 之间交易,称为受限证券(Restricted Securities),即 144A 规则下的 ADR。

3.5.2 资产证券化和证券化产品

1. 资产证券化与证券化产品的定义

资产证券化是以特定资产组合或特定现金流为支持,发行可交易证券的一种融资形式。

在资产证券化过程中发行的以资产池为基础的证券就称为证券化产品。通过资产证券化,将流动性较低的资产(如银行贷款、应收账款、房地产等)转化为具有较高流动性的可交易证券,提高了基础资产的流动性,便于投资者进行投资;还可以改变发起人的资产结构,改善资产质量,加快发起人的资金周转。

2. 资产证券化的种类与范围

(1) 根据基础资产分类。根据证券化的基础资产不同,可以将资产证券化分为:不动产证券化、应收账款证券化、信贷资产证券化、未来收益证券化(如高速公路收费)、债券组合证券化等类别。

(2) 按资产证券化的地域分类。根据资产证券化发起人、发行人和投资者所属地域的不同,可将资产证券分为:境内资产证券化、离岸资产证券化。

国内融资方通过在国外的特殊目的机构(Special Purpose Vehicles,SPV)在国际市场上以资产证券化的方式向国外投资者融资称为离岸资产证券化;融资方通过境内 SPV 在境内市场融资则称为境内资产证券化。

(3) 按证券化产品的属性分类。根据证券化产品的金融属性不同可以分为:股权型证券化、债权型证券化和混合型证券化。

值得注意的是,尽管资产证券化的历史不长,但相关证券化产品的种类层出不穷,名称也是千变万化。最早的证券化产品是以商业银行房地产按揭贷款为支持,故称为按揭支持证券(MBS);随着可供证券化操作的基础产品越来越多,出现了资产支持证券(ABS)的称谓;再后来,由于混合型证券(具有股权和债权性质)越来越多,干脆用 CDOs(Collateralized Debt Obligaions)概念代指证券化产品,并细分为 CLOs、CMOs、CBOs 等产品。最近几年,还采用金融工程方法,利用信用衍生产品构造出合成 CDOs。

3.6 证券市场价格指数

3.6.1 股票价格指数

1. 股票价格指数的定义

股票价格指数,又称股票价格指标,是由证券交易所或金融服务机构编制的表明股票价格变动的一种参考指数。它是根据十几种或几十种甚至数百种上市公司的股票价格综合编制而成的。

股票价格指数与国民经济的运行紧密相关,是反映经济运行情况的"晴雨表"。

2. 股票价格指数计算方法

计算股票价格指数的方法有两种。

(1) 平均法。采用平均法计算指数时,先计算各样本股票的个别指数,再加总求算术平均数。假定基期第 j 种股票股价为 P_0^j,第 k 期(计算期)第 j 种股价为 P_k^j,样本股票数为 N,则计算公式为

$$\frac{1}{N}\sum_{j=1}^{n}\frac{P_k^j}{P_0^j}$$

世界上第一个股票价格指数——道·琼斯股价指数在 1928 年 10 月 1 日前就是使用简单算术平均法计算的。

简单算术股价平均数虽然计算较简便,但它有两个缺点:一是它未考虑各种样本股票的权数,从而不能区分重要性不同的样本股票对股价平均数的不同影响。二是当样本股票发生股票分割派发红股、增资等情况时,股价平均数会产生断层而失去连续性,使时

间序列前后的比较发生困难。

(2) 综合法。采用综合法计算指数时,先对样本股票的基期价格与计算期价格分别加权。假定基期指数为 M,基期股价为 100,用计算期股价与之相比,并以百分比表示,则其计算公式为

$$M \times \frac{\sum_{j=1}^{n} P_k^j}{\sum_{j=1}^{n} P_0^j}$$

然而,上述计算公式没有加权,对各样本股票一视同仁。如果依据样本股票的个别重要性予以加权,则吻合指数的原始含义,计算公式为

$$\frac{\sum_{j=1}^{n} W_j P_k^j}{\sum_{j=1}^{n} W_j P_0^j}$$

式中 W_j 为权数。

3. 我国主要的股票价格指数

(1) 上证综合指数。上证综合指数是由上海证券交易所编制的股票指数,1999 年 12 月 19 日正式开始发布。该股票指数的样本为所有在上海证券交易所挂牌上市的股票,其中新上市的股票在挂牌后的第 11 天纳入股票指数的计算范围。上证综合指数存在的主要问题在于它是以总股本作为权数计算的,所以总股本较大的股票对股票指数的影响就较大。目前市场上对上证综合指数贡献最大的股票是中国石油,总市值占上证综合指数的权重约为 18%(根据 2007 年的 11 月 20 日数据计算而得)。中国石油目前的流动股本为 30 亿股,总股本为 1 830 亿股。也就是说,中国石油 30 亿股流通股价格的变化可以撬动 1 830 亿股中国石油的总市值。其杠杆效应达到 61 倍!实际上,大资金只要控制了 30 亿股中国石油流通股的价格,就掌握了上证综合指数 1/6 强的主动权。与此类似,上海股市中总市值第二名至第十名的工商银行、中国石化、中国人寿、中国银行、中国神华、中国平安、招商银行、交通银行、中国铝业的总市值占上证综合指数的权重分别约是 6.0%、4.8%、3.9%、3.7%、3.3%、1.7%、1.4%、1.2% 和 1.0%。它们的杠杆效应分别是 28 倍、10 倍、31 倍、49 倍、16 倍、9 倍、3 倍、22 倍和 11 倍。

(2) 上证 50 指数。上证 50 指数是由上海证券交易所编制,于 2004 年 1 月 2 日正式发布,指数简称为上证 50,指数代码 000016,基日为 2003 年 12 月 31 日,基点为 1 000 点。

上证 50 指数是根据科学客观的方法,挑选上海证券市场规模大、流动性好的最具代表性的 50 只股票组成样本股,以综合反映上海证券市场最具市场影响力的一批优质大盘企业的整体状况。上证 50 指数采用派氏综合加权方法计算。

(3) 上证成份指数。上证成份指数(简称上证 180 指数)是上海证券交易所对原上证

30 指数在进行调整以后更名而成的,其样本股是在所有 A 股股票中抽取最具市场代表性的 180 种样本股票,自 2002 年 7 月 1 日起正式发布,基点为 2002 年 6 月 28 日上证 30 指数的收盘点数(3 299.05 点)。作为上证指数系列核心的上证 180 指数的编制方案,目的在于建立一个反映上海证券市场的概貌和运行状况、具有可操作性和投资性、能够作为投资评价尺度及金融衍生产品基础的基准指数。

(4) 深证成份股指数。深证成份股指数是从上市的所有股票中抽取具有市场代表性的 40 家上市公司的股票作为计算对象,并以流通股为权数计算得出的加权股价指数,综合反映深交所上市 A、B 股的股价走势。该指数取 1994 年 7 月 20 日为基日,基日指数定为 1 000 点。成份股指数于 1995 年 1 月 23 日开始试发布,1995 年 5 月 5 日正式启用。40 家上市公司的 A 股用于计算成份 A 股指数及行业分类指数,40 家上市公司中有 B 股的公司,其 B 股用于计算成份 B 股指数。深证成份股指数还就 A 股编制分类指数,包括工业分类指数、商业分类指数、金融分类指数、地产分类指数、公用事业分类指数、综合企业分类指数。为保证指数的代表性,必须视上市公司的变动更换成份股,深圳证券交易所定于每年 1 月、5 月、9 月对成份股的代表性进行考察,讨论是否需要更换。

(5) 沪深 300 指数。沪深 300 指数由上海证券交易所和深圳证券交易所联合编制,于 2005 年 4 月 8 日正式发布。沪深 300 指数简称沪深 300,指数代码为沪市 000300,深市 399300。沪深 300 指数以 2004 年 12 月 31 日为基日,基日点位 1 000 点。沪深 300 指数是由上海和深圳证券市场中选取 300 只 A 股作为样本,其中沪市 179 只,深市 121 只。样本选择标准为规模大、流动性好的股票。沪深 300 指数样本覆盖了沪深市场六成左右的市值,具有良好的市场代表性。

沪深 300 指数的编制目的是反映中国证券市场股票价格变动的概貌和运行状况,并能够作为投资业绩的评价标准,为指数化投资及指数衍生产品创新提供基础条件。

上证高新技术企业等指数发布

上海证券交易所和中证指数有限公司日前宣布,将于 2012 年 2 月 10 日正式发布上证高新技术企业指数和中证消费服务领先指数。

据介绍,高新技术企业是在国家重点支持的高新技术领域内持续进行研究开发与技术成果转化,形成核心自主知识产权,以此为基础开展经营活动,并通过国家高新技术认定管理小组审核的企业。该类企业具备较高的研发实力,并享受多项国家鼓励政策。

根据已公布的方案,上证高新技术企业指数以沪市所有高新技术企业的股票为选样空间,并选取近三年研发费用占营业收入比率最高的 50 家上市公司构成指数样本股,并采用该比率进行加权计算。

据统计,该指数具备良好的市场容量与流动性,且行业分布广泛,指数样本股的近三年研发投入约占沪市全部高新技术企业总额的40%,研发投入占营业收入的平均比率达到3.8%,远高于沪市企业的平均水平。

中证消费服务领先指数以中证全指为样本空间,由食品饮料业、服装及其他纤维制品制造业、文教体育用品制造业、医药生物制品业等行业中总市值排名前100的股票构成,每个行业股票数量不超过指数成份股数量的20%。在权重方面,指数设置了20%的行业权重上限和5%的个股权重上限。目前,已有基金公司表达了开发中证消费服务领先指数产品的意向。

资料来源:王璐.《上海证券报》.2012年01月12日

4. 国际主要股票价格指数

(1) 道·琼斯指数。道·琼斯指数是世界上最有影响、使用最广泛的股票指数,它是以在纽约证券交易所挂牌上市的一部分有代表性的公司股票作为编制对象,分别由30家工业公司股价平均指数、20家交通运输业公司股价平均指数、15家公用事业公司股价平均指数以及上述三种股价平均指数所涉及的65家公司股票为编制对象的道·琼斯股价综合平均指数构成。在四种道·琼斯股价指数中,以道·琼斯工业股价平均指数最为著名,它被大众传媒广泛地报道,并作为道·琼斯指数的代表加以引用。

(2) 标准普尔指数。标准普尔指数(SP500)由美国最大的证券研究机构标准普尔公司编制的用以反映美国股市行情变动的股票价格指数。标准普尔指数从20世纪20年代开始编制,最初由233种股票组成,在1957年经过调整以后样本数扩大到500种。标准普尔指数的计算采用加权算术平均法,其基期并非确定的某一天,而是以1941—1943年这3年作为基期,基价为这三年的均价。

(3) NASDAQ指数。纳斯达克(NASDAQ)是全美商协会自动报价系统(National Association of Securities Dealers Automated Quotatings)的英文缩写,但目前已成为纳斯达克市场的代名词。信息和服务业的兴起催生了纳斯达克。纳斯达克始建于1971年,是一个完全采用电子交易、为新兴产业提供竞争舞台、自我监管、面向全球的股票指数。纳斯达克是全美也是世界最大的股票电子交易市场。纳斯达克指数是反映纳斯达克证券市场行情变化的股票价格平均指数,基期指数为100。纳斯达克的上市公司涵盖所有新技术行业,包括软件和计算机、电信、生物技术、零售和批发贸易等。微软公司便是通过纳斯达克上市并获得成功的。

(4) 伦敦金融时报指数。伦敦金融时报指数(Financial Times Ordinary Shares Index),由英国《金融时报》编制和公布,反映英国伦敦证券交易所的行情变动。该指数分三种:30种股票组成的价格指数、100种股票组成的价格指数,又称"FT-100指数"、500种股票组成的价格指数。通常所讲的英国金融时报指数指的是第一种,即由30种有代表性的工商业股票组成并采用加权算术平均法计算出来的价格指数。

(5)日经225指数。日经指数是由日本经济新闻社编制并公布的,反映日本股票市场价格变动的股票价格平均数。该指数从1950年9月7日开始计算编制,样本股票为在东京证券交易所内上市的225家公司的股票,并以当日为基期,当日的平均股价176.2日元为基数,当时称为"东证修正平均股价"。1975年5月1日,日本经济新闻社向道·琼斯公司买进商标,采用美国道·琼斯公司的修正法计算,这种股票指数也就改称"日经道·琼斯平均股价"。1985年5月1日在合同期满10年时,经两家商议,将名称改为"日经平均股价指数"。该指数被看做日本最有影响和代表性的股价指数,通过它可以了解日本的股市行情变化和经济景气变动状况。

(6)香港恒生指数。香港恒生指数是由香港恒生银行于1969年11月24日开始编制的。恒生股票价格指数包括4种金融业股票、6种公用事业股票、9种房地产业股票和14种其他工商业(包括航空和酒店)股票。恒生指数以1964年7月31日为基期,基点确定为100点。其计算方法是将33种股票按每天的收盘价乘以各自的发行股数为计算日的市值,再与基期的市值相比较,乘以100就得出当天的股票价格指数。

3.6.2 债券价格指数

债券价格指数是反映债券市场价格总体走势的指标。债券指数是一个比值,其数值反映了当前市场的平均价格相对于基期市场平均价格的变化。

我国主要的债券指数有上证国债指数、上证企业债指数和中证全债指数。

1. 上证国债指数

上证国债指数是以上海证券交易所上市的所有固定利率国债为样本,按照国债发行量加权而成。自2003年1月2日起对外发布,基日为2002年12月31日,基点为100点,代码为000012。上证国债指数是上证指数系列的第一只债券指数,它的推出使我国证券市场股票、债券、基金三位一体的指数体系基本形成。上证国债指数的目的是反映我们债券市场整体变动状况,是我们债券市场价格变动的"指示器"。上证国债指数既为投资者提供了精确的投资尺度,又为金融产品创新夯实了基础。

2. 上证企业债指数(简称企债指数)

上证企业债指数是上海证券交易所编制的反映中国证券市场企业债整体走势和收益状况的指数。上证企业债指数基日为2002年12月31日,基点为100点,指数代码为000013,指数简称企债指数。该指数于2003年6月9日正式发布。

3. 中证全债指数

为综合反映沪深证券交易所和银行间债券市场价格变动趋势,为债券投资者提供投资分析工具和业绩评价基准,中证指数有限公司于2007年12月17日正式发布中证全债指数(简称中证全债)。该指数从沪深交易所和银行间市场挑选国债、金融债及企业债组成样本券,基日为2002年12月31日,基点为100点。指数英文名称为CSI Aggregate

Bond Index。

3.6.3 基金指数

为反映基金市场的综合变动情况,深圳证券交易所和上海证券交易所均以现行的证券投资基金编制基金指数。

1. 深市基金指数

深圳证券交易所自 2000 年 7 月 3 日终止以老基金为样本的原"深证基金指数"(代码:9904)的编制与发布,同时推出以证券投资基金为样本的新基金指数,名称为"深市基金指数"(代码:9905)。深市基金指数的编制:采用派氏加权综合指数法计算,权数为各证券投资基金的总发行规模。指数的基日为 2000 年 6 月 30 日,基日指数为 1 000 点。

2. 上证基金指数

上证基金指数选样范围为在上海证券交易所上市的所有证券投资基金,上证基金指数将同各指数一样通过行情库实时发布,上证基金指数在行情库中的代码为 000011,简称为"基金指数"。基金指数的成份股是所有在上海证券交易所上市的证券投资基金,反映了基金的价格整体变动状况,自 2000 年 6 月 9 日起正式发布。计算方法为采用派氏指数公式计算,以发行的基金单位总份额为权数。

本 章 小 结

衍生金融资产也叫金融衍生工具(financial derivative),金融资产的衍生工具是金融创新的产物,也就是通过创造金融工具来帮助金融机构管理者更好地进行风险控制,这种工具就叫金融衍生工具。金融衍生产品是指由利率、货币及证券等基本金融投资和交换对象发展、变化而形成的新金融交易品种,也称金融创新工具。

金融衍生工具按基金工具种类分为:股权式衍生工具、货币衍生工具、利率衍生工具;按风险-收益特性分为对称型与不对称型;按交易方法与特点分为金融远期合约、金融期货、金融期权、金融互换。

股票价格指数,又称股票价格指标,是由证券交易所或金融服务机构编制的表明股票行市变动的一种参考指数。它是根据十几种或几十种甚至数百种上市公司的股票价格综合编制而成的。

债券价格指数是反映债券市场价格总体走势的指标。基金指数是对基金市场的综合变动情况的反映。

推荐参考网站

1. http://www.24k99.com 黄金宝
2. http://www.fx16x.com 外汇宝
3. http://www.bankrate.com.cn 银率网
4. http://www.xsme.com/web/index.jsp 西双版纳金融资产商品交易所
5. http://www.fx678.com 汇通网

综合练习

一、名词解释

股票价格　股票价格指数　衍生金融资产　金融衍生产品　优先认股权　认股权证　可转换债券　期货　股票指数期货　期权

二、多项选择题

1. 金融衍生工具的特征主要有(　　)。
   A. 跨期交易　　　B. 杠杆效应　　　C. 不确定性　　　D. 高风险
   E. 套期保值和投资套利并存

2. 以下属于认股权证和优先认股权区别的是(　　)。
   A. 优先认股权是对普通股股东的优惠权；而认股权证是对债权人和优先股股东的优惠权
   B. 优先认股权的有效期较短,认股权证的有效期较长
   C. 优先认股权的认购价格一般低于发行时普通股的市价,认股权证的认购价格一般高于认股权证发行时公司普通股的市价
   D. 发行目的不同
   E. 交易地点不同

3. 根据权力的内容来划分,认股权证可分为(　　)。
   A. 认购权证　　　B. 认沽权证　　　C. 公司认股权证　　　D. 备兑认沽权证
   E. 美式认股权证

4. 以下属于可转换公司债券特点的是(　　)。
   A. 兼有公司债和股票的双重特征
   B. 具有双重选择权的特征

C. 最短期限 3 年,最长为 5 年,发行后 6 个月可转换

D. 有转换价格修正条款

E. 股票价格连续高于转股价格一定幅度,可赎回

5. 可在期权到期日或到期日之前的任一日执行的期权是(　　)。

A. 欧式期权　　　B. 美式期权　　　C. 看涨期权　　　D. 看跌期权

E. 长期看涨期权

6. 存托凭证是指在一国证券市场上流通的代表(　　)证券的可转让凭证。

A. 债权　　　　　B. 外国公司　　　C. 跨国公司　　　D. 基金组合

E. 投资组合

7. 深圳证券交易所股价指数属(　　)。

A. 平均法计算的指数　　　　　　　B. 综合法编制的指数

C. 发行量加权指数　　　　　　　　D. 市价总值股价指数

E. 行业指数

三、简答

1. 简述债券的特征有哪些。
2. 股票具有哪些特征?
3. 请简述投资基金的性质和特点有哪些。
4. 请说明可转换证券的特点。
5. 请说明股票指数期货的特点。
6. 什么是股票价格指数,它具有哪些功能?
7. 计算股票价格指数的方法有哪些?

第 4 章 证券发行市场

【学习目标】

通过本章学习,读者应了解证券市场的发行市场的概念和运行机制;了解股票股权发行市场的构成、发行方式及发行审核制度;掌握债券、证券投资基金等基本证券的发行条件、发行程序和信息披露;掌握股票的定价方法和申购。

新中国第一张股票27年前诞生

1983年7月8日,深圳市宝安县联合投资公司向社会公开发行了新中国第一张股票,每股人民币10元。并提出实行入股自愿、退股自由、保本付息、盈利分红的先进理念。

为什么新中国的第一张股票诞生于当时深圳的关外区域、城市与经济建设近乎一片白纸的深圳市宝安县?

原来宝安县在30年发展中积累的一些"家底"几乎全盘托付给了深圳县。宝安县政策决策者指出一条路,发展建设需要用钱,为什么不可以通过发行股票的形式向社会募集?

于是,决策者们决定:第一,公司要制定章程;第二,县财政拿200万元出来参股,干部带头入股;第三,到广州设计印刷股票,同时对参股发放股金证,登记股份分红派息。结果,第一家经地方政府批准向社会招股集资的公司——宝安县联合投资公司正式诞生,它就是在深交所上市的中国宝安集团股份有限公司(深宝安)的前身。

也许,当年的政策决策者和新中国第一张股票的设计者未必会料想到,日后的深圳会成为中国股份合作经济体最为密集、证券业最为发达的城市之一。

宝安县联合投资公司发行股票第一批就募集了298万元,加上县政府拿出的200万元,差不多500万元起家,为宝安的建设汇集了宝贵的资金。

投资宝安县联合投资公司的投资者们也得到了丰厚的回报。公司从发行股票到1983年年底的4个月中,已获纯利15.7万余元。股票第一年分配,1 000块就可以分红200块。1991年,该公司更名为宝安企业(集团)股份有限公司,同年6月25日,宝安股票公开在深交所挂牌上市,总股本2.64亿元,是当时全国最大的上市公司。

伴随着宝安县首发新中国第一张股票的传奇故事,人们津津乐道的还有大坑村的"致富神话"。

1983年,在宝安县时辖范围之内的大坑村位于深圳大亚湾,1983年以前,大坑上下两村200多人的人均收入仅几十元。1983年,国家规划建设大亚湾核电站,大坑村迁至大鹏镇王母安置建设新村,获得了几百万元移民安置费和土地补偿费,新村建成后,尚节余200万元左右。

1991年后,深宝安上市,股价节节升高,大坑村先后将600多万股抛出,获利6 000多万元。当时年均每人就拥有100多万的财富。大坑村曾靠着深宝安每年的分红派息和银行利息,使每个劳动力每月获得400元收入,村里给每个中学生每月补贴350元,小学生250元。成为远近闻名的富裕村。

资料来源:刘若娜.南方日报.2010年6月29日,有删减.

【启示】 证券市场是一个魅力无穷的市场,它的魅力就在于能够发现价值、创造财富,而财富是靠东芝股份公司发行上市后的股票创造的。如果你当年独具慧眼,万科A、苏宁电器、贵州茅台发行的股票,一直持有到现在,你的财富会是多少呢?话又说回来,你知道这些造富机器是如何上市的吗?它们发行上市有哪些流程?应具备怎样的条件呢?本章将为你介绍这些。

证券市场是证券发行和交易的场所。其可分为证券发行市场和证券流通市场。证券发行市场是新证券首次向社会公众发行的市场,又称一级市场或初级市场。证券流通市场是转手买卖已发行证券的市场,又称二级市场或次级市场。证券市场的两个构成部分既有联系,又有区别,相互依存,相互制约,是一个不可分割的整体。证券发行市场是流通市场的基础和前提,正是有了发行市场的证券供应,才有流通市场的证券交易,证券发行的种类、数量和发行方式决定流通市场的规模和运行。流通市场是发行市场得以持续扩大发行的必要条件,有了流通市场为证券的转让提供方便,才使发行市场对投资者充满吸引力。

4.1 证券发行市场概述

证券发行市场是发行人向投资者出售证券的市场,也称初级市场(Primary Market)。它通常由发行者、投资者和证券中介机构组成,按发行对象的不同,可分为股票发行市场、债券发行市场、投资基金发行市场,它们的发行目的、发行条件、发行方式各有不同。证券发行市场一方面为资金的需求者提供筹集资金的场所;另一方面为资金的供给者提供投资获利的机会,通过新证券发行创造出新的金融投资品种,增加有价证券总量和社会投资总量,是实现资本职能转化的场所。

4.1.1 证券发行市场的特点、结构及发行方式

1. 证券发行市场的含义和特征

证券发行市场是承载和支持政府、金融机构、工商企业等以筹集资金为目的向投资者出售代表一定权利的有价证券的市场,是证券进入流通领域的开端。

证券发行市场通常由发行者、投资者和证券中介机构组成,一般具有以下特征:

(1) 从实践上看,证券发行市场没有固定场所,可以利用交易所的交易系统实现发行,也可以在证券公司或银行等其他金融机构的柜台发行;既可以由发行者自行向投资者出售,又可以由投资银行承购后再向投资者分销,更普遍的做法是由证券机构进行承销。

(2) 从时间上看,证券发行市场没有统一的发售时间,一般也没有例行的规定和要求,发行者可以根据自己的需要和市场行情自行选择何时发行。但每次的发行都有明确的时间期限,较为集中,一般是1~3个月,且交易量较大。

(3) 从价格确定机制来看,证券价格往往由发行机构根据发行主体的资产净值情况及发展状况,在充分了解市场需求信息的基础上,采用一定的投标竞价方式来确定。证券发行价格一般与证券票面价格较为接近,尤其是债券,通常是按照其票面面值发行。

2. 证券发行市场的结构

证券发行市场结构分为横向结构和纵向结构。横向结构指发行市场的品种结构;纵向结构是指发行市场的要素结构。

(1) 证券发行市场的横向结构。按照所发行证券的品种划分,证券发行市场主要是由股票发行市场、债券发行市场和基金发行市场构成。

① 股票发行市场是新股票初次发行的市场,股票的发行人一般是股份有限公司。股份有限公司通过发行股票筹集公司的股本金,或者是在营运过程中通过发行股票扩充公司的股本金。股票发行市场是将社会闲散资金转化成生产经营性资金的场所,而购买公开发行的股票是投资者在金融市场中最常见的投资方式,股票发行市场是实现这种投资方式的重要载体。

② 债券发行市场。债券发行市场是各种债券发行人(包括中央政府、地方政府、金融机构、公司和企业等)初次出售新证券的市场。

③ 基金发行市场。基金发行市场是基金管理人发行基金证券募集基金资产的市场。开放式基金通常利用基金管理人及银行的柜台发行基金证券,封闭式基金可利用证券交易系统发行基金收益凭证。

(2) 证券发行市场的纵向结构。

① 证券发行市场的交易主体。证券发行市场的交易主体包括证券发行人和投资人。证券发行人是指符合发行条件并且正在从事发行或者准备进行证券发行的政府组织、金融机构或者商业组织。它是构成证券发行市场的首要因素，是证券的供应者和资金的需求者。证券发行人是证券权利义务关系的当事人，或证券发行后果和责任的主要承担者。因此，多数国家的证券法规都对证券发行人的主体资格、净资产额、经营业绩和发起人责任设有条件限制。《中华人民共和国证券法》对证券发行人也规定了严格的条件要求。

证券投资人是指根据发行人招募邀约，已经认购证券或者将要认购证券的个人或社团组织，是资金的供应者和证券的需求者。投资人的构成较为复杂，它可以是个人，也可以是金融机构、基金组织、企业组织或其他机构投资人；可以是未来享有股权的投资者，也可以是持股代理人，或仅以承销为目的的中介人。投资人也是证券权利义务关系的当事人，在法律上应当具备主体资格的确定性和合法性。证券发行中投资人的认购行为具有承诺证券发行条件和相关法律文件（特别是发行人公司章程和招股说明书）的效力。

② 证券发行市场的客体。证券发行市场的客体即筹融资的载体，主要包括股票、债券、基金以及其他证券化金融工具。

③ 证券发行市场的中介。证券发行市场的中介主要是指媒介证券发行人与投资人交易的证券承销商，它通常是负担承销义务的投资银行、证券公司或信托投资公司。证券承销商在证券发行市场发挥主导作用，在采用公募方式发行证券时，各国法律规定必须由证券专业机构承销；即使是采用私募发行方式，往往也需要获得中介人的协助。也就是说，证券发行首先是发行人与证券承销商之间进行某种非标准化交易，在这一交易条件确定的基础上，再由证券承销商将标准化的证券分售给社会投资者。

④ 证券监管机构。在证券发行市场中，证券监管机构运用法律的、经济的和必要的行政手段对证券的发行进行审核、监督和管理，以维护证券发行市场的正常秩序和公开、公平、公正的原则。证券监管机构主要由政府监管机关和行业自律组织构成。

3. 证券发行方式

(1) 公募发行和私募发行。政府、金融机构、工商企业等在发行证券时，可以选择不同的投资者作为发行对象，由此，可将证券发行分为公募和私募两种形式。

"公募"又称公开发行，是指发行人向不特定的社会公众广泛地发售证券。在公募发行情况下，所有合法的社会投资者都可以参加认购。为了保障广大投资者的利益，各国对公募发行都有严格的要求，如发行人要有较高的信用，并符合证券主管部门规定的各项发行条件，经批准后方可发行等。公募方式以众多的投资者为发行对象，筹集资金潜力大，适合于证券发行数量较多、筹资额较大的发行人。公募发行投资者范围大，可避免囤积证券或证券被少数人操纵，只有公开发行的证券方可申请在交易所上市，因此这种发行方式可以增强证券的流动性，有利于提高发行人的社会信誉。然而，公募方式也存在某些缺点，如发行过程比较复杂、登记核准所需时间较长、发行费用较高等。

"私募"又称不公开发行或内部发行，是指面向少数特定的投资者发行证券的方式。私募发行的对象大致有两类，一类是个人投资者，如公司老股东或发行机构自己的员工；另一类是机构投资者，如大的金融机构或与发行人有密切往来关系的企业等。私募方式发行面较小，而且有确定的投资人，因而各国对私募发行管制都较为宽松，认为其投资者都具备较强的风险意识和风险承受能力。私募发行的优势是发行手续简单，可以节省发行时间和费用。不足之处是投资者数目有限，一般不允许上市流通，不利于提高发行人的社会信誉。

（2）直接发行和间接发行。证券发行按发行主体的不同，可分为直接发行和间接发行。

① 直接发行。直接发行是指证券发行者不委托其他机构，而是自己组织认购、进行销售，直接向投资者发行证券筹措资金的行为。

直接发行有如下特点：发行量较小，筹资金额有限；社会影响面不大；不需向社会公众提供有关资料；由于筹资主体自己办理发售，可以省去委托证券公司发行的手续费等费用；投资者大多是与发行者有业务往来的机构。

直接发行方式也有明显的缺点，主要是自己负担发行证券的责任和风险，得不到证券公司的帮助，若发售不成功，影响资金的筹集及其生产经营的顺利进行。

② 间接发行。间接发行是指证券发行人委托一家或几家证券承销机构承销证券的发行方式，又称为委托代理发行。证券承销机构一般为投资银行、证券公司、信托投资公司等。

间接发行对发行人来说，虽然要支付一定的发行费用，但是可以得到证券承销机构的专业化服务，有利于提高发行人的知名度，缩短筹资时间，使整体发行风险降低。一般情况下，公募发行大多采用间接发行方式。

间接发行可分为包销发行、代理发行和承销发行三种。

包销发行是指证券发行单位与证券发行机构签订购买合同，由证券推销机构将所发行的证券全部买下，然后再转售给社会上众多投资者的发行方式。这种发行方式的特点：发行风险全部由发行受托机构承担；发行单位可以及时、全额取得所筹资金；发行单位的信誉一般较高；社会影响比较大，可以进一步树立筹资主体的形象；因发行受托机构在向社会发行前，已将款项金额划给发行单位，构成先垫付资金，所以发行手续费较高。

代理发行，也称代销。它是受托者只代理发行证券的单位发售证券的一种发行方式。发售到约定期时，发售方要将收入的资金或连同未销出去的证券全部交还给证券发行者。代理发行有如下特点：证券公司不承担任何风险，而由筹资主体自行负担；如果筹资主体知名度不高或信誉不够好，有可能发售不畅，筹资单位就不能及时筹足资金；由于证券公司不承担风险，因此发行手续费比其他方式都低；发行的社会影响较大。代理发行适合于那些信誉好、知名度高的大中型企业,它们的证券容易为社会公众所接受,且发行成本低。

承销发行,亦称促销或助销方式。它是指证券发行的受托机构对在规定的发行期内不能全部发行掉的剩余部分由自己收购的一种发行方式。这种发行方式有如下特点:发行单位的筹资金额有保证,不会因发行额不足而产生筹资款不足的情况;证券发行风险由发行受托机构承担;社会影响大,有助于提高筹资主体的信誉;发行机构只有在社会公众购买有多余部分时才可以购买剩余的证券,而不得预留部分证券自行购买;发行风险由发行受托机构承担,因此手续费较代理发行高。

助销又可以分为定额包销和余额包销两种。

定额包销是指承销商先自行认购发行人所发行的一部分证券,然后再向社会公众代理发售剩余部分的证券。余额包销是指承销商先向社会公众代理发售证券,在发售期结束时,剩余的证券由自己全部认购。

(3) 初次发行与增资发行。

① 初次发行。它是指新组建股份公司时或原非股份制企业改制为股份公司时或原私人持股公司要转为公众持股公司时,公司首次发行股票。前两种情形又称为设立发行,后一种发行又称为首次公开发行(IPO)。

② 增资发行。它是指随着公司发展,业务扩大,为达到增加资本金的目的而发行股票的行为。按取得股票时是否缴纳股金来划分,增资发行可分为:有偿增资发行、无偿增资发行和有偿和无偿混合增资发行。有偿增资发行是指股份公司通过增发股票吸收新股份的办法增资,认购者必须按股票的某种发行价格支付现款方能获得股票的发行方式。无偿增资发行是指公司原股东不必缴纳现金就可以无代价地获得新股的发行方式,发行对象仅限于原股东。有偿和无偿混合增资发行是指公司对原股东发行股票时,按一定比例同时进行有偿无偿增资。

4.1.2 证券发行审核

世界各国证券的发行都规定严格的法律程序。由于各国对证券发行审核的方式不同,因此证券发行审核一般有两种体制:注册制和核准制。

证券发行的注册制,又叫证券发行的登记制,是指采用证券发行的公开原则,证券发行人在准备发行证券时,必须将依法公开的各种资料完全、准确地向证券主管机关呈报并申请注册;证券主管机关的职责是依据信息公开原则,对申报文件的全面性、真实性、准确性和及时性进行形式审查。至于发行人的营业性质、发行人的财力、素质及发展前景、发行数量与价格等实质条件均不作为发行审核要件。由此,注册制并不禁止质量差、风险高的证券上市。证券主管机关不针对证券发行行为及证券本身做出价值判断,申报文件提交后,在法定期间内,主管机关若无异议,申请即自动生效。在注册制下,发行人的发行权无须由国家授予。

注册制以美国证券市场为代表,美国证券交易委员会在发行上市程序中扮演主要角色,它要求发行公司填报信息披露表格并登记,最后由美国证券交易委员会发布信息披露表格。

证券发行的核准制,又称证券发行的审批制,是以欧洲各国公司法为代表的一种证券发行审核方式,实行所谓的实质管理原则。在核准制下,发行人在发行股票时,不仅要充分公开企业的真实状况,还必须符合有关法律和证券管理机关规定的必备条件,证券主管机关有权否决不符合规定条件的股票发行申请。其除了进行注册制所要求的形式审查外,还要对发行人的营业性质、发行人的财力、素质及发展前景,发行数量与价格等条件进行实质审核,并由此做出发行人是否符合发行实质条件的价值判断。在核准制下,发行人的发行权由审核机构以法定方式授予。

我国证券发行实行严格的核准制,还曾一度实行严格的配额制。我国1988年颁布、2005年修订的《证券法》规定即证券的发行采用核准制,证券的发行必须符合国家相关法规的规定条件,并需获得中国证监会的批准。

4.2 股票发行市场

股票发行市场是新股票发行的市场,是股份公司筹集资金,将社会闲置资金转化为生产资金的场所。

4.2.1 股票发行的目的

1. 为设立股份公司而发行股票

新股份公司的设立需要通过发行股票来筹集股东资本,以达到预定的资本规模,为公司开展经营活动提供必要的资金条件。股份公司的设立形式有两种:一种是发起设立,指由公司的发起人认购应发行全部股份而设立的公司;另一种是募集设立,指由发起人认购应发行股份的一部分,其余部分向社会公众公开募集设立公司。

2. 现有股份公司为改善经营而发行新股

其主要目的有:①增加投资,扩大经营;②调整公司财务结构,保持适当的资产负债比率,优化资本结构;③满足证券交易所的上市标准;④维护股东的直接利益,如配股、送股等;⑤其他目的。如当可转换优先股票或可转换公司债的转换请求权生效后,股份公司须承诺办理、发行新股来注销原来可转换优先股票或可转换公司债。又如为了争取更多投资者而降低每股股票价格并进行股票分割,或为了便利业务处理而对面额过低股票进行股票合并,以及在公司减资时,都需要发行新股票来替换原来发行的老股票。

4.2.2 首次公开发行股票的准备和推荐核准程序

依据《证券发行上市保荐业务管理办法》，发行人首次发行股票（initial public offering，IPO）并上市、上市公司发行新股、可转换公司债券及中国证监会认定的其他情形，应聘请具有保荐机构资格的证券公司履行保荐职责。

1. 首次公开发行股票申请文件的准备

保荐机构推荐发行人发行证券，要依法对发行人申请文件、证券发行募集文件进行核查，向中国证监会提交发行保荐书、保荐代表人专项授权书、发行保荐工作报告以及中国证监会要求的其他与保荐业务有关的文件。

保荐机构推荐发行人证券上市上，应当向证券交易所提交上市保荐书以及证券交易所要求的其他与保荐业务有关的文件，报中国证监会备案。

首次公开发行股票的公司应按要求制作申请文件。申请文件主要有招股说明书、招股说明书摘要、资产评估报告、审计报告、法律意见书和律师工作报告、辅导报告等，如果能做出盈利预测，还应该有盈利预测审核报告，否则应在发行公告和招股说明书的显要位置作出风险警示。

2. 首次公开发行股票的条件

首次公开发行股票的股份有限公司，必须符合规定条件，并由保荐人内核后推荐。首次公开发行股票的相关条件如下。

（1）主体资格。①发行人应当是依法设立且合法存续的股份有限公司。经国务院批准，有限责任公司在依法变更为股份有限公司时，可以采取募集设立方式公开发行股票。②发行人自股份有限公司成立后，持续经营时间应当在3年以上，但经国务院批准的除外。③发行人的注册资本已足额缴纳，发行人或股东用作出资的资产的财产权转移手续已办理完毕，发行人的主要资产不存在重大权属纠纷。④发行人的生产经营符合法律、行政法规和公司章程的规定，符合国家产业政策。⑤发行人最近3年内主营业务和董事、高级管理人员没有发生重大变化，实际控制人没有发生变更。⑥发行人的股权清晰，控股股东和受控股股东、实际控制人支配的股东持有的发行人股份不存在重大权属纠纷。

（2）独立性。①发行人应具有完整业务体系、独立经营能力。②发行人的资产完整。③发行的人员独立。④发行人财务独立，发行人不得与控股股东、实际控制人及其控制的其他企业共用银行账户。⑤发行人的机构独立，应当建立、健全内部管理建构。⑥发行人业务独立。⑦其他方面不得有严重缺陷。

（3）规范运行。①发行人已经依法建立、健全股东大会、董事会、监事会、独立董事、董事会秘书制度、相关机构人员能够依法履行职责。②发行人的董事、监事和高级管理人员已经了解与股票发行上市有关的法律、法规，知悉上市公司及其董事、监事和高级管理人员的法定义务和责任。③发行人的董事、监事和高级管理人员符合法律、行政法规和规章规定的任职资格,且不得有36个月内受到中国证监会行政处罚等四种规定的情形。④发行人的内部控制制度健全且被有效执行,能够合理保证财务报告的可靠性、生产经营的合法性、营运的效率与效果。⑤发行人不得有申请文件有虚假记载、误导性陈述或者重大遗漏等五种情形和其他严重损害投资者合法权益和社会公共利益下列情形。⑥发行人的公司章程中已明确对外担保的审批权限和审议程序,不存在为控股股东、实际控制人及其控制的其他企业进行违规担保的情形。⑦发行人有严格的资金管理制度,不得有资金被控股股东、实际控制人及其控制其他企业以借款、代偿债务、代垫款项或其他方式占用的情形。

(4) 财务与会计。①发行人资产质量良好,现金流量正常;②发行人内部控制在所有重大方面是有效的。③发行人会计基础工作规范性,财务报表的编制符合企业会计准则和相关会计制度的规定。④发行人编制的财务报表应以实际发生的交易或者事项为依据。⑤发行人应完整披露关联方关系,并按重要性原则恰当披露关联交易。⑥发行人的经营情况应当符合规定条件。⑦发行人依法纳税。⑧发行人无重大偿债风险。⑨发行人无违规现象。⑩发行人持续盈利能力的规定。

(5) 募集资金运用。①募集资金有明确的使用方向,原则上应当用于主营业务。②募集资金金额和投资项目与发行人现有规模和能力相适应。③募集资金投资项目符合有关法律、法规。④发行人董事会应对投资项目可行性分析。⑤募集资金项目实施后不会产生同业竞争或对独立性不利影响。⑥建立募集资金专项存储制度。

(6) 监管意见书。证券公司在提交首次公开发行股票并上市申请前,应当向中国证监会提交有关材料,申请出具监管意见书。监管意见书是证券公司申请首次公开发行股票上市的必备文件之一。申请监管意见书的证券公司应当提交有关的说明材料,由公司董事长、总经理签字、加盖公司公章并附有关证明材料。说明材料包括公司基本情况、公司财务指标及风险控制指标情况、公司合规经营情况、内部控制情况、法人治理情况,如有其他需说明情况也应说明。

3. 首次公开发行股票的辅导、内核和承销商务案材料

保荐机构(保荐人)在推荐发行人首次公开发行股票并上市前,应对发行人进行辅导。中国证监会不再对辅导期限作硬性要求。保荐机构辅导工作完成后,应向发行人所在地的中国证监会派出机构进行辅导验收。各保荐机构应按照指导意见的要求进行内核和推荐,开展股票发行主承销业务。

主承销商应当于中国证监会受理其股票发行申请材料后的3个工作日内向中国证券业协会报送承销商备案材料。备案材料应经主承销商承销业务内核小组统一进行合规性审核。承销商备案材料包括承销说明书、承销商承销资格证书复印件、承销协议、承销团协议。中国证券业协会可对证券经营机构担任某只股票发行的承销商提出否决意见。

4. 首次公开发行股票的核准

中国证监会发行审核委员会依照《证券法》等法律、行政法规和中国证监会的规定,对

发行人的股票发行申请文件和中国证监会有关职能部门的初审报告进行审核。发行审核委员会以投票方式对股票发行申请进行表决,提出审核意见,中国证监会依照法定条件和法定程序作出予以核准或者不予核准股票发行申请的决定。

在主板上市公司首次公开发行股票的核准程序一般包括申报、受理申请文件、初审、预披露、发行审核委员会审核、决定(参见专栏4.1)。

股票发行申请未获核准的,自中国证监会作出不予核准决定之日起6个月后,发行人可再次提出股票发行申请。

在创业板上市公司首次公开发行股票的核准程序与主板一致。

【专栏4.1】

IPO审核流程公开,提高监管工作透明度

中国证监会2012年2月1日公布首次公开发行股票审核工作流程,如图4.1所示,证监会有关部门负责人表示,此举将进一步提高监管工作透明度,提升市场公开性。

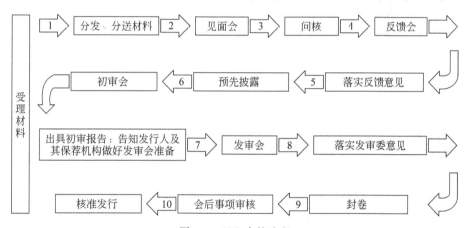

图4.1 IPO审核流程

首次公开发行股票的审核工作流程主要有以下几个方面:

一、材料受理、分发环节

中国证监会受理部门工作人员根据有关规定的要求,依法受理首发申请文件,并按程序转发行监管部。

二、见面会环节

会上由发行人简要介绍企业基本情况,发行监管部部门负责人介绍发行审核的程序、标准、理念及纪律要求等。见面会按照申请文件受理顺序安排,一般安排在星期一,由综合处通知相关发行人及其保荐机构。

三、问核环节

问核机制安排在反馈会前后进行,参加人员包括问核项目的审核一处和审核二处的审核人员、两名签字保荐代表人和保荐机构的相关负责人。

四、反馈会环节

反馈会按照申请文件受理顺序安排。反馈会后将形成书面意见,履行内部程序后反馈给保荐机构。反馈意见发出前不安排发行人及其中介机构与审核人员沟通(问核程序除外)。

五、预先披露环节

反馈意见落实完毕、国家发改委意见等相关政府部门意见齐备、财务资料未过有效期的将安排预先披露。发行监管部收到相关材料后安排预先披露,并按受理顺序安排初审会。

六、初审会环节

初审会由审核人员汇报发行人的基本情况、初步审核中发现的主要问题及其落实情况。

七、发审会环节

发审会以投票方式对首发申请进行表决,提出审核意见。每次会议由7名委员参会,独立进行表决,同意票数达到5票为通过。发审委委员投票表决采用记名投票方式,会前有工作底稿,会上有录音。

八、封卷环节

发行人的首发申请通过发审会审核后,需要进行封卷工作,即将申请文件原件重新归类后存档备查。

九、会后事项环节

会后事项是指发行人首发申请通过发审会审核后,招股说明书刊登前发生的可能影响本次发行及对投资者作出投资决策有重大影响的应予披露的事项。存在会后事项的,发行人及其中介机构应按规定向综合处提交相关说明。

十、核准发行环节

封卷并履行内部程序后,将进行核准批文的下发工作。

资料来源:http://www.p5w.net/stock/index.htm. 全景网. 2012年2月1日. 作者有删改。

4.2.3 股票发行的条件

根据中国证监会2006年5月6日公布并与2006年5月8日起施行的《上市公司证券发行管理办法》,对上市公司发行新股作出规定。

1. 上市公司公开发行新股的条件

(1) 基本规定

①上市公司组织机构健全、运行良好;②上市公司的盈利能力具有可持续性,财务状

况良好;③上市公司最近36个月内财务会计文件无虚假记载,且不存在重大违法行为;④上市公司募集资金的数额和使用符合规定;⑤国务院证券监督管理机构规定的其他条件。

上市公司存在下列情形之一的,不得公开发行证券:本次发行申请文件有虚假记载、误导性陈述或重大遗漏;擅自改变前次公开发行证券募集资金的用途而未作纠正;上市公司最近12个月内受到过证券交易所的公开谴责;上市公司及其控股股东或实际控制人最近12个月内存在未履行向投资者作出的公开承诺的行为;上市公司或其现任董事、高级管理人员因涉嫌犯罪被司法机关立案侦查或涉嫌违法违规被中国证监会立案调查;严重损害投资者的合法权益和社会公共利益的其他情形。

(2) 配股的特殊规定。向原股东配售股份(简称配股),除符合基本规定外,还应当符合下列规定:①拟配售股份数量不超过本次配售股份前股本总额的30%;②控股股东应当在股东大会召开前公开承诺认配股份的数量;③采用证券法规定的代销方式发行。

控股股东不履行认配股份的承诺,或者代销期限届满,原股东认购股票的数量未达到拟配售数量70%的,发行人应当按照发行价并加算银行同期存款利息返还已经认购的股东。

(3) 增发的特别规定。向不特定对象公开募集股份(简称增发),除符合基本规定外,还应当符合下列规定:①最近3个会计年度加权平均净资产收益率平均不低于6%。扣除非经常性损益后的净利润与扣除前的净利润相比,以低者作为加权平均净资产收益率的计算依据。②除金融类企业外,最近一期末不存在持有金额较大的交易性金融资产和可供出售的金融资产、借予他人款项、委托理财等财务性投资的情形。③发行价格应不低于公告招股意向书前20个交易日公司股票均价或前一个交易日的均价。

2. 上市公司非公开发行股票的条件

非公开发行股票,是指上市公司采用非公开方式,向特定对象发行股票的行为。

(1) 非公开发行股票的特定对象应当符合下列规定:

① 特定对象符合股东大会决议规定的条件。

② 发行对象不超过10名。

③ 发行对象为境外战略投资者的,应当经国务院相关部门事先批准。

(2) 上市公司非公开发行股票,应当符合下列规定:

① 发行价格不低于定价基准日前20个交易日公司股票均价的90%。

② 本次发行的股份自发行结束之日起,12个月内不得转让;控股股东、实际控制人及其控制的企业认购的股份,36个月内不得转让。

③ 募集资金使用符合《上市公司证券发行管理办法》第十条的规定。

④ 本次发行将导致上市公司控制权发生变化的,还应当符合中国证监会的其他规定。

(3) 上市公司存在下列情形之一的,不得非公开发行股票:

①本次发行申请文件有虚假记载、误导性陈述或重大遗漏;②上市公司的权益被控股股东或实际控制人严重损害且尚未消除;③上市公司及其附属公司违规对外提供担保且尚未解除;④现任董事、高级管理人员最近36个月内受到过中国证监会的行政处罚,或者最近12个月内受到过证券交易所公开谴责;⑤上市公司或其现任董事、高级管理人员因涉嫌犯罪正被司法机关立案侦查或涉嫌违法、违规正被中国证监会立案调查;⑥最近一年及一期财务报表被注册会计师出具保留意见、否定意见或无法表示意见的审计报告。保留意见、否定意见或无法表示意见所涉及事项的重大影响已经消除或者本次发行涉及重大重组的除外;⑦严重损害投资者合法权益和社会公共利益的其他情形。

4.2.4 股票发行的方式

【专栏4.2】

2011年七成新股破发

2011年,282只新股上市,203只跌破发行价。

四分之一新股首日破发,七成新股仍潜水

同花顺(300033)数据显示,今年共有282只新股成功登陆二级市场,其中首日破发率为24.82%,而截至29日收盘,新股、次新股跌破其发行价的已经有203只个股,破发率达到71.98%。

来自投中集团的统计,今年4月上市的24家企业中有16家首日破发,单月破发率达到66.7%,为2007年以来的最高值,1月和5月其51.6%、46.2%的单月破发率则分别排在2007年以来的二、三位。相比之下,2007—2009年之间,并无首日破发现象出现,2010年全年上市的347家企业中仅26家出现首日破发,占比仅为7.5%。

庞大集团成年度破发王

庞大集团以上市首日23.16%的跌幅称"熊"新股。作为一只在主板发行的大盘股,庞大集团发行价高达45元/股,发行市盈率近40倍。4月28日,该股上市当天,开盘即遭破发,首日下跌23.16%,之后一路滑落,至昨天最新股价6.15元,复权价15.38元。距离45元发行价跌幅66%。

双星新材(002585),5月27日公布的网上中签率达到65.52%。6月2日上市也在意料之中跌破发行价,当日报收48.70元/股,下跌11.45%。该股最新价32.19元,破发幅度为41%。

今年发行价格最高的华锐风电(601558),今年1月13日首日同样遭遇破发,且在首日破发之后,价格再没有回到90元发行价之上,昨天该股报收15.64元,复权价32.28元,破发幅度为64%。

分析称三高导致大面积破发

2011年新股破发原因除了整个市场的低迷,以及新股发行始终在快行道上行驶,最大的根源仍在于IPO"三高",即高发行市盈率、高发行价、高募资额。今年1月,A股IPO的月平均发行市盈率达到80.4倍,为2007年以来的最高值。当月发行的创业板新研股份(300159),以150.82倍的发行市盈率创下历史最高纪录;随后的雷曼光电(300162)、先锋新材(300163)等多只创业板新股,发行市盈率也超过100倍。而"三高"一旦触及投资者的风险底线,大面积破发就成为必然。

有新股出现破发,应是市场的一种正常现象。但大面积破发,却不能认为"正常"。新股发行重在平衡市场各参与方的利益,新股发行成为发行人与保荐机构的盛宴,却变成了市场与投资者的梦魇,新股发行制度改革并没有达到预期的效果。

资料来源:齐雁冰.北青网—北京青年报.2011年12月31日.

我国的股票发行市场,基本上采取公募间接发行方式。证券市场发展初期,股票市场采取定向募集的方式在企业内部发行。从1993年起采用无限量发行认购申请表的方式向全国公开发行。因其发行成本太高,后来又推出了与储蓄存单挂钩的发行方式,后者具有操作简便、时间短、成本低的优点。后来,为了确保股票发行审核过程中的公正性和质量,中国证监会还成立了股票发行审核委员会,对股票发行进行复审。1999年《证券法》实施后,中国证监会颁布《中国证监会股票发行核准程序》、《新股发行定价报告指引》、《关于进一步完善股票发行方式的通知》等一系列文件,实行了对一般投资者上网发行和法人投资者配售相结合的发行方式,确立了股票发行核准制的框架,市场化的发行制度趋于明朗。2000年2月13日,证监会颁布《关于向二级市场投资者配售新股有关问题的通知》,在新股发行中试行向二级市场投资者配售新股的办法。2001年,证监会先后颁布了《中国证监会股票发行审核委员会关于上市公司新股发行审核工作的指导意见》、《新股发行上网竞价方式指导意见》、《上市公司新股发行管理办法》等,对企业发行新股的过程与环节做出明确规定。在总结以往股票发行方式经验教训的基础上,2001年形成了"上网定价发行"、"网下询价、网上定价发行"和"网上、网下询价发行"三种主要的发行方式。2004年12月10日,中国证监会公布了《关于首次公开发行股票试行询价制度若干问题的通知》及配套文件《股票发行审核标准备忘录第38号——对首次公开发行股票询价对象条件和行为的监管要求》。同时宣布,首次公开发行股票试行询价制度于2005年1月1日正式施行。按照规定,发行申请经证监会核准后,发行人应公告招股意向书,开始进行推介和询价。询价分为初步询价和累计投标询价两个阶段。发行人及其保荐机构应通过初步询价确定发行价格区间,通过累计投标询价确定发行价格。2012年4月1日证监会发布了《关于进一步深化新股发行体制改革的指导意见》征求意见稿,公开向社会征求意见。意见稿拟扩大询价对象范围,允许主承销商挑选5~10名个人投资者询价,提高网下配售比例,并允许IPO发行存量老股,增加流动性,但老股转让资金解禁有限制。意见稿拟解除网下配售三个月的锁定期。这表明中国证券市场告别计划经济色彩浓厚的新股溢价发行制,开始步入议价发行的新时代。

1992年上海证券交易所发行的股票认购证见图4.2。

图 4.2　上海股票认购证

所谓 IPO 阶段的存量发行,主要是指在公司 IPO 时,原有公司股东对外公开出售一部分股份。在海外资本市场,存量发行是新股发行中常见的一种操作,中资公司境外发行也经常引入这种安排。增量发行募集到的资金归上市公司所有;发行新股后,一般会使上市公司净资产等指标发生变化。存量发行募集资金不归上市公司所有,募集资金直接流入发起人大股东的口袋,发行新股前后,上市公司的净资产等财务指标不变化。

4.2.5　股票发行价格

1. 影响公司股票发行价格的因素

一般而言,公司股票的发行价格取决于以下因素。

(1) 净资产。国有企业依法改组设立的公司,发行人改制当年经评估确认的净资产所折股数可作为定价的重要参考。

(2) 盈利水平。公司的税后利润水平直接反映了一个公司的经营能力和上市时的价值,每股税后利润的高低直接关系着股票发行价格。

(3) 发展潜力。公司经营的增长率(特别是盈利的增长率)和盈利预测是关系股票发行价格的又一重要因素。在总股本和税后利润量既定的前提下,公司的发展潜力越大,未来盈利趋势越确定,市场所接受的发行市盈率也就越高,发行价格也就越高。

(4) 发行数量。一般情况下,若股票发行的数量较大,为了能保证销售期内顺利地将股票全部出售,取得预定金额的资金,价格应适当定得低一些;若发行量小,考虑到供求关系,价格可定得高一些。

(5) 行业特点。发行公司所处行业的发展前景会影响公众对本公司发展前景的预期,同行业已经上市企业的股票价格水平,剔除不可比因素以后,也可以客观地反映本公司与其他公司相比的优劣程度。

(6) 二级市场的环境。二级市场的股票价格水平直接关系到一级市场的发行价格。在制定发行价格时,要考虑到二级市场股票价格水平在发行期内的变动情况。同时,发行价格的确定要有一定的前瞻性,要给二级市场的运作留有适当的余地。

2. 公司发行股票的定价方法

股票发行主要有以下四种定价方法。

(1) 议价法。它是指股票发行人直接向股票承销商议定承销价格和公开发行价格。承销价格和公开发行价格的差额即为承销商的报酬。定价依据主要是与同类上市公司比较。

(2) 竞价法。它是指股票发行人将其股票发行计划和招标文件向社会公众或股票承销商公告,投资者或股票承销商根据各自拟定的标书,以投标方式相互竞争股票承销业务,中标标书中的价格就是股票的发行价格。

(3) 市盈率法。市盈率又称为本益比,是指股票市场价格与每股收益的比率。通常有两种方式计算每股净利润:一种是完全摊薄法,另一种是加权平均法。如果事先有注册会计师事务所的盈利预测审核报告,那么,完全摊薄法就是用发行当年预测全部净利润除以总股本,直接得出每股净利润。而在加权平均法下,每股净利润的计算公式为

$$每股收益 = \frac{发行当年预测净利润}{发行前总股本 + 本次公开发行股本数 \times (12 - 发行月份) \div 12}$$

如果事先有注册会计师的盈利预测审核报告,那么,通过市盈率定价法估计股票发行价格时,首先应根据审核后的盈利预测计算出发行人的每股收益;然后,根据二级市场的平均市盈率、发行人所在行业的状况(同类行业公司股票的市盈率)、发行人的经营状况及其成长性等拟定发行市盈率;最后,依据发行市盈率与每股收益的乘积决定发行价。

$$每股收益 = \frac{净利润}{发行前总股本数}$$

$$发行价格 = 每股收益 \times 发行市盈率$$

而在加权平均法下,发行价格的计算公式为

股票发行价格 = 发行当年预测净利润 ÷ 发行当年加权平均股本数 × 市盈率

$$= \frac{发行当年预测净利润}{发行前总股本 + 本次公开发行股本数 \times (12 - 发行月份) \div 12} \times 市盈率$$

(4) 净资产倍率法。它又称资产现值法,指通过资产评估和相关会计手段确定发行人拟募股资产的净现值和每股净资产,然后根据证券市场的状况将每股净资产值乘以一

定倍率或折扣,以此确定股票发行价格的方法,其计算公式为发行价＝每股净资产×溢价倍率(或折扣率)。

我国上市公司首次公开发行价格主要取决于每股税后利润和发行市盈率两个因素。上市公司的增发新股主要采用时价发行方式,即采用市价折扣法,即指采用该只股票一定时点上和时段内二级市场价格的一定折扣作为发行底价或发行价格区间的端点。然后经过网上、网下询价、竞价等来确定具体的发行价格。

3. 公司股票发行的价格类型

股票发行价格的类型主要有面额发行、时价发行、中间价发行三种类型。

(1) 面额发行。它又称平价发行、等价发行,是以票面金额为发行价格发行股票。票面价格并不代表股票的实际价值,也不表示公司每股实际资产的价值。

(2) 时价发行。它是以股票在流通市场上的价格为基础而确定的发行价格。时价发行的价格一般不等于市价,而是接近于股票流通市场上该种已发行股票或同类股票的近期买卖价格。时价发行一般高于股票面额,两者的差价称为溢价,溢价带来的收益计入公司资本公积金。该方式通常在公募发行或第三者配售时采用,是成熟市场最基本、最常用的发行方式。

(3) 中间价发行。它是指介于面额与市价之间的价格发行,通常在股东配售时使用。

【专栏4.3】

北京飞利信科技股份有限公司首次公开发行股票并在创业板上市之上市公告书(节选)

第四节 股票发行情况

一、发行数量:2 100万股,其中,网下向配售对象询价配售股票数量为420万股,占本次发行总量的20%;网上向社会公众投资者定价发行股票数量为1 680万股,占本次发行总量的80%。

二、发行价格:15.00元/股,对应的市盈率为:

(1) 37.50倍(每股收益按2010年度经审计的扣除非经常性损益前后孰低的归属于母公司股东净利润除以本次发行后总股本计算);

(2) 28.30倍(每股收益按2010年度经审计的扣除非经常性损益前后孰低的归属于母公司股东净利润除以本次发行前总股本计算)。

三、发行方式:本次发行采用网下向配售对象询价配售和网上向社会公众投资者定价发行相结合的方式。其中,网下向配售对象询价配售股票数量为420万股,有效申购数量为2 688万股,有效申购获得配售的比例为15.625%,申购倍数为6.4倍;网上定价发行股票数量为1 680万股,中签率为1.535 491 094 4%,认购倍数为65倍。本次网下发行与网上发行均不存在余股。

四、募集资金总额：315 000 000.00 元

五、发行费用总额：37 519 910.00 元，具体明细如下：

项　　目	金额（元）
承销费用及保荐费用	31 900 000.00
审计及验资费	430 000.00
律师费	1 900 000.00
信息披露、登记托管等费用	3 289 910.00
合计	37 519 910.00

每股发行费用：1.79 元/股（每股发行费用＝发行费用总额/本次发行股数）。

六、募集资金净额：277 480 090.00 元。

七、发行后每股净资产：4.87 元。

八、发行后每股收益：0.40 元/股。

资料来源：东方财富网：飞利信创业板上市之上市公告书（节选）.

4.2.6 发行费用

发行费用指发行公司在筹备和发行股票过程中发生的费用，该费用可在股票发行溢价收入中扣除，主要包括以下内容：

（1）中介机构费。支付给中介机构的费用包括承销费用、注册会计师费用（审计、验资、盈利预测审核等费用）、资产评估费用、律师费用等。

根据中国证监会《关于股票发行工作若干规定的通知》，股票发行中文件制作、印刷、散发与刊登招股说明书及广告费用，应由股票承销机构在承销费用中负担，发行公司不得将上述费用在承销费用以外计入发行费用。但在外资股发行时，境外的承销商往往会在承销费用以外收取一笔文件制作费。

（2）上网发行费。采用网上发行方式发行股票时，由于使用了证券交易所的交易系统，发行人须向证券交易所缴纳上网发行手续费。目前，证券交易所对上网发行的收费标准为发行总金额的 3.5‰。

（3）其他费用。

4.2.7 新股申购流程、网上路演及"绿鞋"制度

1. 上海证券交易所和深圳证券交易所新股申购流程与规则

新股申购遵循以下流程。

申购日（T 日），即新股发行日，投资者存入足额资金进行申购，操作步骤同买入股票。

申购后的第一天(T+1日),由中国结算公司将申购资金冻结。

验资及配号(T+2日),交易所将根据最终的有效申购总量配售新股。其中,如有效申购量小于或等于本次上网发行量,不需进行摇号抽签,所有配号都是中签号码,投资者按有效申购量认购股票;如申购数量大于本次上网发行量,则通过摇号抽签,确定有效申购中签号码,每一中签号码认购一个申购单位新股。

摇号抽签(T+3日),将公布中签率,并根据总配号,由主承销商主持摇号抽签,确认摇号中签结果,并于次日在指定媒体上公布中签结果。

资金解冻(T+4日),申购日后的第四天(T+4日),对未中签部分的申购款进行解冻。中签股票,只有上市后才在账户中显示。

申购新股应遵循以下规则:申购新股必须在发行日之前办好上海证交所或深圳证交所证券账户;申购时间为上午 9:30～11:30,下午 1:00～3:00;每个账户申购同一只新股只能申购一次(不包括基金、转债),重复申购,只有第一次申购有效;新股申购委托不得撤单;沪市规定新股申购数量为 1000 股的整数倍,深市为 500 股的整数倍,同时都不得超过本次上网定价发行数量或者 99 999.9 万股。

2．网上"路演"

"路演"一词源自于英文"Road Show"。顾名思义,它是在马路上进行的演示活动。早期华尔街股票经纪人兜售手中的债券时,总要站在街头声嘶力竭地叫卖,"路演"一词由此而来。在证券市场的发展过程中,路演作为一种商业惯例一直延续下来,而且其内容更加丰富,成为证券发行不可缺少的环节。具体说,融资者在证券发行之前,往往会在若干主要地点进行巡回推介,向潜在投资者展示证券的价值,以加深投资者的认知程度,并从中了解投资人的投资意向,发现投资需求和证券的价值定位,确保证券的成功发行。与原始的路演不同,现代的证券路演通常在豪华的酒店和会堂进行,而现代通信设施也成为路演的必备工具。随着电子商务手段在证券市场上的应用和推广,证券发行逐步向因特网延伸,网上路演的重要性也逐渐得到认同。

把证券路演的平台建立在因特网上,能够借助强大的网络功能优势,打破时空局限,在证券发行人和遍布全国乃至全世界的投资者之间形成便捷、开放的信息交流平台。通过实时、开放、交互、快速的网上交流,融资者能够更全面地展示企业的运作情况,及时、深入地了解投资者的要求;投资者则可以更清晰地观察和了解招股公司的市场定位,准确地评估其投资价值。与此同时,与因特网相关的信息工具和信息处理费用不断下降,也使网上路演的成本大为降低。简言之,因特网的出现和应用,将在很大程度上提高证券路演的效率,改善路演的效果。

2001 年元月,中国证监会向各证券公司、拟上市公司发出了《关于新股发行公司通过因特网进行公司推介的通知》,规定从 2001 年 3 月 1 日起,公司上市发行新股以前,必须通过因特网以直播方式向投资者进行公司推介。网上路演主要是通过全景网络、中国路演网等专业网站进行。在网络应用日益推广的情况下,上市公司和证券公司也开发和建设自己的网站,从而使网上路演的市场格局出现改变。

3. "绿鞋"制度

"绿鞋"制度,是超额配售选择权(Over Allotment Option)的俗称,业界也称之为绿鞋期权(Green Shoe Option),1963年由美国一家名为波士顿绿鞋制造公司首次公开发行股票(IPO)时率先使用而得名,是指发行人在与主承销商订立的承销协议中,给予主承销商一项期权,使其有权在股票上市之日起30天内,以发行价从发行人处购买额外发行不超过原发行数量15%的股票。国外在股票发行承销协议中,承销商会与发行人约定一个价格稳定期,一般不超过30天。在稳定期内,为稳定股价,承销商有义务在市场上买入其承销的股票。稳定股价的主要手段即行使超额发售权。其目的是为该股票的交易提供买方支撑,同时避免使主承销商面临过大的风险。

得到这项期权之后,主承销商可以(而且事实上总是)按原定发行量的115%销售股票。

当股票十分抢手、发行后股价上扬时,主承销商即以发行价行使绿鞋期权,从发行人购得超额的15%股票以冲掉自己超额发售的空头,并收取超额发售的费用。此时实际发行数量为原定的115%。

当股票受到冷落、发行后股价下跌时,主承销商将不行使该期权,而是从市场上购回超额发行的股票以支撑价格并对冲空头,此时实际发行数量与原定数量相等。由于此时市价低于发行价,主承销商这样做也不会受到损失。

在实际操作中,超额发售的数量由发行人与主承销商协商确定,一般在5%~15%范围内,并且该期权可以部分行使。

4.3 债券发行市场

债券发行市场由债券发行市场主体、债券市场工具和债券发行市场的组织形式构成,是债券发行人初次出售新债券的市场。

4.3.1 债券发行的目的

债券发行的目的多种多样。一般说来,中央政府和地方政府发行债券的目的主要是为了弥补财政赤字和扩大公共投资。金融机构发行债券的目的主要是为了扩大信贷规模。投资公司发行债券的目的比较复杂,主要有:筹集长期稳定的、低成本的投资;灵活地运用资金,可以使资金的使用时间与债券的期限一致,避免出现资金剩余或不足的现象;转移通货膨胀的风险,在发行出现通货膨胀时,因债券利息固定,不会增加公司的压力和负担;维持对公司的控制,债券的发行者与持有者之间只是债权债务关系,不会对公司的控制权形成冲击;满足公司多种方式筹集资金的需求,降低筹资风险。

4.3.2 债券发行方式

债券发行方式主要有定向发售、承购包销、直接销售、招标发行四种。

1. 定向发售

它是指向商业银行、证券投资基金等金融机构以及养老保险基金、各类社会保障基金等特定机构发行债券的方式。我国国家重点建设债券、财政国债、特种国债等国债均采用定向发售方式。

2. 承购包销

它是指发行人与由商业银行、证券公司等大型金融机构组成的承销团,通过协商条件签订包销合同,由承销团分销发行的债券。目前我国的国债发行以国债一级自营商承购包销方式为主。

3. 直接发售

发行人通过代销方式在证券公司或银行柜台向投资者直接销售。国外的储蓄债券常采用这种方式。

4. 招标发行

它是指通过招标的方式来确定债券的承销商和发行条件。

(1) 缴款期招标。其包括:第一,以缴款期为标的的荷兰式招标,即以募满发行额为止的中标商的最迟缴款日期作为全体中标商的最终缴款日期,所有中标商的缴款日期是相同的。1996年,我国的无记名二期国债采用了这种发行模式;第二,以缴款期为标的的美国式招标,即以募满发行额为止的中标商的各自投标缴款日期作为中标商的最终缴款日期,各中标商的缴款日期是不同的。1995年,我国记账式一期国债采用了这种发行模式。

(2) 价格招标。其包括:第一,以价格为标的的荷兰式招标,即以募满发行额为止所有投标商的最低中标价格作为最后中标价格,全体投标商的中标价格是单一的。1996年,我国记账式一、二、三期国债都采用了这种发行模式;第二,以价格为标的的美国式招标,即以募满发行额为止的中标商的最低中标价格作为最后中标价格,各中标商的认购价格是不同的。1997年,我国记账式一期国债采用了这种发行模式。

(3) 收益率招标。其包括:第一,以收益率为标的的荷兰式招标,即以募满发行额为止的中标商的最高收益率作为全体中标商的最终收益率,所有中标商的认购成本是相同的。2001年,我国记账式三期、七期国债采用了这种发行模式;第二,以收益率为标的的美国式招标,即以募满发行额为止的中标商各个价位上的中标收益率作为中标商各自最终中标收益率。每个中标商的加权平均收益率是不同的。2007年,我国记账式二期国债采用了这种发行模式。目前,我国在以公开招标方式发行国债中采用的是一种无区间、价位非均匀分布、以价格或收益率为标的的多种价格招标、它符合国债市场化改革和建设的趋势。

4.3.3 债券发行价格

债券的发行价格是指债券投资者认购新发行的债券时实际支付的价格。它也是债券发行的重要条件。发行公司可以采用三种不同的发行价格：

(1) 票面价格发行。是指按与债券面额相等的价格发行公司债券。债券采用票面价格发行表明发行公司确定的债券票面利率和实际市场利率正好相等。

(2) 溢价发行。是指按高于债券的价格发行公司债券。其原因是票面利率高于市场利率。由于债券的利息高于市场利息，以后发行公司要多给债券购买者利息，所以，溢价部分对发行公司多付息有一种补偿与调整作用，这也是对票面利息费用的一项调整，这就使得发行公司和投资者谁也不吃亏。

(3) 折价发行。是指按低于债券面额的价格发行公司债券。其原因是债券的票面利率低于市场利率。债券折价相当于债券发行者预付给债券投资者的一笔利息，从票面利率与市场利率的对比分析，发行公司和债券购买者都不吃亏的。

选择不同的债券发行价格，可以使其同不断变化的市场利率保持基本平衡，对投资者的实际收益进行适当调整。到底采取哪一种，对发行公司降低筹资成本，并吸引投资者，有着十分重要的意义。其决策技巧主要是综合分析3个因素：

(1) 实际市场利率。

(2) 社会经济状况。

(3) 发行公司自身未来的盈利能力和偿还能力。

债券的价格是由其价值决定的，而债券的价值又取决于以下4个因素：到期偿还的债券面值；债券面值按市场利率换算的现值；债券按名义利率各期所支付的利息；债券利息按市场利率换算的现值。其总和构成债券价值，所以必须按照市场利率把发行公司将来支付的面值和利息折算成现值，这才是债券的发行价格。

4.3.4 债券发行的条件

债券的发行是发行人以借贷资金为目的，依照法律规定的程序，向投资人要约发行代表一定债权和兑付条件的债券的法律行为。债券发行是证券发行的重要形式之一。其条件是指债券发行人在以债券形式筹集资金时所必须考虑的有关因素，大致包括发行金额、期限、偿还方式、票面利率、付息方式、收益率、发行费用、税收地位、有无担保、信用评级10项内容。

(1) 发行金额。它是根据发行人所需的资金数量、资金市场的供给情况、发行人的偿债能力和信誉、债券的种类以及该种债券市场的吸引力来决定的。若发行金额过高，会影响其他发行条件,造成销售困难,对其转让流通也不利。

(2) 期限。它是根据发行人的资金需求性质、未来市场利率水平的发展趋势、流通市场的发达程度、物价的变动趋势、其他债券的期限结构以及投资者的投资偏好等因素来确定的。

(3) 债券的偿还方式。它会直接影响到债券的收益高低和风险的大小。

(4) 票面利率。它会直接影响到债券发行人的筹资成本和投资者的投资利益。

(5) 付息方式。一般有一次性付息和分期付息两类,而一次性付息又可分为利随本清方式和利息预扣方式。

(6) 收益率。是指投资者获得的收益占投资总额的比率。决定债券收益率的因素主要有利率、期限和购买价格。一般来讲,收益率是投资者在购买债券时首先考虑的因素。

(7) 债券的税收效应。它主要是指对债权的收益是否征税。其主要是利息预扣税和资本税,它直接影响债券的收益率。

(8) 发行费用。它是指债券发行者支付给有关债券发行中介机构、服务机构的各种费用,包括最初费用和期中费用两种:最初费用包括承销商的手续费、登记费、印刷费、评级费、担保费等。期中费用包括支付利息手续费、每年的上市费、本金偿还支付手续费等。

(9) 担保。它是债券发行的重要条件之一,由信誉卓著的第三者担保和用发行者的财产做抵押担保,有助于增加债券的安全性,减少投资风险。

(10) 信用评级。债券评级的目的是将发行人的信誉与偿债的可靠程度公布给投资者,以保护投资者的利益。债券评级主要依据债券发行人的偿债能力、资信状况及投资者承担的风险水平。

根据1993年8月2日国务院发布的《企业债券管理条例》,企业发行债券必须符合下列条件:

(1) 企业规模达到国家规定的要求。

(2) 企业财务会计制度符合国家规定。

(3) 具有偿债能力。

(4) 企业经济效益良好,发行企业债券前连续三年盈利。

(5) 所筹资金用途符合国家产业政策。

根据我国《公司法》的规定,发行公司债券,必须符合下列条件:

(1) 股份有限公司净资产额不低于人民币3 000万元,有限责任公司净资产额不低于人民币6 000万元。

(2) 累计债券总额不超过公司净资产额的40%。

(3) 最近三年平均可分配利润足以支付公司债券一年的利息。

(4) 筹集的资金投向符合国家产业政策。

(5) 债券的利率不得超过国务院限定的利率水平。

(6) 国务院规定的其他条件。

4.3.5 可转换公司债券的发行条件

中国证监会 2006 年 5 月 6 日公布并于 2006 年 5 月 8 日起施行《上市公司证券发行管理办法》第三节对可转换公司债券的发行条件作出规定。

(1) 公开发行可转换公司债券的公司，除应当符合基本规定外，还应当符合下列规定：

最近三个会计年度加权平均净资产收益率平均不低于 6%。扣除非经常性损益后的净利润与扣除前的净利润相比，以低者作为加权平均净资产收益率的计算依据；本次发行后累计公司债券余额不超过最近一期末净资产额的 40%；最近 3 个会计年度实现的年均可分配利润不少于公司债券 1 年的利息。

可转换公司债券，是指发行公司依法发行、在一定期间内依据约定的条件可以转换成股份的公司债券。

(2) 可转换公司债券的期限最短为 1 年，最长为 6 年。

(3) 可转换公司债券每张面值 100 元。

(4) 可转换公司债券的利率由发行公司与主承销商协商确定，但必须符合国家的有关规定。

(5) 公开发行可转换公司债券，应当委托具有资格的资信评级机构进行信用评级和跟踪评级。资信评级机构每年至少公告一次跟踪评级报告。

4.4 投资基金发行市场

4.4.1 投资基金的发行

基金的发行是指投资基金管理公司在基金发行申请经有关部门批准之后，将基金受益凭证向个人投资者、机构投资者或向社会推销出去的经济活动。基金的发行方式主要有两种：一是基金管理公司自行发行（直接销售方式）；基金的直接销售方式是指投资基金的股份不通过任何专门的销售组织而直接面向投资者销售。这是最简单的发行方式。在这种销售方式中，投资基金的股份按净资产价值出售，出价与报价相同，即所谓的不收费基金。二是通过承销机构代发行（包销方式）。基金的包销方式是指投资基金的大部分股份是通过经纪人包销的，也就是基金的承销人。我国基金销售大部分是这种方式。在基金分销渠道方面，主要是银行和证券公司参与基金的分销业务。

不论基金管理人采用什么方式发行基金，在基金发行前都要在招募说明书中公告，以使投资者充分了解基金。

4.4.2 基金的认购

基金的认购主要是指投资者对新发行基金的购买。对于封闭式基金我国主要采用网上定价认购的方式,如果发行期内认购资金超过基金的发行规模,就采用"配号摇签"方法来分配基金份额;而对于开放式基金一般是由投资者带上证件和印章到基金管理公司或指定的承销机构,填写认购申请表,按所认购的份额缴纳价款和手续费,然后领取交款收据。通常在几天后,投资者会收到领取基金受益凭证的通知,凭借通知和缴款单到指定地点领取基金受益凭证,完成申购过程。

本 章 小 结

证券发行市场也称初级市场(Primary Market)。

证券发行市场的结构可以分为横向结构和纵向结构。横向结构指发行市场的品种结构,主要是由股票发行市场、债券发行市场和基金发行市场构成;纵向结构是指发行市场的要素结构,主要包括证券发行市场的交易主体、证券发行市场的客体。证券发行市场的客体即投融资的载体,主要包括股票、债券、基金以及其他证券化金融工具、证券发行市场的中介、证券监管机构。

证券发行方式包括公募发行和私募发行、直接发行和间接发行、议价发行和投标发行等。

上海证券交易所和深圳证券交易所新股申购都有一定的流程与规则;网上路演及"绿鞋"也是新股发行的重要制度。

我国的股票发行方式基本上采取公募间接发行方式。股票发行定价的方式我国通常采用协商定价、累计投标询价、上网竞价方式、一般询价方式、首次公开发行中项二级市场投资者配售等几种发行定价方式。

根据我国有关法律、法规的规定,股份公司公开发行股票和非公开发行股票等需具备的一定的条件。

债券发行市场由债券发行市场主体、债券市场工具和债券发行市场的组织形式构成,是债券发行人初次出售新债券的市场。

推荐参考网站

1. http://www.chinamoney.com.cn 中国货币网
2. http://www.szse.cn 深圳证券交易所

3. http://www.sse.com.cn 上海证券交易所
4. http://www.shfe.com.cn 上海期货交易所
5. http://www.czce.com.cn 郑州商品期货交易所

综 合 练 习

一、单项选择题

1. 对于上市公司,当出现( )的情况时,由中国证监会决定暂停其股票上市。
   A. 公司不按规定公开其财务状况　　B. 公司对财务会计报告作虚假记载
   C. 公司最近 3 年连续亏损　　　　　D. 公司有重大违法行为或决议解散
2. 关于证券发行市场与流通市场的关系,下列说法正确的是( )。
   A. 证券发行市场是流通的基础和前提
   B. 证券流通市场是发行市场持续扩大发行的必要条件
   C. 新证券的发行价格可完全不必考虑证券流通市场上的交易价格水平
   D. 只有证券市场能够增加社会投资总量,证券流通市场是为保证资本波动性服务的
3. 下列关于证券市场的描述正确的是( )。
   A. 证券市场是融通短期资金的市场
   B. 证券市场是资本市场的核心
   C. 证券市场是金融市场的重要组成部分
   D. 证券市场是直接融资活动的场所
4. 关于直接融资,以下说法正确的是( )。
   A. 直接融资成本低
   B. 直接融资是以股票、债券为主要金融工具
   C. 直接融资方式能够有效地分散风险
   D. 直接融资方式的出现先于间接融资方式
5. 关于公募和私募的关系,以下描述正确的是( )。
   A. 公募发行筹集资金的潜力较大
   B. 各国对公募发行管制较为宽松
   C. 只有公募发行的证券方可申请在交易所上市
   D. 在我国,公募和私募是两种并行的股份募集形式
6. 全额包销的特点有( )。
   A. 发行人承担发行风险

B. 发行人可以迅速可靠地获得资金
C. 发行人支付的发行费用较高
D. 适合于那些资信还未被公众认识，却急需资金的企业

7. 影响股票发行价格的因素主要包括（　　）。
   A. 经营业绩　　　　　　　　B. 行业特点
   C. 发行数量　　　　　　　　D. 二级市场的股价水平
8. 以下关于注册制和核准制关系的叙述正确的是（　　）。
   A. 前者对证券发行的审核比后者更严格
   B. 前者证券发行的程序比后者更复杂
   C. 前者比后者更适用于成熟发达的证券市场
   D. 两者对发行人的发行权的法律规定是一致的

二、问答题

1. 证券发行中注册制与核准制各自的含义是什么？
2. 试述影响股票发行价格的因素有哪些。
3. 股份公司发行 A 股应具备哪些基本条件？
4. 债券的发行应具备哪些条件？
5. 影响债券价格的主要因素有哪些？

第 5 章

证券流通市场

【学习目标】

通过本章学习,读者应了解股票、债券、证券投资基金等基本证券的交易程序,理解证券交易所、主板、创业板、中小企业板、柜台市场的基本功能与特点以及证券交易所的交易规则和交易制度。

天山纺织案:新疆第一宗宣判生效的内幕交易案件

2010年2月,证监会对天山毛纺织股份有限公司(简称天山纺织)股票交易中涉嫌内幕交易行为立案调查。

依照案件移送的相关法律规定,证监会及时将此案移送公安部,2010年7月,公安部门对此案立案侦查,相关犯罪嫌疑人分别被采取拘留、逮捕和取保候审等措施。2010年12月,乌鲁木齐市检察院向该市中级法院提起公诉。2011年1月,乌鲁木齐市中级法院作出一审判决,对证监会认定的全部犯罪嫌疑人作出有期徒刑(缓刑)等刑事处罚,并合计判处罚金1080万元,全部被告人均未上诉,检察院也未抗诉,目前一审判决已经生效。

资料来源:作者不详.证券日报.2011年12月05日.

【启示】 这次案件有以下特点:

一是影响力大。该案是发生在证券交易过程中新疆第一宗宣判生效的内幕交易案件。并且该案判决涉及四个自然人、两家单位,主体较多,影响较大;交易金额大,犯罪嫌疑人得知信息后两天内就投入800多万资金,截至判决生效之日账面获利已经翻番;内幕信息传递隐蔽,内幕信息的传递方式都是通过打电话传播,不发短信,更不会留有任何书面痕迹,信息传递方面的证据较单一、很难获取并且不容易固定;规避信息知情人与账户关系,而不使用本人实名账户,需要多层追查方能查找发现其中的关联关系。因此,了解和掌握证券流通市场的相关知识,有助于投资者进行合法投资,也有利于规避违法犯罪行为的发生。

证券流通市场主要分为场内交易市场和场外交易市场。场内交易市场是以证券交易所为代表的唯一集中有形的交易市场,具有固定的场地和时间,证券交易所允许符合《证券法》规定的证券经批准上市买卖。场外交易市场与之相对应,分为柜台交易市场、第三市场和第四市场等。其基本特点是都不在交易所内进行交易,具有价格、时间的灵活性,其佣金手续费低廉、无场地限制等。

5.1 证券上市

证券上市就是证券在证券交易所挂牌交易,自由、公开地买卖。换言之,证券上市是指证券交易所承认并接纳其证券在交易所市场上交易。

证券的公开上市条件,在各个国家、甚至在同一国家中各个证券交易所要求的条件有很大差异。其一般主要包括:公司应已经经营一定年限,且能保持以后经营的连续性,以维持达到一定的上市时间;公司在同业竞争中应有较高的地位;公司有形资产达到一定规模;公司拥有的证券价值应达到一定数量;股东持有股票情况应确保股权分散良好;公司有较强的获利能力,确保股息红利的分配,等等。

5.1.1 股票上市

股票可以在证券交易所进行交易,也可以在场外交易市场进行交易。股票上市,即股票经核准同意在证券交易所挂牌交易。

1. 股票发行上市保荐制度

上海、深圳证券交易所实行股票、可转换公司债券上市保荐制度。

证券经营机构履行保荐职责,应当注册登记为保荐机构。保荐机构负责证券发行的主承销工作,依法对公开发行募集文件进行核查,向中国证监会出具保荐意见;尽职推荐发行人证券发行上市;持续督导发行人履行相关义务。首次公开发行股票主板上市督导的期间为当年的余下时间及其后的两个完整的会计年度,发行新股为上市后一个完整的会计年度,创业板为上市后三个完整的会计年度,自证券上市之日起计算。

保荐机构应当与发行人签订股票上市推荐协议,明确双方的权利和义务;应当保证推荐文件和与履行保荐职责有关的其他文件、发行人的申请文件和公开募集文件不存在虚假记载、严重误导性陈述或者重大遗漏,并保证对其承担连带责任。

2. 股票上市的条件

(1) 主板股票上市条件。股票经国务院证券监督管理机构核准已公开发行;上市股份公司股本总额不低于人民币5 000万元;公众持股至少为25%;如果发行时股份总数超过4亿股,发行比例不得低于10%;发行人在最近3年财务会计文件无虚假记载,没有重大违法行为;证监会规定的其他条件。

(2) 创业板股票上市条件。发行人是依法设立且持续经营3年以上的股份有限公司;应当主要经营一种业务,最近两年连续盈利,最近两年净利润累计不少于1 000万元,且持续增长;或者最近一年盈利,且净利润不少于500万元,最近一年营业收入不少于5 000万元,最近两年营业收入增长率均不低于30%;最近一期末净资产不少于2 000万元,且不存在未弥补亏损;发行后股本总额不少于3 000万元。

3. 上市申请程序

(1) 提出上市申请并提交有关文件。普通股的发行人向国务院证券监督管理部门提出上市申请时,应提交下述文件:上市报告书,上市报告书实际上是指申请上市的要求书(应包括的内容为:要览、绪言、发行公司概况、股票发行及承销、董事、监事及高级管理人员的持股情况、公司设立、关联企业及关联交易等);申请上市的股东大会决议,股东大会决议应当符合《公司法》及公司章程的规定,股东大会作出决议必须以书面形式进行;公司章程,公司章程应当符合《公司法》的规定;公司营业执照,公司营业执照是指工商行政管理机关颁发的公司得以从事经营活动的凭证;经法定验证机构验证的公司最近3年的或者公司成立以来的财务会计报告,验证机构应当是具备从事验证条件的会计师事务所、审计师事务所等;法律意见书和证券公司的推荐书;最近一次的招股说明书。

(2) 股票上市交易申请经国务院证券监督管理机构核准后,其发行人应当向证券交易所提交有关文件。向证券交易所提交的文件包括:核准文件;《证券法》规定的有关文件。

(3) 证券交易所对股票上市作出具体安排。证券交易所应当自接到该股票发行人提交的文件之日起6个月内,安排该股票上市交易,在法定期限内规定具体上市时间,并发出上市通知书。

(4) 上市协议书。申请人在收到上市通知后应当与证券交易所签订上市协议书,以明确相互间的权利义务,包括:公司应定期呈报各种财务报表,此类报表均应经有证券业务资格的会计师事务所审计;公司发生有关人事、财务、经营、股权处理等事项的重大变化时,应及时通知证券交易所;公司应定期向公众充分公布有关应予以披露的资料和事项,当发生重大变化时,公司应及时披露该信息;上市公司不得拒绝证券交易所令其提供此类资料的合理要求;上市协议书中应写明该公司上市股票的种类、发行时间、发行股数、面值及发行价格;交易所应当维护上市公司的股票上市权利,并且不得以歧视;上市协议书中应写明有关上市费用的事项。

(5) 上市公告。股票上市交易申请经证券交易所同意后,上市公司应当在上市交易的5日前公告经核准的股票上市的有关文件,并将该文件置备于指定场所供公众查阅。

上市公司除公告规定的上市申请文件外,还应当公告下列事项:股票获准在证券交易所交易的日期,持有公司股份最多的前10名股东的名单和持股数额,董事、监事、经理及有关高级管理人员的姓名及其持有本公司股票和债券的情况。

(6) 股票上市费用。上市费用分为上市初费和上市月费两类。上海证券交易所和深圳证券交易所根据本所的收费标准收费。

4. 上市公司状况异常期间的股票特别处理(ST)

上市公司的股票在交易过程中出现以下情况的,将由证券交易所对该上市公司股票实行特别处理。

(1) 公司财务状况异常。最近两个会计年度的审计结果显示的净利润为负值,或最近一个会计年度的审计结果显示其股东权益低于注册资本,即公司连续两年亏损或每股净资产低于股票面值。

(2) 公司其他状况异常。自然灾害、重大事故等导致公司生产经营活动基本中止,公司涉及可能赔偿额超过本公司净资产的诉讼等情况。

对特别处理股票的具体要求是:要求上市公司在特别处理之前于指定报刊头版刊登关于特别处理的公告;特别处理股票的报价日涨幅限制为1%,日跌幅限制为5%;证券交易所应在发给会员的行情数据中,于特别处理的股票前加"ST"标记。

5. 临时停牌

除按照证券交易所《证券上市规则》的规定对上市股票实施正常的临时停牌之外,已在交易所挂牌的股票出现交易异常波动时,交易所有权对其实施临时停牌。股票出现下列问题之一时,将被认为是异常波动:某只股票的价格连续3个交易日达到涨幅限制或跌幅限制;某只股票连续5个交易日列入"股票、基金公开信息";某只股票价格的振幅连续3个交易日达到15%;某只股票价格的日成交量与上月日均成交量相比连续5个交易日放大10倍;交易所或中国证监会认为属于异常波动的其他情况。

6. 暂停上市或终止上市

上市公司丧失法律规定的上市条件的,其股票暂停上市或者终止上市。

(1) 上市公司股票暂停上市。上市公司有下列情形之一的,由国务院证券监督管理机构决定暂停其股票上市:公司股本总额、股权分布等发生变化不再具备上市条件;公司不按规定公开其财务状况,或者对财务会计报告作虚假记载;公司有重大违法行为;公司最近3年连续亏损。

当导致暂停上市的原因消失时,可恢复其股票上市交易。

(2) 上市公司股票终止上市。上市公司有下列情形之一的,由国务院证券管理部门终止其股票上市:公司未按规定公开其财务状况或者对财务会计报告作虚假记载,公司有重大违法行为情形,经查实后果严重的;公司股本总额、股权分布等发生变化不再具备上市条件,公司最近3年连续亏损,在限期内未能消除,不具备上市条件的;公司决议解散、被行政主管部门依法责令关闭或者宣告破产的,由国务院证券监督管理机构决定终止其股票上市。

7. 股票上市的信息公开

发行人、上市公司依法披露的信息，必须真实、准确、完整，不得有虚假记载、误导性陈述或者重大遗漏。

(1) 临时报告。发生可能对上市公司股票交易价格产生较大影响，而投资者尚未得知的重大事件时，上市公司应当立即将有关该重大事件的情况向国务院证券监督管理机构和证券交易所提交临时报告，并予公告，说明事件的实质。

应发布临时公告的重大事件包括：公司的经营方针和经营范围的重大变化；公司的重大投资行为和重大购置财产的决定；公司订立重要合同，而该合同可能对公司的资产负债、权益和经营成果产生重要影响；公司发生重大债务和未能清偿到期重大债务的违约情况；公司发生重大亏损或者遭受超过净资产10%以上的重大损失；公司生产经营的外部条件发生的重大变化；公司的董事长、1/3以上的董事，或者经理发生变动；持有公司5%以上股份的股东，其持有股份情况发生较大变化；公司减资、合并、分立、解散及申请破产的决定；涉及公司的重大诉讼，法院依法撤销股东大会、董事会决议；法律、行政法规规定的其他事项。

(2) 中期报告。股票或者公司债券上市交易的公司，应当在每一会计年度的上半年结束之日起两个月内，向国务院证券监督管理机构和证券交易所提交中期报告，并予公告。中期报告包括下述内容：公司财务会计报告和经营情况；涉及公司的重大诉讼事项；已发行的股票、公司债券变动情况；提交股东大会审议的重要事项；国务院证券监督管理机构规定的其他事项。

(3) 年度报告。年度报告是投资者了解上市公司经营状况的重要文件。股票或者公司债券上市交易的公司，应在每一会计年度结束之日起4个月内，向国务院证券监督管理机构和证券交易所提交年度报告，并予公告。年度报告的内容包括：公司概况；公司财务会计报告和经营情况；董事、监事、经理及有关高级管理人员简介及持股情况；已发行的股票、公司债券情况，包括持有公司股份最多的前10名股东名单和持股数额；国务院证券监督管理机构规定的其他事项。

上市公司的上市报告文件、临时报告、中期报告和年度报告的格式、报告时间均有明确的要求，并在证监会指定的报刊公告。上市公司必须本着诚实信用的原则制作各类报告，保证信息公开，保护投资者利益。在上述各类法定文件的编写制作中如果出现虚假记载、误导性陈述或重大遗漏，相应责任人须承担法律责任。

5.1.2 债券上市

债券上市是指证券交易所根据其规则，允许债券在交易所挂牌交易。

1. 公司债券的上市

公司申请其发行的公司债券上市交易，必须报经国务院证券监督管理机构核准。国务院证券监督管理机构可以授权证券交易所依照法定条件和法定程序核准公司债券上市申请。

（1）上市条件。经国务院授权的部门批准并公开发行；股份有限公司的净资产额不低于3 000万元，有限责任公司的净资产额不低于6 000万元；累计发行在外的债券总面额不得超过发行人净资产额的4%；最近3年平均可分配利润足以支付债券1年的利息；债券发行人筹集资金的投向须符合国家产业政策及发行审批机关批准的用途；债券的期限为1年以上；公司债券可转换为股票的，除具备发行公司债券的条件外，还应符合股票发行的条件；债券的信用等级不低于A级；债券的实际发行额不低于人民币5 000万元等。

（2）上市交易申请。公司向国务院证券监督管理机构提出公司债券上市交易申请时，应当提交下列文件：上市报告书（公告书）；申请上市的董事会决议；公司章程；公司营业执照；公司债券募集办法；公司债券的实际发行数额。

（3）证券监督管理机构核准。公司债券上市交易申请经国务院证券监督管理机构核准后，其发行人应当向证券交易所提交核准文件和规定的有关文件。

证券交易所应当自接到该债券发行人提交的前款规定的文件之日起三个月内，安排该债券上市交易。公司债券上市交易申请经证券交易所同意后，发行人应当在公司债券上市交易的五日前公告公司债券上市报告、核准文件及有关上市申请文件，并将其申请文件置备于指定场所供公众查阅。可转换公司债券的上市与公司债券的上市类似。

2. 债券的暂停上市和终止上市

上市公司债券出现法定情形后，国务院证券监督管理机构或其授权的证券交易所可以依法暂停或者终止该公司债券上市。

公司债券上市交易后，公司有下列情形之一的，由国务院证券监督管理机构决定暂停其公司债券上市交易：①公司有重大违法行为；②公司情况发生重大变化不符合公司债券上市条件；③公司债券所募集资金不按照审批机关批准的用途使用；④未按照公司债券募集办法履行义务；⑤公司最近两年连续亏损。

公司有上述第①、④项所列情形之一经查实后果严重的，或者有上述第②、③、⑤项所列情形之一，在限期内未能消除的，由国务院证券监督管理机构决定终止该公司债券上市；公司解散、依法被责令关闭或者被宣告破产的，由证券交易所终止其公司债券上市，并报国务院证券监督管理机构备案。此外，到期债券则自动终止上市。

5.1.3 基金上市

根据深、沪证券交易所的《证券投资基金上市规则》申请上市的封闭式基金必须符合下列条件：经中国证监会批准设立并公开发行；基金存续期不少于5年；基金最低募集数额不少于人民币2亿元;基金持有人不少于1 000人;有经审查批准的基金管理人和基金托管人;基金管理人、基金托管人有健全的组织机构和管理制度,财务状况良好,经营行为规范。基金管理人申请基金上市,应完成下列准备工作,聘请有资格的会计师事务所对基金募集的资金进行验证,并出具验资报告;采用无纸化发行基金的,应完成其托管工作;采用有纸化发行基金的,须完成其实物凭证的分发及入库工作。基金管理人申请基金上市须向证券交易所提交下列文件:上市申请书;上市公告书;批准设立和发行基金的文件;基金契约;基金托管协议;基金募集资金的验资报告;证券交易所1~2名会员署名的上市推荐书;中国证监会和中国人民银行对基金托管人的审查批准文件;中国证监会批准基金管理人设立的文件;基金管理人注册登记的营业执照;基金托管人注册登记的营业执照;基金已全部托管的证明文件等。证券交易所对基金管理人提交的基金上市申请文件进行审查,认为符合上市条件的,将审查意见及拟定的上市时间连同相关文件一并报中国证监会批准,经批准的基金,证券交易所出具上市通知书。基金上市前,基金管理人或基金公司应与沪、深交易所签订上市协议书。获准上市的基金,须于上市首日前3个工作日内在至少一种中国证监会指定的报刊上公布上市公告书。

5.2 证券交易及其程序

证券交易是证券市场运作的最主要和最基本的内容,不论是证券商的开拓创新,还是证券市场的服务、监管都紧紧围绕这一主要内容展开。凡在场内交易的证券,都要严格遵守交易规则与程序。证券交易程序主要是指投资者通过经纪人在证券交易所买卖证券时,要经过开户、委托、竞价成交、清算与交割、过户等交易程序。

5.2.1 股票交易程序

1. 开户

上海和深圳证券交易所目前挂牌买卖的交易品种主要有A股、B股、债券现货(可转换债券)、投资基金券等。不同的投资者按照有关法律、法规的规定,根据自身条件,参与不同品种的交易活动。这里重点介绍证券交易所市场的人民币普通股股票的交易程序。

(1) 开设证券账户。法人或自然人投资者到当地的证券公司申请开设证券账户。证券账户分为上海证券交易所股票账户和深圳证券交易所证券账户。当投资者需要同时参与上海和深圳证券交易所的证券交易时,应开设两个交易所的证券账户。

证券账户分为个人账户与法人账户两种。开设个人账户时,投资者必须持本人居民身份证。法人开户所需提供的文件包括有效的法人证明文件(营业执照)及其复印件、法定代表人证明书及其居民身份证、法人委托书及委托人身份证件等。

个人投资者在开设证券账户时应提供本人和委托人的详细资料,这些资料包括本人和委托人的姓名、性别、居民身份证号码、家庭地址、职业、联系电话等。法人投资者应提供法人地址、电话、法定代表人和授权证券交易执行人的姓名、居民身份证件及书面授权书、开户银行账户和账号、邮政编码、机构性质等。

(2) 开设资金账户。投资者必须向选定的证券公司申请开设资金账户,存入交易保证金。交易保证金就是投资人用于交易的资金,交易保证金的起点金额由证券商根据营业部情况自行确定。

① 证券公司的选择。不是证券交易所会员的投资人,不能进入交易所直接买卖证券。投资者必须选定一家证券公司,委托该公司帮助投资者买卖在证券交易所挂牌的证券。证券公司接受客户委托、代客户买卖证券并以此收取佣金,并向客户提供及时、准确的信息和咨询服务。投资者选择证券公司一般考虑以下因素:证券公司的信誉和经济实力;证券公司的设备条件和服务质量;机构投资者还要考虑交易操作人员的工作环境和有利于保守商业秘密;个人投资者应考虑证券营业部的地理位置应交通便利,开户保证金的标准能接受等。

② 开立资金账户。投资者持证券账户卡、个人身份证件,到证券公司的开户柜台,与证券公司必须签订证券买卖代理协议,开立证券交易结算资金账户领取资金账户卡。投资者可根据证券公司的设备条件选择人工委托交易(当面委托)、磁卡自助委托交易、电话自助委托交易、网上交易、手机交易等交易手段,办理相应手续。投资者缴存的交易保证金(包括支票、汇票、储蓄存折和储蓄卡转账)由投资人自主支配,用于购买证券或兑现、转账,证券公司不得挪用,并应按活期储蓄利率支付投资者利息,也可选用银证联网转账存取。客户的交易结算资金存入指定的商业银行,单独立户管理。

③ 办理证券指定交易和托管。全面指定交易制度是指凡在上海证券交易所交易市场从事证券交易的投资者,均应事先明确指定一家证券营业部作为其委托、交易清算的代理机构,并将本人所属的证券账户指定于该机构所属席位号后方能进行交易的制度。投资者应就买卖上海证券交易所挂牌证券与证券商之间签署指定交易协议,指定交易后,投资人就只能在指定的券商营业部买卖上交所挂牌证券。如果要换一家证券商,应撤销原指定交易,重新指定交易。办理指定交易有利于保护投资者利益,减少投资的证券被盗卖的机会。

托管制度是深圳市场采取的交易制度及股份存管结算服务,涉及证券交易和结算环节。深圳市场的投资者需要将自己持有的股份托管在自己选定的一个或几个证券营业部,证券托管是自动实现的,投资者在哪一个营业部买入证券,该证券就自动托管在该营业部。投资者可以利用自己的深市证券账户在国内任何一个证券营业部买入证券,但是卖出该证券必须在买入的那个营业部才能卖出。转托管制度,在托管中投资者若要将其托管股份从一个券商处转移到另一个券商处托管,就必须办理相关的手续,实现股份委托管理的转移。深圳证券交易所实行证券托管制度,可概括为:自动托管,随处通买,哪买哪卖,转托不限。

办理上述手续之后,个人投资者就可以买卖沪深两市挂牌的 A 股股票、债券和基金,参与上网发行的 A 股股票、债券和基金的申购。机构投资者开户后,在不违反基金申购的有关规定的前提下,也可买卖债券和基金,并参与证券的申购。

2．委托

投资者开户后,就可通过券商进行证券交易。委托是投资者将证券交易的具体要求告知券商,券商受理后代为进场申报,参加竞价成交的指令传递过程。

(1) 委托形式。在我国,投资者为买卖证券而向券商发出的委托指令可以通过电话、网络或亲自前往等多种形式进行。其主要形式如下。

① 当面委托。当面委托一般是递单委托,由投资者填写委托单,携带身份证、股东账户卡与资金账户卡(即三证)等证件亲自到券商的营业部,在柜台直接递交公司业务员,由场内代表将指令输入证交所电脑主机,完成委托。当面委托现已不多见。

② 自助委托。自助委托是相对于柜台递单委托而由投资者自己亲自操作输送委托指令的交易方式,现已被广泛采用,极大地方便了投资者。目前使用最普遍的自助委托方式有磁卡自助委托、电话委托和网上委托。

磁卡自助委托是投资者使用专用的磁卡在刷卡机上刷过即可进入委托状态,经输入个人密码,即可接通个人账户,然后根据屏幕菜单提示,输入相应的资料与数据,待确认后即可进入证券公司主机,然后由报单员向场内交易员报送,场内交易员输入交易所主机,完成整个委托过程。

电话委托是利用电话专线,通过语音提示,指导投资者输入委托指令。电话委托的所有过程均由证券公司的电脑主机控制,绝对可靠,差错率极低。投资者即使远在外地,也可进行委托,方便程度相当高。但投资者无法通过电话了解大盘现场走势。

网上委托是指证券公司通过互联网,向在本机构开户的投资者提供用于下达证券交易指令、获取成交结果的一种服务方式。网上委托通过互联网使投资者的电脑与券商的服务器连在一起,可以享受券商提供的各种信息服务,包括即时行情、走势分析、成交概况等即时资料,更重要的是,可以进行场外报单,使大户室开设在家。网上委托改变了券商竞争的业态,单纯地增加营业部已无必要。网上委托的成本是几种委托形式中最低的。

③ 其他委托方式。例如电报、电传、信函等方式委托,现在已不再采用。

(2) 委托的指令。委托指令的内容有多项,基本要素包括:证券账号、日期、品种、数量、价格、委托方向等。

① 以委托数量为标准,可分为整数委托和零数委托。整数委托的数量是交易所规定的交易单位(股票为 100 股,称为"手")或其整数倍。零数委托的数量则不足交易所规定的交易单位或不是其整数倍。在我国委托卖出可以是零数委托,但委托买入必须是整数委托。

② 以委托的价格为标准,可分为市价委托和限价委托。市价委托是指客户委托券商按市场可能最佳价格为其立即成交。限价委托是指客户委托券商按其限定价格或按比其限定价格更好的价格为其完成委托。

③ 以委托的有效期长短为标准,可分为当日有效委托、约定日有效委托。当日有效委托是指当日收盘时自动失效的委托;约定日有效委托是指委托人与证券公司约定,从委托之日起到约定的营业日证券交易所营业终了之日止的时间内有效。

④ 以交易性质为标准,可分为买入委托和卖出委托。买入股票的委托为买入委托,卖出股票的委托为卖出委托。

3. 竞价成交

(1) 竞价。在证券交易所内,证券买卖双方通过公开竞价方式成交。这种公开竞价的过程完全透明,在时间优先、价格优先的原则下,任何一家券商的客户委托都须经过这种方式申报,各会员券商代表其客户公开出价,直到出现最合理的价格,否则竞价过程继续进行。竞价曾有过很多方式,目前证交所使用最普遍的是"集中申报,连续竞价"和"集合竞价"方式。

集中申报,连续竞价是指在证券交易所的开市时间里,各会员券商分别代理其客户就某一证券进行集中的买入和卖出申报,只要出现买入价与卖出价一致的机会,即可成交一笔,然后竞价继续进行。这样连续不断地持续竞价,构成了连续市场。在我国沪深交易所采用的是电脑竞价方式。电脑竞价是买卖双方将委托申报价格指令输入电脑终端,各券商的委托指令在进入证交所电脑主机时自然按时间顺序排列申报。电脑主机在接受委托申报后,即按券种分类,每种证券类别中则按价位排列,在数量合适时,相同价位即可成交。成交的委托当即可在席位终端上显示,剩余的未成交委托可继续参加竞价,直到由电脑撮合成交。电脑竞价由于信息处理量大,可以允许证券商在开市期间代理客户的任何有效申报,而不必做到买入申报必须高于前手、卖出申报必须低于前手的规则,客户则能在较大范围内自主决定委托价格,以确保成交。

集合竞价是目前沪深股市产生开盘价格的方式。在股市开盘前,由券商将接受的客户开盘竞价指令统一输入电脑主机,其后由电脑进行撮合,当某一券种在某一价位上买卖数量相等时,则此价位即为开盘价,凡开盘申报的买入价高于集合竞价价格者,均可以此价格成交,低于此价格的买入者不得成交,但可参加正式开盘后的连续竞价;凡开盘申报的卖出价低于集合竞价价格者,均可以集合竞价价格成交,高于此价格的卖出者也不得成交,要参加正式开盘后的连续竞价。

(2) 证券成交规则及成交方式。证券买卖双方通过券商的场内交易员分别出价委托,若买卖双方的价位与数量合适,交易即可达成,这个过程称为成交。证券买卖的基本规则是价格优先与时间优先。价格优先原则是指较高买入价申报比较低买入价申报具有优先权;较低卖出价申报比较高卖出价申报具有优先权。时间优先原则是指在具体申报时,申报在先的委托排列在前,申报在后的委托排列在后。

4. 清算与交割

清算是指证券买卖双方结清价款的过程。交割则是指买卖双方交付实际成交的证券的过程。证券的清算与交割通常在交易结束后办理。经过了清算与交割,证券交易的全过程就基本完成了。

证券交易基本上采用二级交割清算方式,即中央登记清算公司与各券商实行一级交割清算,券商则再与投资者实行二级交割清算。这种交割形式便于进行集中清算。所谓集中清算交割是券商将每个交易日的净额(卖出证券后的应收价款与买入证券后的应付价款相抵后的净额)进行清算即可,而不必将买入与卖出的所有证券进行实际上的分别交收。这种制度大大简化了交割清算手续,提高了工作效率,使交易时间大大缩短。与此相对应的称为个别交割制度,即买卖双方必须面对面逐笔交割清算,费时费力,在大规模连续交易的今天,已经无法适应。

5. 过户

过户是指买入记名股票的投资者到证券发行机构或其指定代理机构办理变更股东名册记载事项的手续。我国发行的股票都是记名股票。股票是股东权力的体现,股份公司以股东名册为依据,进行股利分配及参与公司决策。投资者在买入股票时,必须办理过户的手续,才能保障其合法权益。在无纸化交易时,过户只存在形式上的意义,这一手续已在清算交割时由券商代为办理了,投资者不需要亲自去有关机构办理手续。在公司分配股利或召开股东大会时,需要对股东名册进行重新清理,以免重复或遗漏,然后将核准无误的股东名册交付证交所。

5.2.2 投资基金的交易

1. 封闭式基金的交易

封闭式基金成立后,基金管理人、基金托管人可以向中国证监会及证券交易所提出基金上市申请。投资者持深、沪证券交易所的证券账户卡或专门的基金账户卡到证券公司进行买卖,基金买卖以"手"为单位,1 000个基金单位为一手,交易时,只需缴纳交易佣金,不需缴纳印花税。封闭型基金的交易相似于普通股票交易,投资基金买卖价格在一定程度上由市场供需状况所决定,并不必然反映基金的净资产价格。投资基金的交易价格可以高于或低于单位资产净值。所以,它相对于开放式基金而言,投机性较大。封闭式基金一般是在证券交易所申请挂牌上市的,由于封闭式基金的封闭性,即买入的封闭基金是不能卖回给发起人的,投资者若想将手中的基金出手,只能通过证券经纪商再通过证券交易所的交易主机进行撮合转让给其他投资者;若想买入,也要通过证券交易所从其他投资者手中买进。

2．开放式基金的交易

开放式基金的交易不通过证券交易所,只能在指定机构的柜台上进行。投资基金申购、赎回的价格按基金公布的资产净值计算。我国规定开放型基金必须保证每周至少一次向投资者公布基金资产净值和申购、赎回价格。

(1) 开放式基金的申购。申购是指投资人申请购买已经成立的开放式基金的行为。基金的申购以书面方式或经认可的其他方式进行。①申购价格的确定。基金管理人接到投资人的购买申请时,应按当日公布的基金单位净值加一定的申购费用作为申购价格。②申购的计价方式。申购采用"未知价"法,通常按照"金额申购"的方式进行,以申请日的基金单位资产净值为基础进行交易。申购费用的计算采用内扣法,申购金额包括申购费用和净申购金额。计算公式为申购费用＝申购金额×申购费率;净申购金额＝申购金额－申购费用;申购份额＝申购金额÷申请日基金单位资产净值。③申购费用。申购费用按单笔申购申请金额所对应的申购费率乘以单笔确认的申购金额计算。④申购的业务操作流程。投资人填写申请表,网点接受申请表和账户卡,并对其进行审核合格后网点录入信息并冻结申购款,同时将有关信息传至系统,系统向网点下传申购确认信息同时将信息传至管理人,如果申购成功,则将申购款划至基金托管人账户,同时基金单位入账投资人领取申购确认凭证。如果申购失败,则申购款解冻,退还给投资者。

(2) 开放式基金的赎回。

赎回指基金在存续期间已持有基金单位的投资人要求基金管理人购回其持有的基金单位的行为,基金的赎回以书面方式或经认可的其他方式进行。

① 赎回计价方式：在我国,赎回采用"未知价"法,按照份额赎回方式进行,以申请日的基金单位资产净值为基础进行交易。

② 开放式基金赎回的业务操作流程：首先投资者填写申请表,网点接受申请表和账户卡,并对其进行审核合格后网点录入信息并冻结赎回份额,同时将有关信息传至 TA 系统(中国结算公司开放式基金登记结算系统),TA 系统向网点下传赎回确认信息,并同时传给托管人和管理人,基金托管人下划赎回款,网点收到赎回确认信息以及赎回款项,赎回成功后,网点将赎回款划至投资人资金账户,投资人领取赎回款和确认凭证。如果赎回失败,则基金单位解冻。

(3) 赎回的拒绝。

当发生下列情形时,基金管理人可拒绝接受基金投资人的赎回申请：一是不可抗力;二是证券交易场所交易时间非正常停市导致基金经理人无法计算当日基金资产净值;三是其他在基金契约、基金招募说明书中已载明并获批准的特殊情形。发生上述情形之一的,基金管理人应当在当日立即向中国证监会备案;已接受的赎回申请,基金管理人应当足额兑付;如暂时不能足额兑付,可按单个账户占申请总量的比例分配给赎回申请人,其余部分按基金契约及招募说明书载明的规定,在后续开放日予以兑付。

5.2.3 证券交易费用

投资者在委托买卖证券时,应支付各种费用和税收,通常包括委托手续费、佣金、过户费、印花税等。表5.1以上海为例,列出主要交易证券的交易费用。

表 5.1 沪市证券交易及相关业务费用表

业务类别			费用项目	费用标准	最终收费单位
开户	A股	个人	开户费	40元/户	投资者交登记结算公司
		机构	开户费	400元/户	投资者交登记结算公司
	基金		开户费	5元/户	投资者交开户代理机构
交易	A股		佣金	不超过成交金额的0.3%,起点5元	投资者交证券公司
			过户费	成交面额的0.1%,起点1元(大宗交易专场的过户费费率是正常标准的10%,优惠期至2009年12月31日结束)	投资者交登记结算公司
			印花税	成交金额的0.1%(出让方单边缴纳)	投资者交税务机关(上证所代收)
	证券投资基金(封闭式基金、ETF)		佣金	不超过成交金额的0.3%,起点5元	投资者交证券公司
	权证		佣金	不超过成交金额的0.3%,起点5元	投资者交证券公司
	债券(国债、企业债、可转换公司债券、分离交易的可转换公司债券、公司债、专项资产管理计划等)		佣金	不超过成交金额的0.02%,起点1元	投资者交证券公司
权证行权			标的股票过户费	股票过户面额的0.05%	投资者交登记结算公司

5.3 证券交易所

5.3.1 证券交易所的概念

证券交易所是依据国家有关法律,经政府证券主管机关批准设立的提供证券集中和有组织交易的场所、设施的法人。

证券交易所具有固定的场所、严密的组织体系和运行规则，可以集中大量地进行证券交易，它是证券交易市场的核心部分。作为整个证券市场的核心，证券交易所自身并不买卖证券，也不决定证券价格，而仅是为证券交易提供一定的场所和设施，配备必要的管理和服务人员，并对证券交易进行周密的组织和严格的管理，为证券交易顺利进行提供一个稳定、公开、高效的市场。

5.3.2 证券交易所的组织形式

证券交易所有两种基本组织形式，一种是公司制交易所；一种是会员制交易所。

1. 公司制证券交易所

公司制证券交易所是按股份有限公司组织形式成立的交易所。共同入股，按公司法和证券法建立。

公司制证券交易所因其本身不直接参与证券买卖，在证券交易过程中处于中立地位，有助于保证交易的公平。但由于公司制证券交易所的收入主要来自于证券交易成交额，证券交易业务额的多少与交易所利益直接相关，从而使证券交易所成为独立于证券买卖双方以外的第三方利益主体。证券交易所为增加收入，可能会人为地推动某些证券交易活动，容易形成在证券交易所影响下的证券投机。与此同时，有的证券交易参加者为了避开公司制证券交易所的昂贵上市费用和佣金，可能会将上市证券转入场外交易市场去交易。

2. 会员制证券交易所

会员制证交所是由会员自愿组成的、不以营利为目的的法人团体，其主要由证券商组成。只有会员及享有特许权的经纪人，才有资格在交易所中进行交易。会员制证券交易所实行会员自治、自律、自我管理。会员制证券交易所最高权力机构是会员大会，理事会是执行机构，理事会聘请经理人员负责日常事务，目前大多数国家的证券交易所均实行会员制。

会员制证券交易所采取会员自律自治制度，不以营利为目的，其会员费和上市费比较低，有利于扩大证券交易所交易的规模，防止上市证券流入场外市场进行交易。但由于证券交易所的会员同时也是证券商，是证券交易活动的直接参加者，证券商的营利性有可能导致证券交易过程中出现不公正现象。此外，由于参与证券交易活动的双方限于取得证券交易所会员资格的证券商，非会员证券商若要进入某证券交易所进行交易，必须首先获得原有会员的同意。这种状况是一种事实上的垄断，不利于形成公平竞争的环境，影响证券交易服务质量的提高。总体而言，会员制较公司制有利。

根据我国《证券交易所管理办法》规定，证券交易所是指依法设立的，不以营利为目的，为证券的集中和有组织的交易提供场所、设施，履行国家有关法律、法规、规章、政策规定的职责，实行自律性管理的会员制事业法人。目前我国的上海、深圳证券交易所都实行会员制。

5.3.3 证券交易所的功能

证券交易所应当创造公开、公平、公正的市场环境,保证证券市场的正常运行。证券交易所具体功能包括以下内容:

(1) 提供证券交易场所。由于这一市场的存在,证券买卖双方有集中的交易场所,可以随时把所持有的证券转移变现,保证证券流通的持续不断进行。

(2) 形成与公告价格。在交易所内完成的证券交易形成了各种证券的价格。由于证券的买卖是集中、公开进行的,采用双边竞价的方式达成交易,其价格在理论水平上是近似公平与合理的,这种价格及时向社会公告,并被作为各种相关经济活动的重要依据。

(3) 集中各类社会资金参与投资。随着交易所上市股票的日趋增多,成交数量日益增大,可以将极为广泛的资金吸引到股票投资上来,为企业发展提供所需资金。

(4) 引导投资的合理流向。交易所为资金的自由流动提供了方便,并通过每天公布的行情和上市公司信息,反映证券发行公司的获利能力与发展情况,使社会资金向最需要和最有利的方向流动。

5.3.4 证券交易所的会员与席位

会员制证券交易所由会员组成,会员同时也是交易商,交易所的会员拥有交易所的席位,不同的交易所对会员拥有席位的数量规定有所差异,但会员至少应该拥有一个席位,只有拥有席位才能从事证券交易。上海证券交易所和深圳证券交易所都通过吸纳证券经营机构入会,组成一个自律性的会员制组织。

1. 会员资格

证券交易所的会员只能是证券经营机构,证券交易所是从证券经营机构的经营范围、证券营运资金、承担风险和责任的资格及能力、组织机构、人员素质等方面规定入会的条件。上海证券交易所和深圳证券交易所对此的规定基本相同。上交所规定,其会员须同时具备下列条件:

(1) 经中国证监会依法批准设立、具有法人地位的证券公司。

(2) 具有良好信誉和经营业绩。

(3) 组织机构和业务人员符合中国证监会和本所规定的条件,符合本所对技术风险防范提出的各项要求。

(4) 承认本所章程和业务规则,按规定缴纳会员费、席位费及其他费用。

(5) 本所要求的其他条件。具备前条规定条件的证券公司,在向本所提出申请并提供相应的申报文件,经理事会批准后,方可成为本所的会员。本所接纳会员应当在决定接纳后五个工作日内向中国证监会备案。

2．交易席位

（1）交易席位的含义。交易席位是证券经营机构在证券交易所进行交易的固定位置，其实质还包括了一种交易资格的意义，即取得了交易席位后才能从事实际的证券交易业务。

（2）交易席位的管理、申请、使用与规定。取得普通席位的条件有两个：第一，具有会员资格；第二，缴纳席位费。证券经营机构取得会员资格后，根据如下程序办理席位：①向证券交易所席位管理部门提出席位申请，填写席位申请表。②出示会员资格证明文件及其他文件，如经营证券业务许可证、营业执照（副本）。证券交易所的会员要取得席位，必须向证券交易所缴足席位费，席位费的数额由证券交易所决定。会员一旦拥有席位，就不允许退。但是，在一定条件下，席位可以转让。一般规定，会员在至少保留一个席位的前提下允许转让席位。

【专栏5.1】

上海证券交易所介绍

上海证券交易所成立于1990年11月26日，同年12月19日开业，归属中国证监会直接管理。秉承"法制、监管、自律、规范"的八字方针，上海证券交易所致力于创造透明、开放、安全、高效的市场环境，切实保护投资者权益，其主要职能包括：提供证券交易的场所和设施；制定证券交易所的业务规则；接受上市申请，安排证券上市；组织、监督证券交易；对会员、上市公司进行监管；管理和公布市场信息。

上证所下设办公室、人事（组织）部、党办纪检办、交易管理部、发行上市部、公司管理部、会员部、债券业务部、国际发展部、基金业务部、市场监察部、法律部、投资者教育部、系统运行部、技术开发部、技术规划与服务部、信息中心、研究中心、财务部、稽核部、行政服务中心（保卫部）、北京中心等二十二个部门，以及上海证券通信有限责任公司、上证所信息网络有限公司两个子公司，通过它们的合理分工和协调运作，有效地担当起证券市场组织者的角色。

上证所市场交易采用电子竞价交易方式，所有上市交易证券的买卖均须通过电脑主机进行公开申报竞价，由主机按照价格优先、时间优先的原则自动撮合成交。上交所新一代交易系统峰值订单处理能力达到80 000笔/秒，系统日双边成交容量不低于1.2亿笔，相当于单市场1.2万亿元的日成交规模，并且具备平行扩展能力。

经过多年的持续发展，上海证券市场已成为中国内地首屈一指的市场，上市公司数、上市股票数、市价总值、流通市值、证券成交总额、股票成交金额和国债成交金额等各项指标均居首位。截至2010年年底，上证所拥有894家上市公司，上市股票数938个，股票市价总值179007.24亿元。2010年股票筹资总额5532.14亿元，列全球第四。一大批国民经济支柱企业、重点企业、基础行业企业和高新科技企业通过上市,既筹集了发展资金,又转换了经营机制。

资料来源:上海证券交易所官网。http://www.sse.com.cn。2012年2月3日。

5.4 场外交易市场

场外交易市场是指在证券交易所外进行证券买卖的市场。它主要由柜台交易市场、第三市场、第四市场组成。

5.4.1 场外交易市场的特点

场外交易市场与场内交易市场相比较,在市场的组织形式、交易对象、交易方式和市场管理等方面有所不同。①场外交易市场的组织方式不同。证交所是一个高度集中的、有组织的市场,但场外交易市场不进行集中交易,是一个分散的、无固定交易场所的无形市场或抽象市场。场内交易采用经纪制方式,投资者买卖证券需通过经纪人,场外交易基本上采用自营制,投资者可以直接和券商进行交易。②场外交易市场的交易对象不同。只有符合交易所上市标准的证券才有可能在交易所交易,但在场外交易市场除少数上市证券外,主要为非上市证券,品种多,数量大。③场外交易按照议价方式进行交易,场内交易则是集中竞价。④场外交易市场管理比较宽松。

5.4.2 场外交易市场的组成

场外交易市场,简称OTC市场,通常是指店头交易市场或柜台交易市场,但如今的OTC市场已不仅仅是传统意义上的柜台交易市场,有些国家在柜台交易市场之外又形成了其他形式的场外交易市场。

1. 柜台交易市场

它是通过证券公司、证券经纪人的柜台进行证券交易的市场。该市场在证券产生之时就已存在,在交易所产生并迅速发展后,柜台市场之所以能够存在并达到发展,其原因有:

① 交易所的容量有限,且有严格的上市条件,客观上需要柜台市场的存在。
② 柜台交易比较简便、灵活,满足了投资者的需要。
③ 随着计算机和网络技术的发展,柜台交易也在不断地改进,其效率已和场内交易不相上下。

2. 第三市场

它是指已上市证券的场外交易市场。第三市场产生于1960年的美国,原属于柜台交易市场的组成部分,但其发展迅速,市场地位提高,被作为一个独立的市场类型对待。第三市场的交易主体多为实力雄厚的机构投资者。第三市场的产生与美国的交易所采用固定佣金制密切相关,它使机构投资者的交易成本变得非常昂贵,场外市场不受交易所的固定佣金制约束,因而导致大量上市证券在场外进行交易,遂形成第三市场。第三市场的出现,成为交易所的有力竞争,最终促使美国 SEC 于 1975 年取消固定佣金制,同时也促使交易所改善交易条件,使第三市场的吸引力有所降低。

3. 第四市场

它是投资者绕过传统经纪服务,彼此之间利用计算机网络直接进行大宗证券交易所形成的市场。第四市场的吸引力在于:

① 交易成本低。因为买卖双方直接交易,无经纪服务,其佣金比其他市场少得多。

② 可以保守秘密。因无须通过经纪人,有利于匿名进行交易,保持交易的秘密性。

③ 不冲击证券市场。大宗交易如在交易所内进行,可能给证券市场的价格造成较大影响。

④ 信息灵敏,成交迅速。计算机网络技术的运用,可以广泛收集和存储大量信息,通过自动报价系统,可以把分散的场外交易行情迅速集中并反映出来,有利于投资者决策。第四市场的发展一方面对证交所和其他形式的场外交易市场产生了巨大的压力,从而促使这些市场降低佣金、改进服务;另一方面也对证券市场的监管提出了挑战。

5.4.3 我国场外证券交易市场

我国证券交易主要采取场内交易,相关法律、法规也以调整场内交易为主。这种状况使人们忽视了场外交易的客观存在,忽视了对场外交易的法律调整。

我国证券交易的最早形式是场外交易或柜台交易。1987 年 1 月 15 日,中国人民银行上海市分行发布《证券柜台交易暂行规定》明确规定"本暂行规定所称的柜台交易又叫店头交易或直接交易,是指在证券交易所以外的场所进行证券的转让买卖活动","凡章程规定可以转让的政府债券、金融债券、公司债券、公司股票和大面额可转让存款证(亦称大面额存款证),均可在批准经营证券转让买卖业务的金融机构办理柜台交易"。1987 年 3 月 27 日《国务院企业债券股票管理暂行条例》允许经批准的各专业银行和其他金融机构经办企业债券的转让业务;1987 年 8 月 5 日,中国人民银行发布关于贯彻国务院文件的通知明确指出,"企业股票、债券的转让,须经人民银行审查批准,其中跨省、自治区、直辖市发行的股票、债券的转让,应报人民银行总行批准","经营企业股票、债券等有价证券转让业务的机构,目前仅限于独立核算的信托投资公司和其他非银行金融机构";1988 年中国人民银行和财政部转发《关于开放国库券转让市场试点实施方案的请示报告》,在允许国库券转让的同时,特别提及经批准的金融机构可以办理国库券转让中介业务;1990 年以后,中国人民银行发布了《跨地区证券交易管理暂行办法》以及《关于设立证券交易代办点有关问题的通知》等与证券交易有关的规范性文件,《证券交易营业部管理暂行办法》更是明确规定证券交易业务部可以办理"证券的签证、登记过户","证券代保管"等业务。上述规章、规定说明,上海和深圳证券交易所设立前,我国就存在证券场外交易和场外交易场所。

1990年10月26日,中国人民银行发布《关于建立全国金融市场报价交易信息系统的通知》并据此筹办全国证券自动报价系统(以下简称STAQ),STAQ系统于1990年12月5日开始运作;1993年2月20日,经中国人民银行批准设立了中国证券交易系统有限公司,该公司交易系统简称NET,承担着场外交易市场的管理。这两个场外交易市场虽然逐渐消亡,但它们作为场外交易市场的历史性代表及其显示的场外交易,则是无法否定的。

5.5 创业板市场

创业板市场,顾名思义,着眼于创业,是为了适应自主创新企业及其他成长型创业企业发展需要而设立的市场。各国对此的称呼不一,有的叫成长板,有的叫新市场,有的叫证券交易商报价系统,例如美国的纳斯达克、英国的AIM等。与主板市场只接纳成熟的、已形成足够规模的企业上市不同,创业板以自主创新企业及其他成长型创业企业为服务对象,具有上市门槛低,信息披露监管严格等特点,它的成长性和市场风险均要高于主板。

5.5.1 创业板市场的功能

创业板市场的作用与功能集中在三方面:

第一,为有前景的中小创新企业的持续发展筹集资金。新兴的中小创新企业在发展过程中所需开发费用较大,需要寻求外部融资。但由于规模较小,不符合主板市场的上市标准,银行又难以通过评估抵押而给予贷款。于是,在吸收一定的风险投资和私人投资以后,可以到上市标准较低的创业板市场发行股票融资。

第二,为风险投资提供退出机制。风险投资加盟中小创新企业并不谋求长期控制企业,而是谋求获取高额回报。一旦时机适当,它们就会从创业板市场退出,寻求新的风险投资机会。创业板是风险资本退出的最理想方式。

第三,有利于促进中小企业建立良好的激励机制。有了创业板市场流通股权,中小企业就可以采取股票期权、职工持股计划等激励手段,鼓励职工与管理层共同为公司价值的增长而奋发工作,促进企业的高速发展。创业板市场对国家和地区的经济发展具有重要意义:它支持高新技术产业的发展,促进经济增长;它的发展扩大了资本市场,提高了资本市场的运作效率;它拓展了中小企业的发展空间,增加了社会就业岗位。

5.5.2 国内外主要创业板市场

1. 美国的创业板市场——纳斯达克证券市场

全美国NASDAQ股票市场是美国乃至全世界最主要的科技股票市场,它的全称为

National Association Securities Dealers Automated Quotations Index,即美国证券交易商协会自动报价系统,它是由全美证券交易商协会于 1971 年在华盛顿建立并负责其组织、管理的一个自动报价系统。同时,它也是全世界第一个电子股票市场,其最大特色在于该市场利用现代信息技术建立了自己的电子交易系统,NASDQ 现已成为全球最大的无形交易市场。

纳斯达克的管理是由全美证券交易商协会(NASD)负责。它的核心竞争力在于它所具有的独特的市场特征:电子交易系统(ECNs)和做市商制度(Market Maker Rule)。纳斯达克市场区别于美国其他主要股票市场的关键在于,它建立了一个有多重市场参与者的市场结构。这种结构为市场参与者之间带来了健康的竞争,从而形成全美证券交易商协会紧密控制之下的一个有序、有效的市场。

2. 中国香港创业板

20 世纪 90 年代末期,新兴的企业如雨后春笋般不断涌现,但是这些具有良好商业概念和增长潜力的新兴企业,并不具备香港联交所规定的主板市场的上市条件,参考美国纳斯达克,1999 年 11 月 15 日,香港联交所设立了香港创业板。2000 年 3 月 20 日,联交所推出了香港创业板指数,以 17 日为基点,基点 1000 点,包括 16 家上市公司。截至 2012 年 4 月 13 日,香港创业板指数为 439.82 点,上市公司为 176 家。

3. 深圳中小企业板

深圳证券交易所中小企业板(以下简称中小企业板)是中国大陆创业板推出前的试验田。中小企业板作为一个股票交易板块的开设丰富了我国的资本市场层次,也使我国的资本市场结构得到了改善。它是给中小企业专设的一个新的融资平台,其直接目的是为中小企业提供融资便利和更大范围地发挥资本市场优化资调配置的功能。相对于现有的主板市场,中小企业板在交易、信息披露、指数设立等方面,都将保持一定的独立性。

深圳中小板指数以 2005 年 6 月 7 日为基日,基日指数确定为 1 000 点,截至 2012 年 2 月 2 日,深圳中小板上市公司 651 家,总发行股本 1 955.6 亿股,上市公司市价总值 26 990.8 亿元人民币,收市指数为 4 252.122 点,平均市盈率为 27.43 倍。洋河股份(SZ,002304)报收 131.06 元,佰利联(SZ,002601)报收 95.03 元,东方园林(SZ,002310)报收 76.63 元,这三只股票是深圳中小企业板最高价的三只股票。深圳中小企业板已经成为我国资本市场的一支重要力量。

4. 深圳创业板

深圳创业板于 2009 年 10 月 28 日开板,首批上市的 28 家公司在创业板挂牌交易。深圳创业板指数于 2010 年 6 月 1 日正式发布,简称创业板指数,代码为"399006",创业板指数的基日为 2010 年 5 月 31 日,基点为 1 000 点,截至 2012 年 2 月 2 日,共有 286 家公司在深圳创业板上市交易,总发行股本为 404.45 亿股,总市值为 6 826.98 亿元人民币,平均市盈率为 33.9 倍。

(1) 创业板市场风险。创业板主要存在五大风险：一是公司经营上的风险,创业板公司规模比较小,受到市场的影响和冲击比较大；二是技术上存在风险,创业板企业自主创新能力比较强,但有些技术可能失败或者是被别的新技术所替代,甚至出现有些核心的技术人员可能流失等问题；三是规范运作方面的风险,创业板民营企业比较多,还有一些家族企业,一股独大的现象比较明显；四是股价波动的风险,创业板上市公司股本小,股价容易被操纵,容易引起炒作,股价波动的风险较大；五是创业板企业估值的风险,由于创业板有很多的新型行业,还有很多新的经营模式,估值不一定能够估得很准,所以在创业板公司的估值上也存在着风险。

(2) 深圳创业板上市标准。对于深圳创业板上市企业的标准,主要有如下规定：

- 申请公开发行股票并在创业板市场上市的企业(简称申请人)应当是合法存续的股份有限公司。非公司制企业应当先改制设立股份有限公司,有限责任公司可以改制设立股份有限公司,也可以依法变更为股份有限公司。
- 判断申请人是否符合"在同一管理层下,持续经营2年以上"的发行条件时,主要考虑下列因素：

  ① 申请人在提出发行申请时,开业时间是否在24个月以上；

  ② 申请人是否符合管理层稳定的要求,即法定代表人、董事、高级管理人员、核心技术人员以及控股股东,在提出发行申请前24个月内是否曾发生重大变化。

  ③ 申请人是否符合主业突出和持续经营的要求,即在提出发行申请前24个月内,是否不间断地从事一种主营业务,该种主营业务是否有实质进展。

- 判断原企业(包括非公司制企业和有限责任公司)是否属于整体改制,是否可以持续计算营业记录时,主要考虑下列因素：

  ① 是否进行过经营性资产的剥离；

  ② 发起人的出资方式、出资金额对营业记录可比性的影响；

  ③ 是否按照资产评估结果进行账务调整,并按照高速后的资产值折股。

- 判断有限责任公司变更为股份有限公司,是否可以连续计算营业记录时,主要考虑下列因素：

  ① 是否进行过资产剥离；

  ② 是否以经审计的净资产额作为折股依据。

- 判断申请人是否符合"在最近2年内无重大违法违规行为,财务会计文件无虚假记载"的发行条件时,主要考虑下列因素：

  ① 在提出发行申请前24个月内,是否曾严重违反国家法律、法规；

  ② 在提出发行申请前24个月内,财务会计文件中是否有虚假记载。

- 判断申请人是否符合《创业企业股票发行上市条例》规定的上市条件时,主要考虑下列因素：
① 首次公开发行新股后，股本总额是否达到人民币 2 000 万元；
② 首次公开发行新股后，持有股票面值达人民币 10 万元以上的股东是否达到 200 人；
③ 首次公开发行新股后，公开发行的股份是否达到公司股份总额的 25% 以上；
④ 首次公开发行新股后，本次发行前的股东持有的股份是否达到公司股份总数的 35% 以上。

- 判断申请人是否符合发行上市条件时，还应考虑下列因素：
① 在申请股票发行时的审计基准日，其经审计的有形净资产是否达到人民币 800 万元；
② 最近两个会计年度经审计的主营业务收入净额合计是否达到人民币 500 万元，最近一个会计年度经审计的主营业务收入净额是否达到人民币 300 万元；
③ 在申请股票发行的审计基准日，资产负债率是否不高于 70%；
④ 招股说明书、上市公告书是否符合《中华人民共和国公司法》《中华人民共和国证券法》等法律、法规、规范性文件关于信息披露的规定；
⑤ 是否已聘请主承销商进行辅导；
⑥ 是否已聘请保荐人。

- 判断独立董事是否符合要求时，应当关注下列因素：
① 董事会中的独立董事是否达到 2 名；
② 独立董事是否具备相应的任职能力和独立性。

(3) 深圳创业板上市公司年报内容与格式标准。

中国证监会关于《公开发行证券的公司信息披露内容与格式准则第 30 号——创业板上市公司年度报告的内容与格式》(下称《创业板年报准则》)，共 4 章 70 条，包括总则、年度报告正文、年度报告摘要、附则四部分。该准则以上市公司年报披露所依据的《公开发行证券的公司信息披露内容与格式准则第 2 号〈年度报告的内容与格式〉(2007 年修订)》为基础，依照体现创业板特色，突出投资者关心的内容；注重与其他相关规则衔接；降低公司披露成本，提高披露效率三项原则，制定了有针对性的内容。

《创业板年报准则》不仅强化了对创业板公司包括资产、核心技术人员、专利、独特经营方式等在内的核心竞争力及其变化的披露要求，还要求公司在成长性的披露上与发行环节衔接，就招股书中未来发展与规划实施的进度进行说明。该准则在创业板公司研发投入、无形资产变动等方面也有具体要求。

《创业板年报准则》要求披露的风险因素增加了单一客户依赖风险、原材料价格及供应风险、资产质量或资产结构风险、核心技术团队或关键技术人员变动风险等。同时还特别强调创业板企业应进行退市风险警示处理的风险提示。

《创业板年报准则》明确要求,首次公开发行产生超募资金使用延续到报告期的公司,须在年报中说明超募资金的使用计划、计划实施情况、资金使用效果以及超募资金的节余情况。

(4) 深圳创业板的信息披露。投资者需重点关注的创业板信息披露内容有:

定期报告(包括季报、中报和年报),是全面了解上市公司经营情况的最佳资料和最完整的文本,投资者应认真阅读,并注意加以比较和分析。

股东和实际控制人、高管、股份变动公告:与中小板一样,持股5%以上的股东和实际控制人出售股份每达到总股本1%的,上市公司应当在该事实发生之日起两个交易日内就该事项做出公告。

交易和重大事项公告。由于创业板公司平均规模相对较小,一些按照主板规则还达不到披露标准的交易(如关联交易金额达到100万元,且占上市公司最近一期经审计净资产绝对值0.5%以上)及重大事项(如提供财务资助或委托理财,连续12个月内累计发生金额达到100万元),按照创业板相关规则就要求公司在中国证监会指定信息披露网站(巨潮资讯网:http://www.cninfo.com.cn)或上市公司网站披露。

特别关注具有创业板"特色"的信息披露内容,主要有以下几个方面。

技术风险的披露。《创业板股票上市规则》要求上市公司及时披露有关核心技术(如商标、专利、专有技术、特许经营权等)及核心人员(如核心技术团队或关键技术人员)等的重大变化,除非有关核心技术的披露内容属于公司商业秘密可以申请豁免。对此,投资者应予重点关注,以便及时把握公司技术风险的变化情况,规避风险,审慎投资。

业绩快报。创业板上市公司如果在2月底前不能披露年报的,或者年报预约披露时间为3月或4月的,公司须在2月底前披露业绩快报。简单地说,投资者在2月底前就可了解到创业板上市公司的经营业绩。

【专栏5.2】

山东瑞康医药股份有限公司2011年度业绩快报

本公告所载2011年度的财务数据仅为初步核算数据,未经会计师事务所审计,与年度报告中披露的最终数据可能存在差异,请投资者注意投资风险。

一、2011年度主要财务数据和指标(单位:万元)

项 目	本报告期	上年同期	增减变动幅度(%)
营业总收入	319 544.81	221 338.27	44.37
营业利润	11 333.53	8 514.06	33.12
利润总额	11 221.72	8 317.58	34.92

续表

项　目	本报告期	上年同期	增减变动幅度（%）
归属于上市公司股东的净利润	8 389.20	6 210.92	35.07
基本每股收益（元）	1.024	0.887	15.45
加权平均净资产收益率（%）	15.10	23.44	−8.34
	本报告期末	本报告期初	增减变动幅度（%）
总资产	222 374.32	147 947.83	50.31
归属于上市公司股东的所有者权益	81 501.91	29 603.37	175.31
股本	9 380.00	7 000.00	34.00
归属于上市公司股东的每股净资产（元）	8.69	4.23	105.44

二、经营业绩和财务状况情况说明

1. 报告期公司经营继续保持稳定增长的态势，公司财务状况良好。

2. 公司营业收入、营业利润、利润总额以及归属于上市公司股东的净利润增长的主要原因是：公司销售业绩良好，业务稳定增长。

总资产增长的主要原因是：销售增长带来的相应资产增加，以及公司上市相应资产的增长。

归属于上市公司股东的所有者权益增长的主要原因是：公司上市所有者权益增加，以及业绩增长带来净利润的增长。

股本增长主要原因是：公司上市新发行的股本。

山东瑞康医药股份有限公司
2012 年 2 月 1 日

资料来源：http://www.s2se.cn 深圳证券交易所官网.有删改.

临时报告。 创业板上市公司可以在中午休市期间或下午 3：30 后通过指定网站披露临时报告，投资者需要特别留意。提请投资者注意的还有临时停牌公司的临时报告，它可以在一天的交易开始前或交易时间段进行发布，如果一只股票盘中停牌，投资者需要了解有关情况，应及时上网查一查公司相关公告，了解原因。

保荐机构报告。《创业板股票上市规则》要求持续督导期内的上市公司在披露年度报告、中期报告后 15 个工作日内，披露保荐机构的有关跟踪报告。这些跟踪报告都是保荐机构对上市公司进行必要现场检查后所发表的关于上市公司履行规范运作、信守承诺和信息披露义务情况的独立意见,值得投资者关注,以借助第三方的慧眼,充分了解您所投资的股票。

首日风险提示和澄清公告。上市首日,创业板上市公司会针对刊登招股说明书后公共传媒(包括报纸、网站、股票论坛等)有关可能对公司股价产生较大影响的报道或传闻,刊登风险提示公告。此外,上市首日如果公共传媒传播的消息可能或者已经对公司股价产生较大影响的,上市公司股票会临时停牌,有关公司会实时发布澄清公告。特别提醒投资者,在新股上市首日,一定要特别关注有关公司的风险提示公告和澄清公告,不要轻信各类市场传言,盲目跟风炒作,以免造成不必要的投资损失。

(5) 创业板退市制度

2012年5月1日,深交所发布的《创业板股票上市规则(2012年修订版)》正式实施。该规则主要从暂停上市、终止上市、退市细节、恢复上市共四个方面进一步明确了创业板退市规则,见表5.2。

表5.2 完善后的创业板公司退市条件和退市程序

退市条件	暂停上市	终止上市	备注
连续亏损	三年	四年	
追溯调整导致连续亏损	三年	四年	
净资产为负	一年	两年	暂停上市缩短一年,终止上市缩短半年
审计报告为否定或拒绝表示意见	两年	两年半	
未改正财务会计报告中的重大差错或虚假记载	四个月	六个月	
未在法定期限内披露年度报告或中期报告	两个月	三个月	
公司解散	—	公司因故解散	
法院宣告公司破产	—	公司被法院宣告破产	
连续120个交易日累计股票成交量低于100万股	—	连续120个交易日	出现一次即终止上市,比现行制度出现两次终止上市的时间缩短
连续20个交易日股权分布或股东人数不符合上市条件	解决方案公布后六个月仍不符合上市条件	十二个月仍不符合上市条件	

续表

退市条件	暂停上市	终止上市	备注
公司股本总额发生变化不再具备上市条件	一旦发生，即暂停上市	在本所规定的期限内仍不能达到上市条件	
36个月内累计受到交易所公开谴责三次	—	36个月内	新增
连续20个交易日每日收盘的价均低于每股面值	—	连续20个交易日	新增

(6) 投资者参与深圳创业板交易需具备的条件。具有两年以上（含两年）股票交易经验的自然人投资者可以申请开通创业板市场交易。其具体办理方法为：投资者向所属证券公司营业部提出开通申请后，认真阅读并现场签署《创业板市场投资风险揭示书》，上述文件签署两个交易日后，经证券公司完成相关核查程序，即可开通创业板市场交易。投资者在此期间也可以撤回开通申请。

对未具备两年交易经验的投资者，原则上不鼓励直接参与创业板市场交易。投资者可以通过购买创业板投资基金、理财产品等方式间接参与。如果投资者审慎评估了自身风险承担能力坚持要申请，则必须在营业部现场按要求签署《创业板市场投资风险揭示书》，并就自愿承担市场风险抄录"特别声明"。在上述文件签署五个交易日后，经证券公司完成相关核查程序并经过营业部负责人签字核准后，投资者可开通创业板市场交易。投资者在此期间也可以撤回开通申请。

(7) 深圳创业板开通交易申请。申请开通创业板交易应按以下"四步走"。

第一步：投资者应尽可能了解创业板的特点、风险，客观评估自身的风险承受能力，审慎决定是否申请开通创业板市场交易。投资者可通过中国证券登记结算公司网站对本人证券账户的首次股票交易日期进行参考性查询，网址为：http://www.chinaclear.cn/。

第二步：投资者通过网上或到证券公司营业场所现场提出开通创业板市场交易的申请。

第三步：投资者在提出开通申请后，应向证券公司提供本人身份、财产与收入状况、风险偏好等基本信息。证券公司将据此对投资者的风险承担能力进行测评，并将测评结果告知投资者，作为投资者判断自身是否适合参与创业板交易的参考。

第四步：投资者在证券公司经办人员的见证下，需按照要求到证券公司的营业部现场签署风险揭示书（未具备两年交易经验的投资者还应抄录"特别声明"）。证券公司完成相关核查程序后，在规定时间内为投资者开通创业板市场交易。

5.6 保证金信用交易

保证金信用交易是投资者通过交付保证金从证券经纪人处获得信用,融入资金或证券,然后入市操作,并支付相应利息的一种交易方式。

5.6.1 保证金的种类

保证金是证券管理机关规定投资者在信用交易时必须按一定比率向证券经纪人交存的资产。保证金是投资者从事信用交易的财力保证,它可以使证券经纪人免遭损失,同时经纪人通过对投资者保证金账户的清算及时向投资者发出预警信号,避免其遭受更大损失。

根据资产形式划分,保证金分为现金保证金和权益保证金。现金保证金是投资者为取得贷款而按规定缴纳的现金。权益保证金是投资者以非现金抵押品向证券经纪人缴纳的保证金,抵押品可以是各种票据、有价证券也可以是不动产,证券经纪人将根据其市价决定贷款的数额,一般会按客户提供的抵押证券市值的50%提供贷款,或按不动产市值的40%提供贷款。保证金还可分为初始保证金和维持保证金两种。初始保证金是法律要求客户在经纪人处开户并从事保证金交易时应缴纳的保证金;维持保证金是法律要求客户在开始交易后应缴纳的保证金。

5.6.2 保证金比率

保证金比率是保证金与投资者买卖证券的市值之比。它有初始保证金比率、保证金实际维持率和保证金最低维持率之分。

保证金初始比率,也叫法定保证金比率,是由一国货币管理当局决定的,投资者从事保证金信用交易时首先必须按初始保证金比率缴纳保证金,该保证金就是初始保证金。初始保证金的多少由初始保证金比率和买卖证券的市值决定,必须在以信用交易方式买卖证券前交足。

初始保证金比率是由央行制定的,它会影响证券市场的资金供应和交易价格,也会影响信用规模和货币供应量。投资者在缴纳初始保证金融资或融券买入或卖出证券后,所购或所卖的证券价格会发生波动,相应的保证金比率也会发生变化。

投资者交存保证金的实际价值占证券市值的比率称为保证金实际维持率。证券经纪人随时计算投资者的保证金实际维持率,了解盈亏状况并及时通知投资者,这个过程就是"逐日盯市"。

证券交易所和证券公司对保证金实际维持率一般都有最低要求,我们把这一最低要求叫做保证金最低维持率。客户的保证金实际维持率低于这一标准时,经纪人将向客户发出追加保证金的通知,客户此时有两种选择,一是向保证金账户存入资金,二是出售一部分购入的抵押给经纪人的证券,以此来满足最低维持保证金比率的要求。如果在限定的期限内客户不回应经纪人追加保证金的要求,经纪人将自行出售其账户中抵押的股票,以满足最低保证金维持率的要求,由此发生的任何损失均由客户自己承担,而且经纪人很可能提高该客户的最低保证金维持率,以避免价格不久再次下跌而发出另一个追加保证金的通知。

5.6.3 保证金账户

投资者欲从事保证金交易,必须在经纪人处开立保证金账户。买空又称多头交易,投资者预测股价将会上涨,但自有资金有限、不能购进大量股票,于是先缴纳部分保证金,并通过经理人向银行融资以买进股票,待股价上涨到某一价位时再卖,以获取差额收益。在保证金买空交易中,保证金账户一般为借方余额。借方余额实际上是客户的贷款额加上贷款利息、手续费和税金,如果对贷款利息、手续费和税金忽略不计,借方余额就是客户的贷款额。客户的贷款额为购入证券的成本减去存入的初始保证金,也可以用1减去初始保证金比率乘以所购证券的股价再乘以所购证券的股数。在该交易下,投资者购入的证券作为其贷款的抵押品而存放在经纪人处,同时客户还需缴纳初始保证金,因此,经纪人的贷款获得了双重保证。经纪人还可以将客户抵押的证券,再抵押给商业银行,获得贷款,以满足其向客户提供贷款的需要。客户抵押的证券还是经纪人提供卖空交易的物质保证。在保证金卖空交易中,保证金账户一般为贷方余额。在该交易下,客户融券卖出所得的价款,必须存放在其保证金账户中,不能提取。客户具体的贷款金额,随其所借证券价格的波动而波动。客户的贷款额为所借证券的当前市值减去客户存入的初始保证金。在该交易中,客户一般无须为其债务支付利息,同时经纪人也不对其账户中的贷方余额支付利息。

5.6.4 保证金买空交易的公式

1. 客户收益率

客户收益率就是客户的投资收益率,它是客户的收益与投入本金的比率。其计算公式为

$$G = R_i / M$$

G 为客户的投资收益率;R_i 为股票价格上涨的百分率;M 为初始保证金比率。从公式可以看出,客户的收益率只与初始保证金比率和股票价格上涨百分率有关,与本金的多少及所购股票的价格无关。

2. 保证金实际维持率

当股价下跌时,客户的贷款额仍然不变,此时保证金的实际维持率将会下降。保证金维持率的公式为

$$r = 1 - (1-M)/(1-R_d)$$

r 为保证金实际维持率;M 为初始保证金比率;R_d 为股票价格下跌的百分率。从公式可以看出,保证金的实际维持率与客户本金多少和股票价格高低无关,只与初始保证金比率和所购股票的价格相对变化有关。该公式也可以表述为

$$保证金维持率 = \frac{所购股票当前市值 - 保证金账户借方余额}{所购股票当前市值} \times 100\%$$

3. 股价最大下跌幅度

股价最大下跌幅度,意味着只要股价不跌到这个幅度,保证金的实际维持率就不会低于保证金最低维持率,客户就不会接到经纪人的追加保证金通知。

$$R_d = (M-r)/(1-r)$$

R_d 为股价下跌的最大幅度;M 为初始保证金比率;r 为保证金最低维持率。该公式也可表述为

$$每股最低市价 = \frac{\frac{保证金账户借方余额}{所购股数}}{1 - 保证金最低维持率}$$

4. 账面盈利和超额保证金

当股价上涨时,所抵押证券的市值就会增加,客户的实际保证金将会变大,此时客户就会出现账面盈利,客户只有卖出所购证券,账面盈利才会得以实现。

账面盈利=(抵押证券当前市值-保证金账户借方余额)-客户已缴纳的保证金

客户权益=抵押证券当前市值-保证金账户借方余额

客户权益实际上就是当前的实际保证金数额,如果客户没有追加过保证金,客户已缴纳的保证金就是初始保证金。

超额保证金=账面盈利×(1-初始保证金比率)

对超额保证金,客户有两个选择:一是提取现金;二是使用超额保证金在保证金买空方式下购买更多的股票。超额保证金不能用于偿清借方余额,要偿清借方余额只有两个办法:一个是直接在保证金账户中存入所需的资金;另一个是售出抵押的证券、清偿借方余额、了结多头地位。

5. 应追加的保证金或应出售的抵押证券的金额

如果股价不涨反跌,并突破最大跌幅,此时经纪人将会向客户发出追加保证金的通知,客户要么在保证金账户中存入现金,要么出售抵押的证券,以满足保证金最低维持率的要求。

股票当前市值应追加的保证金=股票当前市值×保证金最低维持率-客户权益

$$应出售的抵押证券的市值 = \frac{应追加的保证金}{保证金最低维持率}$$

5.6.5 上海证券交易所、深圳证券交易所融资融券业务的办理

融资融券交易是中国证券市场的一项创新业务,具有杠杆放大、专业性强、高风险高收益的特点,投资者与证券公司之间除了存在证券代理买卖关系外,还存在借贷、信托、担保等较为复杂的法律关系。开户程序作为投资者参与融资融券业务的首要环节,比普通证券交易复杂。投资者应认真了解开户过程的各项步骤,做好相关准备工作。

第一步:投资者需确定拟开户的证券公司及营业部是否具有融资融券业务资质。

证券公司开展融资融券业务试点,必须经中国证监会的批准;未经证监会批准,任何证券公司不得向客户融资、融券,也不得为客户与客户、客户与他人之间的融资融券活动提供任何便利和服务。而且,证券公司对其下属营业部开展融资融券业务也有资格规定,不一定所有营业部都可办理融资融券业务。投资者参与融资融券业务,只能到中国证监会批准试点的证券公司下属的具备融资融券业务资格的营业部办理。

第二步:投资者需确定自身是否符合证券公司融资融券客户条件。

融资融券业务对投资者的资产状况、专业水平和投资能力有一定的要求,证券公司出于适当性管理的原则,将对申请参与融资融券业务的投资者进行初步选择。

举例来说,投资者到国泰君安证券股份有限公司开立信用账户,首先要参加该公司组织的融资融券业务基础知识测试,只有通过该测试,才能够提出业务申请;其次投资者还必须满足一定的条件,如:①符合法律、法规以及中国证券登记结算有限责任公司有关业务规则的规定,能够开立证券账户;②在公司开立普通账户18个月以上且无不良记录;③在公司开立的账户内资产价值达到一定规模(个人投资者账户资产价值100万元以上、机构投资者账户资产价值200万元以上);④近1年内累计成交金额与其在公司开立的账户内资产价值之比达一定比例以上等。另外,国泰君安证券股份有限公司还规定了融资融券业务的投资者禁入条件,如:①曾受监管机构、证券交易所、登记结算机构等的处罚或者证券市场禁入;②利用他人名义开立信用账户;③普通账户属于不规范账户;④普通账户中的证券已设定担保或存在其他权利瑕疵或被采取查封、冻结等司法强制措施;⑤交易结算资金未纳入第三方存管;⑥因违法、违规或资信状况不佳被列入"黑名单";⑦风险承受能力不足等。

投资者在办理融资融券业务开户手续前,需评估、确定自身是否满足证券公司的融资融券客户选择标准。

第三步:投资者需通过证券公司总部的征信。

投资者需根据证券公司的要求提交征信材料,以国泰君安证券股份有限公司为例,投资者需提交的材料包括:①证券账户卡;②身份证明资料,包括有效居民身份证等;③工作证明资料,包括但不限于工作证、工作单位开具的工作证明、聘任合同等(至少提供其中一项);④居住证明资料;⑤融资融券业务知识测试答卷;⑥中国人民银行、其他资信机

构出具的信用评估(级)报告等。

证券公司将根据投资者提交的申请材料、资信状况、担保物价值、履约情况、市场状况等因素,综合确定投资者的信用额度。

第四步:投资者需与证券公司签订融资融券合同、风险揭示书等文件。

投资者与证券公司签订融资融券合同前,应当认真听取证券公司相关人员讲解业务规则、合同内容,了解融资融券业务规则和风险,并在融资融券合同和风险揭示书上签字确认。投资者只能与一家证券公司签订融资融券合同,向其融入资金和证券。

对融资融券合同的如下内容,投资者应当特别关注和了解:①融资、融券的额度、期限、利(费)率、利息(费用)的计算方式;②保证金比例、维持担保比例、可充抵保证金证券的种类及折算率、担保债权范围;③追加保证金的通知方式、追加保证金的期限;④投资者清偿债务的方式及证券公司对担保物的处分权利;⑤担保证券和融券卖出证券的权益处理等。

第五步:投资者在开户营业部开立信用证券账户与信用资金账户。

① 开立信用证券账户。投资者与证券公司签订融资融券合同后,证券公司将按照证券登记结算机构的规定,为投资者开立实名信用证券账户。投资者信用证券账户是证券公司客户信用交易担保证券账户的二级账户,用于记载投资者委托证券公司持有的担保证券的明细数据。投资者用于一家证券交易所上市证券交易的信用证券账户只能有一个。投资者信用证券账户与其普通证券账户的开户人的姓名或者名称应当一致。

信用证券账户独立于普通证券账户,是新开的证券账户。投资者在进行融资融券交易前,需将用于担保的可充抵保证金证券从普通证券账户划转至信用证券账户。融资融券交易了结后,投资者可以将担保证券划转回普通证券账户。在融资融券交易期间,经证券公司同意,投资者可将超过维持担保比例300%以上部分的担保证券划转回普通证券账户。

② 开立信用资金账户。投资者在与证券公司签订融资融券合同后,需与证券公司、商业银行签订客户信用资金第三方存管协议。证券公司应当通知第三方存管银行,根据投资者的申请,为其开立实名信用资金账户。投资者信用资金账户是证券公司客户信用交易担保资金账户的二级账户,用于记载投资者交存的担保资金的明细数据。投资者只能开立一个信用资金账户。

经过以上步骤,投资者在证券公司的开户手续已经办妥。当投资者提交了足额的担保物之后,就可以开始进行融资融券交易了。

【专栏5.3】

融资融券首日融资额655万 深发展被做空

网易财经4月1日讯 沪深交易所今日公布了融资融券试点首日交易数据,数据显示沪、深交易所昨日共融资买入额655万元，其中上交所融资买入额586.6万元，深交所融资买入额68.4万元。深交所融券卖出4 000股，上交所融券卖出量3 100股。

深交所公布的数据显示，在昨日的融资买入证券中，五粮液被投资者融资买入最多，达到57.1万元，神火股份融资买入3.17万元，宁波银行融资买入1.7万元。而在融券卖出中，深发展被融券卖出2 100股，为深市融券卖出最多股票。上交所的中国联通则遭融券卖出1 700股。

2010年3月31日融资融券交易数据见表5.3。

表5.3 深交所3月31日融资融券数据

融资买入额/元	融资余额/元	融券卖出量/股	融券余额/元	融资融券余额/元
684 569	670 796	4 000	70 895	741 691

证券代码	证券简称	融资买入额/元	融资余额/元	融券卖出量/股	融券余额/元	融资融券余额/元
000001	深发展A	4 730	4 730	2 100	48 720	53 450
000002	万科A	7 592	7 592	400	3 800	11 392
000024	招商地产	4 844	4 844	0	0	4 844
000039	中集集团	4 290	1 536	0	0	1 536
000063	中兴通讯	4 356	0	0	0	0
000527	美的电器	6 663	0	0	0	0
000568	泸州老窖	3 242	3 242	0	0	3 242
000623	吉林敖东	0	0	100	4 571	4 571
000651	格力电器	0	0	100	2 820	2 820
000729	燕京啤酒	2 015	2 015	0	0	2 015
000800	一汽轿车	2 252	2 252	100	2 206	4 458
000825	太钢不锈	6 502	6 502	1 200	8 778	15 280
000858	五粮液	571 000	571 000	0	0	571 000
000933	神火股份	31 670	31 670	0	0	31 670
000983	西山煤电	7 160	7 160	0	0	7 160
002142	宁波银行	17 852	17 852	0	0	17 852
002202	金风科技	10 401	10 401	0	0	10 401

资料来源：网易财经. 2010年04月01日 09:48:46

本 章 小 结

证券流通市场也称为二级市场、次级市场或有形市场。证券流通市场主要分为场内交易市场和场外交易市场。场内交易程序一般分为六个程序,即开户、委托、竞价、清算、交割和过户。

证券交易所是提供证券集中和有组织交易的场所、设施的法人。其组织形式一是公司制交易所,一是会员制交易所。上海证券交易所和深圳证券交易所都按照会员制事业法人的方式设立。

场外交易市场是指在证券交易所外进行证券买卖的市场。它主要由柜台交易市场、第三市场、第四市场组成。

创业板市场又称二板市场,是在现有的主板市场之外建立的一个独立的融资渠道。作为证券交易市场体系中一个新兴的子系统,它的主要功能是为中小型企业,特别是高增长型企业融资提供空间。创业板市场特征主要有以增长公司为目标、盈亏投资者自负的理念、与主板市场存在区别等。

国内外主要创业板市场有国的创业板市场——纳斯达克证券市场、香港创业板、深圳创业板等。

信用交易主要有两种形式:保证金买空和保证金卖空。

推荐参考网站

1. http://www.hkex.com.hk 香港交易所
2. http://www.fund123.cn 数米基金网
3. http://www.sac.net.cn 中国证券业协会
4. http://www.sw2000.com.cn 中银万国证券网

综 合 练 习

一、单项选择题

1. 下列关于证券交易所的说法,正确的是( )。

    A. 公司制的证券交易所是以营利为目的的,会员制的证券交易所是不以营利为目的的

    B. 为公平起见,公司制的证券交易所的职员和会员制的证券交易所的会员均不

能参与具体的证券交易活动。

  C. 会员制的证券交易所对本所内的证券交易收取佣金,公司制的则不收取

  D. 证券交易所的股东大会或会员大会拥有最高权力

 2. 证券经纪人小王接到客户的指令,要将其账户上的股票全部以市场价立即卖出。但小王根据其朋友也就是该股票上市公司董秘的建议,认为该股票会涨,于是没有卖出。果然,该股票大涨。该客户大赚了一笔。小王的这种行为是(　　)。

  A. 随机应变的正当行为　　　　　B. 欺诈行为

  C. 内幕交易　　　　　　　　　　D. 操纵市场的行为

 3. 我国属于证券业自律组织的是(　　)。

  A. 证券交易所　　　　　　　　　B. 中国证监会

  C. 证券登记结算公司　　　　　　D. 中国证券业协会

 4. 对于上市公司,当出现(　　)的情况时,由中国证监会决定暂停其股票上市。

  A. 公司不按规定公开其财务状况　B. 公司对财务会计报告作虚假记载

  C. 公司最近3年连续亏损　　　　D. 公司有重大违法行为或决议解散

 5. 场外交易市场的主要特点是(　　)。

  A. 非集中市场　　　　　　　　　B. 证券种类繁多

  C. 竞价方式　　　　　　　　　　D. 特殊的管理模式

 6. 关于证券发行市场与流通市场的关系,下列说法正确的是(　　)。

  A. 证券发行市场是流通的基础和前提

  B. 证券流通市场是发行市场持续扩大发行的必要条件

  C. 新证券的发行价格可完全不必考虑证券流通市场上的交易价格水平

  D. 只有证券市场能够增加社会投资总量,证券流通市场是为保证资本波动性服务的

 7. 下列关于证券市场的描述正确的是(　　)。

  A. 证券市场是融通短期资金的市场　B. 证券市场是资本市场的核心

  C. 证券市场是金融市场的重要组成部分　D. 证券市场是直接融资活动的场所

二、问答题

 1. 交易所市场与场外交易市场是如何组织的?试比较分析两者的异同。

 2. 创业板市场的功能有哪些?

 3. 证券发行中注册制与核准制各自的含义是什么?

 4. 交易所中,证券交易的开盘价以及之后的成交价是怎样形成的?

 5. 什么是保证金信用交易?它有哪些类型?

 6. 投资者如何参与证券交易所融资融券业务?

第 6 章

证券投资的收益与风险

【学习目标】

通过本章学习,读者应掌握债券价值评估的基础知识以及各种债券的内在价值计算;掌握利率期限结构的含义、形态以及利率期限结构理论;掌握债券定价原理;了解债券久期的概念、特点及其计算;掌握股票价值评估的基础知识;掌握股利折现模型;了解证券投资基金、可转换债券、认股权证的价值评估或价值影响因素;了解风险含义及其划分。

中小投资者应注重价值投资,寻找有潜力的蓝筹股

中国证券市场是一个年轻的市场,中小投资者是市场的重要参与主体之一,贡献了约80%的股票市场交易金额,开户数也占总开户数的99%以上。但是,总体上看,中小投资者在股市上持续盈利的仅在少数。其亏损的原因有系统性风险,也有投资理念等问题。部分中小投资者没有形成正确的投资理念和策略,热衷于打听内幕消息,轻信谣言,频繁交易,盲目跟风,"炒新股、炒小股、炒差股"的现象仍比较突出,引导理性投资、价值投资显得尤为迫切。

从欧美数百年股市历史来看,价值投资历久弥坚,是克服市场恐惧和贪婪的有力武器和长期在股市生存的法宝。沃伦·菲特(Warren Buffett)、彼得·奇(Peter Lynch)等都是价值投资大师,无论股市牛熊,都坚持经久耐用的价值投资风格,并取得了丰厚业绩。即使是美国趋势投资大师威廉·奈尔(William J. O'Neil),也是大力倡导基本面分析。随着现代技术的发展,基于复杂技术分析和数学运算的高频交易也取得了较为丰厚的收益,这方面代表有美国的詹姆斯·蒙斯(James Simons),但对于资金、信息、技术和时间都有限的中小投资者而言,高频交易并不十分可行。

中国股市是典型的新兴市场,相关制度建设还不完善,波动性较大,价值投资是克服市场机制不完善的有力武器之一。20多年的发展中,涌现出一大批优秀的上市公司。这些上市公司经历了多次牛熊轮回,仍为长期持有这些公司的投资者提供了丰厚的回报,这从一个侧面证明价值投资的有效性。另一方面,沪深交易所的大量数据分析表明,概念股在炒作之后,大幅下跌的可能性较大,参与概念股炒作的大部分中小投资者都面临较大损失。

资料来源:http://www.sse.com.cn 上海证券交易所.尚正.2012年4月12日.

【启示】 随着退市制度的越来越严厉,垃圾股退出市场是个趋势。证券投资的收益与风险是相伴而生。作为投资者,尤其是中小投资者,如果不能对投资证券的内在价值做一个科学评判,招致损失是难免的。本章将对证券投资的可能收益和风险做较系统的研究,能够使投资者在规避风险的前提下,尽可能收益最大化。

6.1 证券投资收益

证券是资本市场供求关系所形成的一种权利,这种权利可以为证券所有者带来收益。证券投资收益是指投资者从购入证券到卖出期间的收入,是投资者关心的核心问题之一。证券投资收益通常分为三个部分:一是根据证券发行者经营的成果定期取得的收益,如债券利息、股息;二是在证券流通市场上通过买卖证券所实现的资本损益,也称为差价收益;三是一定的非货币收益,如重大决策的表决权、参与公司的经营管理权、公司的控制权、公司治理的改善等。非货币收益最终可以通过货币收益进行量化,因此证券投资收益分析主要是分析投资所带来的货币收益。

证券投资收益的成果一般用投资收益率衡量,即投资收益与初始投资额之比。该式是衡量收益率的基础,实际运用中要考虑未来现金流量的变化,收益率的计算远比该式复杂。

$$Y = \frac{W_1 - W_0}{W_0}$$

式中 Y 为投资收益率;W_1 为期末财富;W_0 为期初财富。

6.1.1 债券收益

1. 债券投资收益的来源

债券投资的收益来源主要有三个方面,一是债券的利息收益。这是债券发行时决定的,除了保值贴补债券和浮动利率债券外,债券的利息收入不会改变,投资者在购买债券前就可得知,因为债券还本付息的时间和数额通常是事先确定的,所以债券经常被称为固定收入证券。二是资本利得。债券买入价格与卖出价格的差额即资本损益。一般情况下,债券收益率用年收益率表示。由于多种因素对债券的价格产生影响,债券价格处于不断变化之中,交易者进行交易后,所获得的价差也是收益的重要组成。三是再投资收益。再投资收益受以周期性利息收入作再投资时市场收益率变化的影响。由于资本利得和再投资收益具有不确定性,投资者在作投资决策时计算的到期收益和到期收益率只是预期的收益和收益率,只有当投资结束时,才能计算实际收益和实际到期收益率。

(1) 债息。债券的利息收益取决于债券的票面利率和付息方式。债券的票面利率是指一年的利息占票面金额的比率。票面利率的高低直接影响着债券发行人的筹资成本和投资者的投资收益,一般由债券发行人根据债券本身的性质和对市场条件的分析决定。首先要考虑投资者的接受程度。发行人往往是参照了其他相似条件债券的利率水平后,在多数投资者能够接受的限度内,以最低利率发行债券。其次,债券的信用等级是影响债券票面利率的重要因素。再次,利息的支付方式和计息方式也是决定票面利率的重要因素。最后,还要考虑证券主管部门的管理和指导。一旦债券的票面利率确定后,在债券的有效期内,无论市场上发生了什么变化,发行人都必须按确定的票面利率向债券持有人支付利息。

债券的付息方式是指发行人在债券的有效期内,何时或分几次向债券持有人支付利息。付息方式既影响债券发行人的筹资成本,又影响投资者的投资收益。一般把债券利息的支付分为一次性付息和分期付息两大类。分期付息债券又称附息债券或息票债券,是在债券到期以前按约定的日期分次按票面利率支付利息,到期再偿还债券本金。分期付息一般分为按年付息、按半年付息和按季付息 3 种方式。对投资者来说,在票面利率相同的条件下,分期付息可获取利息再投资收益,或享有每年获取现金利息便于支配的流动性好处。

(2) 资本利得。债券投资的资本利得是指债券买入价与卖出价或买入价与到期偿还额之间的差额。同股票的资本利得一样,债券的资本利得可正可负:当卖出价或偿还额大于买入价时,资本利得为正,此时可称为资本收益;当卖出价或偿还额小于买入价时,资本利得为负,此时可成为资本损失。投资者可以在债券到期时将持有的债券兑现,或是利用债券市场价格的变动低买高卖,从中取得资本收益,当然也有可能遭受资本损失。

(3) 再投资收益。再投资收益是投资债券所获得的现金流量再投资的利息收入。对于付息债券而言,投资期间的现金流是定期支付的利息,再投资收益是将定期所获得的利息进行再投资而得到的利息收入。

对于投资于付息债券的投资者来说,只有将债券持有至到期日,并且各期利息都能按照到期收益率进行投资,才能实现投资债券时预期的收益率;反之,如果未来的再投资收益率低于购买债券时预期的到期收益率,则投资者将面临再投资的风险。

决定再投资的主要因素是债券的偿还期限、息票收入和市场利率的变化。在给定债券息票利率和到期收益率的情况下,债券的期限越长,再投资收益对债券总收益的影响越大,再投资风险也越大。在给定偿还期限和到期收益率的情况下,债券的息票利率越高,再投资收益对债券总收益的影响越大。当市场利率变化时,再投资收益可能大于或小于到期收益率,使投资总收益发生相应的变化。但是,对于无息票债券而言,由于投资期间并无利息收入,因而不存在再投资风险,持有无息票债券直至到期所得到的收益就等于预期的到期收益。

2. 债券收益率的计算

债券收益率有票面收益率、直接收益率、持有期收益率、到期收益率和赎回收益率等多种,这些收益率分别反映投资者在不同买卖价格和持有年限下的不同收益水平。

(1) 票面收益率。票面收益率(nominal yield)又称名义收益率或息票率,是印制在债券票面上的固定利率,即年利息收入与债券面额的比率。投资者如果将按面额发行的债券持有至期满,则所获得的投资收益率与票面收益率是一致的。其计算公式为

$$Y_n = \frac{C}{V} \times 100\%$$

其中:Y_n 表示票面收益率,C 表示债券的年收益,V 表示债券面额。

票面收益率的计算只适用于投资者按票面金额买入债券直至期满并按票面面额收回本金这种情况。它没有考虑到买入价格与票面额有可能不一致的情况,也没有考虑到债券有中途卖出的可能。由于债券的发行价格常常偏离债券面值,因此票面收益率难以反映债券的实际收益率情况,一般情况只是作为参考,实际用途有限。

(2) 直接收益率。直接收益率(current yield)又称本期收益率,指债券的年利息收入与债券市场的实际价格的比率。它反映了投资者的投资成本带来的收益。其计算公式为

$$Y_c = \frac{C}{P} \times 100\%$$

其中:Y_c 表示直接收益率,P 表示债券市场价格,C 表示债券年利息。

【例 6.1】 某种票面金额为 100 元的附息债券,现假定发行价格为 102 元,票面年利息率为 8%,偿还期限为 5 年,则投资者在认购债券后到持至期满时可获得的直接收益率为

$$Y_c = \frac{100 \times 8\%}{102} \times 100\% = 7.8\%$$

所以投资者的直接收益率为 7.8%,略低于票面利率,这是因为投资者的购买成本高于面值。

【例 6.2】 某种票面金额为 100 元的附息债券,现假定发行价格为 98 元,票面年利息率为 8%,偿还期限为 5 年,则投资者在认购债券后到持至期满时可获得的直接收益率为

$$Y_c = \frac{100 \times 8\%}{98} \times 100\% = 8.16\%$$

所以投资者的直接收益率为8.16%,略高于票面利率,这是因为投资者的购买成本低于面值。

由上述两个例子可以看出,直接收益率反映了投资者的投资成本带来的收益。投资者购买债券的价格低于债券面额,所以收益率高于票面利率。直接收益率对那些每年从债券投资中获得一定利息现金收入的投资者来说很有意义。直接收益率比票面收益率更接近投资者的实际,直接收益率也有不足之处,它和票面收益率一样,不能全面反映投资者的实际收益,因为它忽略了债券持有的时间因素,没有反映不同期限债券的收益差别。票面收益率和直接收益率都是针对附息债券给投资者参考,而不能估计贴现债券的收益率。

(3) 持有期收益率。持有期收益率(holding period yield)是指买入债券后持有一段时间,又在债券到期前将其出售而得到的收益率。它是持有债券期间的利息收入和资本损益(买入价和卖出价之间的差额)与买入价格之比。

① 到期一次还本付息债券。到期一次还本付息债券没有中间支付利息问题,因此到期之前不存在付息问题,持有期收益率为

$$Y_h = \frac{(P_1 - P_0)/n}{P_0} \times 100\%$$

其中:Y_h表示一次还本付息债券的持有期收益率;P_1表示卖出价;P_0表示买入价。

【例6.3】 投资者买入面额为100元的债券,到期一次还本付息,期限为3年,票面利率为8%,买入价为106元,持有2年后于到期前以112元卖出,则持有期收益率为

$$Y_h = \frac{(112 - 106)/2}{106} \times 100\% = 2.83\%$$

我国大部分债券为到期一次还本付息债券,因此持有期的收益只是价差部分,其收益率的计算与债息没有直接关系,而买入并持有到期才存在债息的计算。

② 附息票债券。附息票债券的特点是在规定时间需要支付利息,而不是到期支付,因此持有者持有时间只要跨越了一个利息支付期间,就获得了规定的利息收入,其持有期收益率为

$$Y_h = \frac{C + (P_1 - P_0)/n}{P_0} \times 100\%$$

其中:Y_h表示一次还本付息债券的持有期收益率;C表示年利息;P_1表示卖出价;P_0表示买入价。

【例6.4】 投资者以118元购买面值为100元的附息债券,期限为8年,年利率为8%。持有2年,期间跨越2个附息周期,在到期前以120元卖出,则投资者的持有期收益率为

$$Y_h = \frac{8 + (120 - 118)/2}{118} \times 100\% = 7.63\%$$

③ 贴现债券。贴现债券的特点是以低于面值发行,在发行时已经支付利息,到期按面值偿还。贴现债券一般用以中、短期债券的发行。其持有期收益率为

$$Y_h = \frac{(P_1 - P_0)/n}{P_0} \times 100\%$$

其中：Y_h 表示持有期收益率,P_1 表示债券卖出价,P_0 表示债券买入价,n 表示持有年限。

【例 6.5】 投资者以 350 元的价格买入面值为 1 000 元的贴现债券,期限为 3 年,持有 2.5 年后以 450 元的市场价格卖出,则其持有期收益率为

$$Y_h = \frac{450 - 350}{350 \times 2.5} \times 100\% = 11.42\%$$

(4) 到期收益率。债券到期收益率(maturity yield)又称最终收益率,是指买入债券后持有至期满得到的收益,包括利息收入和资本损益与买入债券的实际价格的比率。这里我们考虑的是单利到期收益率,而不考虑利息再投资所获的收益,即没有考虑到期之前附息债券的利息收入进行再投资所获得的收益。

① 到期一次还本付息债券

$$Y_m = \frac{[V(1 + I \times n_1) - P_0]/n_2}{P_0} \times 100\%$$

其中：Y_m 表示到期收益率,P_0 表示债券买入价,n_1 表示到期年限,n_2 表示购买后到期年限,I 表示票面利率,V 表示债券面值。

【例 6.6】 某到期一次还本付息债券面值 100 元,期限 3 年,票面利率为 8%,投资者在债券发行后 1 年以 98 元购入,并持有到期,则到期收益率为

$$Y_m = \frac{[100(1 + 8\% \times 3) - 98]/2}{98} \times 100\% = 13.27\%$$

② 附息债券

$$Y_m = \frac{C + (V - P_0)/n}{P_0} \times 100\%$$

其中：Y_m 表示到期收益率,P_0 表示债券买入价,n 表示到期年限,V 表示债券面值。

【例 6.7】 某债券面值 100 元,期限 3 年,票面利率为 8%,每年附息一次,投资者在债券发行后 1 年以 98 元购入,并持有到期,则到期收益率为

$$Y_m = \frac{100 \times 8\% + (100 - 98)/2}{98} \times 100\% = 9.18\%$$

③ 贴现债券

$$Y_m = \frac{(V - P_0)/n}{P_0} \times 100\%$$

其中：Y_m 表示到期收益率，P_0 表示债券买入价，n 表示到期年限，V 表示债券面值。

【例 6.8】 某贴现债券面值 100 元，期限 1 年。投资者在发行后半年以 95 元购入并持有到期，则到期收益率为

$$Y_m = \frac{(100-95)/0.5}{95} \times 100\% = 10.53\%$$

3. 必要收益率

投资者以某一价格买入债券，下一步的问题是投资者如何判断这个交易价格是否合理，是否可以接受，标准是什么，或者说某一价格下的收益率是否可以接受。投资者在购买某一债券品种之前，一般会要求一个合理的收益率回报，这个收益率是投资者在一定风险条件下对债券的期望收益率，即投资者通过对市场上一些信用等级和偿还期限相同的债券的收益率加以比较而确定的合理回报，这个合理回报就是必要收益率。

一般投资购买的目标债券的收益率高于同类债券（期限和风险相同），则目标债券的需求增加，交易价格上升，从而收益率下降到同类债券水平；如果目标债券收益率低于同类债券，则需求减少，交易价格下降，从而收益率上升到同类债券水平。债券市场正是通过同类证券的比较来确定必要收益率，从而通过不断地交易，达到债券市场的均衡。影响债券必要收益率变化的因素主要为：一是目标债券发行人的信用等级变化；二是市场同类债券的收益率（市场必要收益率）发生变化。

投资者总是可以在投资前在市场中找到同类债券的收益率情况，并加以比较。同类债券的收益率又是如何形成的？毫无疑问这和单个债券的未来现金流密切相关。这就是债券收益率的现值法，即根据债券现金流量分布和当前债券的市场价格来确定债券的收益率。它能够精确计算债券的收益率。

$$PV = \frac{C_1}{1+R} + \frac{C_2}{(1+r)^2} + \cdots + \frac{C_t}{(1+r)^t}$$

其中：PV 表示债券的市场价格，C_t 表示第 t 期的净现金流，r 表示到期收益率。

4. 利率期限结构和收益率曲线

(1) 收益率曲线(yield curve)。根据债券的到期期限不同，可以将债券分为短期、中期和长期债券，到期期限越长，债券所隐含的不确定性也越大，因此在市场中，不同期限债券的收益率是不同的。债券收益率曲线是描述在某一时点上一组可交易债券的收益率与其剩余到期期限之间数量关系的一条曲线，即在直角坐标系中，以债券剩余到期期限为横坐标、债券收益率为纵坐标而绘制的曲线。

一条合理的债券收益率曲线将反映出某一时点上(或某一天)不同期限债券的到期收益率水平。研究债券收益率曲线具有重要的意义，对于投资者而言，可以作为预测债券发行投标利率、在二级市场上选择债券投资券种和预测债券价格的分析工具；对于发行人而言，可为其发行债券、进行资产负债管理提供参考。

债券收益率曲线的形状可以反映出当时长短期利率水平之间的关系,它是市场对当前经济状况的判断及对未来经济走势预期(包括经济增长、通货膨胀、资本回报率等)的结果。债券收益率曲线通常表现为四种情况,一是正向收益率曲线,表明在某一时点上债券的投资期限越长,收益率越高,也就意味社会经济处于增长期阶段;二是反向收益率曲线,表明在某一时点上债券的投资期限越长,收益率越低,也就意味着社会经济进入衰退期;三是水平收益率曲线,表明收益率的高低与投资期限的长短无关,也就意味着社会经济出现极不正常情况;四是波动收益率曲线,表明债券收益率随投资期限不同而呈现波浪变动,也就意味着社会经济未来有可能出现波动。

一般地,市场在分析不同期限收益率时是以国债的收益率作为判断基础,国债的收益率决定其他债券的收益率标准,我们把不同期限国债的利率水平(即收益率水平)称为债券的利率期限结构(interest term structure)。

① 正向收益率曲线(normal yield curve)。正向收益率曲线又称上升收益率曲线,表示正常情况下债券期限越长,利率越高(图 6.1)。在经济运行正常情况下,没有通货膨胀和经济下行风险的条件,市场上国债收益率会出现长债收益高于短债的情况。

② 反向收益率曲线(inverse yield curve)。反向收益率曲线也称为下降收益率曲线,表示短期债券收益率较高,而长期债券收益率较低(图 6.2)。反向收益率曲线通常发生在紧缩信贷、抽紧银根的时候,由于短期资金偏紧,供不应求,造成短期利率急剧上升,抽紧银根又使人们对今后经济发展不很乐观,对长期资金需求下降,造成长期利率下降。

图 6.1　正向收益率曲线　　　　　图 6.2　反向收益率曲线

③ 水平收益率曲线(par yield curve)。在正反收益率曲线相互替代的变化过程中,会出现一种长、短期债券收益率接近相等的短暂过渡阶段,此时债券收益率曲线同坐标系中的横轴趋于平行(图 6.3)。

④ 波动收益率曲线(arch yield curve)。它又称峰形收益率曲线,表示在某一期限之前债券的利率期限结构是正收益率曲线,期限越长,收益率越高,在该期限之后却成反收益率曲线,期限越长,收益率越低(图 6.4)。波动收益率曲线是在短期资金偏紧或在中央银行采取严厉的紧缩货币政策时短期利率急剧上升所引起的利率期限结构现象。在西方经济极不稳定、市场利率起伏剧烈的 20 世纪 70 年代,波动收益率曲线成为美国债券市场

和货币市场最常见的利率期限结构之一。

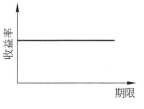

图 6.3 平均收益率曲线

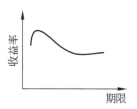

图 6.4 波动收益率曲线

(2) 利率期限结构理论。利率期限结构是指某个时点不同期限的即期利率与到期期限的关系。传统的利率期限结构理论主要包括无偏预期理论、流动性偏好理论、市场预期理论等。

1) 无偏预期理论(纯预期理论)。纯预期理论由费歇尔(Iving Fisher)提出,是最古老的期限结构理论。纯预期理论认为,长期债券的现期利率是短期债券的预期利率的函数,长期利率与短期利率之间的关系取决于现期短期利率与未来预期短期利率之间的关系。如果以 $E_t(r(s))$ 表示时刻 t 对未来时刻的即期利率的预期,那么预期理论的到期收益率可以表达为

$$R(t,T) = \frac{1}{T-t}\int_t^T E_t(r(s))\mathrm{d}s$$

因此,如果预期的未来短期债券利率与现期短期债券利率相等,那么长期债券的利率就与短期债券的利率相等,收益率曲线是一条水平线;如果预期的未来短期债券利率上升,那么长期债券的利率必然高于现期短期债券的利率,收益率曲线是向上倾斜的曲线;如果预期的短期债券利率下降,则债券的期限越长,利率越低,收益率曲线就向下倾斜。

纯预期理论基于下列假设:①所有投资者都是利润最大化的追求者;②投资者认为各种期限的债券都是可以完全替代的;③持有和买卖债券没有交易成本;④绝大多数投资者都对未来利率形成准确的预期并依据这些预期指导投资行为;⑤具有完善的货币市场。

无偏预期理论的核心论点:在市场均衡条件下,远期利率代表了对市场未来时期的即期利率的预期。向上倾斜的收益率曲线意味着市场预期未来的短期利率会上升;向下倾斜的收益率曲线是市场预期未来的短期利率将会下降;水平型收益率曲线是市场预期未来的短期利率将保持稳定;峰型的收益率曲线则是市场预期较近的一段时期短期利率会上升,而在较远的将来,市场预期的短期利率将会下降。

【例 6.9】 假设 1 年的即期利率 $r_1 = 8\%$,第二年的期望利率 $E(r_2) = 10\%$。如果债券按这样的利率结构定价,1 年期零息债券的价格应为 1 000 美元/1.08=925.93 美元,2

年期零息债券的价格为 1 000 美元/(1.08 1.10)＝841.75 美元。一个只想投资 1 年的投资者至少可以有两种投资策略可以选择：

其一，购买 1 年期零息债券，因为 1 年到期时他可以肯定地得到 1000 美元，所以他锁定了一个 8% 的收益率；

其二，购买 2 年期零息债券，1 年后再将其出售，按照期望理论，第二年的利率为 10%，这意味着这个投资者可以以 1000 美元/1.10＝909.09 美元的价格卖出所持有的债券，他仍然可以得到 8%（＝(909.09－841.75)/841.75）的收益率。

2）流动性偏好理论。希克斯(John Richard Hicks)首先提出了不同期限债券的风险程度与利率结构的关系，较为完整地建立了流动性偏好理论。流动性偏好理论认为：投资者是厌恶风险的，由于债券的期限越长，利率风险就越大。因此，在其他条件相同的情况下，投资者偏好期限更短的债券。根据流动性偏好理论，不同期限的债券之间存在一定的替代性，这意味着一种债券的预期收益确实可以影响不同期限债券的收益。但是不同期限的债券并非是完全可替代的，因为投资者对不同期限的债券具有不同的偏好。霍恩(Van Home)认为，远期利率除了包括预期信息之外，还包括了风险因素，它可能是对流动性的补偿。影响短期债券被扣除补偿的因素包括：不同期限债券的可获得程度及投资者对流动性的偏好程度。在债券定价中，流动性偏好导致了价格的差别。

这一理论假定，大多数投资者偏好持有短期证券。为了吸引投资者持有期限较长的债券，必须向他们支付流动性补偿，而且流动性补偿随着时间的延长而增加，因此，实际观察到的收益率曲线总是要比预期假说所预计的高。这一理论还假定投资者是风险厌恶者，他只有在获得补偿后才会进行风险投资，即使投资者预期短期利率保持不变，收益曲线也是向上倾斜的。

如果 $R(t,T)$ 是时刻 T 到期的债券的到期收益，$E_t(r(s))$ 是时刻 t 对未来时刻即期利率的预期，$L(s,T)$ 是时刻 T 到期的债券在时刻 s 的瞬时期限溢价，那么按照预期理论和流动性偏好理论，到期收益率为

$$R(t,T) = \frac{1}{T-t}\left[\int_t^T E_t(r(s))\mathrm{d}s + \int_t^T L(s,T)\mathrm{d}s\right]$$

流动性偏好理论对收益率曲线的解释：①水平型收益率曲线：市场预期未来的短期利率将会下降，且下降幅度恰等于流动性报酬。②向下倾斜的收益率曲线：市场预期未来的短期利率将会下降，下降幅度比无偏预期理论更大。③向上倾斜的收益率曲线：市场预期未来的短期利率既可能上升、也可能不变。

3）市场分割理论。市场分割理论的产生源于市场的非有效性（或非完美性）和投资者的有限理性，它的最早倡导者是卡伯特森(Culbertson,1957)。市场分割理论认为：由于法律制度、文化心理、投资偏好的不同，投资者会比较固定地投资于某一期限的债券，这就形成了以期限为划分标志的细分市场。而且不同期限的债券之间完全不能替代。

由于存在法律、偏好或其他因素的限制,投资者和债券的发行者都不能无成本地实现资金在不同期限的证券之间的自由转移。因此,证券市场并不是一个统一的无差别的市场,而是分别存在着短期市场、中期市场和长期市场。不同市场上的利率分别各市场的供给和需求决定。当长期债券供给曲线与需求曲线的交点高于短期债券供给曲线与需求曲线的交点时,债券的收益率曲线向上倾斜;相反,当长期债券供给曲线与需求曲线的交点低于短期债券供给曲线与需求曲线的交点时,债券的收益率曲线向下倾斜。

即期利率水平完全由各个期限的市场上的供求力量决定,单个市场上的利率变化不会对其他市场上的供求关系产生影响。

市场分割理论把金融市场分为短期、中期和长期三大市场:①短期市场的主要参与者是商业银行、非金融机构和货币市场基金等,它们更关注的是本金确定性(或者说安全性)而不是收入的确定性。②长期市场的参与者主要是那些债务期限结构比较长的机构,比如人寿保险公司、养老基金等,这些机构具有较强的风险回避态度,更注重收入的确定性。③虽然短期市场和长期市场的投资者的投资动机和目标各有差异,但是两个市场的参与者都同样受到法律、规章制度的制约以及降低风险的压力而集中于不同期限的市场,因此,这两个市场形成的市场分割基本上是强式的,参与者通常不会进行投资期限之间的转换。相比之下,中期市场的参与者身份就比较复杂,没有一群占主导地位的"忠实"的参与者,从而其功能是弱式的。

市场分割理论对收益率曲线的解释:

① 向下倾斜的收益率曲线:短期债券市场的均衡利率水平高于长期债券市场的均衡利率水平;

② 向上倾斜的收益率曲线:短期债券市场的均衡利率水平低于长期债券市场的均衡利率水平;

③ 峰型收益率曲线:中期债券收益率最高;

④ 水平收益率曲线:各个期限的市场利率水平基本不变。

债券收益率曲线是静态的,随着时点的变化债券收益率曲线也随着变化。但是,通过对债券交易的历史数据的分析,找出债券收益率与到期期限之间的数量关系,形成合理有效的债券收益率曲线,从而可以用来分析和预测当前不同期限的收益率水平。

个人投资者在进行债券投资时,可以利用某些专业机构提供的收益率曲线进行分析,作为自主投资的一个参考。如中央国债登记结算公司在中国债券信息网上提供的收益率曲线,该曲线是根据银行间债券市场所选取的一些基准债券的收益率所形成的。该网提供的每日以基准债券的市场价格绘制成的收益率曲线,可为投资者分析在银行柜台债券市场交易的债券的价格提供参考。投资者在其收益率曲线界面上,只要输入债券的剩余到期期限,就可得到相应的收益率水平。通过该收益率水平可计算出相应债券的价格,由此可作为投资者的交易参考。

投资者还可以根据收益率曲线不同的预期变化趋势,采取相应的投资策略的管理方法。如果预期收益率曲线基本维持不变,且目前收益率曲线是向上倾斜的,则可以买入期限较长的债券;如果预期收益率曲线变陡,则可以买入短期债券,卖出长期债券;如果预期收益率曲线将变得较为平坦时,则可以买入长期债券,卖出短期债券。如果预期正确,上述投资策略可以为投资者降低风险,提高收益。

5. 可转换债券的转换升水和转换贴水

可转换债券的市场价格必须保持在它的理论价值和转换价值之上。如果价格在理论价值之下,该债券价格低估,这是显然易见的;如果可转换债券价格在转换价值之下,购买该债券并立即转化为股票就有利可图,从而使该债券价格上涨直到转换价值之上。为了更好地理解这一点,我们引入转换平价这个概念。

① 转换平价。转换平价是可转换债券持有人在转换期限内可以依据面值把债券转换成公司普通股票的每股价格,除非发生特定情形如发售新股、配股、送股、派息、股份的分割(拆细)与合并,以及公司兼并、收购等情况,转换价格一般不作任何调整。前文所说的转换比率,实质上就是转换价格的另一种表示方式。

$$转换平价 = 可转换债券的市场价格 / 转换比率$$

转换平价是一个非常有用的数字,因为一旦实际股票市场价格上升到转换平价水平,任何进一步的股票价格上升肯定会使可转换证券的价值增加。因此,转换平价可视为一个盈亏平衡点。

② 转换升水和转换贴水。一般来说,投资者在购买可转换证券时都要支付一笔转换升水。每股的转换升水等于转换平价与普通股票当期市场价格(也称为基准股价)的差额,或说是可转换证券持有人在将债券转换成股票时,相对于当初认购转换证券时的股票价格(即基准股价)而作出的让步,通常被表示为当期市场价格的百分比,公式为

$$转换升水 = 转换平价 - 基准股价$$

$$转换升水比率 = 转换升水 / 基准股价$$

而如果转换平价小于基准股价,基准股价与转换平价的差额就被称为转换贴水,公式为

$$转换贴水 = 基准股价 - 转换平价$$

$$转换贴水比率 = 转换贴水 / 基准股价$$

转换贴水的出现与可转换证券的溢价出售相关。

【例 6.10】 某公司的可转换债券,年利率为 10.25%,2000 年 12 月 31 日到期,其转换价格为 30 元,其股票基准价格为 20 元,该债券价格为 1 200 元。

$$转换率 = 1\,200/30 = 40$$

$$转换升水 = 30 - 20 = 10$$

$$转换升水比率 = 10/20 = 50\%$$

【例6.11】 以铜都转债(证券代码125630)2004年12月7日的收盘价125.3元为例(初始转股价为6.8元,2004年10月15日起因除权除息调整为4.52元),铜都铜业(债券代码000630)收盘价为5.41元(10送1转增4股派0.25元,10月15日除权除息),计算有无无风险套利空间。

$5.41 \times (100/4.52) = 119.69$元,低于市价,因此无套利空间存在,投资者应继续等待股价上涨或者转债价格下跌。

6.1.2 股票投资的收益

1. 股票投资收益来源

股票投资收益是指投资者从购入股票开始到出售股票为止整个持有期间的收入,通常分为三个部分:股息收入,即股份公司经营的成果定期取得的收益,如红利和股息;资本利得,即在股票流通市场上通过买卖股票所实现的资本损益,也称为差价收益;公积金转增收益等。

(1)股息。股息是指股票持有者依据所持股票从发行公司分取的盈利。通常,股份有限公司在会计年度结算后,将一部分净利润作为股息分配给股东。其中,优先股票股东按照规定的固定股息率优先获得固定股息,普通股票股东根据余下的利润分取股息。股东在取得固定股息后又从股份公司领取的收益,称为红利。由此可见,红利是股东在公司按规定股息率分派后取得的剩余利润。但在概念的使用上,人们对股息和红利并未予以严格的区分。

股息的来源是公司的税后利润。公司从营业收入中扣减各项成本和费用支出、应偿还的债务及应缴纳的税金后,余下的即为税后利润。通常,税后利润按以下程序分配:如果有未弥补亏损,首先用于弥补亏损;按《公司法》规定提取法定公积金;如果有优先股,按固定股息率对优先股票股东分配;经股东大会同意,提取任意公积金;剩余部分按股东持有的股份比例对普通股票股东分配。可见,税后利润是公司分配股息的基础和最高限额,但因要作必要的公积金扣除,公司实际分配的股息总是少于税后净利润。

股息作为的投资收益,用以股份为单位的货币金额表示,但股息的具体表现形式有现金股息、股票股息、财产股息、负债股息、建业股息等多种。

① 现金股息。现金股息是以货币形式支付的股息和红利,是最普通、最基本的股息形式。分派现金股息,既可以满足股东预期的现金收益目的,又有助于提高股票的市场价格,以吸引更多的投资者。

② 股票股息。股票股息是以股票的方式派发的股息,通常是由公司用新增发的股票或一部分库存股票作为股息,代替现金分派给股东。股票股息原则上是按公司现有股东持有股份的比例进行分配的,采用增发普通股票并发放给普通股东的形式,实际上是当年的留存收益资本化。也就是说,股票股息是股东权益账户中不同项目之间的转移,对公司

的资产、负债、股东权益总额毫无影响,对得到股票股息的股东在公司中所占权益的份额也不会产生影响,仅仅是股东持有的股票数比原来多了。

③ 财产股息。财产股息是公司用现金以外的其他财产向股东分派股息。最常见的是公司持有的其他公司或子公司的股票、债券、也可以是实物。分派财产股息,可减少现金支出,满足公司对现金的需要,有利于公司的发展。在现金不足时,用公司产品以优惠价格充作股息,可扩大其产品销路。当公司需要对其他公司控股时,可有意将持有的其他公司的股票作股息,采用内部转移的方式分派给股东,以继续维持控股公司的地位。

④ 负债股息。负债股息是公司通过建立一种负债,用债券或应付票据作为股息分派给股东。这些债券或应付票据既是公司支付的股息,又可满足股东的获利需要。负债股息一般在已宣布发放股息,但又面临现金不足、难以支付的情况下,不得已采取的权宜之计,董事会往往更愿意推迟股息发放日期。

⑤ 建业股息。建业股息又称建设股息,是指经营铁路、港口、水电、机场等业务的股份公司,由于其建设周期长,不可能在短期内开展业务并获得盈利,为了筹集到所需资金,在公司章程中明确规定并获得批准后,公司可以将一部分股本还给股东作为股息。建业股息不同于其他股息,它不是来自于公司的盈利,而是对公司未来盈利的预分,实质上是一种负债分配,也是无盈利无股息原则的一个例外。建业股息的发放有严格的法律限制,在公司开业后,应在分配盈余前抵扣或逐年抵扣冲销,以补足资本金。

2. 股票的内在价值和价格

股票的内在价值是指股票本身应该具有的价值,而不是它的市场价格。股票内在价值可以用股票每年股利收入的现值之和来评价。最基本的股票内在价值评价模型是股利贴现模型。这种评价方法的根据是,如果你永远持有这个股票,那么你逐年从公司获得的股利就是这个股票的价值。根据这个思想来评价股票的方法称为股利贴现模型(DDM)。

股利贴现模型是研究股票内在价值的重要模型,表示公式为

$$V = \sum_{t=1}^{\infty} \frac{D_t}{(1+k)^t}$$

其中:V 为每股股票的内在价值,D_t 是第 t 年每股股票股利的期望值,k 是股票的期望收益率。公式表明,股票的内在价值是其逐年期望股利的现值之和。

股票价格是市场供求关系的结果,不一定反映该股票的真正价值。股票的价值应该在股份公司持续经营中体现。

从股票的涨跌中赚取利润,是股票投机的一面。股票还有更本质的一面,即投资的一面。股份公司通常有众多的股东出资创办,他们通过购买公司股票将自己的资金投入到公司中去,这些股东(应该是大股东)投资公司的根本目的是想通过对公司的经营来获取自己应得的一份利润。这些股东认为从办好公司中获得的长期收益比在证券市场上投机获得的收益更稳定、更大,也更有成就感。正是这些股东使公司长期存在并得以发展。设

想一下,如果公司所有的股东都是今天买入明天卖出,公司的董事会如何能建立,又会有谁去关心公司今后的发展？公司的股东们按持有股份的比例分享公司的经营利润,以此获得公司经营成果的回报。因此,公司股票的价值是由公司逐年发放的股利所决定的。而股利多少与公司的经营业绩有关。股票的内在价值是由公司的业绩决定的。这就是股利贴现模型的意义。

(1) 零息增长的股利贴现估价模型。零息增长的股利贴现估价模型是最简单的股价估计模型。即企业支付的股利增长率为零,则

$$V = \sum_{t=1}^{\infty} \frac{D_0}{(1+k)^t} = \frac{D_0}{k}$$

其中 D_0 表示每年的股利。

零增长模型的应用似乎受到相当的限制,毕竟假定对某一种股票永远支付固定的股利是不合理的。但在特定的情况下,在决定普通股票的价值时,这种模型也是相当有用的,尤其是在决定优先股的内在价值时。因为大多数优先股支付的股利不会因每股收益的变化而发生改变,而且由于优先股没有固定的生命期,预期支付显然是能永远进行下去的。

(2) 不变增长条件下的股利贴现模型。投资者买入一只股票时,至少是期望股利支付金额应该是不断增长的。释放每期股利固定不变的假设条件,假定股利每期按一个不变的增长比率 g 增长,我们将得到不变增长模型(constant growth model)。常数增长指股利增长为常数,即

$$g_t = g(t = 1, 2, \cdots), 得到 g = \frac{D_t - D_{t-1}}{D_{t-1}}, \cdots$$

$$D_t = (1+g)D_{t-1} = (1+g)^2 D_{t-2} = \cdots = (1+g)^t D_0$$

$$V = \sum_{t=1}^{\infty} \frac{D_t}{(1+k)^t} = \sum_{t=1}^{\infty} \frac{(1+g)^t D_0}{(1+k)^t} = \frac{D_1}{k-g}$$

常数增长模型也是比较简单的模型,因为任何一家公司都不会是严格的常数增长型,但是分析人士相信,从整个股票市场考虑问题时,常数增长模型是估计股票市场公平价值的一个有用方法。原因十分简单,股票市场作为国民经济的浓缩和反映,其增长应该与GDP同步,常数增长对股票市场是一个比较合理的假设。

【例 6.12】 设某公司今年每股股票发放股利 $D_0 = 0.52$ 元,并且以后每年以 6% 的速度增长,一直到永远,公司股票的期望收益率为 12%,求这个 A 公司股票的内在价值。

解 根据常数增长模型,将有关数据代入,得

$$V = 0.52 \times \frac{1+6\%}{12\%-6\%} = 9.19$$

这个股票的内在价值为 9.19 元。

3. 股票收益率的计算

(1) 股利收益率(dividend yield)。股利收益率又称本期股利收益率,是股份公司以现金派发的股利与投资者购买股票价格的比率,一般以一年为计算单位。这对长期投资者有一定帮助。其计算公式为

$$Y_d = \frac{D}{P_0} \times 100\%$$

其中:Y_d 表示股利收益率;D 表示年现金股利;P_0 表示投资者股票购买价格。

(2) 持有期收益率(holding period yield)。持有期收益率是投资者买入股票持有一定时间后卖出股票的收益率,反映了投资者的资本损益情况,其计算公式是

$$Y_h = \frac{(P_1 - P_0) + D}{P_0} \times 100\%$$

其中:Y_h 表示股票的持有期收益率;D 表示年现金股利;P_1 表示卖出价;P_0 表示买入价。

投资者要提高股票投资的收益率,关键在于品种、时间的选择,所以在作出投资决策时要考虑的因素要全面、仔细。

6.1.3 证券投资基金的收益

投资基金是一种以分散组合投资为特点,以证券投资为主要投资手段的大众集合式代理的新的投资方式。基金投资是当今世界上一种重要的投资方式,发展十分迅速。

1. 投资基金的价值

基金单位净值,即每份基金单位的净值,等于基金的总资产减去总负债后的余额再除以基金的单位份额总数。资产净值是能够比较准确地反映基金实际价值的,基金的资产净值是基金经营业绩的指标器,也是基金单位买卖价格的计算依据。基金的资产单位净值可用如下公式表示:

$$资产单位净值 = \frac{基金资产的市场价值 - 总负值}{基金证券数量}$$

投资基金的单位资产净值与基金单位价格的变动是一致的,投资基金的资产单位净值越高,基金单位价格也越高;反之,基金单位价格就越低。

(1) 开放式基金的价格决定。开放式基金的规模是不固定的,因经常按投资者要求赎回或者出售基金证券,所以,开放式基金的价格分为申购价格和赎回价格两种。

① 申购价格。由于开放式基金的基金证券流通买卖是在证券交易场所外进行的,投资者买入基金证券时,除支付资产净值外,还要支付一定的销售附加费用。因此,开放式基金的申购价格公式为

$$申购价格 = \frac{资产净值}{1 - 附加费用}$$

如果是不计费的开放式基金,则
$$申购价格＝资产净值$$
② 赎回价格。开放式基金承诺在任何时候可以根据投资者的个人意愿赎回基金证券。收费型开放式基金的赎回价格为
$$赎回价格 = \frac{资产净值}{1+赎回费率}$$
对不收费的开放基金而言,其赎回价格为
$$赎回价格＝资产净值$$
(2) 封闭式基金的价格决定。封闭式基金的价格除受到基金资产净值的影响以外,还受到市场上基金供求状况的影响。由于封闭式基金不承担购回基金证券的义务,基金证券只能在交易市场上进行交易才能转让,这使封闭式基金的交易价格如同股票的价格一样,存在很大的波动性。封闭式基金的价格决定可以利用普通股票的价格决定公式。

2. 基金的收益率

衡量基金收益率最重要的指标是基金投资收益率,即基金证券投资实际收益与投资成本的比率。投资收益率的值越高,则基金证券的收益能力越强。如果基金证券的购买与赎回要缴纳手续费,则计算时应考虑手续费因素。计算公式如下:
$$收益率(Y_f) = 纯收益(R) / 投资额$$
其中:纯收益＝购买金额×(1－申购费率)/申购当日净值×赎回当日的净值×(1－赎回费率)－购买金额 ;申购费率,不同的申购渠道有不同的费率;赎回费率,持有基金的时间长短不同而不同。

6.2 证券投资风险的识别与控制

投资收益是未来的收入,因此存在一定的不确定性,这个不确定性我们称为风险。在证券投资活动中,投资者投入一定数量的本金,目的是能得到预期的若干收益。从时间上看,投入本金是当前的行为,其数额是确定的,而取得收益是在未来,其数额是无法确定的。在持有证券这段时间内,有很多因素可能使预期收益减少甚至使本金遭受损失,而且相隔时间越长,预期收益变动的可能性越大,因此,证券投资的风险是普遍存在的。

证券投资的风险是指证券的预期收益变动的可能性及变动幅度。与证券投资相关的所有风险统称为总风险,总风险可分为系统风险和非系统风险两大类。

6.2.1 系统风险

系统风险是指由于某种全局性的因素引起的投资收益的可能变动,这种因素以同样的方式对所有证券的收益产生影响。在现实生活中,所在公司都受全局性因素的影响,这

些因素包括社会、政治、经济等各个方面。由于这些因素来自公司外部，是公司无法控制和回避的，因此又叫不可回避风险。这些共同的因素会对所有公司产生不同程度的影响，不能通过多样化投资而分散，因此又称为不可分散风险。系统风险包括政策风险、经济周期性波动风险、利率风险和购买力风险。

1. 政策风险

政策风险是指政府有关证券市场的政策发生重大变化或是有重要的举措、法规出台，引起证券市场的波动，从而给投资者带来的风险。政府对本国证券市场的发展通常有一定的规划和政策，借以指导市场的发展和加强对市场的管理。证券市场政策应当是在尊重证券市场发展规律的基础上，充分考虑证券市场在本国经济中的地位、与社会经济其他部门的联系、整体经济发展水平及政治形势、证券市场发展现状等多方面因素后制定的。政府关于证券市场发展的规划和政策应该是长期稳定的，在规划和政策既定的前提条件下，政府应运用法律手段、经济手段和必要的行政管理手段引导证券市场健康、有序地发展。但是，在某些特殊的情况下，政府也可能会改变发展证券市场的战略部署，出台一些扶持或抑制市场发展的政策，制定出新的法规或交易规则，从而改变市场原先的运行轨迹。特别是在证券市场发展的初期，对证券市场发展的规律认识不足、法规体系不健全、管理手段不充分，更容易较多地使用政策手段来干预市场。由于证券市场政策是政府指导、管理整个证券市场的手段，一旦出现政策风险，几乎所有的证券都会受到影响，因此属于系统风险。

2. 经济周期性波动风险

经济周期性波动风险是指证券市场行情周期性变动而引起的风险。这种行情变动不是指证券价格的日常波动和中级波动，而是指证券行情长期趋势的改变。证券行情变动受多种因素的影响，但决定性的因素是经济周期的变动。经济周期是指社会经济阶段性的循环和波动，是经济发展的客观规律。经济周期的变化决定了企业的景气和效益，从而从根本上决定了证券行情，特别是股票行情的变动趋势。证券行情随经济周期的循环而起伏变化，总的趋势可分为看涨市场（或称多头市场、牛市）和看跌市场（或称空头市场、熊市）两大类型。在看涨市场中，随着经济回升，股票价格从低谷逐渐回升，随着交易量的扩大，交易日渐活跃，股票价格持续上升并可维持较长一段时间，待股票价格升至很高水平，资金大量涌入并进一步推动股价上升，但成交量不能进一步放大时，股票价格开始盘旋并逐渐下降，标志着看涨市场的结束。看跌市场是从经济繁荣的后期开始，伴随着经济衰退，股票价格也从高点开始一直呈下跌趋势，并在达到某个低点时结束。看涨市场和看跌市场是指股票行情变动的大趋势。实际上，在看涨市场中，股价并非直线上升，而是大涨小跌，不断出现盘整和回档行情；在看跌市场中，股价也并非直线下降，而是小涨大跌，不断出现盘整和反弹行情。但在这两个变动趋势中，一个重要的特征是，在整个看涨行市中，几乎所有的股票价格都会上涨；在整个看跌行市中，几乎所有的股票价格都不可避免地有所下跌,只是涨跌的程度不同而已。

3. 利率风险

利率风险是指市场利率变动引起证券投资收益变动的可能性。市场利率的变化会引起证券价格变动,并进一步影响证券收益的确定性。利率与证券价格呈反方向变化,即利率提高,证券价格水平下降;利率下降,证券价格水平上涨。

利率从两方面影响证券价格:

第一,改变资金流向。当市场利率提高时,会吸引一部分资金流向银行储蓄、商业票据等其他金融资产,减少对证券的需求,使证券价格下降;当市场利率下降时,一部分资金流回证券市场,增加对证券的需求,刺激证券价格上涨。

第二,影响公司的盈利。利率提高,公司融资成本提高,在其他条件不变的情况下,净盈利下降,派发股息减少,引起股票价格下降;利率下降,融资成本下降,净盈利和股息相应增加,股票价格上涨。利率政策是中央银行的货币政策工具,中央银行根据金融宏观调控的需要调节利率水平。当中央银行调整利率时,各种金融资产的利率和价格都会灵敏地作出反应。而且利率风险对不同证券的影响是不相同的。

4. 购买力风险

购买力风险又称通货膨胀风险,是指由于通货膨胀、货币贬值给投资者带来实际收益水平下降的风险。在通货膨胀情况下,物价普遍上涨,社会经济运行秩序混乱,企业生产经营的外部条件恶化,证券市场也难免深受其害,所以购买力风险是难以回避的。在通货膨胀条件下,随着商品价格的上涨,证券价格也会上涨,投资者的货币收入有所增加,会使他们忽视通货膨胀风险的存在,并产生一种货币幻觉。其实,由于货币贬值,货币购买力水平下降,投资者的实际收益不仅没有增加,反而有所减少。一般来讲,可通过计算实际收益率来分析购买力风险。

实际收益率＝名义收益率－通货膨胀率

这里的名义收益率是指债券的票面利息率或股票的股息率。例如,某投资者买了一张年利率为10%的债券,其名义收益率为10%。若一年中通货膨胀率为5%,投资者的实际收益率为5%;当年通货膨胀率为10%时,投资者的实际收益率为0;当年通货膨胀率超过10%时,投资者不仅没有得到收益,反而有所亏损。可见,只有当名义收益率大于通货膨胀率时,投资者才有实际收益。

购买力风险对不同证券的影响是不相同的。最容易受其损害的是固定收益证券,如优先股、债券。因为它们的名义收益率是固定的,当通货膨胀率升高时,其实际收益率就会明显下降,所以,固定利息率和股息率的证券购买力风险较大。同样是债券,长期债券的购买力风险又要比短期债券大,相比之下,浮动利率债券或保值贴补债券的通货膨胀风险较小。

对普通股股票来说,购买力风险相对较小。当发生通货膨胀时,由于公司产品价格的上涨,股份公司的名义收益会增加,特别是当公司产品价格的上涨幅度大于生产费用的涨幅时,公司净盈利增加,此时股息会增加,股票价格也会随之提高,普通股股东可得到较高收益,可部分减轻通货膨胀带来的损失。但需要指出的是,购买力风险对不同股票的影响是不同的。

6.2.2 非系统风险

非系统风险是指只对某个行业或个别公司的证券产生影响的风险,它通常是由某一特殊的因素引起,与整个证券市场的价格不存在系统、全面的联系,而只对个别或少数证券的收益产生影响。这种因行业或企业自身因素改变而带来的证券价格变化与其他证券的价格、收益没有必然的内在联系,不会因此而影响其他证券的收益。这种风险可以通过分散投资来抵消。若投资者持有多样化的不同证券,当某些证券价格下跌、收益减少时,另一些证券可能正好价格上升、收益增加,这样就使风险相互抵消。非系统风险可以抵消或回避,因此,又称为可分散风险或可回避风险。非系统风险包括信用风险、经营风险、财务风险等。

1. 信用风险

信用风险又称违约风险,是指证券发行人在证券到期时无法还本付息而使投资者遭受损失的风险。证券发行人如果不能支付债券利息、优先股股息或偿还本金,哪怕仅仅是延期支付,都会影响投资者的利益,使投资者失去再投资和获利的机会,遭受损失。信用风险实际上揭示了发行人在财务状况不佳时出现违约和破产的可能,它主要受证券发行人的经营能力、盈利水平、事业稳定程度及规模大小等因素影响。债券、优先股、普通股都可能有信用风险,但程度有所不同。债券的信用风险是十分明显的,这里谈谈股票的信用风险。股票没有还本要求,普通股股息也不固定,但仍有信用风险,不但优先股股息有缓付、少付甚至不付的可能,而且如果公司不能按期偿还债务,会立即影响股票的市场价格,更不用说当公司破产时,该公司的股票价格会接近于零,无信用可言。在债和优先股发行时,要进行信用评级,投资者回避信用风险的最好办法是参考证券信用评级的结果。信用级别高的证券信用风险小,信用级别越低,违约的可能性越大。

2. 经营风险

经营风险是指公司的决策人员与管理人员在经营管理过程中出现失误而导致公司盈利水平变化,从而使投资者的预期收益下降的可能。经营风险来自内部因素和外部因素两个方面。企业的内部因素主要有:一是项目投资决策失误,未对投资项目作可行性分析,草率上马;二是不注意技术更新,使自己在行业中的竞争实力下降;三是不注意市场调查,不注意开发新产品,仅满足于目前公司产品的市场占有率和竞争力,满足于目前的利润水平和经济效益;四是销售决策失误,过分地依赖大客户、老客户,没有花力气打开新市场,寻找新的销售渠道。另外,还有公司的主要管理者因循守、不思进取、机构臃肿、人浮于事,对可能出现的天灾人祸没有采取必要的防范措施等。外部因素是公司以外的客观因素,如政府产业政策的调整、竞争对手的实力变化使公司处于相对劣势地位,引起公司经营管理水平的相对下降等。但是,经营风险主要还是来自于公司内部的决策失误或管理不善。

公司的经营状况最终表现于盈利水平的变化和资产价值的变化。经营风险主要通过盈利变化产生影响,对不同证券的影响程度也有所不同。经营风险是普通股票的主要风险,公司盈利的变化既会影响股息收入,又会影响股票价格。当公司盈利增加时,股息增加,股价上涨;当公司盈利减少时,股息减少,股价下降。经营风险对优先股的影响要小些,因为优先股的股息率是固定的,盈利水平的变化对价格的影响有限。公司债的还本付息受法律保障,除非公司破产清理,一般情况下不受企业经营状况的影响。但是,公司盈利的变化同样可能使公司债的价格呈同方向幅度变动,因为盈利增加使公司的债务偿还更有保障,信用提高,债券价格也会相应上升。

3. 财务风险

财务风险是指公司财务结构不合理、融资不当而导致投资者预期收益下降的风险。

负债经营是现代企业应有的经营策略,通过负债经营可以弥补自有资本的不足,还可以用借贷资金来实现盈利。股份公司在营运中所需要的资金一般都来自发行股票和债务两个方面,其中,债务(包括银行贷款、发行企业债券、商业信用)的利息负担是一定的,如果公司资金总量中债务比重过大,或是公司的资金利润率低于利息率,就会使股东的可分配盈利减少,股息下降,使股票投资的财务风险增加。例如,当公司的资金利润率为10%,公司向银行贷款的利率或发行债券的票面利率为8%时,普通股股东所得权益将高于10%;如果公司的资金利润率低于8%时,公司须按8%的利率支付贷款或债券利息,普通股股东的收益就将低于资金利润率。实际上,公司融资产生的财务杠杆作用犹如一把双刃剑,当融资产生的利润大于债息率时,给股东带来的是收益增长的效应;反之,就是收益减少的财务风险。

6.2.3 收益和风险的关系

收益和风险是证券投资的核心问题。投资者投资的目的是为了得到收益,与此同时又不可避免地面临着风险,证券投资的理论和实战技巧都围绕着如何处理这两者的关系而展开。

收益与风险的基本关系是:收益与风险相对应,也就是说,风险较大的证券,其要求的收益率相对较高;反之,收益率较低的投资对象,风险相对较小。但是,绝不能因为收益与风险有着这样的基本关系,就盲目地认为风险越大,收益就一定越高。

收益与风险相对应的原理只是揭示两者这种内在本质关系:收益与风险共生共存,承担风险是获取收益的前提;收益是风险的成本和报酬。收益和风险的上述本质联系可

以表述为下面的公式:

$$预期收益率＝无风险利率＋风险补偿$$

预期收益率是投资者承受各种风险应得的补偿,无风险收益率是指把资金投资于某一没有任何风险的投资对象而能得的利息率,这是一种理想的投资收益。我们把这种收益率作为一种基本收益,然后再考虑各种可能出现的风险,使投资者得到应有的补偿。在现实生活中,不可能存在没有任何风险的理想证券,但可以找到某种收益变动小的证券来代替。

在美国,一般将联邦政府发行的短期国库券当作无风险证券,把短期国库券利率当作无风险利率。这是因为美国短期国库券由政府发行,联邦政府有征税权和货币发行权,债券的还本付息有可靠保障,因此没有信用风险。政府债券没有财务风险和经营风险,同时,短期国库券以 91 天期为代表,只要在这期间没有严重通货膨胀,联邦储备银行没有调整利率,也几乎没有购买力风险和利率风险。短期国库券的利率很低,其利息可以视为投资者牺牲目前消费、让渡货币使用权的补偿。

在短期国库券无风险利率的基础上,我们可以发现以下规律:

(1) 同一种类型的债券,长期债券利率比短期债券高,这是对利率风险的补偿。如同是政府债券,它们都没有信用风险和财务风险,但长期债券的利率要高于短期债券,这是因为短期债券没有利率风险,而长期债券却可能受到利率变动的影响,两者之间利率的差额就是对利率风险的补偿。

(2) 不同债券的利率不同,这是对信用风险的补偿。通常,在期限相同的情况下,政府债券的利率最低,地方政府债券利率稍高,其他依次是金融债券和企业债券。在企业债券中,信用级别高的债券利率较低,信用级别低的债券利率较高,这是因为它们的信用风险不同。

(3) 在通货膨胀严重的情况下,会发行浮动利率债券。我国政府曾对 3 年以上的国债进行保值贴补,这就是对购买力风险的补偿。

(4) 股票的收益率一般高于债券。这是因为股票面临的经营风险、财务风险和市场风险比债券大得多,必须给投资者相应的补偿。在同一市场上,许多面值相同的股票也有截然不同的价格,这是因为不同股票的经营风险、财务风险相去甚远,市场风险也有差别,投资者以出价和要价来评价不同股票的风险,调节不同股票的实际收益,使风险大的股票市场价格相对较低,风险小的股票市场价格相对较高。

当然,收益与风险的关系并非如此简单。证券投资除以上几种主要风险以外,还有其他次要风险。引起风险的因素以及风险的大小程度也在不断变化之中,并且,影响证券投资收益的因素也很多。所以,这种收益率对风险的替代只能粗略地、近似地反映两者之间的关系,更进一步说,只有加上证券价格的变化,才能更好地反映两者的动态替代关系。

6.2.4 证券交易过程风险

上述两类风险使投资者每天都要面对股价的涨跌变化,那么,股票投资运作的复杂性则使投资者面临另一种风险,即投资者由于自己不慎或券商失责而遭致股票被盗卖、资金被冒提、保证金被挪用等风险。

对于前两类风险,投资者应多学习证券市场投资知识、多了解、分析和研究宏观经济形势及上市公司经营状况,增强风险防范意识,掌握风险防范技巧,提高抵御风险的能力。这里我们主要针对第三类风险,提醒大家注意有关事项,学会自我保护,尽可能地降低交易过程风险。

1. 选择一家信誉好的证券公司的营业部

投资者买卖股票必须通过证券公司下属营业部进行,因此,证券公司及其营业部管理和服务质量的好坏直接关系到投资者交易的效率和安全性。根据国家规定,证券公司及其证券营业部的设立要经过主管部门的批准。投资者在确定其合法性后,可再依据其他客观标准来选择令自己放心投资的证券营业部。

这些标准主要包括:证券公司规模;信誉;服务质量;软硬件及配套设施;内部管理状况。如果投资者随意选择一家证券公司的营业部,就有可能遇上以下风险:因证券公司经营不善招致倒闭的风险;因证券公司经营不规范造成保证金及利息被挪用,股息被拖欠的风险;因证券公司管理不善导致账户数据泄密的风险。

2. 签订有关协议

投资者选择了一家证券公司营业部作为股票交易代理人时,必须与其签订《证券买卖代理协议》,形成委托——代理的合同关系,双方依约享有协议所规定的权利和义务。

为保护自己的合法权益,投资者在与证券公司签订协议时要了解协议的内容,并需对以下条款予以足够注意:证券公司营业部的业务范围和权限;指定交易有关事项;买卖股票和资金存取所需证件及其有效性的确认方式和程序;委托、交割的方式、内容和要求;委托人保证金和股票管理的有关事项;证券营业部对委托人委托事项的保密责任;双方违约责任和争议解决办法。

3. 认真核对交割单和对账单

目前 A 股市场采用"T+1"交收制度,即当天买卖,次日交割。投资者应在交易日后一天在证券营业部打印交割单,以核对自己的买卖情况。如投资者发现资金账户里的资金与实有资金存在差异,应立即向证券营业部查询核对,进行交涉。投资者在需要时还可向证券营业部索取对账单,核对以往交易资料,如发现资料有误,投资者可向证券营业部进行查询核对。

4. 防止股票盗卖和资金冒提

投资者股票被第三人盗卖及保证金被冒提主要有两个原因:一是股民的相关证件和

交易资料发生泄露,使违法者有机可乘;二是因证券公司管理不严等因素使违法者得以进行盗卖。

为保障投资者的资金安全,维护正常的市场交易秩序,证券公司应建立规范的风险管理体系和健全的内控制度,而投资者自己也不可掉以轻心,必须在日常投资实践中增强风险防范意识,尤其要注意以下事项。在证券营业部开户时要预留三证(身份证、股东卡、资金卡)复印件和签名样本;细心保管好自己的三证和资金存取单据、股票买卖交割单等所有的原始凭证,以防不慎被人利用;经常查询资金余额和股票托管余额,发现问题及时处理,减少损失;注意交易密码和提款密码的保密,如切忌在办公室大声唱念个人资料;必须与排队等候的客户保持一米的距离,防止自己的姓名、资金账号、账户余额、密码等内容被别人看到;不定期修改密码;逐步采用电话转账等转账方式,注意指定存折的保存保密,减少柜台转账。

本 章 小 结

收益和风险是构成证券投资的最重要的两个要素,它是投资决策的基础。证券投资的目的在于获取收益,但是证券投资的收益具有不确定性,收益与风险并存。衡量证券投资收益的工具是收益率,不同品种和期限的证券收益率计算方法不同。投资者应通过计算,确定自己的投资计划。

证券投资风险来源于系统风险和非系统风险。系统风险包括政策风险、经济周期风险、利率风险、购买力风险;非系统风险包括民营风险、信用风险、财务风险。此外,交易过程的风险也是投资者应该注意的。

推荐参考网站

1. http://www.finance.sina.com.cn/message/sogusina/sogu600000.htm 新浪财经股票价值评估
2. http://www.cnlist.com/Default.aspx 中国上市公司资讯网
3. http://fund.estmoney.com/fundguzhi.html 天天基金盘中估值
4. http://www.infomorning.com 信息早报

综 合 练 习

一、判断题

1. 债券是发行人筹措资金的重要手段,投资债券的投资者与发行人之间是债权债务

关系。　　　　　　　　　　　　　　　　　　　　　　　　　　　　　（　）

2. 中央政府债券具有质量高、本金安全的特点,而且具有很好的流动性,所以中央政府债券是不受市场风险和利率风险的影响的。（　）

3. 债券的价格就是债券未来现金流以投资者必要到期收益率为折现率折现后的现值,这个值与债券交易市场的价格是一致的。（　）

4. 市场利率与债券价格之间是一种反向变动的关系。（　）

二、单项选择题

1. 以下各种债券中,通常可以认为没有信用风险的是_____。
   A. 中央政府债券　　　　　　　B. 公司债券
   C. 金融债券　　　　　　　　　D. 垃圾债券

2. 投资于政府债券要面对的风险是_____。
   A. 信用风险　　B. 经营风险　　C. 利率风险　　D. 财务风险

3. 以下不属于决定债券价格的因素是_____。
   A. 预期的现金流量　　　　　　B. 必要的到期收益率
   C. 债券的发行量　　　　　　　D. 债券的期限

4. 关于债券票面利率与市场利率之间的关系对债券发行价格的影响,说法不正确的是_____。
   A. 债券票面利率等于市场利率时,债券采取平价发行的方式发行
   B. 债券票面利率高于市场利率时,债券采取折价发行的方式发行
   C. 债券票面利率低于市场利率时,债券采取折价发行的方式发行
   D. 债券票面利率高于市场利率时,债券采取溢价发行的方式发行

5. 能够反映短期债券利率低于长期债券利率的收益率曲线是_____。
   A. 正收益率曲线　　　　　　　B. 反收益率曲线
   C. 平收益率曲线　　　　　　　D. 拱收益率曲线

6. 债券价值评估中所使用的折现率指的是_____。
   A. 债券的息票利率
   B. 经过通货膨胀预期调整的债券息票利率
   C. 经过风险溢价(如果有的话)调整的国债收益率
   D. 具有类似风险与期限的投资所能赚取的收益率

7. 某债券的面值为1 000元,年息票利率为8%,4年到期,每年年末支付利息。类似债券提供的年收益率为6%。问该债券现在的价格是_____。
   A. 1 069.31　　B. 1 000.00　　C. 9 712　　D. 927.66
   E. 以上均不对

8. 某债券的面值为 1 000 元,年息票利率为 10%,3 年到期,每半年支付一次利息。投资者所要求的年收益率为 12%。则该债券的现值是_____。

    A. 1 021 元   B. 1 000 元   C. 981 元   D. 951 元

    E. 以上均不对

9. 某零息债券的面值是 1 000 000 元,到期期限为 10 年,投资者所要求的收益率为 9%。则该债券现在的价格是_____。

    A. 363 212 元   B. 385 500 元   C. 422 400 元   D. 424 100 元

    E. 以上均不对

10. 某债券的面值为 1 000 元,5 年到期,现在的市场价格是 892 元,每年年末支付利息 90 元。则该债券的到期收益率是_____。

    A. 13%   B. 12%   C. 11%   D. 10%

11. 如果票面利率_____投资者所要求的收益率,那么债券的价格将_____债券面值。

    A. 等于;等于   B. 大于;低于   C. 小于;高于   D. B 和 C

    E. 以上均不对

12. 市场利率升高时,长期债券价格将_____。

    A. 上涨,其上涨幅度大于短期债券   B. 上涨,其上涨幅度等于短期债券

    C. 下跌,其下跌幅度大于短期债券   D. 下跌,其下跌幅度等于短期债券

    E. 下跌,其下跌幅度小于短期债券

13. _____的债券价格对利率变动最敏感。

    A. 高票息支付

    B. 零票息支付

    C. 低票息支付

    D. 以上均不对(票息支付的高低不影响债券价格对利率变动的敏感性)

14. 如果某金融机构的债券资产组合中_____所占比例相对较大,它将_____。

    A. 高票息债券;从利率的下降中获利更多

    B. 零票息或低票息债券;从利率的下降中获利更多

    C. 零票息或低票息债券;从利率的上涨中获利更多

    D. 高票息债券;完全不受利率上升的影响

15. 与长期债券相比,短期债券的价格通常_____。

    A. 更易变   B. 同样易变

    C. 易变性更小   D. A 和 C 出现的概率相等

16. 假设未来的股利按照固定数量支付,合适的股票定价模型是_____。

    A. 不变增长模型   B. 零增长模型

  C. 多元增长模型   D. 可变增长模型

17. 以下等同于股票账面价值的是_____。

  A. 每股净收益   B. 每股价格

  C. 每股净资产   D. 每股票面价值

18. 以下属于股东无偿取得新股权的方式的是_____。

  A. 公司送红股   B. 增资配股

  C. 送股同时又进行现金配股   D. 增发新股

19. 可转换证券属于以下哪种期权_____。

  A. 短期的股票看跌期权   B. 长期的股票看跌期权

  C. 短期的股票看涨期权   D. 长期的股票看涨期权

三、多项选择题

1. 以下属于决定债券价格因素的是_____。

  A. 投资预期的现金收入流量   B. 必要的到期收益率

  C. 债券面值   D. 债券期限

2. 以下债券在国内金融市场发行时需要经过信用评级的是_____。

  A. 中央政府债券   B. 地方政府债券

  C. 金融债券   D. 公司债券

3. 以下属于解释利率期限结构理论的是_____。

  A. 有效市场假说   B. 期限结构预期说

  C. 流动性偏好说   D. 市场分割说

四、问答题

1. 如何分析公司债券的还本付息能力？
2. 影响债券价格的主要因素有哪些？
3. 债券信用评级的意义是什么？可将债券分为哪些等级？
4. 债券收益率曲线的类型有哪几种？
5. "期限结构预期说"、"流动性偏好说"和"市场分割说"的主要观点是什么？

第 7 章

证券投资基本分析

【学习目标】

本章通过对影响证券投资的宏观经济、产业以及上市公司等基本因素的分析,要求读者掌握证券投资基本分析的思路和方法,对证券市场的发展做出正确的判断。

教你五步读年报

炒股最怕什么?上市公司造假。年报就是上市公司的一张脸,股民可据此分析所投资的股票是否安全,能否增值。而对于绝大多数非财务专业出身的股民来说,从何开始学读财报成为首先要攻破的难题。

分析上市公司所处的行业发展状况和前景,判断行业将发生的变化及其对上市公司的影响,排在财报分析的第一步。

第二步是投资者要学会辨别系统性风险或非系统性风险,即上市公司出现的问题是行业普遍存在的问题,还是上市公司自身存在的问题。

对同行业的上市公司进行比较,被刘姝威列为投资者读财报的第三步。在同一行业中,无论是龙头企业还是落后企业,它们的财务数据和财务指标都不会明显地偏离同一平均值。如果发生偏离,投资者必须分析其原因,通过比较同行业企业财务指标、主营产品结构、经营策略等,判断不同企业的盈利和发展空间。

基于以上阶段的学习和分析,投资者可以进入学习阅读财报的第四步和第五步——具体分析上市公司的主营产品以及经营策略。股民首先要关注的是企业的经营策略,看企业财务报表中的董事会报告,看这家企业对宏观经济的判断,对整个行业的判断,以及对过去一个经济周期自身业绩的总结和未来规划。董事会成员结构也要看,技术专家和财务专家要比例相当。

资料来源：根据东方财富网经作者整理

【启示】 判断上市公司质地的好坏，财务报表是一个重要的方面。目前财务造假的手段越来越高，其中最高境界就是用会计处理方法来造假。识破会计报表中的阴谋，就得会读报表。除此之外，国家的宏观经济状况、行业的发展环境也都是影响上市公司股价的重要因素，对这些因素的分析我们称之为上市公司基本面分析，本章就将介绍这些内容。

证券投资基本分析又叫基础分析或经济形势分析，通过对影响证券市场基本经济因素的分析，预测经济变量变化对证券市场的影响，以便做出正确的判断，提高证券投资的准确性和投资回报率。基本分析的范围包括宏观经济分析、政策分析、区域分析、行业分析。

7.1 宏观经济分析

宏观分析是一种基本分析，是一种经济形式分析，主要通过对影响国民经济基本经济因素的分析，预测经济变量变化对宏观经济的影响，进而影响证券市场的变化从而做出正确的判断。

7.1.1 宏观经济分析的方法

1. 经济指标分析

宏观经济分析是通过一系列经济指标的计算、分析和对比来进行的。经济指标是反映经济活动结果的一系列数据和比例关系。经济指标包括以下三类。

（1）先行指标。先行指标可以对将来的经济状况提供预示性的信息。从实践来看，通过先行指标对国民经济的高峰和低谷进行计算和预测，得出结论的时间可以比实际高峰和低谷的出现时间提前半年。先行指标主要有货币供应量、股票价格指数等。

（2）同步指标。通过同步指标算出的国民经济转折点大致与实际经济活动的转变时间同时发生。也就是说，这些指标反映的是国民经济正在发生的情况，并不预示将来的变动。同步指标主要包括失业率、国民生产总值等。

（3）滞后指标。滞后指标反映出的国民经济的转折点一般要比实际经济活动晚半年。滞后指标主要有银行短期商业贷款利率、工商业未还贷款等。

此外，还有国内外在进行宏观经济分析时经常使用的国内生产总值、国民收入、个人收入、个人可支配收入五个有密切联系的主要综合指标来反映和分析国民经济的主要面貌，如经济发展水平及其增长状况、国内生产总值和国民收入在部门与行业间的分配情况等。

经济指标有多个,要进行证券投资的宏观经济分析,主要要选择那些能从各方面综合反映国民经济的基本面貌,并能与证券投资活动有机结合的指标。

2. 计量经济模型

所谓计量经济模型,就是表示经济现象及其主要因素之间数量关系的方程式。经济现象之间的关系大多属于相关或函数关系,建立计量经济模型并进行计算,就可以探讨经济变量间的平衡关系,分析影响平衡的各种因素。

计量经济模型主要有经济变量、参数以及随机误差三大要素。

(1) 经济变量是反映经济变动情况的变量,分自变量和因变量。计量经济模型中的变量则可以分为内生变量和外生变量两种。内生变量是指由模型本身加以说明的变量,它们是模型方程式中的未知变量,其数值可由方程式求解获得;外生变量则是指不能由模型本身加以说明的量,它们是方程式中的已知数,其数值不是由模型本身的方程式算得,而是由模型以外的因素产生。

(2) 计量经济模型的第二大因素是参数。参数是用以求出其他变量的常数,一般反映出事物之间相对稳定的比例关系。在分析某种自变量的变动引起因变量的数值变化时,通常假定其他自变量保持不变,这种不变的自变量就是参数。

(3) 计量经济模型的第三大要素是随机误差。随机误差是指那些很难预知的随机产生的误差,以及经济资料在统计、整理和综合过程中所出现的差错。其可正可负,或大或小,最终正负误差可以抵消,因而通常忽略不计。

为证券投资而进行宏观经济分析,主要应运用宏观计量经济模型。所谓宏观经济计量模型是指在宏观总量水平上把握和反映经济运行的较全面的动态特征,研究宏观经济主要指标间的相互依存关系,描述国民经济各部门和社会再生产过程各个环节之间的联系,并可用于宏观经济结构分析、政策模拟、决策研究以及发展预测等功能的计量经济模型。

在运用计量经济模型分析宏观经济形势时,除了要充分发挥模型的独特优势,挖掘潜力为我所用之外,还要注意模型的潜在变量被忽略、变量的滞后长度难确定以及引入非经济方面的变量过多等问题,以充分发挥这一分析方法的优越性。

3. 概率预测

某随机事件发生的可能性大小称为该事件发生的概率,概率论是一门研究随机现象的数量规律的学科。目前,越来越多的概率论方法被运用于经济、金融和管理科学,概率论成为它们的有力工具。

概率预测的重要性是由客观经济环境和该方法自身的功能决定的,要了解经济活动的规律性,必须掌握它的过去,进而预测它的未来。例如,要进行证券投资,就要先熟知整个经济及其组成部门的过去、现状和未来。国民经济虽然领域广阔、关系错综复杂,但从时间序列上看,却有必然的前后继承关系。只要掌握了经济现象的过去变动情况,就可以以此为依据,加入可能出现的新因素适当调整,就可以预测事物的将来。过去的经济活动都反映在大量的统计数字和资料上,根据这些数据,运用概率预测方法,就可以推算出以后若干时期各种相关的经济变量状况。

概率预测方法运用得比较多也比较成功的是对宏观经济的短期预测。宏观经济短期预测是指对实际国民生产总值及其增长率、通货膨胀率、失业率、利息率、个人收入、个人消费、企业投资、企业利润及对外贸易差额等指标的下一时期水平或变动率的预测,其中最重要的是对前三项指标的预测。西方各国实践这一预测的公司机构很多,他们使用自己制定的预测技术或构造的计量经济模型进行预测并定期公布预测数值,预测时限通常为一年或一年半。概率预测实质上是根据过去和现在推测未来。广泛收集经济领域的历史和现时的资料是开展经济预测的基本条件,善于处理和运用资料是概率预测取得效果的必要手段。

7.1.2 宏观经济因素

证券市场是反映国民经济的晴雨表,宏观经济的变化可以在证券市场中反映出来。宏观经济与证券市场的关系表现为当一国宏观经济趋好时,表明一国经济发展态势好,整体上微观企业盈利,证券市场上市公司盈利,个股表现好。反之,当一国宏观经济不好时,企业盈利困难,上市企业业绩不佳,个股表现也不会好。影响宏观经济发生变化的因素主要有经济增长率、通货膨胀率、利率、汇率、财政收支、固定资产投资规模、失业率、国际收支。

1. 经济增长率

经济增长率就是经济增长速度,是一个反映一定时期国民经济发展变化程度的动态经济指标。经济增长率通常按国内生产总值(GDP)或国民生产总值(GNP)的变化来计算。一般来说,一国国内生产总值增长较高,人均国内生产总值增加较多,表明一国经济增长速度较快,经济运行态势良好,经济发展具有活力,同时说明微观企业总体的产品销售情况良好,大多数企业经营状况良好,居民购买力增长,企业利润增长或趋好,此时大部分上市公司利润增长或趋好,股东回报率高,证券市场繁荣,股票价格上涨。但要注意的是即使在一个经济情况良好的环境下,全部上市公司的利润也不可能都增长。

2. 经济运行周期

理论研究和经济发展的实证均表明,由于受多种因素的影响,宏观经济的运行总是呈现出周期性的变化。这种周期性变化表现在许多宏观经济统计数据的周期性波动上,如国民生产总值(GNP)、消费总量。

3. 通货膨胀率

通货膨胀是指价格指数的持续上涨,反映一般物价水平的变化。其高低影响企业的长期盈利能力或未来盈利能力。适度的通货膨胀率对国民经济不但不会造成损害,而且反映企业和市场的需求,但通货膨胀率过高会造成收入分配不公平,居民实际收入下降,企业成本上升,经济形势恶化。由于生产资料和消费资料价格增长较快,资金需求大,通货膨胀率高,货币贬值,企业面临经营困境,利润下降,投资风险加大,投资者从资本市场卖出证券,抽离资金,从而引发证券价格下跌。

4. 利率

利率既是一个经济指标,又是一个经济调节工具。利率表现为企业的筹资成本,利率下降,企业筹资容易,利润预期增长,证券价格上升,反之亦然。利率可以作为一国的经济调节工具,国民经济过于低迷时,国家可以通过降低利率的方法刺激经济增长,降低企业的筹资成本,引导企业盈利,最终使证券市场的股票价格上升。反之,如果国民经济过于高涨,或市场货币流动性过大,国家可以通过提高利率促使资金回笼,提高企业的筹资成本,减少企业的投资,进而减少市场需求,降低经济发展速度,导致证券市场股票价格下降。

与利率相关的还有一个指标则是法定存款准备金率。存款准备金率是中央银行控制商业银行货币供给规模的一个工具。当宏观经济过于高涨时,中央银行提高存款准备金率,从而减少商业银行的贷款规模,减少流通中的货币供给量,导致经济紧缩,从而引发证券价格下降。

5. 汇率

从资金层面上讲,本币升值,外资流入,资本市场中资金充足,股票价格上升,反之亦然。从微观企业来讲,本币升值,利于进口,不利于出口,经营出口业务的企业利润下降,股票价格下降;本币贬值,利于出口不利于进口,经营出口业务的企业利润增长,股票价格上升。

6. 固定资产投资规模

固定资产投资规模是一定时期国民经济各部门固定资产再生产中所投入资金的数量。其规模大小影响经济增长速度进而影响证券价格。当固定资产投资规模过小时经济水平低,证券价格低;固定资产投资规模适度,经济稳定增长,预期收入增加,证券价格上升;固定资产投资规模过大,总需求与总供给失衡,通货膨胀加剧,预期实际收入下降,证券价格下降。

7. 失业率

失业率低,就业充分,国民经济发展态势良好,居民收入增加,证券价格上升,反之,失业率高,居民收入下降或没有收入,购买股票的欲望低,股价下跌。

8. 财政收支

国家对财政收入和支出的安排就是一国的财政政策,影响该国的经济发展。如果国家让财政收入大于支出,即为盈余财政政策,也就是国家实行紧缩性的财政政策,社会总需求将减少,经济发展减速,证券价格预期下跌。如果财政支出大于收入,即为赤字财政政策,国家实行扩张性的财政政策,社会总需求增大,经济增长,证券价格预期上涨。

9. 国际收支

国际收支反映一定时期内一国的外汇收支状况。如果经常项目失衡,当进口大于出口时,表示国内经济过旺,持续的进口大于出口将导致经济衰退。当出口大于进口时会引起社会总需求增加,经济增长,导致证券价格上涨,但持续的出口大于进口将引发通货膨胀,进而使证券价格下降。如果资本项目失衡,国际资本流入,当国际资本流入表现为直接投资时有利于一国经济发展,但表现为短期资本增加时则可能造成金融动荡,证券市场波动加剧。

7.1.3 宏观经济运行对证券市场的影响

宏观经济运行呈现出周期性的规律,经济循着萧条、复苏、繁荣、衰退四个阶段运行,周而复始。当经济处于萧条时期时,企业经营困难,利润下降,投资规模缩减,证券市场弥漫着非常悲观的气氛,投资者信心受到影响,当经济走向萧条末期时,市场低迷,大多数投资者远离资本市场,这时有眼光的投资者开始在底部吸纳,股票价格则缓缓从底部上升。当经济开始复苏时,企业生产、销售情况好转,利润提高,投资者信心恢复,证券价格由低迷逐渐上升,当经济预期向好的各种消息在媒体上广泛传播时,股票价格已经上了一个台阶。当绝大多数投资者认同经济向好的趋势,确认经济复苏时,证券市场开始活跃,需求不断增大,推动股票价格不断上升。当经济高涨时,企业生产、销售两旺,利润率增长,各项任务指标较好,国民经济增长,证券价格高涨,这时市场的投机气氛加大,投机者趁机哄抬股票价格,股票价格不断创出新高,但少数先知先觉者预感经济发展达到顶峰会悄悄地抛出股票。当越来越多的投资者意识到经济形势已经发生变化时,他们争相抛出手中的股票,股票价格开始下泻。宏观经济运行呈现出周期性变化,股票价格波动与经济周期变化相一致,但股票价格的波动要快于实体经济。不同行业、不同类型企业的股票与经济周期的关联程度不同,房地产、钢铁等股票的变化与经济周期的变化一致,当经济复苏时,其上涨幅度和速度超前于证券市场,但下跌时也快于市场,而公用事业类股票、消费弹性较小的消费品行业股票在下跌末期抗跌性较好。

证券市场越成熟,股票价格变动与经济周期的相关特点表现越充分,证券市场越不成熟,其相关性越弱。

7.1.4 宏观经济政策调整对证券市场的影响

宏观经济政策是指国家通过实行一系列经济政策影响一国的经济运行态势,进而影响资本市场的工具。宏观经济政策的运用是国家根据现在的经济情况进行调节,干预其运行,使经济运行态势朝着健康的方向发展,宏观经济政策的实行势必影响证券市场。

市场经济下,国家对宏观经济的干预主要是通过货币政策和财政政策来实现的。根据宏观经济的运行状况,政府可采取扩张性的或紧缩性的货币政策和财政政策,以促进经济快速增长,保持价格总水平的稳定,实现充分就业。政策的实施及政策目标的实现均会反映到作为国民经济"晴雨表"的证券市场上。不同性质、不同类型的政策手段对证券市场价格变动有着不同的影响。另外,政府对产业政策的调整也会影响证券市场的格局。

1. 财政政策

财政政策是通过财政收入和支出的变动来影响宏观经济活动水平的经济政策。其主要手段包括:改变政府购买力、改变政府转移支付水平、改变税率。当经济政策持续放缓、失业增加时,政府要实行扩张的财政政策,提高政府购买水平,提高转移支付水平,降低税率,以增加总需求,解决衰退和失业问题。当经济增长强劲,价格水平持续上涨时,政府要实行紧缩性财政政策,降低政府购买水平,降低转移支付水平,提高税率,以减少总需求,抑制通货膨胀。国家实行财政政策对证券市场的影响,主要通过以下几个途径:

(1) 综合地看,实行扩张性的财政政策,增加财政支出,减少财政收入,可增加总需求,使公司业绩上升,经营风险下降,居民收入增加,从而使证券价格上升;反之,实行紧缩的财政政策,减少财政支出,增加收入,可减少总需求,使过热的经济受到抑制,从而使公司业绩下滑,居民收入减少,导致证券市场价格下跌。

(2) 在改变政府购买水平方面,如果扩大政府购买力水平,增加道路、桥梁、港口等非竞争性领域的投资,可直接增加相关产业如水泥、钢铁、建材、机械等产业的产品需求,这些产业的发展又形成对其他产业的需求,从而促进经济各方面发展。这样,公司利润增加,居民收入提高,从而促使证券价格上升。减少政府购买力的效应与之相反。

(3) 改变政府转移支付水平主要从结构上改变社会购买力状况,从而影响总需求。提高政府转移支付水平,如增加社会福利支出、增加对农拨款等,会使一部分人的收入水平提高,也间接促进公司利润的增长,因此有助于证券价格的上涨;反之,会促使证券价格下跌。另外如果中央政府提高对地方政府的转移支付水平,地方政府拥有更多的自主财力,用于发展地方经济,直接或间接地扶植地方产业,也会促进证券价格的上扬。

(4) 国家对公司税率的调整也会对公司的利润水平产生影响,进一步影响企业扩大再生产的能力和积极性,从而影响公司未来的成长潜力。一般来说,税率的提高会抑制证券价格上扬,而税率的降低或免税会促进证券价格上升。

【专栏 7.1】

白酒行业受税收政策影响

2001 年 8 月 18 日《经济日报》报道:前不久国家税务总局宣布,粮食白酒和薯类白酒维持现行 25% 和 15% 的税率,另对每斤白酒按 0.5 元从量新征一道消费税,并取消以外购酒勾兑生产企业可以扣除购进酒已纳消费税的抵扣政策。以 2000 年白酒行业产量 500 多万吨计算,仅从量征收一项,白酒行业每年将痛失 50 亿元。白酒行业上市公司 2000 年销售总量为 4.9 万吨,净利润 16.3 亿元,新政策造成的增缴消费税额近 5 亿元,占净利润的30%。这项税收政策导致白酒行业利润下降,分配减少,使这类证券的投资吸引力降低,价格下滑。

从传导机制上讲,财政政策是以实体经济为媒介,通过控制财政收入和支出,经过企业的投入和产出来影响总需求的,与货币政策有明显的区别。因此财政政策的传导过程比较长,不像货币政策那样立竿见影,但比较持久。

当一国经济低迷时,总需求不足,采取扩张性的财政政策(赤字财政政策),加大政府支出,通过减税,加大转移支付,给以财政补贴,刺激经济增长,企业利润率增长,经营状态变好,证券市场逐步红火。当经济过热时,总需求过旺,总供给小于总需求时,一国采取紧缩性的财政政策(盈余财政政策),减少政府支出,增加税收,减少转移支付,抑制经济,使经济稳定发展,证券市场逐步降温。

2. 货币政策

中央银行实施货币政策、调节信贷与货币供应量的手段主要有三个:调整法定存款准备金率、再贴现政策、公开市场业务。当国家为了防止经济衰退、刺激经济发展而实行扩张性货币政策时,中央银行通过降低法定存款准备金率、降低中央银行的再贴现率或在公开市场上买入国债的方式来增加货币供应量,扩大货币的有效需求。当经济持续高涨、通货膨胀压力较重时,国家会采取适当紧缩的货币政策。此时,中央银行就可以通过提高法定存款准备金率、提高中央银行的再贴现率或在公开市场上卖出国债以减少货币供应量,紧缩信用,以实现社会总需求和社会总供给大体保持平衡。

中央银行实施的货币政策对证券市场的影响,主要通过以下几个方面来传导:首先,增加货币供应量,证券市场的资金增多,同时通货膨胀也使人们为了保值而购买证券,从而推动证券价格上扬;反之,减少货币供应量,证券市场的资金减少,价格的回落又使人们购买证券保值的欲望降低,使证券市场的价格呈回落趋势。其次,利率的调整通过决定证券投资的机会成本和影响上市公司的业绩来影响证券市场价格。提高利率时,证券投资的机会成本提高,上市公司的运营成本也随之提高、业绩下降,证券市场价格下跌;反之,利率降低,证券投资的机会成本降低,上市公司的运营成本也下降、业绩向好,证券市场价格上涨。再次,中央银行在公开市场中买进债券,增加货币供应量,促使经济增长,证券价格上升;反之,中央银行在公开市场中卖出债券,减少货币供应量,促使经济降温,证券价格下跌。

【专栏7.2】

央行历次调整存款准备金率对股市影响一览

新华网北京11月30日电(记者王宇、王培伟)中国人民银行2011年11月30日晚间宣布,从2011年12月5日起,下调存款类金融机构人民币存款准备金率0.5个百分点。

此次下调距离央行上次上调存款准备金率不到半年时间，也是央行三年来首次下调存款准备金率。央行上次下调存款准备金率是在2008年12月。之后从2010年1月起，央行连续12次上调存款准备金率，通过对金融机构准备金率共计600个基点的上调，来回收市场过多流动性以抑制物价的过快上涨。

此次调整后，我国大型金融机构存款准备金率为21%，中小型金融机构存款准备金率为17.5%。历次存款准备金率调整公布后股市表现见表7.1。

表7.1 历次存款准备金率调整公布后股市表现

公布日	大型金融机构			中小金融机构			股市
	调整前	调整后	幅度	调整前	调整后	幅度	沪指
2011年11月30日	21.50%	21.00%	−0.50%	18.00%	17.50%	−0.50%	2.29%
2011年06月14日	21.00%	21.50%	0.50%	17.50%	18.00%	0.50%	−0.90%
2011年05月12日	20.50%	21.00%	0.50%	17.00%	17.50%	0.50%	0.95%
2011年04月17日	20.00%	20.50%	0.50%	16.50%	17.00%	0.50%	0.22%
2011年03月18日	19.50%	20.00%	0.50%	16.00%	16.50%	0.50%	0.08%
2011年02月18日	19.00%	19.50%	0.50%	15.50%	16.00%	0.50%	1.12%
2011年01月14日	18.50%	19.00%	0.50%	15.00%	15.50%	0.50%	−3.03%
2010年12月20日	18.00%	18.50%	0.50%	14.50%	15.00%	0.50%	1.41%
2010年11月19日	17.50%	18.00%	0.50%	14.00%	14.50%	0.50%	0.81%
2010年11月10日	17.00%	17.50%	0.50%	13.50%	14.00%	0.50%	1.04%
2010年05月02日	16.50%	17.00%	0.50%	13.50%	13.50%	0.00%	−1.23%
2010年02月12日	16.00%	16.50%	0.50%	13.50%	13.50%	0.00%	−0.49%
2010年01月12日	15.50%	16.00%	0.50%	13.50%	13.50%	0.00%	−3.09%
2008年12月22日	16.00%	15.50%	−0.50%	14.00%	13.50%	−0.50%	−4.55%
2008年11月26日	17.00%	16.00%	−1.00%	16.00%	14.00%	−2.00%	−2.44%
2008年10月08日	17.50%	17.00%	−0.50%	16.50%	16.00%	−0.50%	−0.84%
2008年09月15日	17.50%	17.50%	0.00%	17.50%	16.50%	−1.00%	−4.47%
2008年06月07日	16.50%	17.50%	1.00%	16.50%	17.50%	1.00%	−7.73%
2008年05月12日	16.00%	16.50%	0.50%	16.00%	16.50%	0.50%	−1.84%
2008年04月16日	15.50%	16.00%	0.50%	15.50%	16.00%	0.50%	−2.09%

续表

公布日	大型金融机构			中小金融机构			股市
	调整前	调整后	幅度	调整前	调整后	幅度	沪指
2008年03月18日	15.00%	15.50%	0.50%	15.00%	15.50%	0.50%	2.53%
2008年01月16日	14.50%	15.00%	0.50%	14.50%	15.00%	0.50%	−2.63%
2007年12月08日	13.50%	14.50%	1.00%	13.50%	14.50%	1.00%	1.38%
2007年11月10日	13.00%	13.50%	0.50%	13.00%	13.50%	0.50%	−2.40%
2007年10月13日	12.50%	13.00%	0.50%	12.50%	13.00%	0.50%	2.15%
2007年09月06日	12.00%	12.50%	0.50%	12.00%	12.50%	0.50%	−2.16%
2007年07月30日	11.50%	12.00%	0.50%	11.50%	12.00%	0.50%	0.68%
2007年05月18日	11.00%	11.50%	0.50%	11.00%	11.50%	0.50%	1.04%
2007年04月29日	10.50%	11.00%	0.50%	10.50%	11.00%	0.50%	2.16%
2007年04月05日	10.00%	10.50%	0.50%	10.00%	10.50%	0.50%	0.13%
2007年02月16日	9.50%	10.00%	0.50%	9.50%	10.00%	0.50%	1.41%
2007年01月05日	9.00%	9.50%	0.50%	9.00%	9.50%	0.50%	2.49%

资料来源：网易财经．2011年2月18日

3. 产业政策

国家通过战略调整，通过产业政策的调整促使产业升级换代，以支持或扶持某些产业的方式促使行业发生变化，如对能源战略的调整，国家支持新能源的发展，对节能降耗环保的支持将促使新型能源的开发和发展，相应的股票价格上升，而将淘汰的行业或企业其股票价格下跌。

【专栏7.3】

发展战略性新兴产业一揽子政策出炉

国务院昨天下发《关于加快培育和发展战略性新兴产业的决定》，明确将从财税金融等方面出台一揽子政策加快培育和发展战略性新兴产业。到2015年，战略性新兴产业增加值占国内生产总值的比重要力争达到8%左右。

《决定》指出，根据战略性新兴产业的特征，立足我国国情和科技、产业基础，现阶段将重点培育和发展节能环保、新一代信息技术、生物、高端装备制造、新能源、新材料、新能源汽车等产业。

根据规划，到2020年，战略性新兴产业增加值占国内生产总值的比重力争达到15%左右。节能环保、新一代信息技术、生物、高端装备制造产业成为国民经济的支柱产业，新

能源、新材料、新能源汽车产业成为国民经济的先导产业。

《决定》称,增强自主创新能力是培育和发展战略性新兴产业的中心环节,必须完善以企业为主体、市场为导向、产学研相结合的技术创新体系,发挥国家科技重大专项的核心引领作用,结合实施产业发展规划,突破关键核心技术,加强创新成果产业化,提升产业核心竞争力。

《决定》还指出,加快培育和发展战略性新兴产业,必须健全财税金融政策支持体系,加大扶持力度,引导和鼓励社会资金投入。

根据安排,将进一步完善创业板市场制度,支持符合条件的企业上市融资。推进场外证券交易市场的建设,满足处于不同发展阶段创业企业的需求。完善不同层次市场之间的转板机制,逐步实现各层次市场间的有机衔接。

同时,大力发展债券市场,扩大中小企业集合债券和集合票据发行规模,积极探索开发低信用等级高收益债券和私募可转债等金融产品,稳步推进企业债券、公司债券、短期融资券和中期票据的发展,拓宽企业债务融资渠道。

财政方面,在整合现有政策资源和资金渠道的基础上,设立战略性新兴产业发展专项资金,建立稳定的财政投入增长机制,增加中央财政投入,创新支持方式,着力支持重大关键技术研发、重大产业创新发展工程、重大创新成果产业化、重大应用示范工程、创新能力建设等。

税收方面,在全面落实现行各项促进科技投入和科技成果转化、支持高技术产业发展等方面的税收政策的基础上,结合税制改革方向和税种特征,针对战略性新兴产业的特点,研究完善鼓励创新、引导投资和消费的税收支持政策。

此外,《决定》还要求,大力发展创业投资和股权投资基金。建立和完善促进创业投资和股权投资行业健康发展的配套政策体系与监管体系。在风险可控的范围内为保险公司、社保基金、企业年金管理机构和其他机构投资者参与新兴产业创业投资和股权投资基金创造条件。

资料来源:证券时报.2010年10月19日 05:38 周荣祥

7.2 行业分析

7.2.1 行业的划分

行业是指生产同类产品、具有相同工艺过程或提供同类劳动服务而划分的经济活动类别。对行业的划分有不同的标准。

1. 标准行业分类法

1971年联合国社会事务统计局将国民经济划分为10个大门类,分别是:①农业、畜牧狩猎业、林业和渔业;②采矿业及土、石采掘业;③制造业;④电、煤气和水;⑤建筑业;⑥批发和零售业;⑦运输、仓储和邮电通信业;⑧金融、保险、房地产和工商服务业;⑨政府、社会和个人服务业;⑩其他。

2. 我国国民经济行业分类

根据 2011 年第三次修订的《国民经济行业分类》国家标准,我国把整个国民经济分为 20 个大门类,分别是:A)农林牧渔业;B)采矿业;C)制造业;D)电力、燃气及水的生产和供应业;E)建筑业;F)交通运输、仓储和邮政业;G)信息传输、计算机服务和软件业;H)批发和零售业;I)住宿和餐饮业;J)金融;K)房地产业;L)租赁和商务服务业;M)科学研究、技术服务和地质勘察业;N)水利、环境和公共设施管理业;O)居民服务和其他服务业;P)教育;Q)R 卫生、社会保障和社会福利业;R)文化、体育和娱乐业;S)公共管理和社会组织;T)国际组织。

3. 我国上市公司的行业分类

2001 年 4 月,中国证监会公布了《上市公司行业分类指引》,将行业分为 13 大门类,分别是:①林牧渔业;②采掘业;③制造业;④电、煤气和水的生产和供应业;⑤建筑业;⑥交通运输仓储业;⑦信息技术业;⑧批发和零售贸易;⑨金融、保险业;⑩房地产业;⑪社会服务业;⑫传播与文化产业;⑬综合类。

宏观经济分析为投资者提供了大的环境选择和背景条件,而行业分析则为投资者提供了具体的投资领域和具体的投资对象。在国民经济运行过程中,国民经济各行业的发展周期与宏观经济的发展周期并不完全一致,一定时期内,一些行业的增长率高于经济的平均增长率,另一些行业增长率则低于经济的平均增长率,行业分析可以为投资者提供最终的投资对象。

7.2.2 行业分析的基本内容

行业分析主要从两方面进行:分析本行业所处的发展阶段和其在国民经济中的地位,对不同行业进行横向比较,挑选出具有行业增长潜力和发展前途的行业进行投资。

行业发展呈现出周期性变化,影响行业兴衰的主要因素有技术因素、政府因素、居民消费趋势等。

1. 技术进步

技术进步促使新的行业产生和发展壮大,也可能淘汰旧的行业,同时使同一行业中产品升级换代或细化。例如,电灯的出现取代了对煤气灯的需求,蒸汽动力行业则被电力行业逐渐取代。投资者还必须不断地考察一个行业产品线的前途,分析其是否有被优良产品或其他消费需求替代的趋势。

2. 政府对行业的支持和态度

政府对某一行业的支持导致该行业发展快速,资金充足,发展前景远大。政府限制某些行业的发展将导致行业萎缩或消失。投资者选择具有行业发展前景的股票进行投资能够分享行业高速增长带来的丰厚利润,反之,如果投资行业发展前景暗淡的股票,则要承担利润下降和行业萎缩、企业退市的风险。

3. 居民消费倾向

随着经济发展和人们受教育程度提高,居民生活习惯改变,居民消费倾向也随之发生改变,消费趋势和消费心理影响行业产品的需求,影响行业股票的价格。例如,基本温饱解决以后,人们更注意生活质量的提高,不受污染的食品和纺织品备受人们的青睐;对健康投资从注重营养保健品转向健身器材;物质生活丰富后注重智力投资和丰富精神生活,旅游、音像制品等成为人们新的消费热点;快节奏的现代生活促使人们更偏好于便捷的交通和通信工具。居民消费倾向总体上朝着绿色、环保、健康方向发展,与居民消费心理一致的行业,其发展前景面好。

4. 市场结构

行业所处的市场结构不同,行业地位不同,其面临的生存和发展环境不同,预期利润率不同,相应股票的价值不同,在证券市场中的表现也不同。

7.2.3 行业分析的应用

1. 行业的市场结构类型分析

(1) 完全竞争市场。市场中的企业是价格的接受者,他们都无法控制市场价格,也难以使产品差异化,市场集中度低,产品同质,市场信息畅通。这是比较理想的市场结构,但完全具备条件的行业不多,一般认为农产品市场类似,因此农业企业面临的风险比较大,利润率低。

(2) 完全垄断市场。行业集中度高,产品难以替代,进入壁垒高,对企业来说是理想的市场,竞争者少,一般要特许经营。这类行业主要是公用事业类,与居民生活息息相关,其利润稳定而均衡。

(3) 垄断竞争市场。市场集中度低,行业厂商数量众多,进入退出壁垒低,竞争激烈,企业利润波动大。大部分企业属于这种类型,其股票的价值取决于企业的经营和在同行业中的排名。

(4) 寡头垄断市场。市场集中度高,主要的大厂商控制了产品的大部分生产和销售,产品同质,进入和退出壁垒高。一般认为重工业企业属于这种类型,资本和技术相对集中,其利润高低与宏观经济周期一致。

2. 行业的生命周期分析

行业的生命周期是指行业从诞生到衰退的过程,一般分为初创期、成长期、成熟期、衰退期四个阶段。

(1) 初创期。这一时期投资于该行业的企业不多,整个行业处于高风险、低收益的状态。新产品研发费用高,成本高,市场需求不大,企业利润不高,企业经营风险大。对处于这一时期的企业要注意市场风险。

(2) 成长期。新产品逐步得到市场认可,需求增加,利润剧增,引发竞争加剧,面对竞争激烈的市场,只有具有竞争优势的企业才能成为行业主导企业,其他企业在竞争的过程中逐步被大企业兼并或退出市场,整个行业获取暴利的机会减少。当行业处于这一时期时,要寻找经营管理有方、技术力量雄厚的主导企业投资,才可能避免退市的风险。

(3) 成熟期。市场价格趋于稳定,竞争更加激烈,整个行业获取的利润比较稳定,此时成为行业主导的企业资本雄厚,技术一流,通过规模效应可以保持一定的利润,是企业获取利润的最佳时期,相应股票的股东回报率高。

(4) 衰退期。产品需求减少,销售增长率降低,利润率不断下降,企业生存、竞争力减弱,一些厂商开始向其他高利润行业转移。对处于这一时期的行业要谨慎投资,以规避风险为主。

对行业进行分析主要是引导企业投资合适的行业,为其投资决策提供依据,不同行业处于不同的生命周期其股票回报率不同,如汽车行业具有典型的周期性,我国汽车行业在2003年由于居民收入的提高,销售量猛增,进入行业的成长期,行业效益快速提升,投资回报丰厚。

7.3 公 司 分 析

公司分析主要从公司经营管理能力、公司的财务状况、公司的市场状况、公司所属地域、公司在行业中的地位等方面进行分析研究,以确定选择合适的上市公司进行投资。

【专栏7.4】

A股2011年报十大高富帅:贵州茅台夺魁,重庆路桥存争议

1. 贵州茅台(600519)就是"奢侈品"

高毛利、高现金、高股价、高分红……贵州茅台可谓A股典型的第一"高富帅",其高达91.57%的销售毛利率,可谓让诸多白酒厂商"羡慕嫉妒恨"。与服装、电子设备等行业不同,存货对贵州茅台而言是一块具有巨大升值潜力的资产,且从过去的年份来看,每年都以不小的速度升值,成为收藏市场的抢手货。某种程度上,"贵州茅台"已成为中国市场少有的奢侈品,其特点是借品牌的高附加值而获取暴利。

2011年年报显示公司实现净利润87.63亿元,每股收益8.44元,公司每股经营活动产生的现金流量净额高达9.78元,这意味着在不少行业和公司面临"讨债"的时候,贵州茅台不但不愁销,而且现金回笼能力相当强,卖方市场特点显著。

2. 重庆路桥(600106)高毛利率只是表象

高速公路乱收费、暴利的批评不绝于耳,重庆路桥高达91.14%的毛利率算是撞到了

"枪口"上，而这一毛利率可以与贵州茅台比肩。2011年重庆路桥实现营业总收入3.98亿元，净利润3.56亿元。

路桥行业的特点是建设期投资额大而经营期直接成本较低且稳定，按照我国会计准则，财务费用将计入当期损益，但并不计入当期营业成本。而路桥公司财务费用远远超过当期营业成本，因此路桥公司的毛利率虽高，但净资产收益率并不高，重庆路桥的净资产收益率为18.85%，远低于91.14%的毛利率。

3. 尤洛卡（300099）傍上"煤老板"

在机械设备这样的实体制造行业中，能获得高达77.37%的毛利率，实在难能可贵，尤洛卡就是其中一家。尤洛卡的年报显示，2011年分别实现营业收入和净利润1.74亿元和8625万元。

从公司的业务来看，尤洛卡也算是半个"煤老板"，主营业务是矿井地质灾害、煤与瓦斯安全监测设备的研发与生产、矿用化学注浆材料的研发等。在煤炭生产安全日益被国家重视的大背景下，尤洛卡有能力分享不断扩大的煤矿安全监测设备市场这块蛋糕。

4. 广联达（002410）高毛利率"两市之最"

近乎百分之百的高毛利率，信息服务商广联达让贵州茅台也甘拜下风。2011年财报显示，广联达销售毛利率97.46%，不考虑ST公司，堪称"沪深两市第一高"。

广联达的主要产品是工程造价软件，根据招股书的披露，它是我国最大的工程造价软件企业，在该领域的市场份额高达53%。另外，公司还有部分项目管理软件产品，毛利率也高达82.96%。实际上，软件行业整体的毛利率就比较高，属于明显的轻资产行业，生产成本低。不过广联达的研发成本也并不低，2009年以来其研发投入占营业收入的比例从8.17%提高至15.49%。

5. 锦江股份（600754）转型后"轻装上阵"

毛利率达87.59%，这在A股餐饮旅游行业中算是"翘楚"了。自2010年资产置换之后，锦江股份主营业务转变为"经济型酒店业务和连锁餐饮投资业务"，综合毛利率大幅提升，经营性资产盈利能力显著增强，且随着2011年世博经营的高峰，毛利率这两年保持在80%以上。

锦江股份主营收入的来源来自经济型酒店的运营和管理业务，毛利率高达91.91%；食品和餐饮业务的毛利相对较低，为51.60%。锦江股份，与如家、七天、莫泰168等模式基本一样。

6. 安信信托（600816）遇好光景员工"发"

安信信托93.36%的毛利率令市场咋舌。"现在信托公司员工的工资甚至超过了基金公司，直逼银行业。"一业内人士对记者表示，信托公司通常都比较小，几十个人，与基金、银行等金融同业比，信托行业通常矮一截儿，但去年随着融资需求的大规模上升，行业"爆发"，员工的收入都相当高。

安信信托是A股上市的3家信托公司之一,财报显示,公司在职的员工总数只有59人,实现净利润1.95亿元,相当于平均每人创造的利润达到3300万元。职工的费用(含薪酬、福利、社保、公积金等)从2010年的6075万元,提高到2011年的1亿元,同时应付职工薪酬的期末余额达7330多万元(包括奖金、补贴以及各种保险费等)。信托公司的员工"发"了。

7. 包钢稀土(600111)今年风水转到这儿

包钢稀土2011年净利润为34.78亿元,销售毛利率达到72.79%,成为目前披露年报中有色金属行业中毛利率最高的公司。

2010年年初包钢稀土的股价还只有十几元,当年净利润只有7.5亿元(2009年也只有5577万元),如今俨然跻身高价股的行列,股价超过70元。

8. 冠昊生物(300238)医药股中的"战斗机"

冠昊生物这家2011年7月才上市的次新股,则以93.86%的毛利率而独占医药生物股鳌头。

公司的主要产品是实现对人体缺损组织进行再生性修复,包括生物型硬脑(脊)膜补片、胸普外科修补膜和无菌生物护创膜产品,属于医用植入器械。这类行业是"吃苦在前,享受在后",新产品从研发到获国家食品药品监督管理局批准的产品注册证,周期相当长,鉴于此,冠昊生物似乎完全有理由获得超过90%的毛利。2011年公司的研发投入占营业收入的比例达16%,实现净利润4042万元。

9. 深圳华强(000062)转型中"立竿见影"

在众多商业贸易公司中,深圳华强的销售毛利率似乎一直处于领先的水平,2011年达到62.38%,而2010年甚至超过70%。就公司的财报来看,深圳华强超过七成的营业收入来自电子市场的运营,即通过出租、合作或自建在全国多个城市开办电子专业市场,经营面积30万平方米。公司拥有"华强电子网",通过会员套餐、竞价排名、广告等业务提供各种增值服务,去年网上销售收入达到1.03亿元。

10. 潜能恒信(300191)勘采行业"新秀"

国际油价长期处于高位,"石化双雄"依靠对资源的垄断长期获得高额利润,但在垄断之外,一些"靠技术吃饭"的勘探开采行业景气度高涨,潜能恒信2011年的毛利率就高达78.22%,成为采掘行业上市公司中的最高。

2011年潜能恒信营业收入和净利润分别为1.25亿元、7714.5万元,在巨头抢占主要市场份额的石油开采领域,公司只能算是一个小公司,主要股东都是个人,企业的性质属于民营。有分析师认为,在国家鼓励民营资本进入油气勘探开发领域,与国有石油企业合作开展油气勘探开发的背景下,潜能恒信的前景预计仍然会很美好。

(资料来源:苗夏丽新闻晨报2012年04月14日,有删减)

7.3.1 公司基本面分析

1. 公司经营管理分析

（1）管理人员水平。投资者在分析管理人员的水平时，要注意分析其学历构成、在公司的工作年限、变动情况，高层管理人员的变动往往蕴藏着巨大的风险。

（2）经营理念。经营理念是企业发展一贯坚持的核心思想，是员工坚守的基本信条，是企业制定战略目标的前提条件。投资者要注意企业是否注重稳健经营，其经营目标是否经常发生变化。

（3）资本规模。企业是否进行规模经营，其经营规模是否适度。如果单一地扩大规模而超过了企业和市场的承受能力，一旦市场发生变化，容易造成企业资金断链，使企业陷入困境。规模经营能够产生规模效益，但并非规模越大越好，企业要保持适度规模。

（4）技术水平。技术水平方面主要分析企业是否拥有核心技术和创新能力，分析其产品是否具有竞争优势，其核心技术是否在同行内领先，是否具有不可替代性。

2. 公司的市场状况和行业地位分析

公司的市场状况主要从产品的竞争力和产品的市场占有率方面进行分析。产品的竞争力主要体现在产品质量、技术优势、成本优势上。产品质量分析主要从品牌忠诚度、用户反馈上分析。技术优势主要从新产品的研究开发及开发费用比例来判断。成本优势则主要从与其建立联系的原材料厂商的能力进行分析，是否拥有批量进货的优势。

公司的产品市场占有率越高，其效益越好。在分析产品占有率时主要通过行业的横向和纵向比较来分析，选择产品市场占有率高的企业进行投资以获取稳定的收益。

对公司行业地位进行分析主要分析公司是否是领导企业、是否具有价格影响力、是否具有竞争优势，是否具有行业领先地位，如果其盈利能力高于行业平均水平并在行业中综合排名前面的是行业领导企业，其投资价值要大于同行业内其他企业。

7.3.2 公司财务分析

上市公司财务状况是上市公司经营状况的货币表现，是投资者判断上市公司股票质量和进行投资的主要依据。按照我国《证券法》规定，上市公司必须定期将公司财务报表上报证券交易所，并按时在国内指定的主要证券媒体上进行披露。

1. 公司会计数据分析

会计数据构成了上市公司财务报表的主体，是外部投资者据以对上市公司进行分析的数据基础。会计数据分析的目的就是评估一个企业的会计记录是否真实地反映了其代表的经营活动。通过对企业的会计预测进行评估，证券分析人员能够知道他所使用的会计报表多大程度上扭曲了经济现实，进而对这些扭曲进行"恢复"，为后面的财务分析提供一个正式的数据基础。

(1) 影响公司会计数据质量的因素。造成会计数据和其代表的经济现实之间出现偏差的因素主要有以下三点。

① 会计准则。会计准则是在限制经理层对会计数据进行不当处理的同时也不可避免地减少会计数据所代表的信息量。例如,股份有限公司的研发费用计入当期管理费用,但研发的结果可能是有些项目没有产生有价值的成果,而另外一些项目却很有价值。新的会计制度不允许对这两种结果进行不同的会计处理。

② 预测的偏差。在权责发生制下,企业的收入和费用的确认含有主观成分。一项交易发生之后,由于经理人员不能准确无误地对交易结果进行估测就会造成会计数据和经营结果的偏差。例如,在新会计制度下,当一个企业卖出产品而尚未收回货款时,要求经理人员对应收账款的收回概率进行预测,以确定坏账准备的提取方法和提取比例。由于交易的复杂程度、对方企业的信誉及未来经济发展的状况都是不确定因素,经理人员不可能对此作出完全正确的预测,结果就是坏账产生的实际情况高于或低于坏账准备的数额。

③ 经理人员通过影响会计数据来达到自己的目的。经理人员完全有能力在会计准则许可的范围内,按自己的意愿对财务报表施加影响。在坏账准备提取的方法和比例上、在存货的计价上、在固定资产折旧的方法上,新会计制度都允许有自主选择的灵活性。经理人员对会计数据的影响可以出于以下动机:

- 维护经理层个人利益。例如,在以利润实现为业绩考核指标的情况下,企业的高级管理人员就有可能通过更改会计政策和账项调整的方法来操纵利润,以达到自己获得高额回报或保住现有职位的目的。
- 满足在资本市场上筹资的条件。对于上市公司而言,配股是一条重要的筹资渠道,大部分经理人员都有将更多的资源置于自己控制之下的内在冲动,因而倾向于高比例和高股价的配股。对于那些经营不善、资金匮乏的企业更是如此,管理人员有可能出于达到配股条件的目的来操纵利润。这种企业会计报表中的会计数据的可信度值得怀疑。
- 满足借款条件规定的需要。企业在向债权人借款时常常被迫接受一些限制性的债务条款,例如,要求企业保持一定的还本付息比率、营运资金比率和净资产值等。一旦企业达不到这些比率的要求,债权人有权要求企业提前偿还有关债务。经理人员有可能通过调整账项的方法来达到这些比例。

(2) 进行会计数据分析的步骤。证券投资分析可以按以下步骤对上市公司的会计数据进行分析。

① 弄清楚哪些会计政策对企业的影响最大。新会计制度对企业采用何种会计政策赋予了很大的自由空间。例如,企业可以自由选择折旧的方法,包括平均年限法、工作量法、年数总额法、双倍余额递减法;库存商品成本计价可采用先进先出法、加权平均法、移动平均法、个别计价法、后进后出法。为了保证会计政策的连续性和可比性,法律规定一

种会计政策一经确定不得随意更改;如需更改,应在会计报表辅助中加以说明。一般来说,企业获得的会计政策自由度越大,该企业会计报表中的会计数据就越有可能准确地反映其经营的实际情况。

② 重点检查容易出现数据不真实的会计科目。根据新会计制度,上市公司的管理者有较大的自由度选择会计政策。企业经理可利用这一自由度更好地向股东反映企业的经营状况,也可以利用它们掩盖经营问题、误导投资者。上市公司往往从各项收入和费用入手进行利润操纵。其通常表现为与销售额增加相关的应收账款的大幅增加;公司的报表利润与由经营所产生的现金流量之间的比例变化,如进行债务重组,将应收账款转为长期股权投资、向关联方出售长期股权投资、改变长期股权投资计价方法等;因处置长期资产而产生的巨额利润;中期报表与年度报表的收益相差甚大;关联交易带来的利润增加;利用会计政策、会计估计的选择与变更进行利润调整,如选择是否使用某一会计政策、对折旧要素的估计变更、变更销售商品成本的计价方法等;利用其他应收账款科目回避费用的提取;利用推迟费用确认入账的时间来降低本期费用,如应计入本期的费用挂在"待处理财产损益"科目,将费用挂在"待摊科目",将已发生的费用挂在"预提费用"的借方等;利用其他非经常性收入增加其他利润,如争取地方政府的补贴收入、利用营业外收入增加利润总额、对不真实的数据进行"恢复"等。

2. 财务分析的主要依据

进行财务分析的主要依据是三大财务报表,即资产负债表、利润表和现金流量表。

(1) 资产负债表。资产负债表是基本财务报表之一,它是以"资产=负债+所有者权益"为平衡关系,反映公司在某一特定时点的财务状况的报表,是一种静态报表。

资产负债表反映了资产、负债和股东权益之间的关系,反映了公司的资金来源和股东权益及财产状况,通过分析资产负债表可以分析、判断公司财务状况、偿债能力、资本结构是否合理和企业的资金流动状况。

阅读资产负债表的主要内容,可以对公司的资产、负债及股东权益的总额及其内部各项目的构成和增减变化有一个初步的认识。要对资产负债表的一些重要项目,尤其是期初与期末数据变化很大,或出现大额红字的项目进行进一步分析。另外,对一些项目进行分析评价时,还要结合行业的特点进行。例如,房地产行业公司,假如公司有较多的存货,意味着公司可能存在着较多正在开发的商品房基地和项目,一旦这些项目完工,将给公司带来很高的经济效益。在以上这些工作的基础上,对企业的财务结构、偿债能力等方面进行综合评价。

(2) 利润表(利润及利润分配表)。利润表也叫损益表,是反映企业在某一会计期间(通常是一年或一个季度内)的盈利状况的报表,反映了企业在一定期间的收入、费用、利润的变化情况,是一种动态报表。有的公司公布财务资料时以利润及利润分配表代替利润表,利润及利润分配表就是在利润表的基础上再加上利润分配的内容。

利润表记录了公司营运期间发生的收入和费用，以及公司的净收益或利润（即收入和费用的差值）。它展示本公司的损益账目，反映公司在一定时间的业务经营状况，直接明了地揭示公司获取利润能力的大小和潜力、公司未来的业务经营趋势。利润表对投资者了解、分析上市公司的实力和前景具有重要的意义。

利润表由三个部分构成。第一部分是营业收入；第二部分是与营业收入相关的生产性费用、销售费用和其他费用；第三部分是利润。

通过分析利润表可以了解企业的经营业绩、收益和利润分配情况，可以判断企业的盈利能力和竞争地位，以及企业是否具有持续发展能力。分析利润表要注意的是分析企业的利润是否来源于企业的主营业务收入，如果企业有利润但不是来源于企业的主营业务利润，说明企业蕴藏着经营风险，或企业的主营业务滑坡。同时可以通过对同行业利润表的横向比较发现行业中利润增长率高或高于同行业平均利润的企业以进行投资。

(3) 现金流量表。现金流量表是反映企业一定时期内现金收入和支出情况的会计报表。现金流量表反映了公司获取现金和现金等价物的能力，如果各部分现金流量结构合理，现金流入流出无重大异常波动，则表明公司的财务状态良好。通过对现金流量表的分析可以判断企业的经营状态，如果利润表显示有利润，但现金流量表却显示经营活动产生的现金流量净额为负数，说明企业有过高的应收账款，面临应收账款是否能够收回的风险，企业存在潜在风险，有可能发生支付不力，以及资金周转困难。

2. 公司财务分析的主要内容

(1) 对公司持续经营条件的分析：分析企业能否持续经营，企业的持续经营能力关系到企业的发展方向、投资者的资金安全。对企业持续经营能力分析主要分析企业的战略目标，企业的研究开发费用比例和企业主营业务情况，以及资产负债情况。

(2) 公司获利能力分析：主要分析公司的主营业务利润能否持续增长。利润是公司生产经营的目标和出发点。

(3) 公司管理能力分析：主要分析对公司人力、物力、财力的管理，主要对利润表中的费用进行研究，看是否存在管理费用过高的情况。

(4) 公司成长性分析：主要分析公司的潜在利润，产品的成长性，投入和产出是否一致。

3. 公司财务分析基本方法

(1) 比率分析法。运用财务指标、比率分析评价公司的财务状况。

(2) 比较分析法。通过对公司的财务状况前后比较，以及与同行业的公司横向比较可以分析出企业所存在的问题。

(3) 趋势分析法。通过将同一系列指标放到一起分析可以揭示公司存在的问题和预测公司的发展变化。

4．公司财务分析的一般程序

（1）确定财务分析的重点目标。

（2）广泛收集财务信息。

通过收集上市公司的证券发行公告、定期发表的财务报告、临时公布的报告、会计师事务所发布的审计报告，为进一步进行财务分析提供数据和依据。

（3）对收集到的财务信息进行审查、整理、分析。

7.3.3 公司财务指标分析

财务报表中有大量的数据，可以根据需要计算出很多有意义的比率和指标，这些比率和指标涉及企业经营管理的各个方面。财务指标可以分为以下五类：公司短期偿债能力的财务指标、公司长期偿债能力指标、公司营运能力指标、公司盈利能力指标、投资效率的财务指标。对于上市公司来说，最重要的财务指标是每股净收益、每股净资产和净资产收益率。证券信息机构定期公布按照这三项指标高低排序的上市公司排行榜，可见其重要性。

【专栏7.5】

2011年沪深股市上市公司每股收益排行前10名
（年报公布截止日2012年4月25日）

1. 600519 贵州茅台 8.44
2. 000030 st＊盛润 A 5.0484
3. 000030 st＊盛润 B 5.0484
4. 002601 佰利联 4.490
5. 002304 洋河股份 4.47
6. 002648 卫星石化 4.200
7. 900948 伊泰 B 3.750
8. 000703 恒逸石化 3.710
9. 000869 张裕 A 3.620
10. 000338 潍柴动力 3.36

【专栏7.6】

2011年沪深股市上市公司每股净资产排行前10名
（年报公布截止日2012年4月25日）

1. 600519 贵州茅台 24.07
2. 002601 佰利联 21.46

3. 300139 福星晓程 20.04
4. 300257 开山股份 19.87
5. 300142 沃森生物 18.09
6. 60002585 双星新材 17.82
7. 600150 中国船舶 16.80
8. 002614 蒙利发 16.76
9. 300166 东方国信 16.56
10. 601318 中国平安 16.53

资料来源：作者根据公开资料整理

1. 公司短期偿债能力的财务指标

公司短期偿债能力实际上是指公司资产的快速变现能力，它取决于可以在近期转变为现金的流动资产的多少。反映公司短期偿债能力的主要财务指标有：

（1）流动比率。流动比率是流动资产与流动负债的比率，其计算公式为

$$流动比率 = 流动资产/流动负债$$

一般认为，流动比率越高，流动负债的获偿能力越强。短期债权人越有保障，公司应付风险的能力越强，但也不能过大，过大则说明公司存在资金闲置或存货过多，一般最低不少于 1∶1，以 2∶1 的比率为佳。这是因为流动资产中变现能力最差的存货金额约占流动资产总额的一半，剩下的流动性较大的流动资产至少要等于流动负债，企业的短期偿债能力才会有保证。人们长期以来的这种认识，因其未能从理论上证明，还不能成为一个统一的标准。

计算出来的流动比率，只有和同行业流动比率、本企业历史的流动比率进行比较，才能知道这个比率是高还是低。这种比较通常并不能说明流动比率为什么这么高或低，要找出过高或过低的原因，还必须分析流动资产和流动负债所包括的内容以及经营上的因素。一般情况下，营业周期、流动资产中的应收账款和存货的周转速度是影响流动比率的主要因素。

（2）速动比率。流动比率虽然可以用来评价流动资产总体的变现能力，但人们（特别是短期债权人）还希望获得比流动比率更进一步的有关变现能力的比率指标。这个比率被称为速动比率，也被称为酸性测试指标，计算公式为

$$速动比率 = 速动资产/流动资产 = (流动资产-存货)/流动负债$$

速动资产包括现金、银行存款、应收票据、应收账款和有价证券，这些资产可以立即用来偿付流动负债。

速动比率越高，短期偿债能力越强，应付突发事件的能力越强，一般以 1∶1 以上为佳，过低表示公司资金使用和安排上不合理，过高则表明公司低收益资产数量过多或是应收账款中坏账较多，将影响公司的盈利能力。

如果公司预收账款高导致速动比率偏低，并不能够说明公司没有短期偿债能力，反而是产品销路好，企业效益好的标志。相反，如果公司预付账款比重大造成速动比率高，并不能表明企业短期偿债能力强，反而说明原材料供应上有问题，企业可能不预付货款就无法及时足量购买所需要的原材料，应该引起足够重视。

与速动比率相关的另一个指标是现金比率。

$$现金比率 = 现金余额 / 流动负债$$

现金比率达到1或超过1，说明公司用现金就可以偿付债务，公司现金比较多。

(3) 现金流量比率。

$$现金流量比率 = 经营活动所产生的净现金流量 / 流动负债$$

现金流量比率越高，公司现金流入较多，变现时间越短，公司偿债能力越强，反之，比率越低，短期偿债能力越弱。

(4) 应收账款周转率。

$$应收账款周转率 = 赊销净额 / 应收账款平均净额$$

$$应收账款平均净额 = (期初应收账款净额 + 期末应收账款净额) / 2$$

$$赊销净额 = 销售收入 - 现金销售收入 - 销售折扣 - 销售退回 - 折让$$

一般来说，应收账款周转率越低，说明公司短期偿债能力越低；反之，说明应收账款的收回越快。否则，企业的营运资金会过多地呆滞在应收账款上，影响资金的正常周转。影响该指标正确计算的因素有：第一，季节性经营的企业使用这个指标时不能反映实际情况；第二，大量使用分期付款结算方式；第三，大量使用现金结算的销售；第四，年末销售大量增加或年末销售大幅度下降。这些因素都会对该指标的计算结果产生较大的影响。财务报表的外部使用人可以将计算出的指标与该企业的前景指标、行业平均水平或其他类似企业的类似指标相比较，判断该指标的高低。

有时无法将全部销售收入分解成赊销和现金两部分，也可以用销售收入代替赊销净额，即：

$$应收账款周转率 = 销售收入 / 应收账款平均余额$$

也可以用应收账款平均回收天数来判断。

$$应收账款回收天数 = 360 / 应收账款周转率$$

应收账款回收天数越大，说明公司回收货款所需时间长，利用营运资金偿还短期债务的能力越低，反之亦然。

合理的应收账款周转率和回收天数，说明企业产品销售后，收款迅速，坏账损失少，资产流动性高，偿债能力越强，同时收账费用也相应低。

(5) 存货周转率。

$$存货周转率 = 销售成本 / 平均存货余额$$

公司中的销售成本来自利润表,平均存货来自资产负债表中的"期初存货"与"期末存货"的平均数。

$$平均存货余额=(期初存货余额+期末存货余额)/2$$

存货周转率是存货周转一次平均所需的时间,存货周转率越高,表明存货的使用效率越高,存货积压风险小,公司偿债能力越强。也可以用存货平均周转期进行分析。

$$存货平均周转期=360/存货周转率$$

一般来讲,存货周转速度越快,存货的占用水平越低,流动性越强,存货转换为现金、应收账款等的速度就越快。提高存货周转率可以提高企业的变现能力,而存货周转速度越慢则变现能力越差。存货周转率指标的好坏反映存货管理水平,它不仅影响企业的短期偿债能力,还是整个企业管理的重要内容。企业管理者和有条件的外部报表使用者,除了分析批量因素、季节性生产的变化等情况外,还应对存货的结构以及影响存货周转速度的重要项目进行分析,如分别计算材料周转率、在产品周转率或某种存货的周转率。

存货周转分析的目的是从不同的角度和环节找出存货管理中的问题,使存货管理在保证生产经营连续性的同时,尽可能少占用经营资金,提高资金使用效率,增强企业短期偿债能力,促进企业管理水平的提高。

对公司短期偿债能力的分析和判断,以上指标要配合使用。

2. 公司长期偿债能力的分析

(1) 负债比率。负债比率是指债务和资产、净资产的关系。它反映企业偿付到期长期负债的能力。

$$资产负债比率=负债总额/资产总额×100\%$$

公司中的负债总额不仅包括长期负债,还包括短期负债。公司中的资产总额是扣除累计折旧后的净额。这个指标反映债权人所提供的贷款占债务人全部资产的比例,也被称为举债经营比率。它有以下几个方面的含义:

第一,从债权人的立场来看,他们最关心的是贷给企业的款项的安全程度,也就是能否按期收回本金和利息。如果股东提供的资本与企业资本总额相比,只占较小的比例,则企业的风险将主要由债权人负担,这对债权人来讲是不利的。因此,他们希望债务比例越低越好,企业偿债有保证,贷款不会有太大的风险。

第二,从股东的角度来看,由于企业通过举债筹措的资金与股东提供的资金在经营中发挥同样的作用,所以,股东所关心的是全部资本利润率是否超过借款人款项的利率,即借入资本的代价。在企业所得的全部资本利润率超过因借款而支付的利息率时,股东所得到的利润就会加大。反之,则对股东不利,因为借入资本多余的利息要用股东所得的利润份额来弥补。因此,从股东的立场来看,在全部资本利润率高于借款利息率时,负债比率越大越好,否则反之。

第三,从经营者的立场来看,如果举债过大,超过债权人心理承受程度,企业就借不到钱。如果企业不举债,或负债比例很小,说明企业畏缩不前,对前途信心不足,利用债权人资本进行经营活动的能力很差。从财务管理的角度看,企业应当审时度势,全面考虑,在利用资产负债率制定借入资本决策时,必须充分估计预期的利润和增加的风险,在二者之间权衡利害得失,做出正确的决策。

负债比率越低,公司长期偿债能力越强;负债比率越高,公司长期偿债能力越小。

公司的负债比率应控制在50%左右为宜。

(2) 权益比率。权益比率又称净值比率。

$$权益比率=股东权益总额/资产总额\times 100\%$$

权益比率越高,表明公司长期偿债能力越高;权益比率越低,表明公司长期偿债能力越低。

(3) 长期负债比率。

$$长期负债比率=长期负债/资产总额\times 100\%$$

长期负债比率越高,公司对长期负债的负担越重,对外来长期资本的依赖性越强,债权人风险越高。

值得注意的是,长期偿债能力并非越强越好,过强则股东所占比重过大,股东权益的报酬率可能相对降低。

3. 公司营运能力分析指标

(1) 总资产周转率。

$$总资产周转率=销售收入总额/总资产平均余额$$

$$总资产平均余额=(期初总资产余额+期末总资产余额)/2$$

总资产周转率反映了公司总资产在一定时期内(通常是1年)周转的次数,总资产周转率越高,表明公司总资产周转率的速度越高,资产的利用效率越高,公司盈利能力、偿债能力越强。

(2) 固定资产周转率。

$$固定资产周转率=销售收入总额/固定资产平均余额$$

$$固定资产平均余额=(期初固定资产余额+期末固定资产余额)/2$$

固定资产周转率是反映企业运用固定资产效率的指标。其越高,表明公司在一定时期内固定资产的周转次数越多,固定资产的利用效率越高,单位固定资产创造的销售收入越多。

(3) 流动资产周转率。

$$流动资产周转率=销售收入总额/流动资产平均余额$$

$$流动资产平均余额=(期初流动资产余额+期末流动资产余额)/2$$

流动资产周转率越高,说明流动资产周转次数越多,周转速度越快,单位流动资产创造的销售收入越多,流动资产利用效率越高。

(4) 营运资金周转率。

$$营运资金周转率=销售收入总额/营运资金平均总额$$

$$营运资金=流动资产-流动负债$$

营运资金周转率越高,表明营运资金的利用效率越好,单位营运资金创造销售收入的能力越强。

通过对同行业公司的营运能力指标的比较,如果某企业的营运能力指标比其他企业有优势,说明该企业前景看好。

4. 公司盈利能力分析指标

(1) 销售毛利率。

$$销售毛利率=销售毛利/销售收入\times100\%$$

$$销售毛利=销售收入-销售成本$$

销售毛利率是一个衡量公司销售业绩的指标,它表示每一元销售收入扣除销售成本后,有多少钱可以用于各项费用和形成利润。销售毛利率是企业销售净利率的基础,没有足够大的毛利率便不能盈利,毛利率越高,表明公司销售能力越强。

(2) 主营业务收入增长率。

$$主营业务收入增长率=(本期主营业务收入-上期主营业务收入)/上期主营业务收入\times100\%$$

该指标可以用来衡量公司的产品生产周期,判断公司发展所处的阶段。一般来说,如果主营业务收入增长率达10%以上,则公司处于成长阶段,利润增长速度快;如果主营业务收入增长率为5%~10%,则公司处于成熟期,主营业务利润增长速度减慢;如果主营业务收入增长率在5%以下,则公司进入衰退期,主营业务降低,风险增大。

(3) 主营业务利润率。

$$主营业务利润率=主营业务利润/主营业务收入\times100\%$$

该指标反映公司主营业务获利水平。主营业务利润率越高,获利能力越强,主营业务发展越好。

(4) 资产收益率。资产收益率又叫资产报酬率。

$$资产收益率=净利润/平均资产总额\times100\%$$

$$平均资产总额=(期初资产总额+期末资产总额)/2$$

该指标反映公司资产利用的综合效果,用于衡量公司运用全部资产活力的能力。资产收益率指标值越高,全部资产获利能力越强;该指标值越低,全部资产获利能力越弱。影响资产收益率高低的因素主要有:产品的价格、单位成本的高低、产品的数量和销售数量、资金占用量的大小等。

(5) 净资产收益率。

$$净资产收益率=净利润/平均净资产总额=每股收益/每股净资产$$

平均净资产总额＝(期初净资产总额＋期末净资产总额)/2

净资产即公司资本或股东权益,所以净资产收益率又叫资本报酬率,也叫净收益与股东权益比率。

净资产收益率越大,股东权益的获利能力越高,股东投入资本的运用效果越好。

(6) 股东权益报酬率

股东权益报酬率＝(税后利润－优先股股利)/股东权益×100％

股东权益报酬率反映了普通股股东的利益,指标值越高,说明普通股股东的回报越高。

5. 投资效率的财务指标分析

(1) 每股盈余(每股收益)。

普通股每股盈余＝(净利润－优先股股利)/发行在外的加权平均普通股股数

发行在外的加权平均普通股股数,是指对某一会计期间不同时间发行的普通股,按照其流通在外的股数进行加权平均的股票数量。

普通股每股盈余越高,股东投资收益越高。

(2) 市盈率。

市盈率＝每股市价/每股盈余

市盈率表明投资者为获取1元利润所愿意支付的价格,相当于净收益的倍数,市盈率较高,表明公司未来的成长潜力较大;市盈率较低,同时资产收益率也比较低时,表明公司的成长潜力较小。过高的市盈率表明公众对公司股票盈利能力预期过高,市场风险较高。

市盈率反映公司需要积累多少年的净利才能达到目前的股价水平。市盈率高,说明该股每股收益低或股票价格偏高;市盈率低,说明每股收益高或股票价格偏低。但市盈率指标不是绝对的,当公司收益高,发展前景好,投资者竞相购买,股票价格会升高,市盈率也会偏高。

(3) 盈余报酬率。

盈余报酬率＝每股盈余/每股市价＝1/市盈率

盈余报酬率也叫投资收益率,表明投资者支付1元成本能够获得的收益大小,盈余报酬率较高,表明投资者股票投资回报好。

(4) 本利比。

本利比＝每股市价/每股股利

本利反映投资者每期成本收回的比例大小,也可反映投资者收回投资成本的时间,本利比较高,表明投资者每期收回的成本比例较小,收回投资成本所需时间长,风险高,反之本利比指标越低,获得股利所付出的成本越少。

(5) 股利报酬率。

股利报酬率＝每股股利/每股市价＝1/本利比＝盈余报酬率×股利发放率

股利报酬率反映投资者每付出1元投资成本实际获得的利润大小。股利报酬率越高,投资者收益越高。

(6) 每股净资产。

$$每股净资产 = 净资产/发行在外的普通股股数$$

每股净资产指标值越大,每股所代表的权益差额越大越好。

(7) 市净率。

$$市净率 = 股票市价/每股净资产$$

市净率又叫净资产倍率,其指标值越低,公司股票越有投资价值,风险越低。成熟股市的市净率平均为2~3倍。

在进行财务指标分析时,要注意财务分析的局限性,财务分析是对过去的情况进行分析,预测功能有限,由于股票价格不断波动,不同时期股票价格不同,财务指标内涵不同。进行财务分析时要注意各项指标的综合运用,并结合宏观经济形势进行分析,防止虚假信息的干扰。

【专栏7.7】

宏源证券2011年费用率明显抬升

宏源证券净利润同比下滑51%。公司2011年共实现营业收入23.5亿元,同比下降29%;实现净利润6.5亿元,同比下降51%,每股收益为0.44元。公司利润同比下降主要是受经纪业务下滑和成本刚性致使费用率提升的影响。期末公司的净资产为71亿元,同比下降2%,每股净资产为4.87元。

经纪业务收入减少近四成。公司2011年共实现经纪业务收入11亿元,同比下降37%,是公司业绩下滑的主要原因,其中公司的股基佣金率由2010年的0.125%下降至2011年的0.101%,降幅为20%,与行业平均水平大体相当;公司2011年的股票交易额市场份额为1.3%,较2010年略有提升。

承销业务收入主要来自债券承销。公司2011年共实现承销业务净收入3.6亿元,同比下降22%。从分布来看,公司的承销收入主要来自于债券承销,公司业务2011年共实现收入3.1亿元,占全部承销收入(4.7亿元)的三分之二。

自营业务遭受冲击。公司2011年实现自营业务收入3.6亿元(投资收益+公允价值－联营企业收入),较2010年减少48%;期末公司可供出售金融资产由2010年1.5亿元的浮盈变为4.3亿元浮亏。在2011年较差的市场环境中,公司的投资业务实际上也遭受到较大的冲击。2011年年末,公司权益类资产占净资本比重为34%,处于中等水平。

融资融券业务刚刚起步。截至2011年年底,公司的融资融券业务余额为6.6亿元,行业市场份额约2%。公司报告期内共实现融资融券营业收入0.6亿元,占公司全年总收入的2.6%。

成本刚性致使费用率大幅提升。公司的费用率由2010年的47%提升至了2011年

63％,主要是受成本刚性影响,在收入大幅减少的同时公司的费用支出与 2010 年仍然基本持平。

维持宏源证券中性－A 的投资评级和 20 元的目标价。从各项业务来看宏源证券均中规中矩,我们维持其中性－A 的投资评级和 20 元的目标价。

资料来源：http://stock.stockster.com/TC2012040500003289.shtml　证券之星. 作者：杨建海 2012-04-05

7.4　资本结构与公司价值

资本结构是指公司各种资本的价值构成及其比例关系。资本的结构主要有属性结构和期限结构,按属性不同,资本分为股权资本和债权资本。资本结构理论是关于公司资本结构、公司综合资本成本率与公司价值三者之间关系的理论。其主要有早期的资本结构理论、MM 理论和新的资本结构理论。

7.4.1　早期资本结构理论

早期资本结构理论主要有三种观点：

1. 净收益观点

这种观点认为,在公司的资本结构中,债权资本的比例越大,公司的净收益或税后利润就越多,从而公司的价值越高,因为公司的债权资本越多,由于债权资本的投资风险低于股权投资风险,债权资本成本率一般低于股权资本成本率,从而资本综合成本率就越低,公司价值就越大。这种观点比较极端,忽略了财务风险,因为当公司的债权资本过高时,财务风险就很高,公司的综合资本成本率就会上升,公司的价值反而下降。

2. 净营业收益观点

这种观点认为在公司的资本结构中,债权资本的多寡、比例高低与公司的价值无关。这种观点认为公司的债权资本成本率是固定的,但股权资本成本率是变动的,当公司的债权资本比较多,公司的财务风险较大时,股权资本成本率就较低;反之,当公司的债权资本越少,公司的财务风险就越小,股权资本成本率就越低,经过加权平均计算后,公司的综合资本成本率不变,是一个常数,因此资本结构与公司价值无关,从而决定公司价值的真正因素是公司的净营业收益。这也是一种极端的资本结构理论观点,它以公司的综合资本成本率是常数为前提的,而实际上公司的综合资本成本率不可能是一个常数,公司价值也不仅仅取决于公司净营业收益的多少。

3. 传统观点

这种观点介于上述两种观点之间,认为增加债权资本对提高公司价值是有利的,但债权资本规模要适度,如果公司负债过度,综合资本成本率会上升并使公司价值下降。

7.4.2 MM 资本结构理论

1958年，美国的莫迪格莱尼和米勒两位财务学者合作发表了《资本成本、公司价值与投资理论》一文，开创了现代资本结构理论的研究，其有关资本结构与公司价值的理论简称 MM 理论。其基本结论是：在符合 MM 理论的假设之下，公司的价值与其资本结构无关，公司的价值取决于其实际资产，而不是各类债权和股权的市场价值。MM 资本结构理论的假设主要有：公司在无税收的环境中经营，其营业风险的高低由息税前利润标准差来衡量，公司营业风险决定其风险等级；投资者的预期相同；所有债务利率相同；公司为零增长公司，即年平均盈利额不变；公司无破产成本；公司的股利政策不会影响公司的价值，公司发行新债时不会影响公司已有的债权价值；存在完全的资本市场，信息完全公开。在这种假设下，MM 理论得出两个观点。第一个观点是：公司的价值不会受公司资本结构的影响，有债务公司的综合资本成本率等同于与它风险等级相同但无债务公司的股权资本成本率，公司的股权资本成本率或综合资本成本率视公司的营业风险而定。第二个观点是：利用财务杠杆的公司，其股权资本或综合资本成本率随着筹资额度的增加而增加，其低成本的债务给公司带来的财务杠杆利益会被股权资本成本率的上升而抵消，最终使有债务公司的综合成本率等于无债务公司的综合资本成本率，从而公司的价值与其资本结构无关。

1963年，莫迪格莱尼和米勒又合作发表了另一篇论文《公司所得税与资本成本：一项修正》。在这篇论文中取消了公司无所得税的假设，认为如果考虑公司所得税的因素，公司的价值会随着财务杠杆系数的提高而增加，从而得出公司价值与资本结构有关的结论。修正的 MM 资本结构理论同样提出了两个观点。第一个观点是：有债务公司的价值等于有相同风险但无债务公司的价值加上债务的税上利益。该观点认为当公司举债时，债务利息可以计入财务费用，形成节税利益，从而增加公司的净收益，提高公司的价值，公司债权比例越高，公司的价值也越高。这个结论与早期资本结构理论的净收益观点是一致的。第二个观点是：公司的最佳资本结构应该是节税利益和债权资本比例上升所带来的财务危机成本与破产成本之间的平衡点。因为随着公司债权比例的提高，其风险也会上升，公司陷入财务危机或破产的可能性就越大，这样会增加公司的额外成本，降低公司的价值，所以公司的价值应当是扣除财务危机成本的现值。

7.4.3 新的资本结构理论

20 世纪七八十年代后又出现了一些新的资本结构理论，主要有：

1. 代理成本理论

代理成本理论认为随着公司债权资本的增加，债权人的监督成本也会上升，这样债权人会要求更高的利率，这种代理成本最终要由股东承担，所以债权资本过高会降低股东所拥有的价值。

2. 信号传递理论

信号传递理论认为公司通过调整资本结构来传递公司有关获利能力和风险方面的信息。当公司价值被低估时会增加债权资本；反之，当公司被高估时会增加股权资本。

3. 啄序理论

啄序理论认为公司一般会优先使用留存收益等内部筹资的方式，其次使用债权筹资，再选择其他外部股权筹资，这种筹资顺序的选择不会对公司股票价格产生不利的影响。

通常情况下，公司的价值等于股权资本的价值加上债权资本的价值，公司的资本结构对其股权资本和债权资本的价值都有影响，在考虑公司价值时要充分考虑公司的财务风险和资本成本等因素的影响。

本章小结

证券投资基本分析一般先分析宏观经济环境，再分析所在的行业景气度，最后对上市公司自身管理现状和财务状况进行分析。

宏观经济环境的分析方法有经济指标分析、计量经济模型和概率预测等。影响宏观经济的因素有经济增长率、通货膨胀、经济运行周期、利率、汇率、国际收支、国定资产投资规模、财政收支等。宏观经济政策对证券市场的影响主要是货币政策和财政政策。

影响行业发展的因素主要有技术进步、政府对行业发展的态度、居民消费倾向、市场结构等。

上市公司分析主要包括公司基本素质分析、公司财务分析。

资本结构理论主要有早期的资本结构理论、MM 理论和新的资本结构理论。

推荐参考网站

1. www.drcnet.com.cn 国务院发展研究中心网
2. www.p5w.net 全景网
3. www.stock.com 证券之星网
4. http://www.ftchinese.com FT 中文网

综合练习

一、简答题

1. 宏观经济的影响因素有哪些？
2. 财务分析的方法有哪些？

3. 现金流量表的作用有哪些？
4. 市盈率水平的高低应该怎样衡量？

二、分析题

近日，国务院决定设立温州市金融综合改革试验区。受此影响，持有温州商业银行股份的温州本地上市房企浙江东日(600113,sh)股价暴涨，由 2012 年 3 月 27 日的 5.45 元，涨到 4 月 20 日的 14.89 元，13 个交易日涨幅达 173%。张同是某证券公司的行业研究员，他在研究浙江东日股份时，收集了以下信息，见表 7.1。

表 7.1 浙江东日(600113)利润表   单位：元

报表日期	2011-12-31	2011-09-30	2011-06-30	2011-03-31	2010-12-31
一、营业总收入	720 647 000.00	629 158 000.00	560 950 000.00	145 563 000.00	314 706 000.00
营业收入	720 647 000.00	629 158 000.00	560 950 000.00	145 563 000.00	314 706 000.00
二、营业总成本	634 042 000.00	543 374 000.00	481 090 000.00	128 467 000.00	272 490 000.00
营业成本	580 594 000.00	497 134 000.00	441 310 000.00	118 118 000.00	246 488 000.00
营业税金及附加	36 015 800.00	35 841 000.00	33 565 700.00	6 961 930.00	11 399 900.00
销售费用	5 243 240.00	3 400 540.00	2 089 330.00	1 584 560.00	6 507 440.00
管理费用	16 512 200.00	10 106 500.00	6 111 900.00	2 573 470.00	11 626 400.00
财务费用	−4 849 820.00	−3 064 050.00	−1 934 310.00	−701 393.00	−3 693 540.00
资产减值损失	526 678.00	−44 962.50	−52 307.30	−70 156.80	161 465.00
公允价值变动收益	−121 815.00	−92 573.50	−53 471.50	22 198.50	−112 203.00
投资收益	10 475 200.00	9 888 100.00	9 703 750.00	21 483.80	7 402 640.00
其中：对联营企业和合营企业的投资收益	112 339.00	—	—	—	—
三、营业利润	96 959 000.00	95 579 700.00	89 510 000.00	17 139 800.00	49 506 500.00
营业外收入	309 683.00	6 026 320.00	6 026 320.00	20 000.00	29 342 200.00
营业外支出	1 111 710.00	1 118 450.00	655 584.00	153 552.00	608 345.00
非流动资产处置损失	318 915.00	—	—	—	9 546.91
利润总额	96 157 000.00	100 488 000.00	94 880 700.00	17 006 300.00	78 240 400.00
所得税费用	19 195 700.00	19 441 600.00	17 910 900.00	4 502 940.00	17 702 800.00
未确认投资损失	—	—	—	—	—

续表

报表日期	2011-12-31	2011-09-30	2011-06-30	2011-03-31	2010-12-31
四、净利润	76 961 300.00	81 046 000.00	76 969 800.00	12 503 300.00	60 537 600.00
归属于母公司所有者的净利润	72 128 500.00	75 161 400.00	70 501 300.00	13 036 900.00	58 339 000.00
少数股东损益	4 832 740.00	5 884 590.00	6 468 580.00	−533 548.00	2 198 580.00
五、每股收益					
基本每股收益	0.23	0.24	0.22	0.04	0.25
稀释每股收益	0.23	0.24	0.22	0.04	0.25
六、其他综合收益	—	—	—	—	−4 014 120.00
七、综合收益总额	76 961 300.00	—	—	—	56 523 500.00
归属于母公司所有者的综合收益总额	72 128 500.00	—	—	—	54 324 900.00
归属于少数股东的综合收益总额	4 832 740.00	—	—	—	2 198 580.00

请你根据以上数据,对2011年浙江东日的经营情况作出分析,并对这几个季度其经营变化情况做出讨论。

第 8 章

投资技术分析

【学习目标】

通过本章学习,读者可以系统了解证券投资技术分析的主要理论,掌握技术分析的主要方法与指标,理解技术分析的假设前提,并认识到技术分析的作用及其局限性。本章学习为进行证券投资技术分析提供了理论与方法。

"上下影线"突显四大玄机

2012 年 4 月 24 日(周二)两市大盘出现宽幅震荡,早盘在银行的带动下股指出现了快速的上涨,但是之后由于受到创业板抛盘及成交量的制约,股指出现快速跳水,最大下跌幅度达到 60 多个点,午后金融创新再度走强,带领股指探底回升,全天基本以平盘收盘,K 线上收出一个带长上下引线的十字星,如图 8.1 所示。

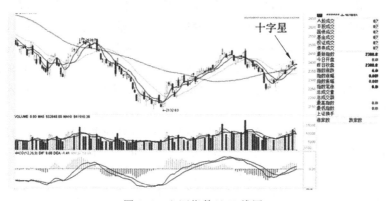

图 8.1 上证指数日 K 线图

(资料来源:作者根据有关资料整理)

【启示】 这里的图和评论是证券分析中最常接触的内容,要进行证券投资分析必须学会看图和对他人的评论进行思考与分析,这是一个投资者的基本功。本章就将对前文中的长十字星图和一些术语进行解读。

8.1 技术分析概述

8.1.1 技术分析的含义

技术分析是指以证券的市场行为为分析对象,对证券市场价格的未来变动趋势进行预测的方法。其要点在于对市场行为的观察与研究。证券的市场行为指证券在市场中的表现,包括价格、成交量、时间和空间四个要素。技术分析的内容就是对市场行为的四个要素及其关系进行分析,以把握证券价格变动的规律,从而来预测未来。下面对市场的四个要素做进一步的说明。

1. 市场行为的四个要素——技术分析的支柱

技术分析是对市场行为的分析,市场行为的四个要素:价格、成交量、时间和空间,构成了技术分析的核心与支柱。

(1)价格和成交量是市场行为最基本的表现。价格和成交量是市场行为包含的两个基本要素,也即市场行为的最基本的外在表现形式。在一定时点上所形成的价格和成交量被视为买方和卖方力量的暂时平衡点,在该点上买卖双方的市场行为达成共识。这种量价平衡是暂时的,随着时间的流逝,买卖双方力量的对比发生变化,市场又重新建立起新的量价关系,即新的量价平衡点。在实践中,人们发现买卖双方对价格的认同程度可通过成交量的大小得到确认。认同程度小,成交量小;认同程度大,成交量大。因此,量价关系维持着一种基本规律:价升量增、价跌量减。价格的上升伴随着成交量的增长,这意味着价格走高有着量的支撑,反之,价格下跌的同时,成交量也逐渐萎缩。这种市场表现被人们认为是正常的,但如果情况相反,就另当别论了。例如,"价升量减"的现象被视为不正常的市场表现,究其因,可能是因为某些有实力的机构投资者出于某种目的故意拉高价位所致。成交量与价格的这种基本关系成为技术分析的出发点,大多数技术分析方法将此作为研判市场的基础。

(2)时间和空间是市场行为的另一种表现。这里的"时间"指价格变动所需的时间,确切地说,指完成一个价格升降周期所需要的时间。"时间"往往与循环周期理论相联系,体现出事物发展和市场变化的周而复始的特性。一般说来,经济周期和行业发展周期影响到企业的发展,进而影响到证券价格的涨落。通过了解和把握证券价格变化的时间周期特征,可以提高对未来价格高点与低点行情的预测能力。"空间"指价格变动的幅度和界限。不同的证券,即使同一证券在不同的时期,价格的波动幅度也有着较大的差异。在技术分析中,时间和空间保持着密切的联系,例如,较长的波动周期和较短的波动周期在价格变动的空间上往往也不同。一般而言,长周期与较大的波动幅度相联系,而短周期则与较小的波动幅度相关。熟谙证券的时间和空间特性,无疑为把握市场走向和趋势提供了技术基础。

2. 三大假设前提——技术分析的理论基础

技术分析着眼于过去,用历史数据和变化规律预测价格的未来走向。该方法之所以能够以过去来研判未来,把握市场变化的节奏与规律,实际上离不开三大假设条件:市场行为包含一切信息;价格沿着趋势波动,并保持趋势;历史会重演。

(1)市场行为包含一切信息。该假设是技术分析的前提基础,它认为影响证券价格的所有因素都反映在市场行为中。基于这样的假定,技术分析理所当然地以市场行为为研究对象。实际上,技术分析者并不关心影响证券价格的因素有哪些,而只是对市场行为所包含的相关要素予以充分的关注。

(2)价格沿着趋势波动,并保持趋势。证券价格的运动遵循一定的规律,按照趋势进行,并保持着一定的惯性。该假设正是对证券价格变动规律的总结。证券价格的上涨或下跌是买卖双方力量对比的真实写照和反映,当买方力量占据主导地位时,价格步步攀升,在没有新的消息或新的外力的介入时,这种局面得以继续维持,反之亦然。

(3)历史会重演。该假设基于统计学和心理学方面的认知。从统计学的角度来看,借助于统计方法与手段,能够帮助我们把握价格变动的规律,从而为预测提供了可能性。从心理学方面来说,市场行为是投资者行为的综合体现和展示,而人的行为离不开动机。心理学告诉我们,在特定情境下,人的某种决策和行为取得了良好的结果,给自己带来满足感和成就感,这无疑是正向激励,以后如果出现同样的境况,引发行为的动机将再一次被触发,该行为得以重复发生。因此,"历史会重演"也就成为现实。

3. 技术分析方法的分类

在系统学习技术分析之前,对技术分析方法进行分类,目的在于了解技术分析的全貌。在实践中,往往是多种技术分析方法的综合利用以求获得良好的预测效果。按照具体使用方式的不同,技术分析通常可以分为以下类别:K线分析法、切线分析法、形态分析法、技术指标分析法、波浪理论法、循环周期法。

(1)K线分析法。这里所说的"K线分析法"不仅仅指利用K线图进行技术分析,凡是利用能够表现价格的技术图表的分析方法均视为"K线分析法"。当然,K线图是技术分析的最基本工具。在技术分析实践中,由于具有直观、立体感强等特点,K线及其组合形态成为最有代表性、流行甚广的技术图表。除K线图外,宝塔线、三价线等也被人们用于技术分析。

(2)切线分析法。切线是指按照一定的方法和原则所描绘出的、反映价格所承受的压力或支撑位置的直线,也被称为压力线或支撑线。通过对切线延长线的观察,可以发现价格未来可能承受压力或支撑的位置,从而推测价格的未来走势。因此,切线描绘得好坏直接影响到预测的结果。常见的切线有黄金分割线、趋势线、通道线、速度线等。

(3) 形态分析法。形态分析法根据证券价格经历的轨迹形状来预测其未来走势。按照前述假设,市场行为包含一切信息,价格经历的轨迹正是证券市场吸纳、消化各种信息后的具体表现,是市场行为的重要部分。因此,依据价格形态对未来价格变动的方向和幅度进行推测有着技术上的可行性和合理性。股价形态可分为反转形态和整理形态。著名的形态有双重顶(M头)、双重底(W底)、头肩顶、头肩底、三角形等。

(4) 技术指标分析法。技术指标分析法是指为了体现市场某个方面的特征,按照一定的数学公式计算出技术指标值,借以研判证券市场行情的方法。在现实中,证券市场行情报表所提供的原始数据往往掩盖了市场内在特征,因此,想透过原始数据看清市场本质,就需要对原始数据进行挖掘。从某种意义上来说,技术指标的计算也是数据挖掘的一种方式。著名的技术指标有相对强弱指标(RSI)、乖离率(BIAS)、随机指标(KD)、趋向指标(DMI)、平滑异同移动平均线(MACD)、心理线(PSY)等。

(5) 波浪理论法。波浪理论是艾略特(Ralph Nelson Eliott)20世纪30年代创立的一种价格趋势分析工具,并因柯林斯(J. Collins)的著作《波浪理论》(Wave Theory)而得名。波浪理论认为,股票价格的上下波动,如同波浪上下起伏一样,一浪接着一浪,周而复始,循环往复,而且股价的波动如同波浪遵循自然界规则一样,也有着一定程度的规律性和周期性,通过对这些规律的理解和把握可以预测股价的未来走势。波浪理论将一个完整的价格涨跌周期分为五个上升浪和三个下降浪,如果识别了每个浪的形态和持续时间,就能够预知价格的底部和顶部,为投资者辨明价格的运动趋势。毋庸置疑的是,波浪理论法也是一种最难以掌握的技术分析方法,其原因在于分辨不同浪的时候很容易出现偏差。

(6) 循环周期法。循环周期法是通过对价格的历史波动过程的考察,来发现价格波动中存在的周期性特征,并据此来预测未来价格的涨跌。人们在大量实践中发现,价格波动过程中所形成局部的高点和低点之间,存在着一定的周期性规律。循环周期法也就应运而生了。当然,这里的"周期"是相对宽松的概念,并非数学上严格精确的周期概念。

4. 技术分析的局限性

技术分析有着自身的魅力和作用,大量的实践也证明技术分析的应用为投资者确定买卖时机和辨明趋势提供了有益的参考意见,提高了对市场未来走势的研判能力。但是,技术分析作为一种分析工具,有着其自身的局限性。

如前所述,技术分析的合理性与正确性依赖于其三大假设前提,但实际上三个假设和实际有着较大的出入。首先,"市场行为包含一切信息"的假设过于理想化,在证券市场中信息损失是难以避免的,换言之,并非所有信息都能通过市场行为予以展现;其次,"价格沿着趋势波动,并保持趋势"的假设是基于没有外力影响的理想状态下。现实中,证券市场会经常遭受外力的冲击和影响,如宏观政策的变化、偶然事件等;最后,"历史会重演"是一个严格的假定,但由于市场环境的千变万化,基本上不可能出现完全一样的市场情境,因而相同的市场表现也就难以出现了。鉴于以上的分析,投资者不能完全依靠技术分析方法,技术分析不能脱离基本面分析。技术分析和基本面分析各有优缺点,二者必须并重,缺一不可。

8.2 技术分析的主要理论

8.2.1 道氏理论

道氏理论是最早最著名的技术分析理论,由美国人查尔斯·道(Charles Dow)创立。为了反映市场总体趋势,查尔斯·道与琼斯(Jones)创立了著名的道琼斯指数。查尔斯·道是《华尔街日报》(The Wall Street Journal)的创始人,他在该报上发表了一系列文章,经后人整理、归纳,成为今天的道氏理论。

1902年道去世后,威廉姆·皮特·汉密尔顿(William Peter Hamilton)与罗伯特·雷亚(Robert Rhea)继承了道的理论,继续研究并解释股价变动趋势,撰写了大量有关道氏理论的文章,出版了《股市晴雨表》一书,将道氏理论系统化,最终使道氏理论得以确立。

1. 道氏理论的主要内容

道氏理论的主要内容体现在以下几个方面:

(1) 市场平均价格指数能够解释和反映市场的大部分行为。为了反映股票市场的整体变化,道氏创建了平均价格指数,这为后来的各种指数奠定了基础。按照道氏理论,通过选择一些具有代表性的股票来编制平均指数,实际上是将投资者的各种行为综合起来,通过平均指数加以集中体现,换言之,平均价格指数是市场行为的整体刻画和反映。

(2) 市场存在三种波动趋势。虽然价格波动的表现形式不同,但最终可以将其区分为三种趋势:主要趋势、次要趋势、短暂趋势。主要趋势,亦称长期趋势、基本趋势,是指连续1年或1年以上的股价变动趋势,体现市场价格波动的最主要的方向。次要趋势,亦称中期趋势,其经常与长期的运行方向相反,并对其产生一定的牵制作用,是对主要趋势的修正和调整。短期趋势,亦称日常趋势,是指股价的日常波动。

这种将价格趋势区分为不同等级的观点,为后来的波浪理论打下了基础。

(3) 成交量在确定趋势中起着很重要的作用。一般说来,成交量跟随当前的主要趋势,体现出成交量对价格的验证作用。例如,基本牛市中价格上升,成交量增加;价格回调,成交量萎缩。但是成交量并非总是跟随先前的主要趋势,如价升量减,此时成交量所提供的信息可以为确定反转趋势提供依据。不言而喻,寻找到趋势的反转点对于投资者意义重大。

(4) 收盘价是最重要的价格。道氏理论非常关注收盘价,认为在所有价格中收盘价最重要。现实中,由于生活节奏的加快,收盘价可能是人们浏览、阅读财经类信息时最为关注的指标之一,收盘价被视为是对当天股价的最后评价,大部分投资者会根据该价位来做买卖的委托。

2. 道氏理论的确认原理

(1) 两种指数必须互相验证。就同一个股票市场来说,某一单独的指数产生的变化不足以构成整个市场趋势改变的信号。查尔斯·道创建的道琼斯指数由工业平均指数和铁路平均指数构成(现已发展为工业股指数、运输指数和公共指数),除非两个指数都发出看涨或看跌的信号,否则市场基本运动的方向仍然处于不确定的状态。如果其中一个指数上涨,而另一个没有呼应而继续下降,那么整个市场就不能被这一上涨的指数带动起来,迟早这一过程也会结束,上涨的指数仍会回到下降之中。如果两个指数朝着同一个方向运动,那么市场运动方向的判定就顺理成章了。在我国由于沪深两市相互影响,我们既可以运用道氏理论的原则,单独判定同一市场内部不同样本指数之间的相互验证状况,又可以比较两市的综合指数或成份指数的变动方向,从而发现基本运动轨迹的转折。

当然,两种指数的验证并不是说二者必须在时间上完全吻合,有时一种指数可能会滞后许多天、数周,甚至1~2个月,但只要二者趋于一致,就说明市场总体运动方向是可靠的。当然,更多的情况是两种指数会同时达到新的高点(或低点)。在不能相互验证的情况下,稳健的投资者最好保持耐心,等待市场给出明确的反转信号。

(2) 交易量跟随趋势。"交易量跟随趋势"说明成交量对价格的验证作用,一般来说当价格沿着基本运动的方向发展时,成交量也应随之递增。例如,基本牛市中价格上升,成交量增加;价格回调,成交量萎缩。这一规律在次级运动中也同样适用,例如熊市中的次级反弹,价格上涨时,成交量增加;而反弹结束后,价格下降时成交量减少。

成交量并非总是跟随趋势,例外的情况也并非少见,仅仅从一天或几天的交易量中得出有价值的结论,是缺乏依据的。道氏理论强调的是市场的总体趋势,是基本运动,其方向变化的结论性信号只能通过价格的分析得出,而交易量只是起辅助性的作用,是对价格运动变化的参照和验证。

(3) 盘局可以代替中级趋势。一个盘局出现于一种或两种指数中,持续了两个或三个星期,有时达数月之久,价位仅在约5％的幅度中波动。这种形状显示买进和卖出两者的力量是平衡的。当然,最后的情形之一是,在这个价位水准的卖方力量枯竭,那些想买进的人必须提高价位来诱使卖者出售。另一种情况是,本来想要以盘局价位水准卖出的人发觉买方力量削弱了,结果他们必须削价来卖出他们的股票。因此,价位向上突破盘局的上限是多头市场的征兆。相反,价位向下跌破盘局的下限是空头市场的征兆。一般来说,盘局的时间愈久,价位愈窄,它最后的突破愈容易。

盘局常发展成重要的顶部和底部,分别代表着出货和进货的阶段,但是,它们更常出现在主要趋势的休息和整理的阶段。在这种情形下,它们取代了正式的次级波动。

(4) 把收盘价放在首位。道氏理论并不注意一个交易日当中的最高价、最低价,而只注意收盘价。因为收盘价是时间匆促的人看财经版唯一阅读的数字,是对当天股价的最后评价,大部分人根据这个价位做买卖的委托。这是又一个经过时间考验的道氏理论规则。

(5) 在反转趋势出现之前主要趋势仍将发挥影响。股价波动的主要趋势是经常变化的,多头市场并不能永远持续下去,空头市场总有到达底部的一天。当一个新的主要趋势第一次由两种指数确定后,如不管短期内的波动,趋势绝大部分会持续,但愈往后这种趋势持续下去的可能性会愈小。这条规则告诉人们:一个旧趋势的反转可能发生在新趋势被确认后的任何时间,作为投资人,一旦做出委托后,必须随时注意市场。

3. 道氏理论的评价

道氏理论作为最著名、最基本的股价理论,揭示了股市本身所固有的运动规律,指出了股市循环与经济周期变动的联系,在一定程度上能对股市的未来变动趋势做出预测和判断。同时,作为技术分析方法的鼻祖,后人在其基础上演绎出许多长期和中短期的技术分析方法。但是,作为最古老的股价理论和技术分析方法,道氏理论本身也存在一些不足之处,主要表现在以下方面。

(1) 道氏理论对中短期帮助甚少。道氏理论过于偏重长期分析而没能对股市变动的中短期做出分析,更没能指明最佳的买卖时机。因此,道氏理论主要适合于长期趋势的判断,对于中短期投资者帮助甚少。

(2) 道氏理论预测股市变动有滞后性。它说明的只是看涨股市或看跌股市已经出现,或者还在继续,往往是在股市已经发生了实质性变化才发出趋势转变的信号,指出股市的转向,信号比较迟缓。

(3) 由于道氏理论是依据工业指数和运输业指数来观察和研判股市的变动,而时至今日,仅用工业指数和运输业指数来判断股市的变动趋势及股市与整个经济景气程度的关系,是有一定局限性的。

(4) 道氏理论虽能判断和预测股市的长期变动方向,但对选股没有帮助。

8.2.2 波浪理论

波浪理论(Wave Principle)的创始人拉尔夫·纳尔逊·艾略特(R. N. Elliott)提出人类社会的行为在某种意义上呈可认知的形态(Patterns)。利用道琼斯工业平均报数(Dow Jones Industrial Average,DJIA)作为研究工具,艾略特发现不断变化的股价结构性形态反映了自然和谐之美。根据这一发现他提出了一系列权威性的演绎法则用来解释市场的行为,并特别强调波动原理的预测价值,这就是久负盛名的艾略特波动理论。

1. 波浪理论的基本模式

波浪理论主要研究三个方面的问题:形态、比例和时间。形态指的是价格走势所形成的形态,这是波浪理论存在的基础;比例是价格走势中各个高点和低点所处的相对位置,用黄金分割理论加以判断;时间是完成某个形态所经历的时间长短。

艾略特理论认为,股价轨迹以波浪形式运动,每一上升和下降过程构成一个循环。每一个循环都可分为上升5浪、下降3浪,共8浪构成。每一级波浪分别有各自的符号,其中上升浪(推进浪)由数字1、2、3、4、5等构成,下降浪或调整浪由A、B、C构成。如图8.2所示。

在5个上升浪中,1、3、5三个浪是推进浪,2、4两个浪是上升过程中的调整浪;在3个下降浪中,A、C两浪属于下降过程中的推进浪,B属于下降过程中的调整浪。这就是8浪循环的基本模式。

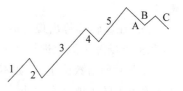

图8.2 波浪结构的基本形态

2. 波浪理论的特性

波浪的形态是艾略特波浪理论的主论基础。数浪的正确与否,对每一浪性质的认识对成功运用波浪理论至关重要。

第1浪:①几乎半数以上的第1浪,是属于营造底部形态的第一部分,第1浪是循环的开始,买方力量并不强大,加上空头继续存在卖压,因此,在此类第1浪上升之后出现第2浪调整回落时,其回档的幅度往往很深;②另外半数的第1浪,出现在长期盘整完成之后,在这类第1浪中,其行情上升幅度较大,经验看来,第1浪的涨幅通常是5浪中最短的行情。

第2浪:这一浪是下跌浪,由于市场人士误以为熊市尚未结束,其调整下跌的幅度相当大,几乎吃掉第1浪的升幅,当行情在此浪中跌至接近底部(第1浪起点)时,市场出现惜售心理,抛售压力逐渐衰竭,成交量也逐渐缩小时,第2浪调整才会宣告结束,在此浪中经常出现图表中的转向形态,如头底、双底等。

第3浪:第3浪的涨势往往是最大,最有爆发力的上升浪,这段行情持续的时间与幅度,经常是最长的,市场投资者信心恢复,成交量大幅上升,常出现传统图表中的突破讯号,例如,裂口跳升等,这段行情走势非常激烈,一些图形上的关卡,非常轻易地被穿破,尤其在突破第1浪的高点时,是最强烈的买进讯号,由于第3浪涨势激烈,经常出现"延长波浪"的现象。在1、3、5三个波浪中,第3浪不可以是最短的一个波浪。

第4浪:第4浪是行情大幅劲升后调整浪,通常以较复杂的形态出现,经常出现"倾斜三角形"的走势,但第4浪的底点不会低于第1浪的顶点。

第5浪:在股市中第5浪的涨势通常小于第3浪,且经常出现失败的情况,在第5浪中,二,三类股票通常是市场内的主导力量,其涨幅常常大于一类股(绩优蓝筹股、大型股),即投资人士常说的"鸡犬升天",此期市场情绪表现相当乐观。

第A浪:在A浪中,市场投资人士大多数认为上升行情尚未逆转,此时仅为一个暂时的回档现象,实际上,A浪的下跌,在第5浪中通常已有警告讯号,如成交量与价格走势背离或技术指标上的背离等,但由于此时市场仍较为乐观,A 浪有时出现平势调整或者"之"字形态运行。

第 B 浪:B 浪表现经常是成交量不大,一般而言是多头的逃命线,然而由于是一段上升行情,很容易让投资者误以为是另一波段的涨势,形成"多头陷阱",许多人士在此期惨遭套牢。

第 C 浪:是一段破坏力较强的下跌浪,跌势较为强劲,跌幅大,持续的时间较长久,而且出现全面性下跌。

从以上看来,波浪理论似乎颇为简单和容易运用,实际上,由于其每一个上升/下跌的完整过程中均包含有一个八浪循环,大循环中有小循环,小循环中有更小的循环,即大浪中有小浪,小浪中有细浪,因此,使数浪变得相当繁杂和难于把握,再加上其推劫浪和调整浪经常出现延伸浪等变化形态和复杂形态,使得对浪的准确划分更加难以界定,这两点构成了波浪理论实际运用的最大难点。

此外:黄金分割率奇异数字组会是波浪理论的数据基础,经常遇到的回吐比率为 0.382、0.5 及 0.618 等。这些也是值得注意的地方。

3. **波浪理论的缺陷**

(1)波浪理论是一套主观分析理论,毫无客观准则。波浪理论家对现象的看法也并不统一。每一个波浪理论家,包括艾略特本人,很多时候都会受一个问题的困扰,就是一个浪是否已经完成而开始了另外一个浪呢?有时甲看是第一浪,乙看是第二浪。差之毫厘,失之千里。看错的后果却可能十分严重。波浪理论的不确定性在风险奇高的股票市场,运作错误足以使人损失惨重。

(2)怎样才算是一个完整的浪,波浪理论也无明确定义,在股票市场的升跌次数绝大多数不按五升三跌这个机械模式出现。但波浪理论家却曲解说有些升跌不应该计算入浪里面,说明力似乎不全。

(3)波浪理论有所谓伸展浪(Extension Waves),有时五个浪可以伸展成九个浪。但在什么时候或者在什么准则下波浪可以伸展呢?艾略特却没有明言,使数浪这回事变成各自启发,自己去想。

(4)波浪理论的浪中有浪,可以无限伸延,亦即是升市时可以无限上升,都是在上升浪之中,一个巨型浪,一百几十年都可以。下跌浪也可以跌到无影无踪都仍然是在下跌浪。只要是升势未完就仍然是上升浪,跌势未完就仍然在下跌浪。这样的理论有什么作用?能否推测浪顶浪底的运行时间其属可疑,等于纯粹猜测。

(5)波浪理论不能运用于个股的选择上。

8.3 技术分析的主要方法

8.3.1 K线分析法

K线又称为日本线或蜡烛线(candlestick line)。K线是日本人最初在米市上用来表示米价的涨跌情况的,后来被引入股市,用来分析股市走势。K线较细腻地表现了交易过程中买卖双方的强弱程度和价格波动状况,是目前股票技术分析的最基本工具。

1. K线的画法

K线由实体、上影线和下影线组成,包含开盘价、最高价、最低价及收盘价等四种价格。K线的画法为:①用两条横线分别标出开盘价和收盘价,然后用竖线将横线连接成一个矩形实体;②将最高价与实体的上端相连,称之为上影线,将最低价与实体的下端相连,称之为下影线;③如收盘价高于开盘价,其实体部分用白色或红色表示(本书用白色表示),称之为阳线;收盘价低于开盘价,其实体部分用黑色或绿色表示(本书用黑色表示),称之为阴线(见图8.3)。

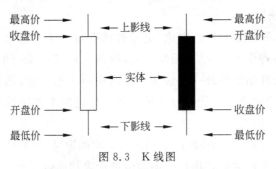

图8.3 K线图

2. K线的基本形状

根据实体和影线的长短,K线主要有以下几种形状。

(1)大阳线与大阴线。大阳线是上下影线均较短的长白实体。实体的长度表明收盘价和开盘价的差距,实体越长,表明买方力量越发强劲。大阳线一般出现在上升趋势中,如果出现在下跌趋势中,也表明买方力量增强,存在反转趋势或反弹的可能。

大阴线是上下影线均较短的长黑实体。与大阳线正好相反,实体越长,表明卖方势力越强。大阴线一般出现在下降趋势里或上升行情转为下降行情时,表明卖方力量强劲(见图8.4)。

(2)小阳线与小阴线。小阳线与小阴线实体均较短,表明价格波动区间狭小。两者通常出现在盘整状态中,而且一般是交替出现。小阳线表示买方力量略强于卖方,小阴线则表示卖方力量稍强(见图8.5)。

(3) 上影阳线与上影阴线。上影阳线表明股价在买方的力量作用下推升至最高位,但受到卖方打压,使股价上升气势受到抑制。实体与上影线的长短表现出买卖双方力量的强弱,实体越长,说明买方势力越强,上影线越长,说明卖方打压力量越大。

上影阴线也表明股价在买方的力量作用下推升至最高位,但卖方力量非常强大,将股价压至最低价收盘。该线实体越长,卖方力量越大。上影线越长越能显示买方的潜在实力(见图 8.6)。

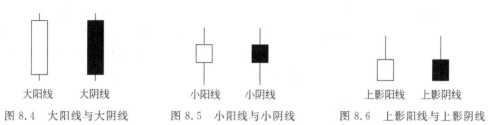

图 8.4　大阳线与大阴线　　　图 8.5　小阳线与小阴线　　　图 8.6　上影阳线与上影阴线

(4) 下影阳线与下影阴线。下影阳线表明开盘后股价曾一度遭到卖方打压至最低价后受到有力支持,股价回升,以当天的最高价收盘,买方获得决定性胜利。该阳线实体越长,买方越强,下影线越长,显示买方有潜在实力。上影线很长的阳线预示股市可能转向下跌。

下影阴线表明开盘后股价被打压至很低,但在低价位遇买盘介入,股价有所回升,但仍未超过开盘价。该线实体越长,卖方力量越强,下影越长,买方力量越强。在下跌趋势中,如出现实体较短,下影很长的下影阴线,同时有成交量配合,那么其很可能是股价反转的信号(见图 8.7)。

(5) 等影阳线与等影阴线。等影阳线表明买卖双方争斗激烈,股价来回震荡不已,最终收盘价高于开盘价,买方获得小胜。通过实体与影线长度的对比,来分析买卖双方力量的对比,如果实体长于影线,表明买方力量仍较强;如果影线长于实体,则表明卖方潜力较大,买方已受挫。

等影阴线类似于等影阳线,差异在于卖方最终略占上风,收盘价低于开盘价。如果实体长于影线,表明卖方力量较强;如果影线长于实体,则表明买方潜力较大,卖方受挫(见图 8.8)。

图 8.7　下影阳线与下影阴线　　　图 8.8　等影阳线与等影阴线

(6) 光头光脚阳线和阴线。没有上影线和下影线的长阳线实体,即为光头光脚阳线;没有上下影线的长阴线实体,即为光头光脚阴线。两者类似于大阳线和大阴线,只不过买方或卖方力量更为强劲一些,光头光脚阳线通常被视为牛市继续或熊市反转形态的一部分,光头光脚阴线则相反(见图 8.9)。

(7) 十字转机线。十字转机线指收盘价与开盘价相同的 K 线形态,其常常隐含着大势将转变的意义。根据上下影线的长短或有无,它可分为十字星线、墓碑线、T 型线、一字线四种图形(见图 8.10)。十字星线表明买卖双方几乎势均力敌,但如果十字线的上影线长于下影线,表示卖方力量较强,下影线长于上影线则表示买方力量较强。墓碑线表示当日的开盘价、收盘价、最低价相同。T 型线则表示当日开盘价、收盘价、最高价相同。而一字线表示当日的开盘价、收盘价、最高价、最低价等四种价格均相同。

图 8.9 光头光脚阳线与光头光脚阴线　　　　图 8.10 十字转机线

3．K 线组合形态

了解了单根 K 线的走势特点后,还须将两根、三根及多根 K 线组合起来判断行情,这样才能真正把握股市整体的趋势。由于 K 线的种类较多,再将两根至多根 K 线组合在一起,就可演化出几十种乃至上百种不同的组合。下面以一些比较典型的三日 K 线组合形态为例,了解 K 线组合的基本判断技巧。

(1) 早晨之星。在股市中,K 线图上的早晨之星即预示着跌势将尽,大盘处于拉升的前夜,行情摆脱下跌的阴影,逐步走向光明。

早晨之星一般由 3 个交易日的 3 根 K 线构成,如图 8.11 和图 8.12 所示。

第一天,股价继续下跌,并且由于恐慌性的抛盘,出现一根巨大的阴线。

第二天,跳空下行,但跌幅不大,实体部分较短,形成星的主体部分。构成星的部分,既可以是阴线,又可以是阳线。

第三天,一根长阳线拔地而起,价格收复第一天的大部分失地,市场发出明显的看涨信号。

图 8.11 为 k 线组合中出现的"早晨之星"见底模式。注意 2012 年 3 月 30 日前后的 3 根 K 线:3 月 29 日,长城信息(000748)在承接前一日跌势之后继续惯性下滑;第二日股价在 3 月 29 日收盘价附近 5.21 元开盘,尾市收盘在 5.22 元,第 3 日的高开高走伴随着成交量的放大。早晨之星揭示了股价翻转向上的信号,在随后的交易中再次证明该反转信号的有效性,2012 年 4 月 23 日该股出现涨停,并创出阶段性新高 6.71 元。

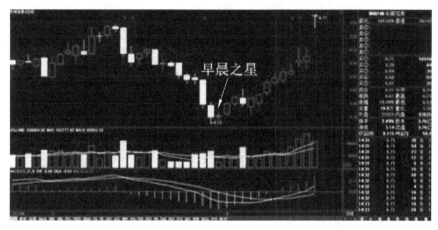

图 8.11 早晨之星（一）

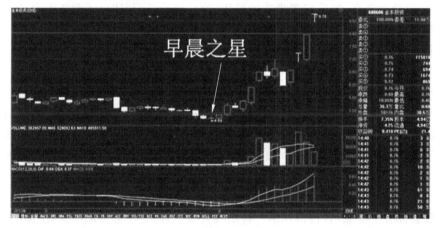

图 8.12 早晨之星（二）

图 8.12 为金丰投资（600606）2012 年 3 月 29 日的一根中阴线，3 月 30 日一颗跳空低开的十字星和 4 月 5 日跳空长阳一起构成一组"早晨之星"形态。首先我们看到形态之初，即下跌末期的阴线是缩量的，其次形态随后的阳线实体也比较长。

（2）黄昏之星。黄昏之星也称墓星，其形成过程含义正好与早晨之星相反。"夕阳无限好，只是近黄昏"。夕阳西下，黄昏之星来临，夜幕随之降临。因此，黄昏之星形态，代表市势可能回落，卖出的时候到了。

黄昏之星由 3 根 K 线组成，如图 8.13 所示。

第一天，市场在一片狂欢声中继续涨势，并且拉出一根长阳线。

第二天，继续冲高，但尾盘回落，形成上影线，并且拉出一根长阳线。

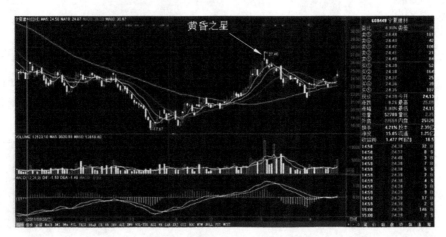

图 8.13 黄昏之星

第三天,突然下跌,间或出现恐慌性抛压,价格拉出长阴,抹去了前两天大部分走势。黄昏之星充当顶部的概率非常高,在牛市后期,要特别警惕这种反转信号。

图 8.13 是宁夏建材(600449)2012 年 3 月 5 日出现的黄昏之星,结合走势来看,此十字星充当了股票阶段性的顶部,十字星的反转信号应该受到重视。

(3) 连续三阳

① 图 8.14(a)是由三条几乎相同的中长阳线组成,表明买方占绝对优势,但由于连续三日都以中或长阳出现,表明涨幅已大,会有大量获利盘回吐,可考虑暂时卖出观望。这种阳线三条型出现的次数很少,只有上市公司业绩大幅度提高或有其他特大利好时才出现。

② 图 8.14(b)是由三根连续的阳线组成,但阳线实体的长度越来越小,并伴有上、下影线出现。此种形态表明,行情在第一日出现大涨后,随之涨势逐渐减弱,虽第二、三日仍以阳线收盘,但跟进的买盘力量不大,且卖方力量在逐渐加强,可暂时退出观望。

(4) 连续三阴型

① 图 8.15(a)由三根连续中长阴线组成。这种情况在整个股市或单个股票有大的利空情况下出现。卖方借利空大量抛出股票,行情一路下跌,造成连续三根阴线,市场笼罩在悲观气氛中。不过,由于连日下跌,股价价位已偏低,投资者卖出股票的意愿逐渐减弱,其心态日趋平静,过一段时间市场将酝酿一段反弹,但反弹的高度短期内不会太高。

② 图 8.15(b)是由三根实体逐渐减小的连续阴线组成。这种情况表明股市经过一段跌势后,第三根阴线的开盘价高于第二根阴线的收盘价,而且股价未创新低,明显看出由于卖方的能量已经释放殆尽,下跌态势已经遏止,不久买方很可能将进场组织一轮反弹行情。

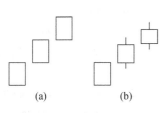
图 8.14　连续三阳型

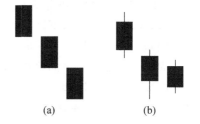
图 8.15　连续三阴型

(5) 两阳夹一阴

① 图 8.16(a)属于下跌抵抗型。两根阳线虽然夹击一根阴线,但第三根阳线的股价又创新低,表明买方力量不大。只是抵抗,卖方还是占据上风。

② 图 8.16(b)属于上升抵抗型。两根阳线夹击一根阴线,第三根阳线又创新高,表明买方的力量较强大。此形态若出现在上升阶段,第二根阴线只不过是上涨途中的回档洗盘,随即行情很可能将步入强势。

(6) 两阴夹一阳

① 图 8.17(a)属于下跌抵抗型。两根阴线夹击一根阳线,而且第三根阴线收盘价和最低价均创新低点,表明买方虽然在下跌时进行抵抗,但终究卖方势力过于强大而失败,行情仍将进入跌势。

② 图 8.17(b)属于上升抵抗型。中间阳线比前一根阴线长,表明买方力量已增强,而第三根阴线比阳线要短,表明卖方力量已减弱,预示行情可能还将向上。

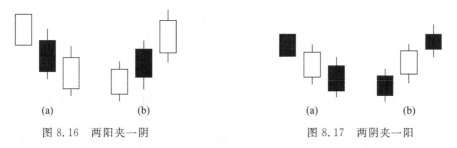

图 8.16　两阳夹一阴　　　　　　　　图 8.17　两阴夹一阳

(7) K 线缺口

① 缺口的概念。缺口是指相邻的两根 K 线间没有发生任何交易,由于突发消息的影响,或者投资者比较看好或看空时,股价在走势图上出现的空白区域,这就是跳空缺口。相对的,缺口一般都会被未来的股价的变动封闭,称之为补缺。

② 缺口的意义。缺口的出现是多空方力量对比悬殊的表现,而补缺是双方力量发生转变的结果。从技术分析来说,分析缺口是很重要的,投资者可以从中根据缺口的部位以及大小等来预测股价的走势,寻找最佳的买入和卖出时机。

③ 缺口的类型。缺口可分为：上升缺口和下降缺口。上升缺口是指在上升过程中形成的缺口，表示趋势较强；下降缺口表示下降过程中形成的缺口，表示趋势较弱。正向缺口和反向缺口。正向缺口表示股价跳空的方向与股价运行整体趋势相同；反之，为反向缺口。正向缺口将加强原来的趋势，而趋势下跌时的反向缺口意味着反弹或反转，趋势上行时的反向缺口意味着回调或见顶。

还可分为普通缺口、突破缺口、持续缺口、竭尽缺口。普通缺口常出现在股价整理形态中，特别是矩形和对称三角形中。它的特征是股价跳空，但是并未改变股价整理形态，仍然是盘局，并且缺口在短期内就会被封闭。出现普通缺口，几乎没有技术操作上的意义。

突破缺口是指股价破了盘整区域的界限，向上或者向下跳空所形成的缺口。当股价跳出盘整区域并产生缺口，表明股价走势已经突破盘局，将向突破方向推进，同时突破的盘整区域成为支撑区或者阻力区。在技术分析时，如果出现有向上突破缺口，表明将有一段上升的行情，可以迅速买入，如果有向下突破缺口，表明将有一段下跌的行情，可以迅速出逃。

持续性缺口是指股价连续两天或两天以上留下的跳空缺口。如果在上升过程中出现连续缺口，则表明大盘或个股正处于加速上涨阶段，是一轮行情的主升浪，投资者要把握这种难得的机会，在上涨途中不要匆忙卖出。但是这种上涨要消耗巨大的能量，当上涨乏力时极易形成头部，投资者需要果断卖出。而下跌的连续缺口需要区别对待。这种情况比较容易出现在因为资金链断裂而跳水的庄股，或者遭遇重大利空打击或者即将退市的股票中。如果连续下跌缺口是出现在整体指数方面的时候，情况另当别论，因为股市整体跳水式下跌是一种不正常的现象，是一种非理性的严重暴跌，这种跌势的持续时间是不可能延长的，而且非理性的暴跌极易引发强劲的反弹或反转行情。

竭尽缺口是连续缺口后的最后一个缺口，表示做多或做空的动能已经过度消耗，行情发展已是强弩之末，预示见底或见顶的行情即将来临。

④ 缺口的判断。普通缺口与竭尽缺口都会在几天之内被封闭，由缺口所在位置极易分辨此两类缺口。

普通缺口与突破缺口发生时都会由密集的盘整形态为陪衬，前者没有脱离形态而后者则是股价已经脱离盘整形态；持续缺口则没有密集形态伴随，而是在股价急速变动中，也就是在行情上升或者下降途中出现。

突破缺口表明一种股价移动的开始，持续缺口是股价快速移动或者接近于中点的标志，竭尽缺口则是股价移动已经接近尾声或者到达终点的信号。前两种缺口可以借助股价形态和它们所处的位置来辨认，而竭尽缺口则很难立刻分辨和确认出来。

⑤ 缺口的运用。持续缺口与突破缺口在较长时间内不会被封闭，从时间跨度上看，普通缺口较竭尽缺口更容易被封闭，突破缺口则要比持续缺口需要更长的时间。

向上突破的缺口产生后,如短期内这缺口不被封闭,并且如果股价有加速上升的势头,表示股票上升信号非常强烈,可以迅速买入,如果股价缓慢上升,积极的投资者可以买入。持续缺口产生后,可以继续持股,并且根据缺口的位置预测未来股价可能到达的位置,在到达此股价前分批抛出股票。竭尽缺口出现后,则应该立即卖出所有股票。

股价向下跳空形成突破缺口时,应该全部卖出股票,直到股价出现反转。

⑥ 缺口理论与成交量的综合运用。出现向上突破的缺口后,成交量明显放大,可以加强缺口的可信度,可以立即买入。向下突破缺口则不需要大的成交量。

在上升或者下跌中途的缺口发生当天或者次日的成交量突然很大,而且预料短期内不容易维持或者再扩大成交量,则可能是竭尽缺口而不是持续缺口,应该立即卖出股票。

在下跌途中,缺口发生当日出现向下跳空 K 线,成交量极度萎缩,此缺口为竭尽缺口,应该卖出。

缺口理论更适合做中长期的操作,在短期内可信度并不高。

8.3.2 切线分析方法

切线理论是用画辅助线的方法寻找股价运动的规律和未来运动的方向,从而使投资者对股价的变动趋势进行科学预测,选择买卖时机。切线理论中的切线主要包括趋势线、通道线等。

1. 趋势线

(1) 趋势的含义和类型。

① 趋势的含义。趋势就是指价格波动在一定时期内保持的总体发展方向,或者说是证券市场运动的方向。价格运动轨迹就像一系列前赴后继的波浪,趋势就是由一系列连绵不断的波峰与波谷构成的,在技术分析中,趋势分析是较为重要的内容,顺势而为就是技术分析的目的。

② 趋势的方向。趋势从其发展的方向看,可分为上升方向、下降方向和水平方向三种(见图 8.18)。如果价格波动图形中后面的峰与谷都高于前面的峰与谷,则表明趋势是上升方向。如果图形中后面的峰与谷都低于前面的峰与谷,则表明趋势是下降方向。如果价格图形中后面的峰与谷和前面的峰与谷相比没有明显的高低之分,几乎呈水平延伸,则表明趋势是水平方向。

图 8.18　趋势的三种方向图

③ 趋势的类型。按趋势运行的时间分类,趋势分为长期趋势、中期趋势和短期趋势三个类型。

长期趋势是股价变动的大方向,一般持续时间很长,可达半年甚至几年。对于投资者而言,只有了解并掌握了长期趋势,才能真正做到顺势而为。

中期趋势是股价在长期趋势运行过程中进行的调整,它一般不会改变长期趋势的发展方向,是总运动中的局部反方向运动过程,也就是常说的调整和反弹,时间跨度较短。

短期趋势是股价(股市)在短时间内的变动趋势,是对中期趋势的调整。时间一般很短,短则数小时,长则数天。

(2) 趋势线。

① 趋势线的含义。趋势线是表现证券价格波动趋势的直线,它是将一段时间内股价波动的低点或高点依次相连,形成一条向上或向下倾斜的直线。从趋势线的方向中,可以明确地看出价格波动的趋势。趋势线可分为上升趋势线和下降趋势线两种。在上升趋势中,将两个上升的低点连成一条直线,就得到上升趋势线;在下降趋势中,将两个下降的高点连成一条直线,就得到下降趋势线(见图 8.19)。

② 趋势线的作用。对股价未来的变动起约束作用。趋势线使股价总是保持在这条线的上方(上升趋势线)或下方(下降趋势线)。实际上,就是起支撑和压力作用。此外,趋势线还对股价的走势起到反转作用。趋势线被有效突破后,就预示着股价的下一步的走势将要反转方向。越重要、越有效的趋势线被突破后,其反转的信号越强烈。被突破后的趋势线原有的支撑和压力作用将会相互交换,原来的支撑线现在起压力作用,原来的压力线将起支撑作用,如图 8.20 所示。

图 8.19 上升和下降趋势线

图 8.20 趋势线被突破后的转向作用

(3) 支撑线与压力线。趋势线在性质上又可分为支撑线和压力线。

① 支撑线与压力线的含义。支撑线是股价在下跌到某一价位时,买盘增强,需求量增长,这个使股价受支撑的位置称为支撑位,从这个价位引一条水平线就称为支撑线。

阻力线则是股价上涨到某一价位时,投资者纷纷抛售,阻止了股价的进一步上扬,这个使股价受到压力的位置称为压力位,从这个价位引一条水平线就称为压力线。

② 支撑线与压力线的作用。支撑线起着阻止或暂时阻止股价继续下跌的作用;而压力线起着阻止或暂时阻止股价继续上升的作用。不过,支撑线和压力线迟早会有被突破的可能,它们不足以长久地阻止股价保持原来的变动方向,只是使之暂时停顿而已。

支撑线和压力线有时成为重要的趋势转折线。当一个长期的涨势受阻于某一压力位时,上升趋势就会处于极为关键的时刻,一旦随后的走势无力攻克前一压力位,则会演变成各种反转形态(如 M 头、三重顶等)或盘整形态,反之亦然(见图 8.21)。

③ 支撑线与压力线的相互转化。一条压力线被市场有效突破后,股价会上升,当股价再次下跌到该线时,该压力线将转化为支撑线。一条支撑线被市场有效跌破后,股价会

下跌,当股价再上升到该线时,该支撑线将转化为一条新的压力线(见图8.22)。

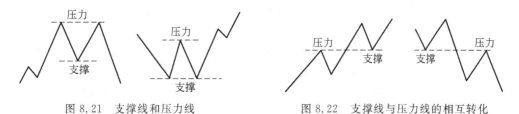

图8.21 支撑线和压力线　　　　图8.22 支撑线与压力线的相互转化

2. 通道线

通道线又称轨道线或管道线,它分为上升通道和下降通道(见图8.23)。在上升趋势上寻找其波动的第一个高点,以这个高点向上画一条与上升趋势线平行的直线,两者合称为上升通道。在下降趋势上寻找其波动的第一个低点,以这个低点向下画一条与下降趋势线平行的直线,两者合称为下降通道。

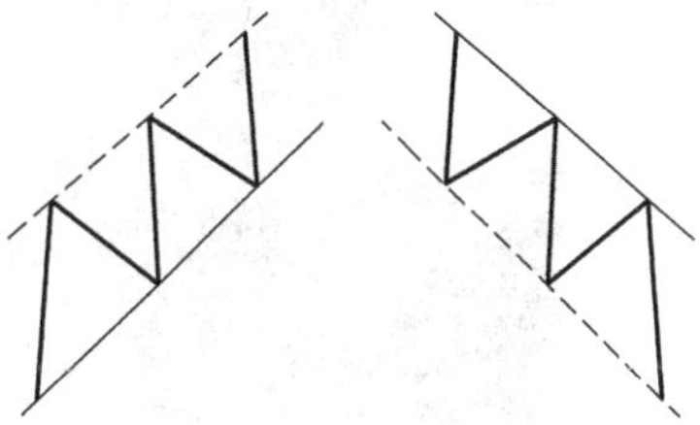

(1) 通道线的作用

① 限制价格的变动范围。一个通道一旦得到确认,在一定时间内,价格将在这个通道里变动。如果

图8.23 上升通道和下降通道

通道上面的或下面的直线被突破,就意味着价格将有一个大的变化。

② 趋势转向的预警。如果在一次波动中未触及通道线,离得很远就开始掉头,这往往是原有趋势将要改变的信号,因为市场已经没有力量继续维持原有的上升或下降的规模了。

投资者应利用通道一方面观察通道的变化,另一方面决定何时在通道内买入或卖出。在一个确定的上升通道中,价格回落到趋势线时,是买入的时机,而股价升到上升通道线时,便是短线获利了结的时机,反之亦然。

(2) 通道线的突破。当通道线被市场快速、有效突破后,并不是趋势反向的开始,而是原来趋势加速的开始。即原来的趋势线的斜率将会增加,趋势线的方向将会更加陡峭。上升通道的上线被突破后,应是加码买入的好机会;下降通道的下线被突破后,则是卖出的好机会。

3. 黄金分割线

(1) 什么是黄金分割线。黄金分割线是股市中最常见、最受欢迎的切线分析工具之一,主要运用黄金分割来揭示上涨行情的调整支撑位或下跌行情中的反弹压力位。不过,黄金分割线没有考虑到时间变化对股价的影响,所揭示出来的支撑位和压力位较为固定,投资者不知道什么时候会达到支撑位与压力位。因此,如果股价指数或股价在顶部或底部横盘运行的时间过长,其参考作用则要打一定的折扣。但这丝毫不影响黄金分割线为使用切线工具的作用。

黄金分割线就是利用黄金分割比率进行的切线画法,在行情发生转势后,无论是止跌转升或止升转跌,以近期走势中重要的高点和底点之间的涨跌额作为计量的基数,将原涨跌幅按 0.189 1、0.382、0.5、0.618、0.809 分割为 5 个黄金点,股价在反转后的走势将有可能在这些黄金分割点上遇到暂时的阻力或支撑。黄金分割率的原理源自弗波纳奇神奇数字(即大自然数字)。黄金分割率中运用最经典的数字是 0.382、0.618,极易产生支撑和压力(见图 8.24)。

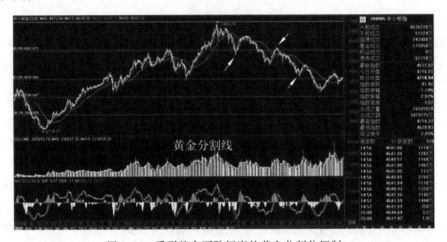

图 8.24 受到整个下跌幅度的黄金分割位压制

(2) 对上涨途中的调整行情分析。假设一只上涨的股票,有 10 元涨到 15 元,呈现一种强势,然后出现回调,那么在会调的过程中,黄金分割率 0.382 位的价格为 13.09 元,0.5 位的价格为 12.50 元,0.618 位的价格为 11.91 元,就是该股的三个支撑位。

如果股价在 13.09 元附近获得支撑,该股强势不改,后市突破 15 元创新高的概率较大。若创了新高,该股就运行在第三主升浪中。那能冲到什么价位呢?用一个 0.382 价位即(15－13.09)＋15＝16.91 元,这是第一压力位;用两个 0.382 价位(15－13.09)×2＋15＝18.82 元,为第二个压力位;第三个压力位为 10 元的整数倍即 20 元。

如果该股从 15 元开始下调至 12.50 元附近获得支撑,则该股的强势特征已经趋淡,后市突破 15 元的概率一般,若突破,高点一般能达到一个 0.382 价位即 16.91 元左右;若不能突破,往往形成 M 头,后市行情将趋于走弱。

如果该股从 15 元下调至 0.618 位即 11.91 元,甚至更低才获得支撑,则该股已经由强转弱,破 15 元再创新高的可能性较小,大多仅上摸下调空间的 0.5 位附近(假设回调至 11.91 元,反弹目标位大约在(15－11.91)×0.5＋11.91＝13.46 元,然后再行下跌,运行该股的下跌 C 浪。大约下跌的价位是 11.91－(15－13.09)＝10 元,是第一支撑位,也是前期低点;11.91－(15－13.09)×2＝8.09元,是第二支撑位)。

(3) 对下跌途中的反弹行情分析。假设一只下跌的股票由40元跌至20元,然后出现反弹,黄金分割率的0.382位为27.64元;0.5位为30元;0.618位为32.36元。

如果该股仅反弹至0.382位27.64元附近即遇阻回落,则该股的弱势特性不改,后市下破20元创新低的概率较大。

如果该股反弹至0.5位30元遇阻回落,则该股的弱势股性已经有转强的迹象,后市下破20元的概率一般。大多在20元之上再次获得支撑,形成w底,此后逐步恢复强势行情。

如果反弹至0.618位32.36元附近才遇阻回落,则该股的股性已经由弱转强,后市下破(32.36－20)×0.5＋20＝26.18元,然后再逐步走强。

黄金分割法对具有明显上升或下跌趋势的个股有效,对平台运行的个股无效,使用时需要加以区分。

4. 百分比线

百分比线考虑问题的出发点是人们的心理因素和一些整数的分界点。

当价格持续上涨,肯定会遇到压力,遇到压力后,就要回调,回调的位置是很重要的。百分比线同样可以提供一些参考价位,见图8.25。

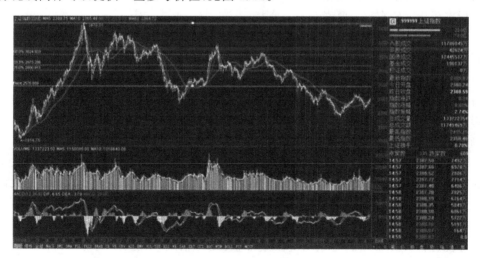

图8.25 百分比线

以一轮上涨行情开始的最低点和最高点两者之间的差,分别乘上几个特别的百分比数,就可以得到未来支撑位出现的位置。这些百分比数一共有九个,它们分别是:1/8、1/4、3/8、1/2、5/8、3/4、7/8、1/3、2/3。

在这些百分比线中,1/2、1/3、2/3这三条线最为重要。在很大程度上,回落到1/2、

1/3、2/3是投资大众的一种倾向心理。如果没有回落到1/2、1/3、2/3以下,投资者就感觉没有回落到位似的;如果已经回落到1/2、1/3、2/3,多数投资者就会认为回落的深度已经到位了。

之所以用分数表示,是为了突破整数的习惯。这九个数字中有些很接近,如3/8和1/3、2/3和5/8。在应用时以1/3、2/3为主。

对于下降行情中的向上反弹,百分比线同样也适用。其方法与上升情况完全相同。

值得注意的是:百分比线中有几条线非常接近或等于黄金分割线。如百分比线3/8＝37.5%与黄金分割线0.382非常接近;1/2等于黄金分割线的50%。实际应用中,这几条线可以互相替代,并且有很高的使用价值,每当行情运行到这一带时常常会遇到阻力或遇到支撑。这是百分比线应用中的一种特殊情况。

8.3.3 形态分析方法

1. 形态概述

股价形态是记录股票价格表现为某种形状的图形。这种形状的出现和突破,对未来股价运动的方向和变动幅度有着很大的影响作用,投资者可以从某些经常出现的形态中分析多空双方力量对比的变化,找出一些股价运行的规律,借以指导其投资活动。

形态分析一般有五个要素。

(1) 形态构成。形态构成是指对形态出现的位置、形状姿态等方面的具体要求,有哪些标志,不能想当然地看着像,就认为是某个形态。

(2) 成交量在形态中的表现。通过形态的形成过程就可以看出投资者的情绪,股价运行到关键位置,市场参与者对它的认可程度都可以通过成交量反映出来。所以,成交量是形态分析中必不可少的确认条件。如果不符合相应成交量的要求,就有可能是主力庄家画的图形,进而成为埋葬技术分析人士的陷阱。

(3) 颈线及其突破。颈线就是股价的平衡点位置划出的一条线。股价在颈线之上说明正在构筑形态的过程中,突破颈线当日或刚刚突破不久,说明平衡已经打破,至此确认整个形态完成。

(4) 买卖原则。不同的形态有不同的买卖原则,但只有当有利于自己的交易机会出现时才能进行买卖,所以形态的买卖位置在哪里必须清楚,不能有一丁点含糊。

(5) 预测作用。形态完成之后,本身对趋势会起到确认作用,或持续或反转。但同时由于形态历经时间较长,震荡幅度较大,筹码相对较为集中,这样在形态完成前后介入的投资者对股价未来上涨或下跌会有一个预期,所以依据形态对股价的后期走势还能起到一定的预测作用。

股价形态主要分成两大类:一类是反转形态。这种形态表示股价的原有走势将要逆转,也就是将要改变原先的股价走势方向,例如,原来的上升趋势变成下降趋势,或原来的下降趋势将变成上升趋势。反转形态的典型图形有头肩形、双重形、三重形、圆形和 V 形等。另一类是调整形态。这类形态显示股价走势将要停顿下来做一些休整,并不改变原先的股价走势,经过一段时间的盘整,股价可能继续向原先的走势发展。调整形态的典型图形有三角形、旗形、矩形和楔形等。

2．反转形态

（1）顶部反转形态。顶部反转形态是股价形态中最重要的卖出形态,它在一定程度上可以发出股价走势已经到顶、即将反转向下的信号,这对于投资者判断股价走势、确定卖出时机有很大的帮助。一般而言,顶部反转形态主要包括头肩顶、双重顶、三重顶、圆弧顶和 V 形顶五大类。

① 头肩顶。头肩顶形是一个典型的股价见顶形态,由一个最高点（头）和两个次高点（左肩和右肩）组成,如图 8.26 所示,有时也会出现两个最高点或两个左肩和两个右肩,这称为复合头肩顶形,在头肩顶形中,由两个或多个峰底连成的支撑线被称为颈线。颈线一旦被跌破,而且回抽未再超过颈线,头肩顶形反转形态便确立。

在头肩顶形的图形中,交易量从左肩到右肩一直呈下降趋势,尤其是右肩形成后,交易量会有明显的下降,显示市场主力开始退出,股市买气减弱。当股票的收盘价跌破颈线幅度超过股票市价的 3%时为有效突破,这时成交量不一定放大,但反弹至颈线附近成交量会放大,并且在以后的下跌过程中成交量会放大。投资者可在右肩形成后卖出手中持有的股票,颈线跌破时,继续卖出,直至清仓。

② 双重顶。双重顶也称 M 头,一般是由两个高点和一个低点构成,是股市中一种较为常见的反转形态,图 8.27 是这种形态的简单形式。从图中可以看出,这种形态一共要出现两个顶和一个底,也就是要出现两个高点和一个低点,以低点所作的水平线称为颈线。

图 8.26　头肩顶

图 8.27　双重顶

双重顶的形成是股价从底部启动,经过一段涨势后股价攀升至第一个高点附近开始回落,跌至低点企稳后再度冲高,但由于力量不够,在前期高点附近遇到压力又见顶回落,在颈线位附近没有获得支撑,股价从此一路下跌,整个下跌趋势基本形成。

当第二个高点形成后,即是卖出的信号,颈线的突破是卖出的强烈信号。当股价以收盘价向下跌破颈线超过股票市价的 3%时,是有效突破,股价突破双重顶的颈线无须成交量放大，但以后继续下跌时，成交量会放大。颈线一旦被跌破，就成了股价反弹的压力线。在理论上，股价下跌幅度至少为峰顶至颈线的垂直距离。

③ 三重顶。三重顶形态也是比较常见的顶部反转形态之一，它是双重顶和头肩顶的扩展形式，如图8.28所示。从图中可以看出，这种形态一共要出现三个顶和两个底，以两个低点中的最低点所作的水平线称为颈线。

股价从底部启动，经过一段涨势后股价攀升至第一个顶点附近开始回落，跌至第一个低点后再度冲高，到达第二个高点附近，这时抛盘压力开始增大，股价再度下跌，股价跌至第二个低点附近后再度企稳回升，随着新的买盘介入，股价再次冲高，但涨到前两个高点附近时，由于买盘不济，股价创出第三个高点后，再次下跌，跌至颈线位附近，由于主力已经完成出货任务，股价失去主力关照，因此股价立刻再次掉头向下，跌破颈线，股价跌破颈线位一定幅度后（一般为5%～10%），由于还有一些中小主力没有来得及出货，股价重新反抽颈线位，但由于大部分主力已经完成出货，因此，股价没能向上突破颈线位，股价再次下跌并加剧了市场上的悲观气氛，投资者纷纷卖出股票，股价开始大跌，三重顶形态形成。

三重顶形态中的颈线位在实战中具有重要的参考意义。股价在颈线以上就有强劲的支撑，可以持股或买入股票；股价一旦有效向下突破颈线位，应及时卖出股票或持币观望，而且这条颈线位就会对股价的反弹构成较强的压力。当股票的收盘价向下跌破颈线幅度超过3%以上幅度，并有比较大的成交量放出，而且不能在3个交易日内重新站上颈线，为有效跌破。颈线位一旦被有效跌破，股价将开始进入一个较长时期的下跌过程。

④ 圆形顶。圆形顶也叫圆弧顶、蝶形顶，如图8.29所示。圆形顶形态的各个顶高度相差无几而且数目较多。它的形成主要是股价经过一段快速而比较大的涨势，上升到一定高度后，买卖双方势均力敌，使股价维持一段时间的盘局。但随着买卖双方力量的转化，卖方力量逐渐占据优势，股价由刚开始的慢慢下滑逐渐演变为大幅下跌，股价走势构成了一个向下的圆形顶。

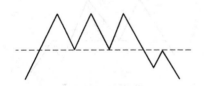

图8.28 三重顶

图8.29 圆形顶

圆形顶形态的走势多属于爆发行情产生后的反转行情，在形成圆形顶之前，股价涨势比较凶猛快速，圆形顶形成后，其出货的周期远远大于拉升的周期，最少的也要在1个月以上，最长的可超过半年的时间，而且圆形顶形态形成的周期越长，其以后的反转力度越大。

就成交量而言，圆形顶在形成过程中往往会两头多，中间少，即在股价拉升后期圆形顶形成之初,成交量会急剧放大,随后成交量慢慢递减,而到达顶部时成交量达到最少。当圆形顶形态在向下反转时成交量又会放大,但比圆形顶形成之初时的量要少。

⑤ V形顶。V形顶是表示股价走势在上升趋势中变化幅度较大,速度较快的一种形态,如图8.30所示。

从图中可以看出,这种形态是股价在很短时间内攀升到一定高度后形成顶部,然后又在较短时间内急速下跌,形成类似倒写的英文字母V的一种股市反转形态。它是一种较难把握的走势发展形态。

图8.30 V形顶

当股价在经过短期快速拉升后,其K线形态出现大阴线或上影线很长的K线时,如果成交量也明显放大,投资者就应开始卖出股票。

(2) 底部反转形态

① 头肩底。头肩底是一种典型的进货形态,如图8.31所示。从图可知,和头肩顶形态相反,这种形态一共出现三个底,即三个不同的低点。一般而言,中间的低点比两边低点低,是最低点,也被称为头,左侧的低谷称为左肩,右侧的低谷称为右肩,头部两侧高点连接而成的直线称为颈线。在头肩底形图形中,就成交量而言,左肩的成交量最小,头部次之,右肩特别是突破颈线位时的成交量最大。

当股价的收盘价向上突破颈线幅度超过3%以上,并伴有大的成交量配合时,为有效突破。颈线一旦被有效突破,股价将进入一个较长的上涨时期。一般情况下,股价在完成突破后,都有一个向下回落以确认颈线是否有效突破的动作。而股价只要不跌破颈线就会很快加速向上扬升,投资者应抓住这最好的中短线机会,增加持仓量,进行全面投资。

② 双重底。双重底也叫W底,是指股价连续两次下跌的低点大致相同的形态,如图8.32所示。从图中可以看出,和双重顶相反,这种形态一共出现两个底和一个顶,通过两底之间的高点画一条与两底平行的直线,即为颈线。当股价有效向上突破颈线时,双重底形态形成。

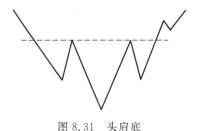

图8.31 头肩底

图8.32 双重底

双重底是股价见底的一种反转形态,当第二个低点形成后,便是买进的信号,颈线的突破是买进的强烈信号,当股价的收盘价向上突破颈线幅度超过 3% 以上,并伴有大的成交量配合时,为有效突破。颈线一旦被有效突破,股价将进入一个较长的上涨时期。

③ 三重底。三重底图形一般是由底部的三个高度相近的低点和顶部的两个高度相近的高点构成。这种形态一共出现三个底和两个顶。图 8.33 是这种形态的简单形式,它的形成与三重顶相反。

与前述头肩底和双重底形态一样,三重底形态的有效突破也是根据突破颈线幅度和成交量来加以判断的。当股价的收盘价向上突破颈线幅度超过 3% 以上,并伴有大的成交量配合时,为有效突破。颈线一旦被有效突破后,股价将进入一个较长的上涨时期。

一般情况下,股价在完成颈线突破后,都有一个短暂的向下回落过程(一般为 3 个交易周期时间),确认颈线是否有效突破。而股价只要不跌破颈线就会很快加速向上扬升,投资者应抓住这最好的中短线机会,增加持仓量,进行全面投资。

④ 圆形底。圆形顶也叫圆弧底、蝶形底、碗形底,如图 8.34 所示。从图中可以看出,将股价在一段时间的底部若干个局部低点用折线连接起来,就可以得到一条类似于圆弧的不规则弧线,这条弧线托在股价下面,这样就得出圆形底。

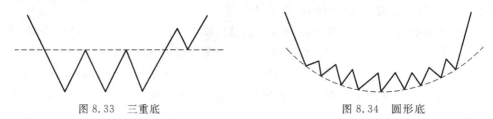

图 8.33 三重底　　　　图 8.34 圆形底

它的形成主要是股价经过一段快速而比较大的跌势,下跌到一定幅度后,卖盘逐渐减少而买盘也不是很多,股价维持较长一段时间的盘局。但随着买卖双方势力的转化,主动性买盘开始介入,买方力量逐渐占据优势,股价由刚开始的慢慢上升逐渐演变为大幅上涨,股价走势就构成了一个向上的圆弧底形。

圆形底形态的未来股价走势没有精确测量方法,对于投资者来说,在股价刚刚探底企稳的初期到圆形底还没有形成之前的这段走势中,投资者应持币观望;而在圆形底的底部形态形成以后,投资者不要轻易买卖股票做短线,而应以分批建仓为主;在圆弧底向上突破的形态形成时,投资者则应积极买入股票或持股待涨。

股市有句谚语"横有多长,竖有多高",如果圆形底在底部形成过程中的盘整时间越长,它上涨的可能性和力度会越大。另外,圆形底也可以结合均线理论分析,这样会更加准确可靠。

⑤ V 形底。V 形底是股市不常见的一种反转形态,它一般出现在激烈动荡的市场

中。如图 8.35 所示，V 形底的形成是股价从顶部下跌，经过一段较长时间的大幅下跌之后，股价下跌至最低点附近，然而股价再无力下跌，股价在低位稍做停留之后，便在消息面和成交量的配合下快速攀升，形成类似于英文字母 V 的一种股市反转走势。

V 形底的反转事先没有明显的征兆，一般是在市场将出现比较大的利好条件或短期内股价跌幅太大的情况下产生的，因此，投资者只能从成交量和股价的涨幅程度来分析判断。当股价在经过一段时间的大幅下跌后，其 K 线形态出现大阳线或下影线很长的 K 线时，如果成交量也明显放大，投资者就应开始考虑买入股票。

图 8.35　V 形底

3．整理形态

股价走势在上升或下降过程中，有时需要休整一下，在图形上就形成了整理形态，然而这种调整形态并不改变原来股价走势的方向。由于技术力量的变化和不同，整理形态会形成各种不同的形态。

（1）三角形。三角形整理形态是股市整理形态中最常见的一种形态。当股价上涨或下跌到一定区域时，就开始进入技术性盘整，形成一个价格震荡密集区，有时开始是上下振荡幅度很大，随之越来越窄，从形态看，犹如三角形，如图 8.36 所示。依据振荡的特点和方向的不同，三角形形态又可以分为对称三角形和直角三角形两大类。

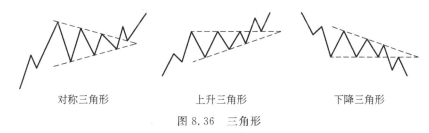

对称三角形　　　　　上升三角形　　　　　下降三角形

图 8.36　三角形

① 对称三角形。在股价盘整中买卖双方的力量均衡，最高价渐次降低，最低价渐次提高，交易量也相应萎缩，从而形成了对称三角形形态。

在股价长期运动途中形成对称三角形后，股价未来的运动方向最大的可能是沿原有的大趋势运动。因此，在实际操作中，投资者应"顺势而为"，上升的对称三角形向上突破后应持股待涨，下降的对称三角形向下突破后应持币观望。

对称三角形的有效突破是以股价的收盘价为准。在上升趋势中，当股价的收盘价突破了三角形上边的压力线并有一定的涨幅（一般为超出三角形上边线的 3% 左右），同时伴随着成交量放大的情况下，可初步确认对称三角形的向上突破有效；在下降趋势中，当股价的收盘价跌破了三角形下边的支撑线并有明显跌幅（一般为超出三角形下边线的 3% 左右），可初步确认对称三角形向下突破有效。

② 直角三角形。它是由一条水平线与另一条斜线在顶端相交而成,可分为上升三角形和下降三角形两种。

上升三角形是股价上升趋势的中途整理形态,表现为最高价基本为同一水平线,最低价渐次提高,成斜边向上的直角三角形状。在上升三角形中压力线是水平的,压力始终都是一样,没有变化,而支撑则是越撑越高。由此可见,上升三角形比起对称三角形来,有更强烈的上升意识。通常以三角形的向上突破水平压力线作为这个上升三角形过程终止的标志,这种图形是显示买进的信号。

下降三角形通常发生在下跌趋势中,它的基本内容与上升三角形相似,只是方向相反,这种图形是显示卖出的信号。

直角三角形的共同点是都可能有反抽,突破后上涨或下跌的幅度是第一个顶点或第一个低点到水平线的垂直距离。

(2) 矩形。矩形一般是出现在股价上升或下降中途的一种整理形态,如图 8.37 所示。在矩形走势中,当股票价格上升到某一水平时遇到较大的阻力而掉头向下,但很快股价又在某一价位获得支撑而回升,回升到上次高点时再一次受阻,而当股价再次下跌到前期低点时又会再次获得支撑。将这些高点和低点分别连接起来,就可以得到一个近乎水平的价格轨道。这一轨道呈水平方向发展,即为矩形形态。矩形上边高点的连线为矩形整理的压力线,下边低点的连线为矩形整理的支撑线。

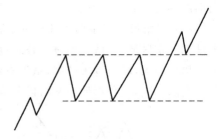

图 8.37 矩形

矩形整理形态突破的方向取决于多空双方力量的对比。在股价突破后有时会出现反抽来确认突破是否有效。随后股价仍按照原有趋势的方向运动。股价向上突破整理形态后,矩形上边的界线将变成支撑线;而股价向下突破整理形态后,矩形的下边界线将变成压力线。

和对称三角形整理一样,在上升行情中,突破矩形整理形态的成交量将会明显放大,而在下跌行情里,股价向下突破则不需要成交量的明显放大。

矩形与其他大部分整理形态不同,它为投资者提供了"短线炒作"的机会,如果矩形的宽幅比较大,而在矩形形成的早期,又能够预计出价格将按矩形进行整理,那么就可以在价格接近矩形的下界线附近买入,在矩形的上界线附近抛出,来回作短线的进出。如果矩形的上下界线的距离比较远,这种短线的收益是相当可观的。

(3) 旗形。旗形是在股价急速上升或下跌的中途出现的一种整理形态。股价急速上升或下跌的过程像旗杆,当股价进入盘旋整理阶段时,买卖双方中仍有一方占据上风,使股价逐步上升或下跌,形成近似平行四边形的旗面。旗形形态根据股价运动方向的不同可分为上升旗形和下降旗形两种,如图 8.38 所示。

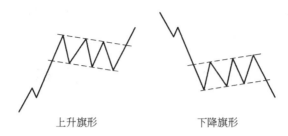

图 8.38　旗形

上升旗形的形成主要是股价经过一段短暂而急速的升势后,开始小幅盘跌,一波比一波低,形成向下倾斜的小平行四边形的旗形形态,成交量很小,股价看似要反转向下,但在旗形末端,突然放量上升,又恢复原来的上升趋势。上升旗形是后市极为看好的整理形态,是绝佳的买入机会。

下降旗形一般出现在下跌行情的中途,它的形成过程与上升旗形相反。下降旗形主要是出现在股价进入下降通道中,经过短期急速的下跌,股价暂时企稳,开始小幅盘升,形成向上倾斜的近乎平行四边形的旗形形态,成交量也减少,股价似乎有反转向上的态势,但在旗形末端突然放量下跌,又重回跌势。旗形整理形态的出现,可能是投资者卖出股票的一次机会。一般而言,空仓的投资者应以观望为主,不宜做短线,更不宜作中长线投资。已经买入或套牢的投资者应抓住这次整理机会,趁早逢高卖出股票。

旗形的上下两条平行线起着支撑和压力作用,这两条平行线的某一条被突破是旗形完成的标志,理论上,旗形突破的幅度等于旗杆的高度。

(4) 楔形。楔形和旗形是两个极为相似的形态,都由旗杆和旗面组成,二者都发生在急速上升或下跌的中途,如果将旗形中上倾或下倾的平行四边形变成上倾和下倾的三角形,就形成了楔形,有时也被称为小旗形。它分为上升楔形和下降楔形,其基本形状见图 8.39。

图 8.39　楔形

上升楔形是指旗面向上倾斜,其结果是股价会继续下跌。下降楔形是指旗面向下倾斜,其结果是股价继续上升。前者是卖出的机会,后者是买入的机会。

大多数情况下,楔形的突破一般发生在形态横向长度的 2/3～3/4 处,也有直到楔形末段才发生突破的情况,不过与三角形突破相比,楔形更倾向于在接近形态尖端部分才发生突破,在理论上,突破后的幅度相当于旗杆的高度。须注意的是,下降楔形在突破上并不像上升楔形那样需要大成交量配合。

8.4 技术分析的主要指标

8.4.1 技术指标概述

1. 技术指标的概念

技术指标就是按照事先规定好的固定方法对证券市场的原始数据进行技术处理,处理后的结果就是某个具体数据,这个数据就是指数指标值。将连续不断的技术指标值制成图表,并根据所制成的图表对市场进行行情分析的方法。

2. 技术指标的应用方法

(1) 技术指标的背离。指标的背离是指,技术指标曲线的波动方向与价格曲线的趋势方向不一致。实际中的背离有两种表现形式:第一种是"顶背离",第二种是"底背离"。技术指标与价格走势背离表明,价格的波动没有得到技术指标的支持。技术指标的波动有超前于价格波动的"功能"。在价格还没有转折之前,技术指标提前指明未来的趋势。技术指标的背离是使用技术指标的最为重要的一点。对具有摆动性的技术指标来说,背离是不可缺少的。在后面的具体技术指标中将对此作详细的解释说明。

(2) 技术指标的交叉。指标的交叉是指,技术指标图形中的两条曲线发生了相交现象。实际中有两种类型的指标交叉:第一种是属于同一个技术指标的不同参数的两条曲线之间的交叉,常说的黄金交叉和死交叉就属于这一类。第二种交叉是技术指标曲线与固定的水平直线之间的交叉。水平直线通常是指横坐标轴。横坐标轴是技术指标取值正负的分界线。技术指标与横坐标轴的交叉表示,技术指标由正值变成负值或由负值变成正值。技术指标的交叉表明多方和空方力量对比发生了改变,至少说明原来的力量对比受到了"挑战"。

(3) 技术指标的极端值。技术指标取极端值是指技术指标的取值极其大或极其小。技术术语上将这样的情况称为技术指标进入"超买区和超卖区"。大多数技术指标的"初衷"是用一个数字描述市场的某个方面的特征。如果技术指标值的数字太大或太小,就说明市场的某个方面已经达到了极端的地步,应该引起注意。

那么,技术指标达到了何种程度就可以被认为是极端值呢?很显然,肯定没有一个固定的数字能够将这个问题解决,因为有多种因素影响极端值的确定。

① 不同的证券,对同一个技术指标,它的极端值可能不一样。活跃的证券,其价格的波动较大、较频繁。这样导致其技术指标的极端值不同。

② 参数的选择影响极端值的确定。多数情况下,计算技术指标需要涉及参数。选择不同的参数,得到的技术指标值肯定不一样,因而,极端值也不一样。

此外,同一证券在不同的时间区间也可能会有不同的极端值。对某个技术指标值是否是极端值的判断,在这里提供一点参考意见。我们可以这样想,既然是极端值,那么在实际中,其出现的机会应该不多。例如,一年 4 次或 6 次。对于某个值,只要在过去的历史中每年越过(或低于)这个数值的次数多于 6 次,我们就可以认为这个值不是极端值。

(4) 技术指标的形态。技术指标的形态是指技术指标曲线的波动过程中出现了形态理论中所介绍的反转形态。在实际中,出现的形态主要是双重顶底和头肩形。个别时候还可以将技术指标曲线看成价格曲线,根据形态使用支撑压力线。

(5) 技术指标的趋势。技术指标在图中也会出现一些像价格一样上下起伏的图形。有时可以像画趋势线一样,连接技术指标的高点和低点,画出技术指标的"趋势"。技术指标的趋势线指明了技术指标的趋势,进而为价格的趋势提供了基础。从这个意义上讲,趋势与背离有一些相似的地方。在实际中,应用技术指标的背离基本取代了技术指标的趋势。

(6) 技术指标的转折。技术指标的转折是指技术指标曲线在高位或低位"调头"。有时这种调头表明前面过于"极端"的行动已经走到了尽头,或者暂时遇到了"麻烦"。有时这种调头表明一个趋势将要结束,而另一个趋势将要开始。

3. 技术指标的本质

每一个技术指标都是从某个特定的方面对市场进行观察。通过一定的数学公式产生技术指标,这个指标反映了市场某一方面深层的内涵,这些内涵仅仅通过原始数据是很难看出来的。

投资者在投资实践中会对市场有一些想法,有些基本的思想可能只停留在定性的程度,没有进行定量的分析。技术指标可以进行定量的分析,这样将使得具体操作时的精确度得以大大提高。例如,价格不断下跌时,当下跌"足够"的时候,总会出现一个反弹。那么跌到什么程度,才能被认为是"足够"呢?仅凭定性方面的知识是不能回答这个问题的,乖离率等技术指标所拥有的超买超卖功能在很大程度上能帮助我们解决这一问题。尽管不是百分之百地解决问题,但至少在采取行动前能给予我们数量方面的帮助。

8.4.2 市场趋势指标

1. 移动平均线(MA)

MA(Moving Average)是利用一定时期内股价移动平均值而将股价的变动曲线化,并借以判断未来股价变动趋势的技术分析方法。它是道琼斯理论的具体体现,也是 K 线图的重要补充,它不仅可以观察股价运动的动态过程,还可以指明买卖时机,是常用的技术分析方法之一。

(1) 移动平均线的种类。移动平均线依时间长短可分为三种：短期移动平均线、中期移动平均线和长期移动平均线。从我国目前股市分析状况看，短期移动平均线有 5 日线、10 日线和 20 日线等，中期移动平均线有 30 日线、45 日线、60 日线等，长期移动平均线有 120 日线、180 日线和 255 日线等，各期的移动平均线记为 MA(5)、MA(10)、MA(20)等。

移动平均线按数据处理方法不同可分为：算术移动平均线、加权移动平均线和指数平滑移动平均线三种。在实际中，由于计算机的广泛应用，一般不需要人工计算。因此，对于普通投资者而言，不用掌握它们的计算方法，重要的是如何利用移动平均线来判断行情。

(2) 移动平均线的应用。

① 葛兰威尔(Granvile)移动平均线八大法则。美国股市分析家葛兰威尔根据 200 日移动平均线与每日股价平均值的关系，提出了著名的买卖股票的八大法则，如图 8.40 所示。这八大法则有四条是买进时机(买入信号)，四条是卖出时机(卖出信号)。其具体分析如下。

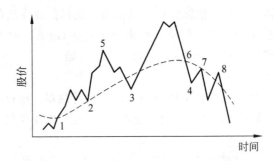

图 8.40　葛兰威尔移动平均线八大法则

当移动平均线从下降逐渐走平或盘升，股价从移动平均线的下方向上突破平均线，是买入信号(见图中第 1 点处)。

股价持续上升走在平均线之上，然后突然下跌且向平均线靠近，但没有跌破平均线又再度上升，是买入信号(见图中第 2 点处)。

股价虽然跌破平均线，而平均线仍为继续上升趋势，不久股价又回升到平均线以上时，是买入信号(见图中第 3 点处)。

股价突然暴跌，跌破并远离平均线之时，如果股价这时开始回升，再趋向平均线，也是买入信号(见图中第 4 点处)。

股价在上升中且走在平均线之上，然后突然暴涨并远离平均线，上涨幅度相当可观，股价随时可能反转向下，是卖出信号(见图中第 5 点处)。

当平均线从上升转向走平或逐渐下跌，股价从平均线上方向下跌破平均线时，是重要的卖出信号(见图中第 6 点处)。

股价走在平均线之下,回升时未突破平均线又立即反转向下,是卖出信号(见图中第 7 点处)。

股价向上突破平均线后又放量跌回到平均线以下,而且平均线继续下移,是卖出信号(见图中第 8 点处)。

经过长期实践,葛兰威尔认为八大法则中第 3 点及第 4 点很难准确运用,较具风险性,应小心运用。

② 短、中、长期移动平均线组合分析。投资者在实际操作中,可以将短、中、长期均线结合起来,分析它们的相互关系,从而判断股市趋势。

当短期移动平均线从下方迅速超越中、长期移动平均线向右上方移动,是买入信号。当中期移动平均线移至长期移动平均线上方,标志着行情进入上涨时期,而中期移动平均线穿越长期移动平均线的交点称为"黄金交叉点",是买入信号(见图 8.41)。当短、中、长期移动平均线由上至下依次排列,并且都呈上升状态,这就是所谓的"多头排列",是典型的上涨行情。

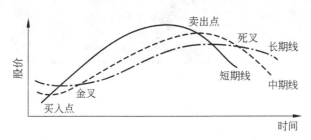

图 8.41　短、中、长期移动平均线组合图

当短期移动平均线经过一段升势后逐渐趋缓并开始下跌,是卖出股票的好时机,而中期和长期移动平均线也先后显示下降趋势,短、中、长期移动平均线开始呈现缠绕交叉的状态时,应及时卖出股票。

随着短期移动平均线逐渐下跌到最下方,中期移动平均线也同样跌到长期移动平均线下方,均线组合呈"空头排列"。中期移动平均线下移与长期移动平均线相交的点称为"死亡交叉点",它意味着上涨行情的终止。

③ 均线组合作用案例分析。在图 8.42 中,2011 年的 10 月底,深深宝 A 的 5 日均线上穿 20 日、30 日均线,10 日、20 日均线也上穿 30 日均线,形成黄金交叉,股价上涨,这些都是买入和持股信号。2011 年的 11 月底股票价格下跌,5 日、10 日、20 日、30 日均线形成空头排列且股价位于长期均线之下,投资者这时必须卖出股票等待机会。2012 年 1 月中下旬股价下跌至底部时,空方抛压减轻,长线投资者进场吸纳股票使股价开始回升,5 日均线第一次向上穿过 10 日均线,这时股价也运行在 10 日均线的上方,表明短期内多头

力量强于空头力量,10 天内买进的投资者小有盈利,在此效应的刺激下,会有更多的投资者进入并继续持股,5 日均线上穿 20 日、30 日均线,10 日、20 日均线也上穿 30 日均线,形成黄金交叉,这些都是强烈的买入和持股信号。至此,各均线成多头排列,一段上涨行情展开。

图 8.42　均线组合作用案例图

2. 指数平滑异同移动平均线(MACD)

MACD(Moving Average Convergence and Divergence)是利用快速移动平均线和慢速移动平均线的分离与聚合功能,在一段上涨或下跌行情中两线之间的差距拉大,而在涨势或跌势趋缓时两线又相互接近或交叉的特征,通过双重平滑运算后进行买卖时机判断的方法。

(1) MACD 的图形构成。MACD 由正负差(DIF)、异同平均数(DEA)和柱状线(BAR)三部分组成(见图 8.43),其中,正负差(DIF)是核心,DEA 是在 DIF 的基础上得到的,BAR 又是在 DIF 和 DEA 的基础上产生的。

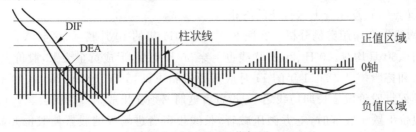

图 8.43　MACD 指标图

DIF 是快速平滑移动平均线与慢速平滑移动平均线的差,其中的快速线是短期线,慢速线是长期线。在持续的上升行情中,快速线在慢速线之上,并远离慢速线,DIF 为正值,而且 DIF 的数值越来越大。反之,则 DIF 为负值,而且其绝对值越来越大。而当行情由上升转为下降或由下降转为上升时,DIF 的绝对值将缩小,说明快速线和慢速线在接近。

两条线在 0 轴上方运行说明市场处于多头市场,运行在 0 轴下方说明市场处于空头市场,这两条线会发生交叉,MACD 正是利用正负 DIF 与 DIF 的 9 日平均线的交叉关系发出买卖信号。

(2) MACD 的计算公式。在实际应用中,常以 12 日的 EMA 为快速移动平均线,26 日 EMA 为慢速移动平均线来计算 MACD,两条线的交叉点作为买卖时机的判断依据。在计算平滑移动平均线(EMA)时加重了最近一日的份量权数。

今日 EMA(12)=今日收盘价×2÷(12+1)+昨日 EMA(12)×(12−1)÷(12+1)
今日 EMA(26)=今日收盘价×2÷(26+1)+昨日 EMA(26)×(26−1)÷(26+1)
DIF=EMA(12)−EMA(26)
今日 DEA =2÷10×今日 DIF+8÷10×昨日 DEA

此外,在分析软件上还有一个指标叫柱状线(BAR),分为绿色和红色两种。它的大小反映了 DIF 与自己的移动平均线 DEA 之间的差距,有点类似于股票价格与自己的移动平均线 MA 之间的差距,当 DIF 线在 DEA 线上方,BAR 为红柱状,红柱越长,代表二者的差值越大,买方力量越强;当 DIF 线在 DEA 线下方,BAR 为绿柱状,绿柱越长,代表二者的差值越大,卖方力量越强。其计算公式为:

$$BAR=2\times(DIF-DEA)$$

(3) MACD 的应用法则。第一,以 DIF 和 DEA 的取值和这两者之间的相对取值对行情进行预测。其应用法则如下:

① DIF 和 DEA 均为正值时,属多头市场。DIF 向上突破 DEA 是买入信号;DIF 向下跌破 DEA 只能认为是回落,作获利了结。

② DIF 和 DEA 均为负值时,属空头市场。DIF 向下突破 DEA 是卖出信号;DIF 向上突破 DEA 只能认为是反弹,作暂时补空。

第二,指标背离原则。如果 DIF 的走向与股价走向相背离,则此时是采取行动的信号。至于是卖出还是买入要依 DIF 的上升或下降而定。

(4) MACD 指标的柱状图分析。在股市分析软件中通常采用 DIF 值减 DEA 值而绘制成柱状图,用红绿柱状来分析行情,既直观明了又实用可靠。

① 当红柱状持续放大时,表明股市处于牛市行情中,股价将继续上涨,这时应持股待涨或短线买入股票,直到红柱无法再放大时才考虑卖出。

② 当绿柱状持续放大时,表明股市处于熊市行情之中,股价将继续下跌,这时应持币观望或卖出股票,直到绿柱开始缩小时才可以考虑少量买入股票。

③ 当红柱状开始缩小时,表明股市的上涨行情即将结束,股价将下跌,这时应卖出部分股票。

④ 当绿柱状开始收缩时,表明股市的下跌行情即将结束,股价将止跌向上(或进入盘整),这时可以少量进行长期战略性建仓而不要轻易卖出股票。

⑤ 当红柱开始消失、绿柱开始放出时,这是股市转势信号之一,表明股市的上涨行情(或高位盘整)即将结束,股价将开始加速下跌,这时应开始卖出大部分股票而不能买入股票。

⑥ 当绿柱开始消失、红柱开始放出时,这也是股市转势信号之一,表明股市的下跌行情(或低位盘整)即将结束,股价将开始加速上升,这时应开始加码买入股票或持股待涨。

MACD 的优点是除掉了 MA 频繁出现的买入卖出信号,避免假信号的出现,用起来比 MA 更有把握。

MACD 的缺点同 MA 一样,在股市没有明显趋势而进入盘整时,失误的时候较多。另外,对未来股价上升和下降的深度不能提供有帮助的建议。

(5) MACD 的应用案例。在图 8.44 中,2012 年 1 月底超华科技的股价从底部启动,

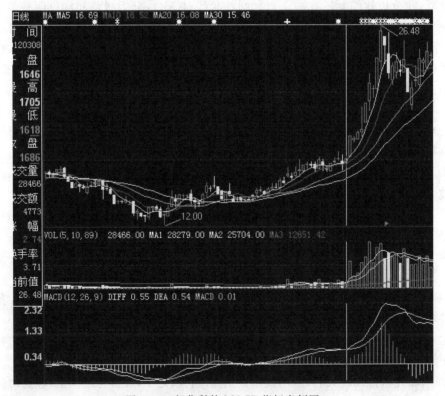

图 8.44　超华科技 MACD 指标案例图

DIF 与 DEA 线在 0 轴附近持续一段时间后一路上行，表明是多头市场，股价出现了一轮涨幅比较大的上升行情，并经过 2 月底、3 月初在上涨途中的中位整理，然后股价再次向上扬升，同时 MACD 指标出现金叉时，是中线买入信号。随着股价的快速攀升，红柱状也持续放大增长。

在图 8.45 中，中新药业股价走势中，2011 年 10 月中旬，MACD 指标中的 DIF 线和 DEA 线在远离 0 轴线以下区域同时向下运行一段时间后，DIF 线开始向上接近 DEA 线，DIF 线接着向上突破 DEA 线，形成黄金交叉，对于这种弱势金叉，投资者应谨慎对待，在设置好止损价位的前提下可少量买入做短线反弹行情。随后股价迅速攀升，红柱状也逐渐放大、缩小、放大，但红柱状构成一顶比一顶低的形态，表明股价的上涨趋势可能要结束。12 月初两线形成死亡交叉，此时投资者应卖出股票，获利了结。随后绿柱状放出并构成一底比一底低的双底形态，表明股价的中期下跌趋势已经开始。2012 年 2 月初，MACD 指标中的 DIF 线由下向上突破 DEA 线，形成第二次黄金交叉，它表示股价经过一段时间的急速下跌后，新的一轮涨势可能开始，是第二个买入信号。此时激进型投资者可以短线加码买入股票，稳健型投资者则可以继续持股待涨。

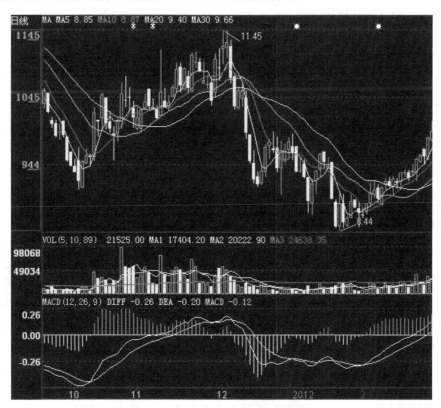

图 8.45　中新药业 MACD 指标案例图

8.4.3 市场动量指标

1. 相对强弱指标

相对强弱指标 RSI(Relative Strength Index)是以一特定时期内股价的变动情况推测价格未来的变动方向,并根据股价涨跌幅度显示市场强弱的指标。

(1) 计算公式。先找出包括当日在内的连续 $n+1$ 日的收盘价,用每日的收盘价减去上一日的收盘价,可得到 n 个数值。这 n 个数值中有正有负,记 $A = n$ 个数值中正数之和,$B = n$ 个数值中负数之和 $\times(-1)$,则 RSI(n) 的公式为

$$RSI(n) = A/(A+B) \times 100$$

RSI 实际上是表示股价向上波动的幅度占总波动的百分比,如果比例大就是强市,否则就是弱市。其参数是天数 n,一般取 5 日、9 日、14 日等,RSI 的取值范围介于 1~100 之间。

(2) RSI 的应用法则

① 根据 RSI 取值的大小判断行情。将 100 分成四个区域,根据 RSI 的取值落入的区域进行操作,划分的区域如表 8.1 所示。

表 8.1 RSI 区域划分表

RSI 值	市 场 特 征	投 资 操 作
80~100	极强(超买)	卖出
50~80	强	买入
20~50	弱	观望
0~20	极弱(超卖)	买入

这里的"极强"、"强"、"弱"、"极弱"只是一个相对的分析概念,是一个相对的区域,有的投资者也可把它们取值为 30、70 或 15、85。

② 两条或多条 RSI 曲线的联合使用。参数小的 RSI 为短期 RSI 线,参数大的 RSI 为长期 RSI 线,两条或多条 RSI 曲线的联合使用法则与两条 MA 线的使用法则相同。

③ 从 RSI 的曲线形状判断行情。当 RSI 在较高或较低的位置形成头肩形和多重形,是采取行动的信号。这些形态一定要出现在较高位置和较低位置,离 50 越远结论越可靠。另外,也可以利用 RSI 上升和下降的轨迹画趋势线,此时,起支撑线和压力线作用的切线一旦被突破,就是采取行动的信号。

④ 从 RSI 与股价的背离方面判断行情。RSI 处于高位,并形成一峰比一峰低的两个峰,而此时,股价却对应的是一峰比一峰高,形成顶背离,这是比较强烈的卖出信号。与这种情况相反的是底背离,RSI 在低位形成两个依次上升的谷底,而股价还在下降,是可以

开始建仓的信号。相对而言,用 RSI 与股价的背离来判断行情的转向成功率较高。

(3) RSI 的应用案例。如图 8.46 所示,创新资源股价走势图,2011 年 7 月初,12 日 RSI、16 日和 24 日 RSI 曲线在 50 数位下方,几乎同时向上突破 50 数位的多空平衡线,形成黄金交叉,表明多头力量开始增强,股价将向上攀升,这也是 RSI 指标所指示的中线买入信号。7 月中下旬至 8 月初,RSI 曲线进入到超买区,形成背离 M 顶,表示涨势已见顶,股价将要回落,投资者此时应以卖出股票为主。8 月下旬时 12 日 RSI 曲线和 16 日 RSI 曲线从高位回落并下穿 24 日 RSI 曲线,形成死亡交叉,表明股价将大幅下跌,这也是 RSI 指标所指示的中线卖出信号。

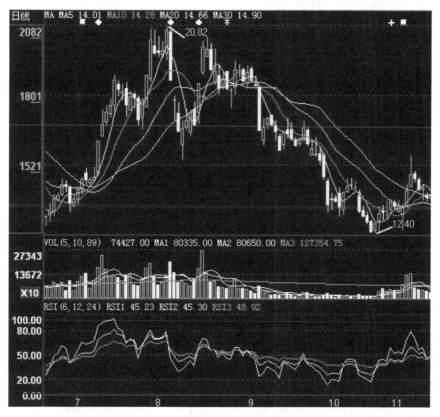

图 8.46　创新资源 RSI 指标案例图

2. 威廉指标(W%R)

这一指标是由 Larry Williams 于 1973 年首创的,该指标通过分析一段时间内股价高低价位和收盘价之间的关系,来度量股市的超买超卖状态,以此作为短期投资信号的一种技术指标。目前,它已经成为中国股市中被广泛使用的指标之一。

(1) 计算公式。

$$W\%R(n) = \frac{H_n - C}{H_n - L_n} \times 100\%$$

式中,C 为当天的收盘价;H_n 为最近 n 日内(包括当天)出现的最高价;L_n 为最近 n 日内(包括当天)出现的最低价。

W%R 指标表示的涵义是当天的收盘价在过去一段时间的全部价格范围内所处的相对位置。如果 W%R 的值比较小,则当天的价格处在相对较高的位置,要提防回落;如果 W%R 的值较大,则说明当天的价格处在相对较低的位置,要注意反弹;W%R 取值居中,在 50 左右,则价格上下的可能性都有。

(2) W%R 的应用法则。

W%R 的应用包括两个方面:一是 W%R 的数值;二是 W%R 曲线的形状。

① 从 W%R 的取值考虑(见图 8.47):W%R 的值介于 0~100 之间,以 50 为中轴将其分为上下两个区域,顶部数值为 0,底部数值为 100,与 RSI、KDJ 指标区域划分相反。

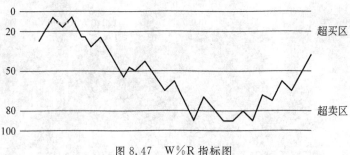

图 8.47 W%R 指标图

当 W%R 进入 80~100 区间时,是 W%R 指标的超卖区,表明市场处于超卖状态,股票价格已近底部,可考虑买入。W%R=80 这一横线一般视为买入线。

当 W%R 在 0~20 区间时,是 W%R 指标的超买区,表明市场处于超买状态,股票价格已进入顶部,可考虑卖出。W%R=20 这一横线一般视为卖出线。

这里的 80 和 20 只是一个经验数字,不是绝对的,投资者可以根据各自的风险偏好选择不同的数值。

② 从 W%R 曲线的形状考虑:这里只介绍背离原则,以及触顶和触底次数的原则。

W%R 进入高位后一般要回头,如果这时股价继续上升,这就是顶背离,是卖出的信号;W%R 进入低位后一般要反弹,如果这时股价继续下跌,这就是底背离,是买进的信号;W%R 连续几次触顶(底),局部形成双重或多重形,则是卖出(买进)的信号(见图 8.48)。

3. 随机指标

随机指标(KDJ)是由 George Lane 首创的,是一种重要的短期分析工具。该指标通过计算当日或最近数日的最高价、最低价及收盘价的变动情况,反映股价走势的强弱情况

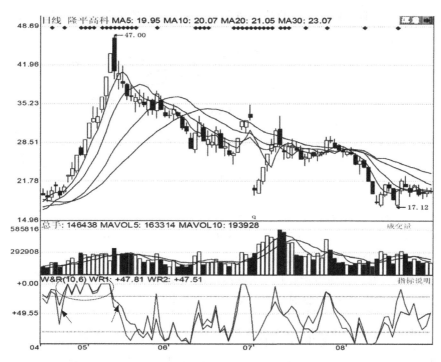

图 8.48 隆平高科 W%R 指标案例图

和超买超卖情况。

(1) KDJ 指标的计算公式。

KDJ 指标的计算过程分为 3 个步骤。

① 产生未成熟随机值 RSV,其公式为

$$RSV(n) = (C - L_n)/(H_n - L_n) \times 100$$

式中:C、H_n、L_n 的意义同 W%R 计算公式。

② 对 RSV 进行指数平滑移动平均,得到 K 值。其公式如下。

$$今日 K 值 = 2/3 \times 昨日 K 值 + 1/3 \times 今日 RSV$$

③ 对 K 指标进行指数平滑,就得到 D 指标。其公式为:

$$今日 D 值 = 2/3 \times 昨日 D 值 + 1/3 \times 今日 K 值$$

公式计算出的 K 值和 D 值均在 0~100 间摆动,在第一次计算时,昨日 K 值和昨日 D 值都等于 50。

KD 还附带一个 J 指标,公式为:

$$J = 3D - 2K = D + 2(D - K)$$

其实 KDJ 指标是三条曲线,如图 8.49 所示,K 线是一条快速线,十分敏感,D 线是一条慢速线,较为缓和,J 线反映 K、D 的位置关系(D 值与 K 值的差值,J 线在此图中省略)。

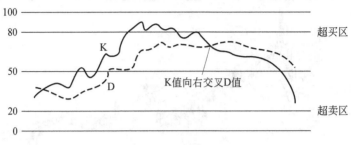

图 8.49 KD 指标图

(2) KDJ 指标的应用法则。

在应用时主要从五个方面进行考虑:KD 取值的绝对数字;KD 曲线的形态;KD 指标的交叉;KD 指标的背离;J 指标的取值大小。

① 从 KD 的取值方面考虑。KD 的取值范围都是 0～100,将其划分为几个区域:超买区、超卖区、徘徊区。按一般的划分法,80 以上为超买区,20 以下为超卖区,其余为徘徊区。

当 KD 超过 80 时,是卖出信号;低于 20 时,是买入信号。应该说明的是,上述划分只是 KD 指标应用的初步过程,仅仅是信号,完全按这种方法进行操作很容易导致损失,真正做出买卖的决定还必须从以下几方面考虑。

② 从 KD 指标曲线的形态方面考虑。当 KD 指标在较高或较低的位置形成了头肩形或多重顶(底)时,是采取行动的信号。注意,这些形态一定要在高位置或较低位置出现,位置越高或越低,结论越可靠。

对于 KD 的曲线也可以画趋势线,以明确 KD 的趋势。在 KD 的曲线图中仍然可以引进支撑和压力的概念,某一条支撑线或压力线被突破,也是行动的信号。

③ 从 KD 指标的交叉方面考虑。K 从下向上与 D 交叉为黄金交叉,为买入信号;K 从上向下与 D 交叉为死亡交叉,为卖出信号(见图 8.50)。对这里的 KD 指标交叉还附带有很多的条件,第一,交叉的位置低比高好,一般 20 以下金叉为好;第二,相交的次数越多越好;第三,右侧相交比左侧相交好。

④ 从 KD 指标的背离考虑。如果股价不断创新高,而 KD 处在高位呈现一顶比一顶低的现象,就构成顶背离,是卖出的信号。与之相反,KD 处在低位,并形成一底比一底高的现象,而价格还在继续下跌,就构成底背离,是买入的信号。

⑤ J 指标取值超过 100 和低于 0,都属于价格的非正常区域,大于 100 为超买,是卖出的信号,小于 0 为超卖,是买入的信号。

投资者在实际运用中还应注意:股价一旦被中长期均线压制,无论 KDJ 怎样金叉一

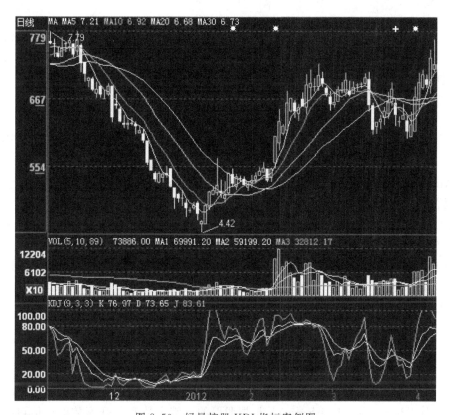

图 8.50　绿景控股 KDJ 指标案例图

般也只能做短线操作,这是 KDJ 使用的前提。若股价在长期均线下且远离均线,KDJ 金叉时,股价有超跌反弹的可能,可做短线操作。股票除权日后,KDJ 指标暂时失去研判功能,可能要三个月以后才能重新恢复原来的研判功能。

8.4.4　市场大盘指标

大多数技术指标都是既可应用于个股,又可应用于大盘指数,而市场大盘指标主要对整个证券市场的多空状况进行描述,它只能用于研判证券市场整体形势,而不能应用于个股。

1. 腾落指数 ADL

ADL(Advance/Decline Line)是以股票每天上涨或下跌的家数作为观察对象,通过简单算术加减来比较每日上涨股票和下跌股票家数的累积结果,形成升跌曲线,并与综合指数相互对比,对大势的未来进行预测。

(1) ADL 的计算公式。假设已经知道了上一个交易日的 ADL 取值,则今天的 ADL

值为：
今日 ADL＝昨日 ADL＋当天所有股票上涨的家数－当天所有股票下跌的家数

涨跌的判断标准是以今日收盘价与上一日收盘价相比较(无涨跌者不计)。ADL 的初始值可取为 0。

(2) ADL 的应用法则。

① ADL 的应用重在相对走势，并不看重取值的大小。

② ADL 只适用于对大势未来走势变动的参考，不能对选择股票提出有益的帮助。

③ ADL 不能单独使用，要同股价曲线联合使用才能显示出作用。

ADL 与股价同步上升(下降)，创新高(低)，则可以验证大势的上升(下降)趋势，短期内反转的可能性不大。

ADL 连续上涨(下跌)了很长时间(一般是 3 天)，而指数却向相反方向下跌(上升)了很长时间，这是买进(卖出)信号，至少有反弹存在，这是背离的现象。

在指数进入高位(低位)时，ADL 并没有同步行动，而是开始走平或下降(上升)，这是趋势进入尾声的信号，这也是背离现象。

ADL 保持上升(下降)趋势，指数却在中途发生转折，但很快又恢复原有的趋势，并创新高(低)，这是买进(卖出)信号，是后市多方(空方)力量强盛的标志。

④ 形态学和切线理论的内容也可以用于 ADL 曲线。

⑤ 经验证明，ADL 对多头市场的应用比对空头市场的应用效果好。

2. 涨跌比指标 ADR

ADR(Advance/Decline Ratio)是根据股票的上涨家数和下跌家数的比值，推断证券市场多空双方力量的对比，进而判断出证券市场的实际情况。

(1) ADR 的计算公式。

$$ADR(N) = N \text{ 日内股票上涨家数之和} \div N \text{ 日内股票下跌家数之和}$$

参数 N 的选择，完全由人为决定，目前，比较常用的参数为 10。

ADR 的图形以 1 为中心上下波动，波动幅度取决于参数的选择。参数选择得越小，ADR 波动的空间就越大，曲线的起伏就越剧烈；参数选择得越大，ADR 波动的幅度就越小，曲线上下起伏越平稳。

(2) ADR 的应用法则。

① 从 ADR 的取值看大势。ADR 在 0.5～1.5 之间是常态情况。此时，多空双方处于均衡状态。超过了 ADR 常态状况的上下限，就是采取行动的信号，表示上涨或下跌的势头过于强烈，股价将有回头的可能。ADR 处于常态时，买进或卖出股票都没有太大的把握。

② ADR 可与综合指数配合使用，其应用法则与 ADL 相同，也有一致与背离两种情况。

③ 从 ADR 曲线的形态上看大势。ADR 从低向高超过 0.5，并在 0.5 上下徘徊，就是空头进入末期的信号。ADR 从高向低下降到 0.75 之下，是短期反弹的信号。

ADR 先下降到常态状况的下限，但不久就上升并接近常态状况的上限，则说明多头市场已具有足够的力量将综合指数拉上一个台阶。

④ 在大势短期反弹方面，ADR 有先行警示作用。若股价指数与 ADR 相背离，则大势即将反转。

3. 超买超卖指标 OBOS

OBOS(Over Bought Over Sold)同 ADR 一样，是用一段时间内上涨和下跌股票家数的差距来反映当前股市多空双方力量的对比和强弱。ADR 选择的方法是两者相除，而 OBOS 选择的方法是两者相减，与 ADR 相比涵义更直观，计算更简便。

(1) OBOS 的计算公式。

$$OBOS = N 日内股票上涨家数之和 - N 日内股票下跌家数之和$$

天数 N 一般选 10 天。

OBOS 的多空平衡位置为 0，OBOS 大于 0 或小于 0 就是多方或空方占优势，而 ADR 是以 1 为平衡位置。

(2) OBOS 的应用法则

① 根据 OBOS 的数值判断行情。

当 OBOS 的取值在 0 附近变化时，市场处于盘整时期；当 OBOS 为正数时，市场处于上涨行情；当 OBOS 为负数时，市场处于下跌行情。

② 当 OBOS 的走势与指数背离时，是采取行动的信号，大势可能反转。

③ 形态理论和切线理论中的结论也可用于 OBOS 曲线。

④ 当 OBOS 曲线第一次进入发出信号的区域时，应该特别注意是否出现错误。

⑤ OBOS 比 ADR 的计算简单，意义直观易懂，在使用中应以 OBOS 为主，以 ADR 为辅，放弃 ADR 不是明智之举。

⑥ OBOS 只是针对综合指数的技术指标，对个股的选择没有任何指导意义。

8.4.5 市场人气指标

1. 乖离率 BIAS

乖离率也称偏离度，英文简称 BIAS，它是由移动平均线派生出来的，反映股价或指数的收盘价与某一时期的移动平均线之间偏离程度的一种技术指标。其基本原理是：如果股价偏离移动平均线太远，不管是在移动平均线上方或下方，都有向平均线回归的要求。

(1) BIAS 指标的计算公式

$$指数乖离率 = \frac{当时收盘指数 - N 日平均指数}{N 日平均指数} \times 100\%$$

$$个股乖离率 = \frac{当时收盘价 - N\,日平均价}{N\,日平均指数} \times 100\%$$

式中，N 日为设定参数，可根据选用的移动平均线天数确定，分别用以判断短、中、长期走势。

（2）BIAS 指标的取值。

乖离率 BIAS 分为正乖离和负乖离，股价在移动平均线上方为正乖离，反之则为负乖离。当股价与移动平均线一致时，乖离率为零，随着股价的涨跌，乖离率随之波动。一般来说，正的乖离率越大，表明短期间获利回吐的压力越大，为卖出信号；负乖离率越大，表明空头回补的可能性也越大，为买入信号。

但乖离率达到何种程度为正确的买入点或卖出点，目前并无统一的标准，投资者可凭经验和对行情强弱的判断得出综合的结论。以下资料仅作参考。

10 日乖离率：大于 5% 是卖出时机；小于 −4.5% 是买入时机。

20 日乖离率：大于 8% 是卖出时机；小于 −7% 是买入时机。

60 日乖离率：大于 10% 是卖出时机；小于 −10% 是买入时机。

（3）BIAS 曲线与股价运行曲线的配合使用。

① 当股价曲线与 BIAS 曲线从低位同步上升时，表示短期内股价有望触底反弹或继续上涨，此时投资者可逢低买入或持股待涨。当股价曲线与 BIAS 曲线从高位同步下降时，表示短期内股价将形成头部或继续下跌趋势，此时投资者应及时逢高卖出股票或持币观望。

图 8.51 显示，2011 年 10 月 25 日当欣旺达（300207）股价曲线与 BIAS 曲线从低位同步上升，表示短期内股价有望触底反弹或继续上涨，此时投资者可逢低买入或持股待涨。2011 年 11 月 16 日后当该股价曲线与 BIAS 曲线从高位同步下降，表示短期内股价将形成头部或继续下跌趋势，此时投资者应及时逢高卖出股票或持币观望。

② 当 BIAS 曲线从下向上突破 0 值线，同时股价也突破短期均线的压力时，表明股价短期将强势上涨，此时投资者应及时买入股票。当 BIAS 曲线从上向下突破 0 值线，同时股价也跌破中长期均线时，表明股价的中长期下跌行情已经开始，投资者应及时离场观望。

③ 当 BIAS 曲线与股价曲线出现"顶（底）背离"现象时，投资者应高度警惕。

（4）BIAS 曲线的形态分析。

BIAS 曲线出现的各种形态也是判断行情走势、决定买卖时机的一种分析方法。

① 当 BIAS 曲线在高位形成 M 头或三重顶等顶部反转形态时，可能预示着股价由强势转为弱势，股价即将大跌，应及时卖出股票。如果股价的曲线也出现同样形态则更可确认，其跌幅可以用 M 头或三重顶等形态理论来研判。

② 当 BIAS 曲线在低位出现 W 底或三重底等底部反转形态时，可能预示着股价由弱

图 8.51　300207 BIAS 指标图

势转为强势,可以逢低少量吸纳股票。如果股价曲线也出现同样形态更可确认,其涨幅可以用 W 底或三重底形态理论来研判。

③ 在 BIAS 曲线的形态中,M 头和三重顶形态的准确性要大于 W 底和三重底。

2．AR、BR、CR 指标

AR 指标又称人气指标,BR 指标又称买卖意愿指标,CR 指标又称中间意愿指标,它们是衡量市场上多空双方力量对比变化的最重要指标。它们可以单独使用,但更多情况下是一同使用,是一种中长期技术分析工具。

(1) AR、BR、CR 指标的设计原理和计算公式。

① 人气指标 AR。AR 指标以当日开盘价为平衡点来衡量买卖气势的强弱,以最高价到开盘价的距离描述多方向上的力量,以开盘价到最低价的距离描述空方向下的力量,从而反映市场买卖人气的技术指标。其计算公式为

$$\mathrm{AR}(n) = \frac{n\text{日内}(H-O)\text{之和}}{n\text{日内}(O-L)\text{之和}} \times 100\%$$

其中,H 为当日最高价;L 为当日最低价;O 为当日开盘价;n 为设定的时间参数,一般原始参数日设定为 26 日。

从公式中可看出,AR 表示这 26 天以来多空双方总的强度比值。AR 越大表示多方的强度越大,AR 越小表示空方的强度越大,多空双方强弱的分界线是 100,100 以上是多方占优,100 以下是空方占优,正好为 100 说明多空双方力量相等。

AR 指标应用法则如下。

AR 值以 100 为买卖气势强弱的均衡状态,当 AR 值在 80~120 之间时,属于盘整行情,股价走势平稳,不会出现大幅上升或下降。

AR 值走高时表示行情活跃,人气旺盛。而过高则意味着股价已进入高价区,应随时卖出股票。在实际走势中,AR 值的高度没有具体标准,一般情况下 AR 值大于 180 时预示着股价可能随时会大幅回落下跌,应及时卖出获利了结。

AR 值走低时表示行情委靡不振,市场上人气衰退,而过低时则意味着股价可能已跌入低谷,随时可能反弹。一般情况下 AR 值小于 40 时,预示着股价已严重超卖,可考虑逢低介入。

AR 指标也有领先股价到达峰顶和谷底的功能。当 AR 到达顶峰并回头时,如果股价还在上涨是获利了结的信号;如果 AR 到达低谷后回头向上时,而股价还在继续下跌,就是考虑逢低买入的时机。

② 买卖意愿指标 BR。BR 指标是通过比较一段周期内的收盘价在该周期价格波动中的位置,来反映市场买卖意愿程度的技术指标。其计算公式为

$$BR(n) = \frac{n \text{日内}(H-C) \text{之和}}{n \text{日内}(C-L) \text{之和}} \times 100\%$$

其中,H 为当日最高价;L 为当日最低价;C 为上一个交易日的收盘价;n 为设定的时间参数,一般原始参数日设定为 26 日。

BR 指标应用法则:

BR 值为 100 时也表示买卖意愿的强弱呈平衡状态。

BR 值的波动比 AR 值敏感,当 BR 值在 70~150 之间波动时,属于盘整行情,投资者应以观望为主。

当 BR 值大于 300 时,表示股价进入高价区,可能随时下跌,应择机卖出。

当 BR 值小于 30 时,表示股价已经严重超跌,可能随时会反弹向上,应逢低买入。

③ 中间意愿指标 CR。为避免 AR、BR 指标的不足,在选择计算的均衡价位时,CR 指标采用的是上一交易日的中间价。理论上,比中间价高的价位其能量为"强",比中间价低的价位其能量为"弱"。CR 指标是以 n 日内上一个交易日的中间价比较当日的最高价、最低价,计算出一段时期内股价的强弱,从而在分析一些股价的异常波动行情时有其独到的功能。

另外,CR 指标不但能够测量人气的热度、价格动量的潜能,而且能够显示出股价的压力带和支撑带,为分析预测股价未来的变化趋势、判断股票买卖的时机提供重要的参考。其计算公式为

$$CR(n) = \frac{n \text{日内}(H-\text{PM}) \text{之和}}{n \text{日内}(\text{PM}-L) \text{之和}} \times 100\%$$

其中，H 为当日最高价；L 为当日最低价；PM 为上一个交易日的中间价，中间价＝（最高价＋最低价＋收盘价）/3，PM 的计算方法还有几种，此处省略；n 为设定的时间参数。

CR 指标比 BR 指标更容易出现负值，当出现负值时，最简单的方法就是将负值的 CR 指标一律当成 0。

与 AR、BR 指标一样，CR 值为 100 时也表示中间的意愿，买卖呈平衡状态。

当 CR 数值在 80～150 之间波动时，表明股价属于盘整行情，投资者应以观望为主。

当 CR 数值大于 300 时，表明股价已经进入高价区，可能随时下跌，应逢高卖出。

当 CR 数值在 0 以下时，表明股价已经严重超跌，可能随时会反弹向上，投资者可逢低吸纳。

当 CR 指标第一次发出行动信号时，往往错误比较大，投资者应谨慎。

3. 心理线 PSY

PSY(Psychological Line)研究股票市场上投资者的心态是悲观还是乐观，从而可以分析股票市场上的人气状况，技术分析家一般用 10 日和 20 日作为短、中期投资分析指标。

(1) PSY 的计算公式。

$$PSY(N) = N\text{ 日内股价上涨的天数} \div N \times 100$$

PSY 的取值范围是 0～100，以 50 为中心，50 以上是多方市场，50 以下是空方市场。

(2) PSY 的应用法则。

① PSY 的取值在 25～75 时，说明多空双方基本处于平衡状态。如果取值超出了这个平衡状态，则是超卖或超买。

② PSY 的取值过高或过低，都是行动的信号。一般说来，如果 PSY<10 或 PSY>90 这两种极端情况出现，是强烈的买入和卖出信号。

③ PSY 的取值第一次进入采取行动的区域时，往往容易出错。一般都要求 PSY 进入高位或低位两次以上才能采取行动。

④ PSY 的曲线如果在低位或高位出现大的 W 底或 M 头，也是买入或卖出的行动信号。

⑤ PSY 线一般可同股价曲线配合使用。

本 章 小 结

与基本分析法相比，技术分析法更注重量、价、时空等股价波动内生变量的分析，更关注买卖时机的选择，对短线操作更具有指导意义。本章详细介绍了技术分析的基本理论与主要技术方法。其中：K 线是图表分析的基础，借助 K 线图，运用形态理论可以分析股价的中期变化特点，在形态理论中详细介绍了整理和反转两种形态；切线理论分析是技分析方法中的精髓,其核心思想是通过画线找出价格运动的趋势,顺势操作;指标分析也是一种常用的技术分析方法,其优点是简单、明了、易用,在本章中介绍了市场趋势指标、市场动量指标、市场大盘指标和市场人气指标所包括的主要指标。

推荐参考网站

1. http://www.wolun.com.cn/港股通
2. http://www.10jqka.com.cn/同花顺
3. http://www.chinastock.com.cn/中国银河证券网
4. http://blog.sina.com.cn/lm/finance/index.html 新浪财经博客

综合练习

一、单项选择题

1. 证券价格是技术分析的基本要素之一,其中_____是技术分析最重要的价格指标。
   A. 开盘价　　　　B. 收盘价　　　　C. 最高价　　　　D. 最低价
2. 当开盘价正好与最高价相等时出现的 K 线被称为_____。
   A. 光头阳线　　　B. 光头阴线　　　C. 光脚阳线　　　D. 光脚阴线
3. K 线图中十字线的出现,表明_____。
   A. 买方力量还是比卖方力量大一点　　B. 卖方力量还是比买方力量大一点
   C. 买卖双方的力量不分上下　　　　　D. 行情将继续维持以前的趋势
4. 与楔形最相似的整理形态是_____。
   A. 对称三角形　　B. 直角三角形　　C. 矩形　　　　　D. 旗形
5. 当开盘价和收盘价分别与最高价和最低价相等时出现的 K 线被称为_____。
   A. 光头光脚阳线　B. 光头光脚阴线　C. 十字线　　　　D. 一字线
6. 趋势线被突破后,这说明股价_____。
   A. 会上升　　　　B. 走势将反转　　C. 会下降　　　　D. 走势将加速
7. 头肩顶形态的形态高度是指_____。
   A. 头的高度　　　　　　　　　　　B. 左、右肩连线的高度
   C. 头到颈线的距离　　　　　　　　D. 颈线的高度
8. 出现在顶部的看跌形态是_____。
   A. 头肩顶　　　　B. 旗形　　　　　C. 楔形　　　　　D. 三角形

9. 在双重顶反转突破形态中,颈线是_____。
    A. 上升趋势线   B. 下降趋势线   C. 支撑线   D. 压力线
10. 大多数技术指标都是既可以应用到个股,又可以应用到综合指数,_____只能用于综合指数。
    A. ADR   B. PSY   C. BIAS   D. W%R
11. 描述股价与股价移动平均线相距远近程度的指标是_____。
    A. PSY   B. BIAS   C. RSI   D. W%R
12. 表示市场处于超买或超买状态的技术指标是_____。
    A. PSY   B. BIAS   C. RSI   D. W%R

二、多项选择题

1. 按道氏理论的分类,趋势分为_____等类型。
    A. 长期趋势   B. 中期趋势   C. 短期趋势   D. 无趋势
2. 市场行为最基本的表现是_____。
    A. 成交价   B. 资金量
    C. 股指涨跌幅度   D. 成交量
3. 如果股市处于_____阶段,则宜做空头。
    A. 价涨量稳   B. 价稳量缩   C. 价跌量缩   D. 价涨量缩
4. 趋势的方向有三种:_____。
    A. 上升方向   B. 下降方向   C. 主要方向   D. 水平方向
5. K线图又称蜡烛线,是目前普遍使用的图形,其基本种类有_____。
    A. 阳线   B. 阴线   C. 十字线   D. 影线
6. 整理形态的类型很多,除了三角形外,还有_____等形态。
    A. 矩形   B. 旗形   C. 菱形   D. 楔形
7. 光头光脚大阳线的出现说明_____。
    A. 多方占优势   B. 股价涨了
    C. 市场波动很大   D. 空方占优势
8. 三角形态是属于持续整理形态的一类形态。三角形主要分为_____。
    A. 对称三角形   B. 等边三角形   C. 上升三角形   D. 下降三角形
9. _____属于趋势型指标。
    A. RSI   B. MACD   C. MA   D. W%R
10. 以下指标只能用于综合指数,而不能用于个股的是_____。
    A. ADR   B. ADL   C. OBOS   D. W%R

三、判断题

1. 在价、量基础上进行的统计、数学计算、绘制图表方法是技术分析主要的方法。
(   )
2. 反转不同于股价的变动,而是指对原先股价运动趋势的转折性变动。(   )
3. 实体长于上影线的阳线,表示买方严重受挫,空方占优势。(   )
4. 上下影线等长的十字星,称为转机线,常在反转点出现。(   )
5. 只有在下跌行情中才有支撑线,只有在上升行情中才有压力线。(   )
6. MACD利用离差值与离差平均值的交叉信号作为买卖的依据。(   )
7. 趋势线是衡量价格波动的方向,由它的方向可以明确地看出股价的趋势。(   )
8. 移动平均线可以帮助投资者把握股价的最高点和最低点。(   )
9. 威廉指标4次触底应当卖出,4次触顶应当买进。(   )
10. RSI的计算只涉及收盘价。(   )
11. RSI实际上是表示向上波动的幅度占总波动幅度的百分比。(   )
12. KDJ与RSI出现底背离现象,可以考虑买进。(   )
13. 描述股价与股价移动平均线相距的远近程度的指标是乖离率。(   )
14. MACD作为短线买卖指标很灵敏。(   )
15. ADR上升,指数下降,股市将会反弹。(   )

四、简答题

1. 简述K线的分类。
2. 简述移动平均线的应用法则。

五、计算与综合题

1. 若某公司股票三天内的股价情况如表8.2所示。

表8.2　股票的股价情况　　　　　　　　　　　　　　　　单位:元

项　目	星期三	星期四	星期五
开盘价	12.35	12.2	12.5
最高价	13.45	13	13.4
最低价	11.45	11.5	11.95
收盘价	12.2	12.5	13.05

求星期五的三日威廉指标值。

2. 某只股票最近 6 天的收盘价如表 8.3 所示。

表 8.3

| 18.26 | 16.85 | 16.65 | 19.25 | 17.9 | 19.45 |

要求计算 5 日的 BIAS,并提出投资建议。

3. 根据图 8.52 中所给的资料,试画出趋势线,并结合图中的各指标做出 2008 年 9 月初股价走势判断,指导投资者如何操作。

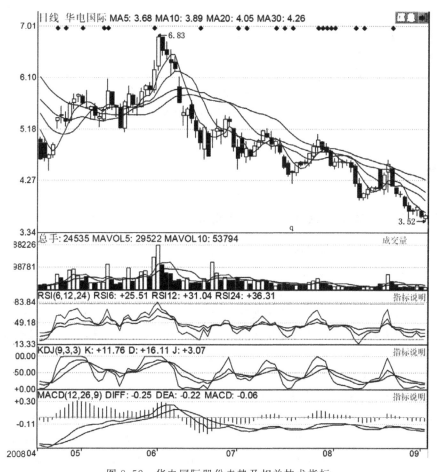

图 8.52　华电国际股份走势及相关技术指标

第 9 章

证券市场监管

【学习目标】

通过本章学习,读者应了解证券市场监管的基本理论;了解证券监管的目标、原则及证券监管的对象和手段;了解西方国家的监管情况和我国证券市场的监管情况;了解各国证券市场不同的证券监管体制。

中国证监会市场禁入决定书[科苑集团汪××、孙××、周××(2010)6号]

经查,科苑集团存在如下违法行为:

一、未按规定披露证券投资

自2000年5月发行上市开始,科苑集团以自己及安徽应用技术研究所、宿州技术和多个个人名义,采用自营以及委托闽发证券等18家机构从事证券或者期货投资,并采用账外运作的方式,将资金划转到证券营业部。2000年至2001年度,科苑集团投入的资金中,有29 805万元为募集资金。对于上述证券和期货投资行为,科苑集团一直未按规定及时予以披露,也未在2000年、2001年、2002年的年度报告中予以披露。

二、将未回收的证券投资资金虚构为在建工程和固定资产

2000年至2003年度,科苑集团存在将未回收的证券投资资金虚构为在建工程的行为,其相应年度报告均存在虚假记载。其中,2000年度,虚增在建工程5 580万元;2001年度,虚增在建工程3 560万元,虚增其他应收款2 020万元;2002年度,虚增固定资产3 560万元,多计管理费用833 750元;2003年度,多计管理费用1 617 475元。

三、未按规定披露银行借款行为

2000年至2003年度,科苑集团均存在银行借款未入账的行为,其相关年度报告相应内容均有虚假记载。其中,2000年度,少计短期借款2 300万元;2001年度,少计短期借

款8 300万元;2002年度,少计短期借款16 850万元;2003年度,少计短期借款9 300万元,少计长期借款5 300万元。

四、将未入账借款利息虚构为在建工程

2001年至2003年度,科苑集团均存在将未入账借款利息虚构为在建工程的行为,其相关年度报告中的相应内容均有虚假记载。其中,2001年度,虚增在建工程2 511 510.22元,少计"财务费用——利息支出"2 511 510.22元;2002年度,虚增在建工程6 099 115.71元,少计"财务费用——利息支出"6 099 115.71元;2003年度,虚增在建工程5 827 580.01元,少计"财务费用——利息支出"5 827 580.01元。

根据当事人违法行为的事实、性质、情节与社会危害程度,依据原《证券法》第一百七十七条及《证券市场禁入暂行规定》第四条和第五条的规定,我会决定:

认定汪××、孙××、周××为市场禁入者。(具体略)

中国证券监督管理委员会
二〇一〇年四月六日

(资料来源:中国证监会官网,有部分删减和改动)

【启示】 俗话说的好,没有规矩难以成方圆。证券市场牵涉多方的利益,因而必须有一套制度和法规来对各参与主体及其交易行为加以监管,这也是世界各国的普遍做法。否则,各种违法犯罪行为就会发生,进而影响证券市场的存在和发展。本章主要对我国证券市场监管的相关问题进行探讨。

9.1 证券市场监管要素

证券市场监管一般指国家、政府或其他授权机构,通过设定一定的行为标准或准则,采取一定的管理方法,对证券市场参与者主体及其行为的合规性、合法性,进行持续的专门的管理,以限制参与者的行为不损害其他参与者的利益,并对不合规、不合法行为及其后果实施监察或处理的一系列活动的总称。

9.1.1 证券监管主体

从金融监管的实践来看,选择什么样的机构作为证券监管主体,不完全是从经济学角度考虑的结果,而是政治、经济、历史传统等各个方面共同作用的产物,因此,各个国家都有自己的特色,几乎所有的国家证券监管活动都是由政府部门、行业协会和证券交易所共同完成的。在绝大多数国家,政府部门承担了较多的职责;有些国家的政府部门承担的职责较少,大部分监管职责交由行业协会和证券交易所承担。

我国证券市场政府监管体系由中国证券监督管理委员会和其派出机构证券监管办公室和证券监管特派员办事处组成。

1. 中国证券监督管理委员会

中国证券监督管理委员会简称证监会,是国务院直属机构,是全国证券期货市场的主管部门,按照国务院授权履行行政管理职能,依法对全国证券、期货市场进行集中统一监管,维护证券市场秩序,保障其合法运行。通过证监会的监管,能够使投资者得到的上市公司信息真实、全面,同时证监会对内幕交易、操纵市场、欺诈客户、虚假陈述等证券欺诈行为进行监督,以保护投资者的利益。

2. 中国证券监督管理委员会派出机构

各地证券监管机构是中国证监会的派出机构,依据证监会的授权对其辖区内的上市公司,证券、期货经营机构、投资咨询机构、证券中介服务机构进行监督管理,依法查处辖区内及其监管范围内的违法、违规案件,调解证券、期货业务纠纷和争议以及证监会授予的其他职责。

3. 证券交易所

证券交易所的监管职责包括对证券交易活动进行监管,对会员进行监管,对上市公司进行监管。

4. 证券业协会

中国证券业协会正式成立于1991年8月28日,是依法注册的具有独立法人资格的、由证券公司自愿组成的行业协会性自律组织。证券业协会的设立是为了加强证券业之间的联系、协调、合作和自我控制,以利于证券市场的健康发展。

9.1.2 证券监管目标与原则

证券监管的目标是保护广大投资者的利益,减少或避免证券市场由于信息不对称或一些违法、违规行为给投资者造成的损失,通过证券市场监管,避免不良竞争,促使证券市场有序、高效、良性运行。通过证券监管降低交易成本,防止价格垄断、操纵市场和欺诈行为的发生,减少市场风险,维护市场秩序。其具体体现在以下几个方面:①促进全社会金融资源的配置与政府的政策目标相一致,从而得以提高整个社会资金的配置效率。②消除因证券市场和证券产品本身的原因而给某些参与者带来的信息的收集和处理能力上的不对称性,以避免因这种信息的不对称而造成的交易的不公平性。③克服超出个别机构承受能力的、涉及整个证券业或者宏观经济的系统性风险。④促进整个证券业的公平竞争。

各国在确定证券市场监管制度时,都要遵循一定的原则,一般包括以下原则:

1. 依法监管

依法监管是指证券市场监管部门必须加强法制建设,必须依法办事,明确划分各方面的权利和义务,保护市场参与者的合法权益,即证券市场管理必须有充分的法律依据和法律保障。我国《证券法》于 1999 年正式实施,《公司法》于 1994 年 7 月 1 日起实施,1999 年 12 月 25 日修改。这两部法律是我国证券监管的核心和基础,其他相应的行政法规、部门规章和规范性文件总数超过 300 件,证券市场法律法规涵盖证券、期货、证券投资基金等领域,为保护投资者利益、维护证券市场秩序发挥了重要作用。

2. 保护投资者利益原则

投资者是证券市场的主体,是资金的供给者,是证券市场存在和发展的基石,各国证券市场监管的制度设计都把保护投资者利益放在了重要地位。

3. "三公原则"

(1) 公开性原则。证券监管组织通过制定和实施相应的办法来保证证券市场的信息公开。如对证券发行核准程序的公开、对上市公司的经营情况进行公开,同时对公开的信息是否具有真实性、可靠性、及时性、完整性进行监管以维护证券市场参与者的合法权益。

(2) 公平性原则。证券监管措施的实施都以保证证券市场参与者的平等法律地位,维护交易双方的合法权益为主。

(3) 公正性原则。对证券市场中的违纪、违规现象进行依法处理,杜绝欺诈,防止操纵市场、内幕交易、虚假陈述等行为的发生。

4. 监管和自律相结合的原则

监管和自律相结合的原则是指在加强政府、证券主管机构对证券市场监管的同时,也要加强从业者的自我约束、自我教育和自我管理。国家对证券市场的监管是管理好证券市场的基础。国家监督与自我管理相结合原则是世界各国共同奉行的原则。

9.1.3 证券监管的对象和内容

证券市场监管对象是指参与证券市场活动的机构与个人及其相关行为。其包括证券交易所、证券投资者(个人或机构)、证券公司、证券登记结算机构、证券交易服务机构以及证券业协会,证券发行人,证券投资者,同时对证券发行程序、流通过程进行审查、管理和监督。与各证券监管对象相关的监管内容主要有以下几个方面。

1. 对证券发行的监管

证券发行监管是指证券监管部门对证券发行的审查、核准和监控。这是保证上市公司质量的第一道关卡,大多数国家对证券发行实行严格监管。

我国《证券法》确立了证券发行实行核准制。按照《证券法》的规定,发行股票由中国证监会按照《公司法》规定的条件进行核准;发行公司债券由中国人民银行依照《公司法》规定的条件审批;可转换债券的发行,依照《可转换债券管理指引办法》,由中国证监会审批。

2．对证券市场交易的监管

（1）对操纵市场的监管。证券交易中的操纵市场，是指某一个组织或个人以获得利益或者减少损失为目的，利用其资金、信息等优势，或者滥用职权，背离自由竞争或供求关系，人为地控制证券价格，制造证券市场假象，诱导或者致使投资者在不了解事实真相的情况下作出证券投资决定，扰乱证券市场秩序的行为。中国证监会《证券市场操纵行为认定办法》和《证券市场内幕交易行为认定办法》，认定了连续交易、约定交易、自买自卖、蛊惑交易、抢先交易、虚假申报、特定价格、特定时段交易等8类行为属于市场操纵行为。

① 连续交易操纵。《证券法》第77条第一款规定，"单独或者通过合谋，集中资金优势、持股优势或者利用信息优势联合或者连续买卖，操纵证券交易价格或者证券交易量"，构成连续交易操纵。《证券市场操纵行为认定办法》和《证券市场内幕交易行为认定办法》认定"资金优势"的标准是动用的资金量能够满足下列标准之一：在当期价格水平上，可以买入相关证券的数量，达到该证券总量的5%；在当期价格水平上，可以买入相关证券的数量，达到该证券实际流通总量的10%；买卖相关证券的数量，达到该证券当期交易量的20%；显著大于当期交易相关证券一般投资者的买卖金额。认定"持股优势"的标准是直接、间接、联合持有的股份数量符合下列标准之一：持有相关证券总量的5%；持有相关证券实际流通总量的10%；持有相关证券的数量，大于当期该证券交易量的20%；显著大于相关证券一般投资者的持有水平。认定"信息优势"的标准包括，当事人能够比市场上的一般投资者更方便、更及时、更准确、更完整、更充分地了解相关证券的重要信息。

② 约定交易操纵。《证券法》第77条第一款规定，"与他人串通，以事先约定的时间、价格和方式相互进行证券交易，影响证券交易价格或者证券交易量"，构成约定交易操纵。《证券市场操纵行为认定办法》和《证券市场内幕交易行为认定办法》进一步细化"约定的时间"包括某一时点附近、某一时期之内或某一特殊时段；"约定的价格"包括某一价格附近、某种价格水平或某一价格区间；"约定的方式"包括买卖申报、买卖数量、买卖节奏、买卖账户等各种与交易相关的安排。

③ 自买自卖操纵。《证券法》第77条第一款规定，"在自己实际控制的账户之间进行证券交易，影响证券交易价格或者证券交易量"，构成自买自卖操纵。《证券市场操纵行为认定办法》和《证券市场内幕交易行为认定办法》细化"自己实际控制的账户"包括当事人拥有、管理、使用的账户。

④ 蛊惑交易操纵。"蛊惑交易"可以理解为，操纵市场的行为人故意编造、传播、散布虚假重大信息，误导投资者的投资决策，使市场出现预期中的变动而自己获利。特别是在互联网时代，"蛊惑交易"的危害性和严重性更应该引起高度关注。通过论坛、QQ、MSN、博客等网络传播手段，一个虚假消息可以在短时间内迅速传播，网状扩散，贻害无穷。

⑤ 抢先交易操纵。如果一家券商、一家评级公司提高了对某只股票的评级，开始在研究报告正式发布之前，抢先一步、提前建仓，那么则有可能触犯"抢先交易"操纵的禁区。

⑥ 虚假申报操纵。虚假申报操纵,是指行为人持有或者买卖证券时,进行不以成交为目的的频繁申报和撤销申报,制造虚假买卖信息,误导其他投资者,以便从期待的交易中直接或间接获取利益的行为。

⑦ 特定价格操纵。何谓特定价格操纵?这是指行为人通过拉抬、打压或者锁定等手段,致使相关证券的价格达到一定水平的行为。

⑧ 特定时段交易操纵。《市场操纵认定办法》明确列明了"特定时段交易操纵"行为,其又分为尾市交易操纵和开盘价格操纵。尾市交易操纵,是指在收市阶段,通过拉抬、打压或者锁定等手段,操纵证券收市价格的行为。开盘价格操纵,是指在集合竞价时段,通过抬高、压低或者锁定等手段,操纵开盘价的行为。

【专栏9.1】

证券市场操纵案例

案例一:中科创业

2001年元旦前后,以中科创业(原名"康达尔")为首的"中科系"股票突然连续跌停,有的更是连续十个跌停。1月中旬,中国证监会对中科创业股票价格操纵立案调查。经调查发现,有庄家将股票炒高后再质押给银行、证券公司获得贷款,融资额近50亿元,通过滚动操作,将中科创业的股价从1998年年初的10元推高到2000年末的最高价162元(复权后),涨幅达到1500%。后因庄家内部发生内讧,造成资金断链,股价连续9个跌停,一泻千里。中科创业成为我国证券市场中第一个股价泡沫破灭的典型案例。

案例二:亿安科技

2001年4月,中国中百投资顾问有限公司、广东百源投资顾问有限公司、广东金易投资顾问有限公司4家公司通过市场操纵,使亿安科技股价从1999年10月25日到2000年2月17日,短短的70个交易日内,由26.01元几乎马不停蹄地上涨到了126.31元,涨幅高达486%,随后便一路下跌。此案经审查,上述四家公司受到没收违法所得4.49亿元,同时处以4.49亿元罚款的处罚。两项数额高达8.98亿元,创下当时中国证券市场经济处罚之最。

案例三:德隆系

2004年4月,在唐万新等的决策和指挥下,截至14日,新疆德隆、德隆国际累计买入新疆屯河、合金投资、湘火炬A 3只股票678亿元。在操作过程中,共动用了24 705个股东账户,通过采取连续买卖、自买自卖等方式,使上述"老三股"价格表现异常,长期居高不下,按照移动平均法计算共非法获利98.61亿元。期间,3只股票的最高持仓比例全部高达91.5%以上,自买自卖量占总交易量的最高比例全部在99.83%以上。

2006年4月,德隆总裁唐万新因操纵证券交易价格罪,被判处有期徒刑3年;与其他罪名合并后判处有期徒刑8年,并处罚金人民币40万元。另外,涉案公司因操纵证券交易价格罪,判处罚金各 50 亿元,这是迄今证券市场额度最高的一次罚款。

案例四:基金汉鼎

除上市公司外,"基金汉鼎"的庄家也在证监会公布的处罚名单中。根据证监会公告,辛乃奇、刘军、吴军 3 人在 2000 年 9 月至 2003 年 8 月期间,利用自己及甘肃安瑞投资有限公司等名义在多家证券营业部所开立控制的 1 119 个个人股东账户、6 个法人股东账户中的 747 个股东账户,使用通过抵押融资方式取得的大量资金,集中买卖"基金汉鼎",最大持仓比例达 63.47%。

(2) 证券欺诈行为是指证券商或证券交易所在接受客户委托证券买卖的过程中,以获取非法利益为目的,违反证券管理法规,在证券发行、交易及相关活动中从事欺诈客户、虚假陈述等行为。我国于 1993 年 9 月 2 日发布了《禁止证券欺诈行为暂行办法》,禁止任何单位或者个人在证券发行、交易及其相关活动中欺诈客户。欺诈客户行为包括:①证券经营机构将自营业务和代理业务混合操作;②证券经营机构违背被代理人的指令为其买卖证券;③证券经营机构不按国家有关法规和证券交易场所业务规则的规定处理证券买卖委托;④证券经营机构不在规定时间内向被代理人提供证券买卖书面确认文件;⑤证券登记、清算机构不按国家有关法规和本机构业务规则的规定办理清算、交割、过户、登记手续;⑥证券登记、清算机构擅自将顾客委托保管的证券用作抵押;⑦证券经营机构以多获取佣金为目的,诱导顾客进行不必要的证券买卖,或者在客户的账户上翻炒证券;⑧发行人或者发行代理人将证券出售给投资者时未向其提供招募说明书;⑨证券经营机构保证客户的交易收益或者允诺赔偿客户的投资损失;⑩其他违背客户真实意志,损害客户利益的行为。欺诈客户行为给客户造成损失的,行为人应当依法承担赔偿责任。

(3) 内幕交易的监管。内幕交易是指公司董事、监事、经理、职员、主要股东、证券市场内部人员和市场管理人员,以获取利益或减少经济损失为目的,利用地位、职务等便利,获取发行人未公开的、可以影响证券价格的重要信息,进行证券交易,或泄露该信息的行为。

① 内幕信息。所谓内幕信息,是指证券交易活动中,涉及公司的经营、财务或者对该公司证券的市场价格有重大影响的尚未公开的信息。下列各项信息皆属内幕信息:公司的经营方针和经营范围的重大变化;公司的重大投资行为和重大的购置财产的决定;公司订立重要合同,而该合同可能对公司的资产、负债、权益和经营成果产生重要影响;公司发生重大债务和未能清偿到期重大债务的违约情况;公司发生重大亏损或者超过净资产 10% 以上的重大损失;公司生产经营的外部条件发生的重大变化;公司的董事长,三分之一以上的董事,或者经理发生变动;持有公司 5% 以上股份的股东,其持有股份情况发生较大变化;公司减资、合并、分立、解散及申请破产的决定;涉及公司的重大诉讼,法院依法撤销股东大会、董事会决议;法律、行政法规规定的其他事项;公司分配股利或者增资的计

划;公司股权结构的重大变化;公司债务担保的重大变更;公司营业用主要资产的抵押、出售或者报废一次超过该资产的30%;公司的董事、监事、经理、副经理或者其他高级管理人员的行为可能依法承担重大损害赔偿责任;上市公司收购的有关方案;国务院证券监督管理机构认定的对证券交易价格有显著影响的其他重要信息。

内幕消息不包括运用公开的信息和资料,对证券市场作出的预测和分析。

② 内幕交易主体。《内幕交易认定办法》规定了"内幕信息知情人"和"非法获取内幕信息的人"两大类内幕交易主体。

"内幕信息知情人"包括自然人的配偶及有共同利益关系的亲属,还包括参与内幕信息形成过程或在内幕信息形成中起决定、批准等主要作用的人及其配偶、有共同利益关系的亲属,以及发行人、上市公司,控股股东、实际控制人控制的其他公司及其董事、监事、高管等,上市公司并购重组参与方及有关人员,基于职务或者控制原因知悉内幕信息的人。

"非法获取内幕信息的人"则涵盖通过骗取、套取、偷听、监听或私下交易等非法手段获取内幕信息的人,以及违反所在机构关于信息管理和使用的规定而获取内幕信息的人。

③ 对内幕交易的监管。内幕人员和以不正当手段或者其他途径获得内幕信息的其他人员违反本办法,泄露内幕信息、根据内幕信息买卖证券或者建议他人买卖证券的,根据不同情况,没收非法获取的款项和其他非法所得,并处5万元以上50万元以下的罚款。内幕人员泄露内幕信息,除按前款的规定予以处罚外,还应当依据国家其他有关规定追究其责任。上市公司、实际控制人及相关高管操纵公司信息披露进行内幕交易者,妨碍执行公务者,累犯及监管机构工作人员进行内幕交易者,将被予以从重处罚。

(4) 对证券商的监管。对证券商的监管主要是对证券商的资格要经过严格的审查和限制,同时对证券商的资本额度有所规定。在中国凡是专营证券业务的证券公司和兼营证券业务的信托投资公司必须经过证监会批准,发给"经营许可证",再到工商管理部门办理营业执照。我国规定综合类证券商必须拥有5亿元人民币,经纪类证券商必须拥有5 000万元人民币。我国《证券公司监督管理条例》对证券公司、资产托管机构、证券登记结算机构违反规定动用客户的交易结算资金、委托资金和客户担保账户内的资金、证券的行为及其处罚作了详细的规定。规定证券公司的股东应当用货币或者证券公司经营必需的非货币财产出资。证券公司股东的非货币财产出资总额不得超过证券公司注册资本的30%。净资产低于实收资本的50%,或者或有负债达到净资产的50%不得成为持有证券公司5%以上股权的股东、实际控制人;证券公司应当有3名以上在证券业担任高级管理人员满2年的高级管理人员。证券公司设立时,其业务范围应当与其财务状况、内部控制制度、合规制度和人力资源状况相适应;证券公司在经营过程中,经其申请,国务院证券监督管理机构可以根据其财务状况、内部控制水平、合规程度、高级管理人员业务管理能力、专业人员数量,对其业务范围进行调整。证券公司变更注册资本、业务范围、公司形式或者公司章程中的重要条款,合并、分立,设立、收购或者撤销境内分支机构,变更境内分支机构的营业场所,在境外设立、收购、参股证券经营机构,应当经国务院证券监督管理机构批准。凡认购或者受让证券公司的股权后,其持股比例达到证券公司注册资本的5%;或以持有证券公司股东的股权或者其他方式,实际控制证券公司5%以上的股权任何单位或者个人有以上情形之一的,应当事先告知证券公司,由证券公司报国务院证券监督管理机构批准;证券公司合并、分立的,涉及客户权益的重大资产转让应当经具有证券相关业务资格的资产评估机构评估。

【专栏9.2】

2007年证券公司违法违规五大经典案例

案件一:广发证券从业人员涉嫌内幕交易

涉案人员:公司总裁董正青

处罚结果:董正青等犯罪人员被公安机关执行逮捕

事件原因:广发证券自2006年年初筹划借壳上市。当年6月5日,S延边路发布公告称,其与广发证券正就借壳进行接触。然而早自当年3月起,延边公路股价即已出现异动,在此公告发布前,已出现了11个涨停板。之后借壳上市方案公布,10月11日复牌后又连拉3个涨停,由此,董正青等人被疑涉嫌内幕交易和泄露内幕信息。

案件二:上海证券涉嫌内幕交易买入普洛康裕(000739)

涉案人员:上海证券研究所研究员彭蕴亮和自营投资部门

处罚结果:上海证券被处罚

事件原因:知情人士指出,2007年,彭蕴亮经过调研,认为普洛康裕的投资价值不错,随后向其自营部门的人介绍,并陪同自营部门有关人员到公司调研。调研之后,上海证券自营部门开始买入普洛康裕股票,彭蕴亮也开始同步对外推出普洛康裕的研究报告,并明确给出"强烈买入"的投资评级。

案件三:世纪证券风险控制指标违规

涉案人员:世纪证券

处罚结果:撤销世纪证券自营业务许可、证券资产管理业务许可,同时暂停其承销业务,暂停受理、批准其新业务,暂停批准其营业性分支机构的迁移;并责令该公司2007年7月31日前净资本等完成重组整改工作、风险控制指标"达标"

事件原因:世纪证券净资本等风险控制指标不符合有关规定,并未能按照法律、法规的规定和证监会的监管要求按期完成全部整改工作,且上述行为严重危及世纪证券的稳健运行。

案件四:长江证券账户管理违规

涉案人员:长江证券杭州建国中路营业部

处罚结果:证监会对长江证券在全行业内进行通报批评,在2008年5月底前暂停长

江证券杭州建国中路营业部代理开户业务的纪律处分等处罚

事件原由：长江证券杭州建国中路营业部账户管理有如下不规范行为，新开不合格账户；在落实第三方存管过程中，将不合格账户上线，且对不合格账户不加交易限制；经交易所数次提醒仍未采取配合措施清理不合格账户，使违法、违规活动有机可乘，利用不合格账户违规炒作杭萧钢构，对市场造成了恶劣影响。

案件五：联合证券分析师宋华峰涉嫌虚假陈述操纵市场

涉案人员：公司分析师宋华峰

处罚结果：除对宋华峰记行政大过外，还将其除名，并追缴其非法所得12万元

事件原由：宋华峰从4月16日至5月18日，以联合证券名义连续四次发布广济药业的投资分析报告，报告中称该公司是牛市里面攻守兼备的好品种，给予"增持"评级。然而，按照广济药业于4月20日、4月24日、4月27日和5月18日发出的澄清公告，分析报告存在众多纰漏。调查发现宋华峰直接参与了广济药业股票的交易，因此获利12万元。

（资料来源：http://money.163.com/special/00252SP2/weiguiquanshang.html）

(5) 对信息披露的监管。信息披露制度，也称公示制度、公开披露制度，是上市公司为保障投资者利益、接受社会公众的监督而依照法律规定必须将其自身的财务变化、经营状况等信息和资料向证券管理部门和证券交易所报告，并向社会公开或公告，以便使投资者充分了解情况的制度。它既包括发行前的披露，又包括上市后的持续信息公开，它主要由招股说明书制度、定期报告制度和临时报告（包括重大事件报告、收购报告书、公司合并公告）制度组成。

① 信息披露制度的起源。上市公司信息披露制度是证券市场发展到一定阶段，相互联系、相互作用的证券市场特性与上市公司特性在证券法律制度上的反映。世界各国证券立法都将上市公司的各种信息披露作为法律、法规的重要内容，信息披露制度源于英国和美国。

英国的"南海泡沫事件"(South Sea Bubble)导致了1720年《诈欺防止法案》(*Bubble Act of 1720*)的出台，而后《1844年英国合股公司法》(*The Joint Stock Companies Act 1844*)中关于"招股说明书"(Prospectus)的规定，首次确立了强制性信息披露原则(The Principle of Compulsory Disclosure)。

但是，当今世界信息披露制度最完善、最成熟的立法在美国。其关于信息披露的要求最初源于1911年堪萨斯州的《蓝天法》(*Blue Sky Law*)。1929年华尔街证券市场的大阵痛，以及阵痛前的非法投机、欺诈与操纵行为，促使了美国联邦政府1933年的《证券法》和1934年的《证券交易法》的颁布。在1933年的《证券法》中美国首次规定实行财务公开制度，这被认为是世界上最早的信息披露制度。

② 网络证券发行的信息披露制度。在此期间最主要的就是招股说明书和上市公告

书。网络证券招股说明书除了遵守信息披露的一般原则和必须采用网络为披露媒介外，还必须发出电子招股说明书，它与传统的招股说明书内容大致相同，包括重要资料（即招股说明书的摘要）、释义和序言、风险因素与对策、募集资金的运用、发行人状况介绍、股本、发行人最新财务状况、发行人是否有参加待决诉讼、已签订的合同等。需要注意的是，传统的招股说明书公司的全体发起人或董事及主承销商应当在之上签字，保证招股说明书没有虚假、严重误导性陈述或重大遗漏，并保证对其承担连带责任。为了使其应用于网络发行上，规定发行人必须在其他媒体披露招股书时也同时在网上公告招股书即可。

③ 网络证券交易的信息披露制度。网络证券交易的信息披露也称持续阶段的信息披露，是指网络证券发行上市后的发行人所要承担的信息披露义务。它主要是公告中期报告、年度报告、临时报告。网络证券信息必须在发行人或发行中介人的网站、证券交易所、证监会指定的专门网站上发布信息。当然，网上发布的网络证券信息也可以同时在其他媒介同步发布。中期报告是上市公司向国务院证券监管机构和证券交易所提交的反映公司基本经营情况及与证券交易有关的重大信息的法律文件，包括半年度报告和季度报告。其内容包括：公司财务会计报告和经营情况，涉及公司的重大诉讼事项，已发行的股票、债券变动情况，提交股东大会审议的重要事项，国务院证券监管机构规定的其他事项。年度报告是上市公司在每会计年度结束时，向国务院证券监管机构和证券交易所提交的反映公司基本经营情况及与证券交易有关的重大信息的法律文件。它包括：公司概况，公司财务会计报告和经营情况，董事、监事、经理及高级管理人员简介及其持股情况。已发行的股票、债券变动情况包括持有公司股份最多的前 10 名股东名单和持股数额，国务院证券监管机构规定的其他事项。临时报告指上市公司在发生重大事件后，立即将该信息向社会公众披露，说明事件的实质，并报告证券监管机构和证券交易所的法定信息披露文件。临时报告包括以下三种：重大事件报告、收购报告书、公司合并公告。

3. 对交易资金的监管

为了保证客户资产的安全性，我国《证券公司监督管理条例》规定：证券公司从事证券经纪业务，其客户的交易结算资金应当存放在指定的商业银行，以每个客户的名义单独立户管理。指定商业银行应当与证券公司及其客户签订客户的交易结算资金存管合同，约定客户的交易结算资金存取、划转、查询等事项，并按照证券交易净额结算、货银对付的要求，为证券公司开立客户的交易结算资金汇总账户。客户的交易结算资金的存取，应当通过指定的商业银行办理。指定商业银行应当保证客户能够随时查询其交易结算资金的余额及变动情况。指定商业银行的名单，由国务院证券监督管理机构会同国务院银行业监督管理机构确定并公告。

9.1.4 证券监管手段

证券市场监管通常采用三种手段，即法律手段、经济手段和行政手段。

1. 法律手段

法律手段即国家通过立法和执法,以法律规范形式将证券市场运行中的各种行为纳入法制轨道,证券发行与交易过程中的各参与主体按法律要求规范其行为。运用法律手段管理证券市场,主要是通过立法和执法抑制和消除欺诈、垄断、操纵、内幕交易和恶性投机现象等,维护证券市场的良好运行秩序。涉及证券市场管理的法律、法规范围很广,大致可分为两类。一类是证券监管的直接法规,除证券管理法、证券交易法等基本法律外,还包括各国在上市审查、会计准则、证券投资信托、证券金融事业、证券保管和代理买卖、证券清算与交割、证券贴现、证券交易所管理、证券税收、证券管理机构、证券自律组织、外国人投资证券等方面的专门法规,几乎遍及证券市场的所有领域。另一类是涉及证券管理,与证券市场密切相关的其他法律,如公司法、银行法、票据法、破产法、财政法、反托拉斯法等。这样,形成了一个以证券基本法为核心,专门证券管理法规或规则相补充,其他相关法律相配套的证券法律体系。

2. 经济手段

经济手段指政府以管理和调控证券市场(而不是其他经济目标)为主要目的,采用间接调控方式影响证券市场运行和参与主体的行为。在证券监管实践中,常见的有以下两种经济调控手段:

(1) 金融信贷手段。运用金融货币政策对证券市场的影响颇为显著。在股市低迷之际放松银根、降低贴现率和存款准备金率,可增加市场货币供应量从而刺激股市回升;反之则可抑制股市暴涨。运用"平准基金"开展证券市场上的公开操作可直接调节证券供求与价格。金融货币手段可以有效地平抑股市的非理性波动和过度投机,有助于实现稳定证券市场的预期管理目标。

(2) 税收政策。由于以证券所得税和证券交易税(即印花税)为主的证券市场税收直接计入交易成本,税率和税收结构的调整直接造成交易成本的增减,从而可产生抑制或刺激市场的效应并为监管者所利用。

3. 行政手段

行政手段是指政府监管部门采用计划、政策、制度、办法等对证券市场进行直接的行政干预和管理。与经济手段相比较,运用行政手段对证券市场的监管具有强制性和直接性的特点。例如,在证券发行方面采取上市审批制度,行政控制上市种类和市场规模;对证券交易所、证券经营机构、证券咨询机构、证券清算和存管机构等实行严格的市场准入和许可证制度;交易过程中的紧急闭市等。

行政手段存在于任何国家证券市场的监管历史之中。其区别是在市场发育早期使用行政方式管理多些,至成熟阶段则行政方式用得少些。早期证券市场受社会经济诸方面条件制约,往往是法律手段不健全而经济手段低效率,造成监管不足的局面,故需行政手段的积极补充。然而,证券市场毕竟是市场经济高度发达的伴生物,其充分的市场经济特性必然要求伴随市场的成熟与完善,逐步减少行政干预,因为过多的不恰当的行政干预容易形成监管过度,扭曲市场机制。

4. 自我管理

一般证券市场监管均采取政府管理与自我管理相结合的形式。自我管理(或称自律管理)之所以在证券市场管理中占重要一席,相当程度上是西方证券市场发展的历史结果。在从市场出现到政府全面介入前的历史演变中,自我管理成为市场管理的主要形式。此外,证券交易的高专业化程度和证券业者之间的利益相关性与证券市场运作本身的庞杂性决定了对自律管理的客观需要。应该看到,政府监管与自律管理之间存在主从关系,自律管理是政府监管的有效补充,自律管理机构本身也是政府监管框架中的一个监管对象。近年来,集中化证券监管和强化政府监管地位正成为各国尤其西方证券市场管理的发展趋势。

9.2 证券市场监管模式

9.2.1 证券市场监管模式的选择

证券市场的监管,是国家金融监管的重要组成部分。由于各国证券市场发育程度不同,政府宏观调控手段不同,所以,各国证券市场的监管模式也不一样。概括起来,主要有以下三种类型:

1. 集中型监管模式

在这种模式下,由政府下属的部门,或由直接隶属于立法机关的国家证券监管机构对证券市场进行集中统一监管,而各种自律性组织,如证券交易所、证券行业协会的自律管理起协助作用。

美国证券监管主体属于极强独立型。根据1934年《证券交易法》设立了证券交易管理委员会(SEC),它直接隶属于国会,独立于政府,对全国的证券发行、证券交易、券商、投资公司等依法实施全面监管。其他国家的证券监管机构都由以前的附属于某一政府部门而成为一个独立的机构,统一对证券市场进行监管,如日本、法国和巴西等。

集中型监管模式有如下优点:①集中型监管模式可防止重复监管和监管真空,能公平、公正、高效、严格地发挥其监管作用,并能协调全国各证券市场,防止出现过度投机的混乱局面。②集中型监管模式可以使得监管机构统一实施证券法律,使证券市场行为有合理的预期,提升了证券市场监管的权威性。③集中型监管模式使得监管者地位独立,更注重保护投资者的利益。

集中型监管模式的不足之处是:①证券法规的制定者和监管者远离市场,缺乏市场一线监管实践经验,从而使市场监管可能脱离实际,缺乏效率。②若不辅之以自律监管,集中监管模式下中央监管机关对市场发生的意外行为反应较慢,可能处理不及时。

2. 自律型监管模式

自律型监管模式有两个特点:①通常没有制定直接的证券市场管理法规,而是通过一些间接的法规来制约证券市场的活动。②没有设立全国性的证券管理机构,而是靠证券市场的参与者,如证券交易所、证券商协会等进行自我监管。英国、德国、意大利、荷兰等国曾经是自律模式的代表。以英国为例,英国没有证券法或证券交易法,只有一些间接的、分散的法规;英国虽然设立了专门的证券管理机构(称为证券投资委员会),依据法律享有极大的监管权力,但它既不属于立法机关,也不属于政府内阁,实际监管工作主要通过以英国证券业理事会和证券交易所协会为核心的非政府机构进行自我监管。

自律型监管模式具有如下优点:①能充分发挥市场的创新和竞争意识,有利于活跃市场。②允许证券商参与制定证券市场监管规则,从而使市场监管更切合实际,制定的监管法规具有更大的灵活性,效率较高。③自律组织对市场发生的违规行为能作出迅速而有效的反应。

但是,自律型监管模式也存在缺陷,主要表现在:①通常把重点放在市场的有效运转和保护证券交易所会员的经济利益上,对投资者利益往往没有提供充分的保障。②由于没有立法和强制手段作后盾,监管手段较软弱。③由于没有统一的监管机构,难以实现全国证券市场的协调发展,容易造成混乱。

由于这些原因,不少原来实行自律型监管模式的国家,现已开始逐渐向集中型监管模式转变。例如,2001 年英国政府改变了证券市场的传统监管方式,加强了政府监管力量。其他一些实行自律模式的国家,如德国、意大利、泰国、约旦等,也开始走向集中型监管模式。

3. 中间型证券市场监管

中间型监管体制是指既强调立法管理又强调自律管理,是集中型管理体制和自律型管理体制的融合。中间型监管体制又可称为分级管理型体制,包括二级监管和三级监管两种模式。二级监管是中央政府和自律型机构相结合的监管;三级监管是指中央、地方政府和自律机构相结合的监管。最早实行中间型监管模式的国家有德国、泰国等。目前,由于集中型证券监管模式和自律型证券监管模式二者都存在一定的缺陷,因此有些以前实行集中型证券监管模式或者自律型证券监管模式的国家开始向中间型证券市场监管模式过渡,这种监管模式取长补短,能够发挥各自的优势,从而使得证券监管更加有效。现在大多数国家都实行这种管理模式。

9.2.2 世界主要发达国家的证券监管模式

从世界主要发达国家的监管模式看,因各国证券市场发展的历程及所在国政府对经济运行的调控方式以及受其他国家或地区监管模式的影响程度不同,监管体制有着不同的特点,监管机构的运作也有明显的差别。下面主要概述美国、英国、日本、德国的证券监管模式及其运作。

1. 美国证券监管模式

美国的证券监管模式是集中型监管模式的典型代表。根据1934年的《证券交易法》,美国设立一个独立、具有准司法权的证券交易监管机构——证券交易所(SEC)。在此前,联邦贸易委员会负责实施1933年的《证券法》。

美国对证券市场的管理有一套完整的法律体系,其证券管理法规主要有1933年的《证券法》、1934年的《证券交易法》、1940年的《投资公司法》、1940年的《投资顾问法》等。美国证券管理采取3个机构交叉监管模式。在管理体制上,以"证券交易管理委员会"(以下简称证交会)为全国统一管理证券经营活动的最高管理机构。同时,全国性证券交易所(如纽约证券交易所)和全国证券交易商协会(NASD)分别对证券交易所内的证券交易和场外证券交易进行管理,形成了以集中统一管理为主,辅以市场自律的较为完整的证券管理体制。

SEC的宗旨是:寻求对投资者的最大保护和对证券市场的最小干预;建立投资信息系统,一方面促使投资者作出正确的投资选择,一方面利用市场投资选择把发行质量低、超过市场资金供给承受能力的股票驱逐出去。

SEC在证券管理上注重公开原则,对证券市场的监管主要以法律手段为主。如对证券交易的监管,主要依据1934年的《证券交易法》中的反欺诈、反操纵和虚假陈述条款,对违法者的处罚主要采取行政处罚和刑事处罚。

美国《证券法》及《证券交易法》赋予SEC的执法手段相当充分,包括:市场监察权、检查权、控诉提起权。在美国法院的许可下,SEC可以进行传唤、搜查、扣押以保全证据;也可以授权自律组织(NYSE、NASD等)进行查核及处罚。美国《证券交易法》第21条赋予SEC准司法权,证交会可进行必要调查,而SEC的任何委员或其指派的任何官员,有权传唤证人、强制拘留、搜查证据等,当事人如拒绝传唤,SEC申请法院令,要求其到场或提出证据,否则构成藐视法庭罪。

SEC的主要职权包括下列各项:①规则制定权;②调查执行权;③裁定权;④民事制裁权;⑤提出诉讼权;⑥防范有价证券买卖的欺诈行为;⑦发布禁止令;⑧暂停或撤销登记权,经纪商、自营商、投资公司或投资顾问业的违法行为,SEC停止或撤销其登记;⑨行政罚款。

美国SEC执法机制的形成经过了一个长期的过程,其中显著的特征是SEC的执法手段不断增强,最值得注意的是1984年的《内幕交易处罚法》(ITSA)、1990年的《证券执法和垃圾股票改革法》和2002年的《萨班斯—奥克斯莱法案》分别赋予了SEC对内幕交易者处以非法所得或避免损失的三倍罚款、对违规者直接要求责令改正、申请临时冻结公司已支付给其董事或高管人员的不合理报酬等权力。

2. 英国证券监管模式

传统上,英国政府没有设立管理证券期货市场的专门机构,对证券期货交易所及其会员采取自由放任的态度。1986年英国议会通过了1986年的《金融服务法》,实行以政府监管和自律组织自律监管相结合的分业监管体制。其中中央银行英格兰银行(Bank of England)负责银行业的审慎监管;证券投资局(Securities and Investment Board,SIB)负责证券业的监管。3个证券业自律组织分别负责证券公司、基金管理公司和投资咨询机构的执业行为监管和审慎监管;住房合作委员会负责住房基金的审慎监管;贸易与投资部(De. partment of Trade and Investment)负责保险业的审慎监管。

1986年,《金融服务法》的出台结束了英国资本市场管理的松散自律状态,确立了法律框架下的自律管理模式。

1997年以后,英国对其金融管理体制进行了全面改革,由分业监管转向混业监管。近年来,英国为使金融市场的整体活动更具效率与安全,朝着成立单一管理机构方向前进。1997年5月,财政部大臣宣布将英国金融管理组织重整,首先是把银行业务监督的职权从中央银行移转到证券投资局;其后,于1997年12月28日,将证券投资局更名为金融服务管理局(Financial Services Authorities,FSA),2001年12月即成为单一的监管机构,统一负责监管银行、保险及投资事业,与中央银行(BOE)同隶属于财政部一级机构。金融服务管理局负责金融事业管理,而中央银行的主要任务是维持金融稳定。金融服务管理局以维护一个效率、秩序与公平的金融市场,并确保投资人公平交易为目的。其具体措施有以下几点:①提供投资人公平交易的机会,即强调信息披露的重要性,这样可降低交易风险,也是维持市场公平、效率与竞争的方法之一;而市场信息的透明度可提升市场的纪律。②改善企业表现。为公司本身创造符合标准的诱因,使监管者能有效监督。③弹性而积极的监管。将监管重点置于被监管者最大风险产生的部分。

金融服务管理局成立的目的在于促进金融市场发展与保障投资环境。根据金融服务及市场法(FSMA),金融服务管理局有四个法定目标:①维持社会公众对英国金融体系的信心。为实现此目标,金融服务管理局应监管银行、投资公司、保险公司、建筑融资协会、互助协会、信用合作社、交易所等,并协调国会与其他金融中介机构,对证券市场进行监管。②促进社会公众对金融体系的理解,协助投资者获悉相关投资知识及技巧,使其能有效率地处理金融事务。③确保在适当程度内保障投资者权益,同时明确投资者自己的责任。金融服务管理局对市场的管理主要以授权为原则,其职责履行主要通过授权自律组织、交易所、结算公司、证券中介人、及直接授权企业个体等不同组织来完成。此外,金融服务管理局还负责制定法令规范及相关指引、监督公司、执行法令规范等。金融服务管理局仅允许符合标准(包括诚信、专业、财务健全等条件)的公司及个人从事规范活动。注册业者及个人经金融服务管理局授权后,应遵循金融服务管理局所制定的各项标准,金融服务管理局会监督这些业者及个人是否会符合这些标准的要求。一旦发生严重的问题,金融服务管理局将会进行调查、处罚或起诉违法者。④防范金融犯罪。金融服务管理局特别着重对洗钱、诈欺、市场不当行为(如内幕交易)三个方面的金融犯罪行为的防治。

金融服务管理局的监管权限有：①有权核准、拒绝或撤销执照、限制业务经营。②有权对违反准则或规定者罚款。③有权核准个人对受监管的业务执行特定任务。④核准金融业务。⑤制定金融机构的审慎监管标准和执行标准。

3. 日本证券监管模式

1997年金融改革法制定后，日本金融监督检查制度产生重大变革，大藏省对金融事业监督权被大幅削弱，而由1998年7月1日新成立的金融监督厅(Financial Supervisory Agency)取代，由金融监督厅统筹负责银行、保险、证券机构业务的发照、监督及检查工作。该机构属于金融再生委员会管辖。而大藏省不再监督个别金融机构，转而整合原银行局及证券局，另设金融企划局负责财务企划的拟定及法案的修正。2000年7月1日更进一步整合金融监督厅及大藏省金融企划局，成立金融厅(Financial Services Agency)，负责金融制度相关政策及法案的制定，以及对证券公司、银行、保险公司的检查及监督，以确保金融稳定及保障投资大众。2001年1月6日金融再生委员会并入金融厅。

金融厅依《金融厅设置法》第2条规定，整合原金融监督厅及大藏省金融企划局，于2000年7月依《金融厅组织法》第3条规定，负责确保金融机能安定、保护有价证券投资者等任务，为此目标，该法第4条规定应赋予拟定金融制度相关政策及法案等27项职权。此外，该法第6条规定金融厅应设置金融审议会及证券交易监视委员会。

金融审议会的成员为各方面的专家，其主要权责是就金融重要课题向大藏大臣提出建议。证券交易监视委员会负责证券交易的调查及审查、违反事件的调查等业务，其权限包括下列各点：①不法行为的调查权。②证券业务检查权，检查或访问证券公司、提供证券服务之金融机构、证券业协会、交易所等，以查核其营业活动是否符合法律规范，在必要时可以对案件关联者进行质询、检查、收押。根据法院许可，可以进行临时检查、搜查或收押。③监视交易。执行每日例行监视市场活动，对任何可疑的交易行为，可要求证券商或证券交易所提出详细报告。④根据检查或犯罪调查，发现具体违法事实，建议大藏大臣与金融监督厅长官采取行政处罚措施，以处罚违反规定的证券公司或相关人员。

4. 德国证券监管模式

德国积极整合证券及期货市场，并已于1994年借《证券交易法》重新颁布之际，成立联邦证券监管局。德国证券及期货的监管机关一致，均为联邦证券监管局，德国在1995年5月才完成证券交易法中有关主管单位架构与监督权限的相关法条及相关法令的修正。该机关依1994年制定的《证券交易法》第3条规定于1995年1月1日成立，主要受联邦财政部管辖。

2002年4月德国通过一项金融机构合并法，将原本分别负责监督银行的银行监管局、监管保险业务的保险监管局以及监管证券期货业务的证券监管局三个主管机关合并为一个新的金融监理机构——联邦金融监督管理局。该架构于2002年5月1日开始正式运作。联邦金融监管局成立后,整个金融体系包括银行、保险、证券都在其监督之下,除了保护消费者权益及监督企业偿债能力的功能外,也希望维持德国经济稳定,并提升竞争力。

联邦金融监督管理局直接隶属总统,由副总统分管,新的监理架构保留三个前监管机构的专业领域部分,这三个监管机构各自的行政部门,由中央单位统筹预算、组织、人力资源、控制及信息技术等。另外联邦金融监督管理局建立一个跨部门的单位,负责跨行业监管的金融事务协调局。2002年7月第四金融市场促进法案引进几个新的监管职责(包括反洗钱在内)。

9.2.3 中国证券监管模式

改革开放以来,中国的证券监管体制经历了无实体监管部门阶段(1981~1985年)、监管体系形成阶段(1986~1992年)、监管体制的发展阶段(1992~1998年)、集中统一型监管体制阶段(1998年至今)。通过多年来证券监管法律制度的建设、监管组织体系的调整、证券行业自律组织的发展,中国证券监管的能力得到了很大提高,具体表现在以下几个方面:

(1) 法律制度。1998年12月29日,全国人大审议通过《证券法》,确立了我国集中统一的证券监管体制。2000年,为规范上市公司股份类别变更涉及的有关证券登记业务,发布了《关于上市公司非流通股份类别变更有关问题的通知》。2001年为加强对证券交易所的管理,又相继发布《证券交易所管理办法》、《关于上市公司重大购买、出售、置换资产若干问题的通知》等。2003年,根据《证券法》和其他相关法律、行政法规,发布《证券公司治理准则(试行)》、《关于加强证券公司营业部内部控制若干措施》。2005年10月27日,十届全国人大常委会第十八次会议通过了修订后的《证券法》与《公司法》,修改后的两法于2006年1月1日起正式施行。2006年4月,根据"两法",中国证监会起草并公布了《上市公司证券发行管理办法(征求意见稿)》、《首次公开发行股票并上市管理办法(征求意见稿)》。2007年年初,《上市公司独立董事条例》、《证券公司风险处置条例》、《上市公司监管条例》、《证券公司监管条例》的起草工作纳入国务院立法工作计划。经过约两年的反复研讨、修改,《证券投资者保护条例》草案也于2007年拟定,进入相关审核阶段。这样,"两法四规"即《证券法》、《公司法》以及《上市公司监管条例》、《证券公司监管条例》、《证券公司风险处置条例》和《证券投资者保护条例》4部行政法规,将构成我国证券监管法律体系的主体框架,推进我国证券监管的法制化进程。2008年9月,为落实《证券公司监督管理条例》的有关规定,中国证监会起草了《证券经纪人管理暂行规定(草案)》。与此同时,《深圳证券交易所股票上市规则》及《上海证券交易所股票上市规则》都进行了修订,对规范股票、公司债券、衍生品的发行、稳定证券市场的秩序,起到了良好的作用。

(2) 组织体系。现行的集中统一型证券监管体制形成于 1998 年。1998 年国务院撤销证券委,明确中国证券监督管理委员会为国务院直属机构,是全国证券期货市场的主管部门,同时批准了证监会职能、内设机构和人员编制"三定"方案。作为中国证券市场唯一的最高监管部门,证监会内设 14 个职能部门,目前在全国设有 9 个证券监管办公室、2 个直属办事处、25 个特派员办事处。其主要职责包括:研究和拟定证券期货市场的方针政策、发展规划;起草证券期货市场的有关法律、法规;制定证券期货市场的有关规章;统一管理证券期货市场,按规定对证券期货监管机构实行垂直领导;监管股票、可转换债券、证券投资基金的发行、交易、托管和清算;批准企业债券的上市;监管上市公司企业债券的交易活动;监管境内期货合约的上市、交易和清算;按规定监督境内机构从事境外期货业务;监管上市公司及其所有信息披露义务股东的证券市场行为;管理证券期货交易所;按规定管理证券期货交易所的高级管理人员;归口管理证券期货行业的对外交往和国际合作事务等。

(3) 证券业自律组织。证券市场自律是证券市场规范化建设的重要手段,是证券市场管理的一种方式。所谓自律,是指证券市场参与者组成自律组织,在国家有关证券市场法律、法规和政策的指导下,依据证券行业的自律规范和职业道德实行自我管理和自我约束的行为。目前,我国证券业自律组织主要有:证券交易所、证券登记结算公司、中国证券业协会。我国自律组织一般实行会员制,符合条件的证券经营机构及其他机构可申请加入自律组织成为其会员。上市公司、证券中介机构的自律提高了我国证券监管的有效性。

9.3 证券市场监管的国际合作

9.3.1 证券监管国际合作的意义和作用

经济全球化使跨国的证券发行和交易行为日益频繁,对证券市场的监管也因此具有了许多涉外的因素。借助于现代通信手段,证券欺诈、市场操纵、内幕交易和其他跨国的非法行为越来越多的出现于全球金融市场。在对可能的违法行为进行调查方面,国际合作的重要性十分明显,如果不能从其他主权国家获得必要的信息,监管的有效性就会被削弱。因此,应该建立国际合作机制以便发现和阻止跨国不法活动更好地履行审批和监管职责。

从法律的角度看,证券监管国际合作也具有十分重要的意义,它可以解决各国证券监管权力之间的冲突,协调各国的证券法律制度,促进国际证券市场的良好运转。传统国际法的理论认为,一国公法不具有域外效力,该国的行政性权力具有地域性,无权规制境外的主体和行为。一国政府为了本国和外国投资者的利益、市场公正透明有效方面的考虑,因为加强本国的证券监管权的域外效力,这必然遭到外国的报复和抵制。证券市场的全球化带来的区域和国际证券市场上的诸多问题需要各国监管机关实现并加强其权力来维持市场透明、高效,这就避免不了各国监管权力之间的冲突。当一国政府要对国际证券问题行使权力、从境外获得监管的相关信息,就必须依靠外国监管机关的有效合作。各国的法律制度的不同,使得监管理念和监管方式存在着较大的差异。证券市场的进一步国际化依赖于证券法律制度间的协调统一,在现今不具备统一全球法制的实际情形下,证券监管国际合作从实践角度是可行的,这也是保障证券市场国际化时期市场有效性的最优选择。

9.3.2 我国证券监管国际合作

1. 双边合作

双边监管合作上,我国也借鉴国际先进的经验,遵循世界主要证券市场国际证券监管合作的机制,积极同主要国家签订司法互助协定和监管合作备忘录。其中,中国证监会权力范围内的监管合作备忘录是直接合作的主要形式。

截至 2010 年,中国证监会已经与 37 个有证券市场的国家和地区签订了《监管合作备忘录》。这对加强我国与相关国家证券市场的双边合作起到非常重要的保证作用。

2. 区际性合作和区域性合作

我国是一个多法域国家,区域内包括内地、香港、台湾和澳门四个法域,在证券领域的监管权冲突是不可避免的。除了内地与香港签订过《证券监管合作谅解备忘录》之外,两岸四地之间的监管合作还未能形成区际监管合作机制。两岸之间的监管合作是区际性质的监管合作,之所以称为区际监管合作是因其具有与区域监管合作不同的特性。首先,区际监管合作是建立在一个主权国家领域范围内的,属于一国的不同地区之间的监管合作。区域监管合作是建立在多个主权国家的国际条约或者协定基础上的,是不同主权国家之间的协调一致的监管合作。其次,区际监管合作是主权国家内不同法域之间的法律协调。而区域监管合作是不同主权国家之间的主权协调。最后,两者具有不同的效力层次。区际的监管合作是国内法角度的权力冲突解决和权力分配制度,这不能产生国际法上的义务,也不产生传统意义上的国家责任问题。区域监管合作是平等主体之间的国际法上的主权协调一致,是相互间协议基础上对本国主权的限制,协助其他国家或者地区监管机关行使监管权,它具有国际法上的效力。在我国两岸之间的监管合作只能是建立在"一国两制"基础上的不同法域间的区际合作。

中国证监会也寻求监管的区域性合作,曾就中国与东盟国家合作进行了一系列的接触,加强了与东盟各国在金融证券领域的监管合作与协调,发表和签订了包含证券监管合作内容在内的《东亚合作联合声明》和《中国—东盟全面经济合作框架协议》。目前我国与东盟各国的监管合作与协调仍主要停留在原则性的联合声明和框架协议上,并没有采取多少具体的实质性举措。总体来说,在区域层面上,中国证券监管合作并未建立成熟的区域合作机制。

3. 全球性合作

中国证券监督管理委员会在国际证监会组织的 1995 年巴黎年会上加入该组织,成为其正式会员。按照地区划分,中国证券监督管理委员会属于亚太地区委员会的正式会员。按照发展状况划分,中国证券监督管理委员会是新兴市场委员会的正式会员。我国的上海证券交易所和深圳证券交易所于 1996 年 9 月加入国际证监会组织咨询委员会。从 1995 年开始,中国证券监督管理委员会参加了国际证券委员会的每一届年会。此外,中国证券监督管理委员会还派遣代表团出席了 1996 年在波兰华沙、1997 年在南非举行的两届新兴市场委员会会议,并于 1997 年 4 月在北京承办了国际证券委员会亚太地区委员会及其执行会议。1996 年 9 月,在证监会国际组织第 21 届年会上,上海、深圳证券交易所也正式成为该组织的附属会员。国际证券委员会的附属会员多为各国重要的证券、期货交易所和其他国际金融机构,这也有利于上海、深圳证券交易所同外国证券自律性组织的交流合作。2006 年的香港年会上,中国证监会主席当选为国际证券委员会的执行主席。

国际证券交易所联合会是证券监管国际合作领域重要的非政府间国际组织。香港联合交易所于 1986 年、台湾证券交易所于 1989 年成为国际证券交易所联合会的成员。随着我国证券市场的迅速发展,上海证券交易所和深圳证券交易所与国际证券交易所联合会有些业务上的接触,但是还没有正式入会。国际证券交易所联合会第 36 届年会曾于 1996 年 11 月在北京举办过国际研讨会。

本 章 小 结

金融监管理论的发展构成了证券市场监管的理论基础。

我国证券市场政府监管体系由中国证券监督管理委员会和其派出机构证券监管办公室及证券监管特派员办事处组成。

证券市场监管都要遵循一定的原则,一般包括依法监管、保护投资者利益、"三公原则"、监管和自律相结合等。

证券市场监管对象包括证券交易所、证券投资者(个人或机构)、证券公司、证券登记结算机构、证券交易服务机构以及证券业协会,证券发行人,证券投资者,同时对证券发行程序、流通过程进行审查、管理和监督。

证券市场监管通常采用三种手段,即法律手段、经济手段和行政手段。

各国证券市场的监管模式概括起来,主要有以下两种类型:集中型监管模式和自律型监管模式。

改革开放以来,通过多年来证券监管法律制度的建设、监管组织体系的调整、证券行业自律组织的发展,中国证券监管的能力得到了很大提高。

证券监管国际合作包括双边合作、区际性合作和区域性合作、全球性合作等。我国证券监管国际合作机制还有待进一步完善。

推荐参考网站

1. http://www.csrc.gov.cn 中国证券监督管理委员会
2. http://www.circ.gov.cn 中国保险监督委员会
3. http://www.cbrc.gov.cn 中国银行业监督管理委员会
4. http://www.stcn.com 证券时报
5. http://paper.cnstock.com 上海证券报

综合练习

一、名词解释

证券市场监管 连续交易操纵 约定交易操纵 抢先交易操纵 证券欺诈 内幕交易 信息披露制度 集中型监管模式 自律型监管模式

二、问答题

1. 证券监管的目标和手段是什么?
2. 证券市场监管的意义是什么?
3. 试述集中型证券市场监管模式。
4. 试述自律型证券市场监管模式。
5. 证券市场最容易发生哪些欺诈行为?
6. 试述中国证券市场监管的调整思路。

第10章

证券投资策略

【学习目标】

通过本章学习,读者要掌握证券投资者的类型与投资者心理;证券投资原则;证券投资的选择与策略;基本的证券投资技巧;主要的证券投资业绩评价指标。

经验和投资方法:听听杨百万的实战要诀

坚持长期、定期投资。股票的长期收益率相对于中短期国债而言,存在着巨大的优越性,这就是股票抵御通货膨胀内在的特性。由于股票最终可以反映出国家经济增长的成果,因此长期持有的股票在大涨后抛出必然盈利,这就意味着,投资者要密切关注国家的经济成长,不仅要长期投资,还要坚持在这一过程中定期投入更多的资金。

"炒家"不如"藏家"。十几年前,当大众还不知股票为何物时,第一批敢于吃螃蟹的投资者已经从中挖到了第一桶金。如今,当人家从万科原始股东、苏宁电器原始股东成为亿元户的时候,这才让大家认识到股市的魅力。1993年,股票大师邱永汉先生访问上海,杨百万有幸受到邀请并共进晚宴,席间的交流使其体会到:股票不是炒的,是用来捂的。炒家不如藏家,藏家不如捂家,这才是股市箴言。

学会跟庄走。跟庄走有四步:首先,要跟着龙头股走。成为龙头股必须具备三个条件:须有较大的流通市值,占指数的权重较大,对大盘走势有举足轻重的作用;符合当前的炒作潮流,有较吸引人的题材;从走势看,要有实力机构的大规模介入。其次,跟着成交量走。通过成交量可以看到主力的吸筹,一般也有三种方式:突峰式量能,多为短线庄家;高举高打式进货量能;散兵坑式吸筹量能。再次,要跟着基本面走。基本面包括宏观经济运行态势和上市公司基本情况。把握好基本面才能为以后的选股做好准备。把握好基本面后就要找出庄家操作该股的理由,例如新股上市无套牢盘等。最后,要跟着技术面走。

(资料来源:华股财经,2011 年 12 月 9 日)

【启示】 杨百万是中国证券市场的一个标志性人物,他的成功肯定有其独到之处。我们每个人都想取得成就,同样也得找到适合于我们自己的那些策略和技巧。

10.1 证券投资者分析

10.1.1 证券投资者的类型

根据证券投资者的投资目的或手段,可以将其划分为各种不同类型。

1. 按投资者证券投资目的可分为套利型、参股型和经营型投资者

所谓套利型是以套取差价利润为目的的证券投资者;所谓参股型是以参与股息和红利分配为目的的投资者;所谓经营型是以参与股份公司经营活动为目的的投资者。

2. 按投资者对风险的态度可分稳健的投资者、激进的投资者和温和的投资者

稳健的投资者也称保守型投资者。这类投资者对风险采取回避的态度,以安全作为首要考虑因素。因此,他们在投资选择上首先考虑国家债券、金融债券、公司债券、优先股等固定收益证券以及股息较优厚的普通股。

激进的投资者也称风险型投资者。这类投资者愿意承担较大的风险,以期获得较多的利益,其投资对象通常是市场价格波动较大的普通股以及具有成长性的股票,而对收益固定的证券如债券则缺乏兴趣。

温和的投资者也称中庸型投资者。这类投资者对风险采取较为适中的态度,介于稳健和激进之间,一方面希望能获得稳定而丰厚的投资收益,另一方面又不忽略证券市场价格的波动,在参与市场交易时,往往采取中间位切入的策略。因此,他们在投资对象的选择上通常是普通股与债券并重,兼顾投资和投机两方面的因素。

3. 按投资时间长短可分为长期投资者、中期投资者和短期投资者

长期投资者主要是指公司董事及长期持股的大股东;中期投资者主要是指过户的投资者,参与投资的中、大户;短期投资者则指以赚取差价利润为目的的短线投资者。

证券投资的期限长短是相对而言的,也很难有一个绝对的标准,一般来说,几天或几个月为短期,一年以下者为中期,一年以上者为长期。

4. 按投资的行为特征可分为投资者、投机者和赌博者三种类型

投资者是指购买证券后,准备在较长时间内持有,以获得投资增值及股利或利息收入,并具有参与投资对象经营的愿望。

从事投资行为的投资者,由于其目的在于资本所得和稳定的投资收益,一般选择质量较高的证券进行投资。所谓质量较高的证券,是指那些经济实力雄厚、经营管理好的上市公司发行的股票(如股市中的"蓝筹股")以及收益丰厚的债券等。因此,投资者在进行投资行为之前,一般要在掌握了较充分的信息情报资料的基础上,对所要购买的证券的各种风险和预期的收益率进行分析,绝不能靠凭空臆测来进行投资决策。

投机者是在证券市场上频繁地进行证券的买进和卖出,利用有利时机,从短期的证券价格中套取差价利润为目的的证券买卖者。投机者是证券交易市场上十分常见的,他与投资者不同,是希望能在短期的证券价格变动中获得价格差额。因此,投机者在买卖证券时,通常不注重对上市公司的经济实力和经营者等方面的分析,不注重企业定期的稳定的收入,而只关注证券价格的波动可能带来的利益。他们敢于承担较大的风险,在证券价格下跌时买进,在价格上升时出售,为此,投机者往往会在短期内获得可观的收益,当然,也可能遭受较大的损失。

必须指出,投机并不同于欺诈,在证券交易中,欺诈通常被认为是非法的。

赌博者是以运气、机遇为基础,凭借侥幸的心理来买卖证券。他们将证券买卖看成赌博的机会,往往在毫无信息资料分析的情况下,或者仅凭点滴的内幕消息便作出买卖的大胆决策,或者将所有的资金孤注一掷,进行买空、卖空,试图从中渔利;或者利用手中的资金,哄抬价格,操纵市场,以期牟取暴利;或者大胆地进行证券投机,贪得无厌,期望一夜之间成为富翁。

但是以上三种类型有时也很难区分开,因为投资者有时也有投机行为,在时机较准时,也会买卖证券以期获得差价收益;而投机者购买证券本身就是一种投资行为,只是他们为买而卖或为卖而买,是超出了正常的投资行为;赌博者的行为本身就是一种投机,只不过是超出了正常的投机范围。

5. 按投资额可分为大户、中实户和散户

大户是指那些资金实力雄厚、投资额巨大、交易量惊人、能够左右行情控制市况的投资者。大户多由大的企业财团、信托投资公司以及拥有庞大资金的集团或个人组成。一般来说,有大户照顾的股市在行情看涨时上扬的幅度较大;相反,在行情下跌时,由于有大户的支持,滑落的幅度则较小。但是,一旦出现主力大户撤退时,则会出现行市迅猛滑落。因此,了解大户的交易动态十分重要,对于研究和判断股价走势,具有相当高的参考价值。一般来说,判断是否有大户介于交易的方法有:

(1) 平时成交量不多,忽然成交量大增时,可能有大户吃进。

(2) 股票有大笔转账,而且是一笔拨给某一公司时,可能意味着大户向公司方面转入股份。

(3) 股价虽低,但每天仍以最低价收盘,也可能有主力大户压低收购。

(4) 当利多消息传出时,成交量大增,可以判断有大户卖出。

(5) 在股价涨到相当高时,成交量大增,可能有大户卖出。

(6) 大户不断把股票让出,而不是转进来,则表明大户在卖出股票。

(7) 股市不断传出某种股票的利多消息,却未见大量买进,则可判断有大户在待机卖出。

(8) 当成交量活跃,而且买盘较集中,并往往集中于少数公司时,说明有大户在操作某些股票。

(9) 股价迅速冲高,往往出乎股票市场投资人的意料之外,可以推断有大户在操作。

(10) 有些大户喜欢在收盘时做价,以此作为提高股票行情的手段。

中实户是投资额介于大户和散户之间的投资者。中实户多由收入在中等水平上下的个人投资者组成,与大户相比,中实户的投资数额相对较少,但总户数较多;与散户相比,中实户的投资数额相对较多,但总户数较少。在股市活动中,中实户既不像大户那样能够左右市场行情,又不像散户那样总是随风而动。其努力的目标是成为大户,因而他们的资金投向有自己的计划安排,主观性较强。当然,在一定的经济条件下,他们也敢于冒险,但是,冒险的结果并不一定能如愿。冒险成功,可能大发横财,甚至跻身大户行列;但冒险失败,则可能损失惨重,成为散户。所以,中实户是股市上各种成分中变化最大、最不稳定的,其发展方向有三个:除其中一部分能够保持中实户地位外,相当一部分可能最终成为散户,也有少数能够实现成为大户的愿望。值得注意的是,中实户在股票市场活动中起着一种制衡作用,当多数散户追大户而向一边倾倒时,部分中实户能够通过自己的逆向活动,客观地起到在一定程度上保持市场平衡的作用。

散户是指证券市场上投资额较少、缺乏计划性、无定则、无组织,彼此间也没有关联、完全依行情而动的小额投资者。散户通常由低收入的个人投资者组成,人数很多,但每户投资额较少。散户在投资活动中虽然不是影响行情变化的主力,但也是股市中不可缺少的组成部分,而且在每次的股价涨跌波动中起到一定的推波助澜作用。同时,散户又往往是大户获利之后的牺牲品和侵吞对象,因此,散户在股市中的命运是很难预料的。除非精明强干,能够克制自己的冲动,一般的散户多数抵挡不住市场气氛的诱惑,往往在行情上涨时抢进,而在行情下跌时卖出,从而经常成为股市的牺牲者。

10.1.2 证券投资者心理分析

面对复杂多变的证券市场,投资者容易产生各种各样的投资心理,这反映出不同投资者的个性心理品质与特征。不同的投资心理直接影响到投资者对证券市场的判断和据此作出的投资决策,最终影响到投资收益。

下面对证券市场投资者表现出的不同投资心理加以实证描述。

1. 盲目跟风心理

这种心理又称"羊群心理"或盲从心理。它主要表现为,投资者在对证券优劣、企业经营状况、市场行情一无所知或知之甚少的情况下,看到别人抢购某种证券时,也立即闻风而动,唯恐落后;而当看到别人抛弃某种证券时,也不了解缘由便紧随其后。这种心理的典型特点是投资者缺乏证券投资的主动性,缺乏个人的价值判断、理性分析和投资取向。这种心理对股市影响很大,有时谣言四起,证券市场就会掀起波澜。一旦群体跟风抛售,市场供大于求,价格便会一落千丈,盲从的投资者往往会上那些证券市场做手的当,被他们吞噬而后悔莫及。

2. 犹豫不决心理

这种投资者在证券市场上总是担心成为交易的牺牲品,不时为证券市场的价格涨落而担惊受怕。他们即使事先已经制订了投资计划和实施方案,但临场却易受到群体心理的影响而改变投资方案。因此,这种投资者往往在机会面前也可能因为优柔寡断而错失良机。

这种投资心理有以下几种表现:

(1) 虽然事先并无购入某种证券的计划,但因经不住众人抢购某种证券的诱惑,便也突然入市。

(2) 根据自主分析决定购入 A 证券,但临场听闻 B 证券价格将上涨,A 证券价格将下跌,便中途改变决策,购入 B 证券。但结果却是 A 证券价格上涨。

(3) 根据自己的判断分析,发现某种证券价格较低宜于购入时,便做出低价购入决策,但当看到他人纷纷抛售时,马上又显得信心不足,疑虑重重,总感觉自己决策有误,从而临阵退缩。

(4) 当投资者发觉持有的证券价格偏高宜于抛售,并做出出售的决策,但临场由于受到群体继续看涨心理的影响,又改变计划,而不采取出售措施,结果价格回落,不仅没有抓住获利时机,有时反而得不偿失,无利可获甚至亏本。

3. 贪婪心理

存在这种心理的投资者,其心理期望值特别高,甚至到了"贪得无厌"的地步。这主要表现在两个方面:一方面是当证券价格上升时,持有这种心态的投资者,一心要追求更高的价格,获得更大的收益,而迟迟不肯出售自己手中的证券,从而使自己失去了一次次出售获利的机会;另一方面是当证券价格下跌时,一心想着证券价格还会继续下跌,等待以后买入更便宜的证券,以致迟迟不肯入市,结果往往是因贪得无厌而落空,又错过了获利的良机。

4. 赌博心理

具有赌博心理的投资者,总希望一朝发迹。他们在投资决策并未付诸行动时,不是基于对市场行情和相关因素的周密分析和全面判断,不是在充分利用准确的市场信息和有效的技术手段,而是抱着侥幸心理企图钻证券市场的空子。他们大多如赌场的赌徒般将自己的希望完全寄托于"碰运气"上,在投资行为上往往孤注一掷,走向极端。当股市获利后,多半会被胜利冲昏头脑,继而频频加注,直至蚀本为止;而当股市失利后,往往不惜背水一战,把全部资金都投入股市,以期把损失扳回来。这种非理智的意气用事投资行为,其结果多数是落得倾家荡产的结局。

5．惊慌心理

初涉证券市场的投资者,由于缺乏必要的心理准备和证券投资的实践经验,往往会对证券市场产生莫名其妙的惊慌。在听到未经考证和分析的不利消息时就惊魂不定,无所适从,把手中的股票视为异物而拼命抛售。实际上,股市信息真假掺和,尤其大众投资者中传出的信号,往往存在着很多的虚假因素,有些甚至是某些投资者故意创造出来迷惑他人,其目的在于通过散布利空消息以引起某种股票抛售风,造成股价下跌,从而乘机以低价购买坐收渔利。因此,莫名其妙的恐慌常常是一场虚惊,一旦采取行动往往落入他人设置的圈套而蒙受损失。因此,投资者在各种消息面前,如果不保持冷静、细观静察,反而是过于急躁,不加分析地仓皇处置,结果多成为证券市场的受损者。

6．偏执心理

初始入市的投资者,因对证券市场的全面认识了解少,更缺乏证券投资的操作经验,往往容易形成对证券投资的片面理解,产生偏颇心理,要么只愿赚不敢赔,要么失去信心,认定只赔不赚了。实际上,证券市场价格随着时间等条件的变化而发生不同幅度的升降,是很正常的事,由于证券价格变动而导致了一部分人赚钱,另一部分人则只赔钱是很自然的事。即使投资经验丰富、投资技巧娴熟的投资者,有时也会不可避免地蒙受一定程度的损失,也不可能企望永远只赚不赔;对于初始投资者,即使投资受损,但在正常的证券价格波动中,也存在着扭亏为盈、反败为胜的机会,而不可能永远是只赔不赚。因此,投资者应当树立理性的投资心理,既要有投资获利的信心,又要有必要的风险意识,培养必要的风险承受能力。这样,才能在获利时,不会只想赚而不敢赔,在受损时,不会只有沮丧而不能树立重新振作获利的信心。

7．嫌贵贪平心理

抱有嫌贵贪平心理的投资者,一心只想到处购入一些价格便宜的股票而不考虑买入那些价格会大幅度上升的股票,认为这种投资风险大。其实,高价入市当然会给投资者带来不理想的后果,但一心想购入价格低平的股票,有时也不见得就有好的收益。贪平入市的结果往往使得这种投资者的股票成了永远抛售不出去的蚀本股。还有一种投资者,由于他们对自己的投资经验和投资能力信心不足,而没有勇气赚更多的钱。他们买进某种股票后,当发现该种股票的市价上升时,就急不可待地抛出获利,因为他们认为,只有钱赚到手才最实在可靠,于是便匆忙将手中持有的股票抛出。这种典型的"不敢赚"的表现,其结果往往是失去了赚取更多和更大利润的机会。各种股票的升降变化都有其特定的原因,股票价格上升或下降多大幅度,持续多长时间常在一定程度上可以预测和判断出来。如果一定时点上的股价上升还不足以完全反映其真实的价值,那么这种股票价格就会继续上升,而且经常是抛出后的升幅比抛出前的升幅大。尤其是初次发行的原始股票,从国际惯例来看都会上升很多倍,此时就不宜见好就收,见涨就卖,而应耐心地等待更多的上升机会,即使等到市价涨到高于市场平均盈利率再售出也为时不晚。

10.2 证券投资行为分析

10.2.1 投资者个体投资行为分析

1. 过度自信的投资行为表现

过度自信的人在做决策时,会过度估计突出而能引人注意的信息,尤其会过度估计与其已经存在的信念一致的信息,并倾向于搜集那些支持其信念的信息,而忽略那些不支持其信念的信息。当某些观点得到充分的信息、重要的案例和明显的场景支持的时候,人们会更自信,并对这些信息反应过度。

过度自信的心理导致投资者作出包括过度交易、冒险交易在内的错误交易决策。过于自信的心理会增加投资者交易的数量,因为他们对自己的观点过于自信。投资者的观点一方面基于他们掌握信息的准确性,另一方面基于他们自己分析信息的能力。过于自信的投资者更相信自己对股票的评估而较少考虑其他人的观点。

(1) 过度交易行为。过度自信使得投资者对自身的判断能力确信无疑,过分相信自己能获得高于平均水平的投资回报率,从而倾向于过度交易。在投资过程中,适度的自信是有利的,但过度的自信却是很危险的。

布拉德·巴伯(Brad Barber)和特伦斯·奥丁(Terrance Odean)对 1991—1997 年的 38 000 位散户的交易情况,分为单身男性、单身女性、已婚男性和已婚女性四类账户拥有者的交易状况进行调查。衡量交易水平的基本单位叫做"周转率",周转率是投资组合中股票的百分比在一年时间内所发生的变化。例如,50%的周转率指的是在那一年里投资者售出投资组合中一半的股票,并买入相同数量的股票。这项研究显示,单身男性的交易量是最大的,其账户的年周转率为 85%,已婚男性账户的年周转率为 73%,而已婚女性账户的年周转率为 53%,单身女性账户的年周转率为 51%。一般而言,男性投资者总是不自觉地认为自己有能力捕捉到股票市场的变幻,可以在市场上驾驭自如,因此男性投资者相比女性投资者总是更加自信,从而也导致更加频繁的交易。

同时,巴伯和奥丁针对这 38 000 位散户投资者的投资收益率进行调查,研究周转率与投资组合收益率之间的关系。研究结果表明,虽然周转率高的投资者付出了额外的努力,但他们的收益率并没有更高,而且由于出售和买入股票都要支付佣金,经常交易的投资者的投资收益也会受到更大的影响。男性投资者的自信以及频繁交易行为并没有为他们带来更高的收益,反而相对女性投资者其收益更低。巴伯和奥丁的研究表明,过度自信以及所造成的频繁交易会降低投资者的回报。

过度自信的投资者在金融市场中会频繁交易,总体表现为年成交量的放大,但是由于过度自信而频繁进行的交易可能为投资者带来较低的收益,这就是过度自信心理所导致的投资行为的表现,把这种投资行为称为过度交易行为。

(2) 爱冒风险行为。过度自信还会影响投资者的冒险行为。理性的投资者会在收益与风险之间找到一个均衡的投资组合。然而,过度自信的投资者会错误地判断他们所承担的风险水平,导致所做的投资组合会有较高的风险。

过度自信的投资者的投资组合要承受更大的风险,这有以下两个原因:第一,这些投资者倾向于买入高风险的股票,高风险的股票主要是那些小公司和新上市公司的股票;第二,他们没有充分地进行分散化的投资组合。过度自信的投资者认为自己能充分地收集、分析投资决策的信息,并能作出最有效的投资决策。

巴伯和奥丁的一系列研究表明,过度自信的投资者承担的风险也更大。他们发现单身男性承担最大的风险,然后依次是已婚男性、单身女性和已婚女性。单身男性倾向于购买小公司的股票、风险系数高的股票。过度自信的投资者往往认为他们的行为并不是很冒险,而事实上并非如此。过度自信的投资者总认为自己能够把握投资机会,所做的投资往往是高风险的投资行为。

(3) 赌场资金效应。股票市场的繁荣往往导致更多的过度自信,人们会认为自己是很精明的,投资获取的较高收益得益于自己的精明判断。"骄傲"的情绪会对个人的投资行为产生很大的影响作用,并在他获得更多成功后进一步强化其自信心。

因此,在经过长期的牛市行情后人们会产生"赌场资金效应","赌场资金效应"是指在赌博产生收益效应后,人们倾向于接受以前不接受的赌博,再次的赌博后失败所产生的痛苦往往较小,因为损失被前期的收益缓冲了,因此继续投资的冲动不会立即消除。

事实上,人们在获得了盈利之后也愿意冒更大的风险,这种感受被赌博者称之为玩别人的钱,在赚了一大把钱之后,业余赌博者并不会认为新赚来的钱是自己的钱。你会更愿意用自己的钱冒风险还是对手的钱冒风险呢?因为赌博者并不会将盈利与自己的钱混为一谈,他们就好像用赌场的钱进行赌博。

这种"赌场资金效应"产生的原因可以这样理解:一是已经获得收益的投资者在未来的决策中过度自信;二是已经获得收益的投资者在损失时痛苦较小,因为赌本来自于赌场,如果在接下来的赌博中输了,心里也会认为这些钱本来就不是自己的,感受的痛苦就比较小,而且痛苦容易被已获得收益所带来的愉悦所化解;三是投资者在实现了收益后,有更多的资金用于投资,从而变得不再回避风险。

2. 心理账户与行为投资组合

(1) 现代资产组合理论。现代资产组合理论最初是由美国经济学家哈里·马科维茨(Markowits)于1952年创立的,他认为最佳投资组合应当是具有风险厌恶特征的投资无异曲线和资产有效边界线的交点。在马科维茨的资产组合理论中,风险分为两类,即系统性风险和非系统性风险。

威廉·夏普（Sharpe）则在其基础上提出了单指数模型，并提出以对角线模式来简化方差-协方差矩阵中的非对角线元素。他据此建立了资本资产定价模型（CAPM），指出无风险资产收益率与有效率风险资产组合收益率之间的连线代表了各种风险偏好的投资者组合。根据上述理论，投资者在追求收益和厌恶风险的驱动下，会根据组合风险收益的变化调整资产组合的构成，进而影响到市场均衡价格的形成。

现代资产组合理论是现代资产定价模型的基石，CAPM模型和资产套利模型均是基于投资组合理论而建立的。这些理论都假设理性投资者会依据投资组合理论对其投资进行风险分散化，从而达到预期效用最大化。

（2）心理账户和投资组合。在实际投资决策中，人们并不能达到完全理性。由于认知偏差的存在，现代投资组合理论往往会被人们忽视。人们倾向于用局部账户进行评价而非综合账户，即将不同的财富分开考虑。对于投资组合，人们会遵循将财富分开考虑的投资决策过程。投资者将每一投资分别放入各个不同的心理账户，只考虑单个心理账户的结果，不考虑不同心理账户之间的相互作用，忽视各个心理账户之间的相互作用会影响到资产组合的总体收益及风险。

多数投资者是在已持有一个资产组合的状况下，考虑将其他资产加入到该组合中来。因此，投资评估考虑的重点是，当有新的资产要增加持有时，资产组合的预期收益和风险会发生怎样的变化，换言之，即新的资产与既有资产组合的关联问题。然而，由于心理账户的存在，投资者在评估这种关联性时存在着障碍。

（3）心理账户影响下的资产组合构建。投资者不是按照资产组合理论的方式进行投资组合，由于受到心理账户的作用，投资者为每一投资目标分别设立心理账户，为每一投资目标承担不同的风险，通过发现与该心理账户的预期收益和风险相配备的资产来为每一心理账户选择投资。例如，投资者会有一安全性的目标，因此，为了满足这个心理账户的需要，他们会选择一部分虽然低收益但低风险的资产。而具有较高的预期收益和风险承受的目标，如养老的需要，这显然属于另一心理账户，投资者会购入债券或支付高股息的股票。而对于致富的需要，投资者也会为其设立心理账户，并购入高风险证券。

3. 禀赋效应与投资行为

（1）禀赋效应的投资行为表现特征。禀赋效应导致在证券市场上的交易不足，最典型的投资行为表现为过早出售盈利的资产，而过长持有亏损的资产，这种现象也被称为"处置效应"。

经典金融理论将投资者的决策行为视为黑箱，抽象为一个投资者追求预期效用最大化的过程，不会受主观心理及行为因素左右。但是，大量的实验研究证明人们会系统背离预期效用理论，而且人们并不只是偶然背离理性原则，而是经常性地、系统性地背离。以期望理论为代表的行为金融理论放松经典金融理论中的假设，认为投资者并不具有完全理性，而只有有限理性，并对人们很多偏离理性的投资决策行为进行了更贴近实际的合理解释。避免后悔心理的认知误差经常会导致投资者非理性行为，为了避免因为采取不当行为而导致损失的后悔，投资行为表现为过早出售盈利的资产，而过长持有亏损的资产，在行为金融学中被称之为"处置效应"。

"处置效应"是一种比较典型的投资者认识偏差，呈现出投资者对投资盈利的"确定性心理"和对亏损的"损失厌恶心理"。当投资处于盈利状态时，投资者是风险回避者，愿意较早平仓锁定利润，在行为上表现为急于平掉敞口头寸；当投资者处于亏损状态时，投资者是风险偏好型的，愿意继续持有仓位，在行为上表现为不愿轻易平仓实现亏损。

假如投资者甲持有某只股票，买入价为每股10元，投资者乙持有同一只股票，买入价为每股20元。该股昨日收盘价为每股16元，今天跌到每股15元。请问：甲、乙两位投资者，谁的感觉更差？

多数人会同意乙比甲的感觉更差。这是因为，投资者甲可能会将股价下跌看作收益的减少，而投资者乙会将下跌看作亏损的扩大。由于价值函数曲线对于亏损比收益更为陡峭，因此，每股1元的差异，对乙比对甲更为重要。

再假如，有一位投资者，由于需要现金他必须卖出所持有两种股票中的一种。其中，一只股票账面盈利，另一只股票账面亏损（盈利和亏损均相对于买入价格而言），该投资者会卖出哪只股票？

1998年，美国行为金融学家奥登（Odean）在研究了10 000位个人投资者的交易记录后发现，投资者更可能卖出那只上涨的股票！当股票价格高于买入价（参考点）（即主观上处于盈利）时，投资者是风险厌恶者，希望锁定收益；而当股票价格低于买入价（即主观上处于亏损）时，投资者就会转变为风险喜好者，不愿意认识到自己的亏损，进而拒绝实现亏损。当投资者的投资组合中既有盈利股票又有亏损股票时，投资者倾向于较早卖出盈利股票，而将亏损股票保留在投资组合中，回避现实损失，这也是所谓的"处置效应"所导致的投资行为表现。

（2）处置效应中理性因素的分析。关于"处置效应"所导致的投资行为表现也可以用前景理论进行分析。1979年Kahne-man和Tversky提出了前景理论用于描述不确定性情况下的选择问题。

赵学军和王永宏对中国股市的"处置效应"进行了实证研究，他们的结论是：中国的投资者更加倾向于卖出盈利股票，继续持有亏损股票，而且这种倾向比国外投资者更为严重。

处置效应的基本结论是投资者更愿意卖出盈利股票和继续持有亏损股票。与此相关的两个推论是：①卖出盈利股票的比率超过卖出亏损股票的比率；②持有亏损股票的时间长于持有盈利股票的时间。处置效应还有一个不太适当的推论是卖出盈利股票的数量超过卖出亏损股票的数量，这一推论不适当的原因是当市场处于牛市时，投资者的投资组合中的大部分股票会处于盈利状态,盈利股票的数量远超过亏损股票,卖出更多的盈利股票是合理的;而当市场处于熊市时,投资者的投资组合中的大部分股票会处于亏损状态,亏损股票的数量远超过盈利股票,卖出更多的亏损股票是合理的。

投资者的处置效应倾向并不一定意味着投资者是非理性的,这可能与投资者采取反向投资策略有关。当股价上涨后,投资者可能降低股价进一步上涨的预期,售出股票也在情理之中;当股票价格下跌,投资者可能预期股价反转的可能性加大,也有理由继续持有亏损股票。

可以通过研究投资者卖出股票后股价的涨跌来考察投资者决策的正确与否。如果卖出股票的价格进一步上涨,则投资者的决策是错误的,继续持有股票会增加收益;如果卖出股票的价格下跌,则投资者的决策是正确的,继续持有股票会减少收益。事实上,在一段时间内,股价大多同涨同跌,如果卖出股票的股价涨幅小于(或跌幅大于)持有股票的股价涨幅,则投资者的决策是正确的;反之,则投资者的决策是错误的。

从事前来看,如果投资者相信股价将继续原有的趋势,则会"售亏持盈";如果投资者相信股价会反转,则会"售盈持亏",即会表现处置效应倾向。因此,"售盈持亏"现象与股价反转是一致的。

4. 框定偏差与投资行为

(1) 货币幻觉的概念。框定偏差从认知情绪上影响到人们对待通货膨胀的方式,这就是货币幻觉的表现特征。

"货币幻觉"一词是美国经济学家欧文·费雪(Irving Fisher)于1928年提出来的,是货币政策的通货膨胀效应。它是指人们只是对货币的名义价值做出反应,而忽视其实际购买力变化的一种心理错觉。它告诉人们,理财的时候不应该只把眼睛盯在哪种商品价格降或是升了,花的钱多了还是少了,而应把大脑用在研究"钱"的购买力、"钱"的潜在价值还有哪些等方面,只有这样,才能真正做到精打细算,花多少钱办多少事。否则,在"货币幻觉"的影响下,"如意算盘"打到最后,发现自己其实吃亏了。

(2) 房产投资的货币幻觉。人们在购物时,常常会忽视那些明显已经被通货膨胀扭曲的信息,冲动地把心理价位抬高到实际价位之上,这也是货币幻觉。例如,货币幻觉可能使潜在买家相信房价会一直上涨,从而认为房地产是不错的投资选择。美国耶鲁大学经济学教授罗伯特·席勒(Robert J. Shiller)认为,正是货币幻觉导致的错误逻辑催生了房地产泡沫,"人们大都只记得几年前买房时的房价,却常常忘记了其他商品的价格,错误地认为房价比其他物价涨幅更大,从而夸大房地产的投资潜力"。

(3) 股市上的货币幻觉。在股市上也存在类似现象,姑且称之为"绝对价格"货币幻觉。当一只股票或者一个投资品种绝对价格较低的时候,投资者总会认为其是便宜的,按照逻辑,既然便宜,那么这个"便宜货"就有了上涨的理论基础。既然便宜,绝对价格低的东西自然广受投资者欢迎,这种"绝对价格"货币幻觉可以为中国证券市场上的众多奇特的现象提供解释。

这一货币幻觉是炒作低价股的重要"理论基础"。也许股票的估值对一般老百姓太过复杂,把绝对价格高低作为估值贵贱的替代是想当然的选择。而市场的种种缺陷又让这种错误不仅不被纠正反而被强化。这里想强调的是,股票或权证的价值与其绝对价格高低并没有多少关系。长期以来,中国市场上的低价股其实估值并不便宜,还往往是离谱的高估。任何的货币幻觉本来就是一种心理错觉,尽快认清这种错觉,也许能避免很多损失。

5. 投资行为中的锚定效应

锚定效应的存在会使得投资者在预测某一交易对象的未来价值时,不可避免地受到被投资者视为初始值的那个变量影响。即使投资者自己意识到初始值的准确性并不是太高,即使投资者会不断地进行调整与改善,可是初始值往往在投资者的心理上形成一定的制约准绳,影响投资者的认识偏差,并导致投资者的投资行为不同程度地受到初始值的影响,产生一定的非理性投资行为。

(1) 以交易价作为参照价的投资行为。一般投资人最经常"锚定"的就是某一只股票的买入/卖出的价格。举例来说,如果投资者是以10元/股的价格买入股票A的话,那么他会在12元的时候容易做出卖出的决定,而如果要股价在8元时抛售就会犹豫不决。

锚定效应会使投资者过于针对某一价格形成投资决策,而不是根据股票本身的价值做出买卖的决定。锚定效应造成最常见的后果就是:①如果是牛股,那么在抛售后,股票继续一路上涨,由于不愿意以比自己卖出价高的价格再买回来,结果只赚到了牛股中非常小的一段收益;②如果是熊股,则由于股价不断下跌,但不愿意抛售股票,甚至通过加码买入来试图降低成本,因为他认为股价已经低了。但是这个"低"是相对于买入的价格而言的,而不是就股票本身的价值而言的。所以,会经常出现投资者手中的股票产生巨额亏损的现象。

因此,锚定效应造成了投资者不能以客观第三方的角度来分析股价,而愿意以自己买卖股票的价格来判断股价是高还是低。然而,股票价格真正的决定因素还是内在的价值。投资应该以股票本身的价值对应目前的股价来判断是否值得持有或者抛售一只股票,而不应该以自己交易的价格作为判别标准去作出投资决定。

(2) 受预测估值影响的投资行为。由于锚定效应的存在,经常会导致对公司股票的定价不合理。当公司由于某些不利情况(如原材料价格的上涨、竞争对手的施压等)使得公司效益突然出现较大下滑的时候,由于分析师们一般将注意力放在对其过去业绩水平的评估分析上,即用以分析评论的数据统计只可能来源于以往的统计报表。因此,研究结论往往会与实际的变化情况相脱离,修正降低预测的决策也会显得比较滞后,从而使得按照其预测估算值进行交易的投资者遭受到一定的风险和损失。

(3) "心理锚"的投资行为。根据心理学研究发现,股票市场中占大部分比例的投资者倾向于过高估计所谓的"利好消息"可能出现的概率,这是一种普遍存在的"心理锚"。在存在普遍过高估计"利好消息"的"心理锚"的情况下,人们的收益定位普遍过高,尤其是那些在大牛市背景中介入且渴望尽快致富的年轻投资者们,投资知识的相对缺乏加上拥有过于乐观自信的心态,最终的结果往往使其遭受一定程度的亏损。而作为一个成熟的投资者,应该有意识地避免这种情况的发生,尽可能做到谋定而后动,时刻保持谨慎与客观的态度来对待自己的每一个交易决策。

10.2.2 "羊群效应"心理与从众行为

1. 从众行为的基本概念

从众行为是近年来经济学研究的一个热点。所谓从众行为是指由于真实的或想象的群体压力而导致行为或态度的变化,它是个人在社会群体压力下,放弃自己的意见,转变原有的态度,采取与大多数人一致的行为,这种现象被称为从众现象,或"羊群效应"。从众行为可以说是人类的本能,人们在不确定条件下决策时往往相信"真理掌握在多数人手里"。通常情况下,多数人的意见往往是对的,但缺乏分析,不作独立思考,不顾是非曲直地一概服从多数,则是消极的,是不可取的"盲目从众行为"。

从众行为从心理上可以分为两种不同的形式:一种为表面上顺从,另一种为内心真正的接受。前者虽然是因为受到群体的压力而表现出符合外界要求的行为,但内心仍然坚持自己的观点,保留自己的意见,仅仅是表面的顺从,因此是一种"伪从众"。后者是指在信念和行动上都完全接受,出于自愿地接受了大多数人的主张,而完全放弃了自己原有的态度或行为方式,因此是一种真正的从众。两者的共同点都是迫于外界压力而产生的行为,两者的区别在于是否出自内心的愿望。

在证券市场中从众行为是普遍存在的,常常被称为"跟风行为"或直接译为"羊群行为",它表现为投资者在观测到其他投资者的决策和行为之后改变原来想法,追随那些被观察者的决策和行为。它强调的是个体决策受别人决策行动的影响,与人们的情绪、心理活动密切相关,而证券价格的易变性、价格泡沫、交易狂热、股市崩溃等都是与其相伴的常见现象。

2. "羊群效应"的理论分析

(1)"羊群效应"的含义。"羊群效应"是指管理学上一些企业市场行为的一种常见现象。

经济学里经常用"羊群效应"来描述经济个体的从众跟风心理。羊群是一种很散乱的组织,平时在一起也是盲目地左冲右撞,但一旦有一只头羊动起来,其他的羊也会不假思索地一哄而上,全然不顾前面可能有狼或者不远处有更好的草。因此,"羊群效应"就是比喻人都有一种从众心理,从众心理很容易导致盲从,而盲从往往会使其陷入骗局或遭到失败。

(2)"羊群效应"的故事。"羊群效应"一般出现在竞争非常激烈的行业上,而且这个行业上有一个领先者(领头羊)占据了主要的注意力,那么整个羊群就会不断模仿这个领头羊的一举一动,领头羊到哪里去吃草,其他跟着去哪里。有则幽默讲:一位石油大亨到天堂去参加会议,一进会议室发现已经座无虚席,没有地方落座,于是他灵机一动,喊了一声:"地狱里发现石油了!"这一喊不要紧,天堂里的石油大亨们纷纷向地狱跑去,很快,天堂里就只剩下那位后来的了。这时,这位大亨心想,大家都跑了过去,莫非地狱里真的发现石油了?于是,他也急匆匆地向地狱跑去。

法国科学家让亨利·法布尔曾经做过一个松毛虫实验。他把若干松毛虫放在一只花盆的边缘,使其首尾相接成一圈,在花盆的不远处,又撒了一些松毛虫喜欢吃的松叶,松毛虫开始一个跟一个绕着花盆一圈又一圈地走。这一走就是七天七夜,饥饿劳累的松毛虫尽数死去。而可悲的是,只要其中任何一只稍微改变一下路线就能吃到嘴边的松叶。

社会心理学家研究发现,影响从众的最重要的因素是持某种意见的人数多少,而不是这个意见本身。人多本身就有说服力,很少有人会在众口一词的情况下还坚持自己的不同意见。"群众的眼睛是雪亮的"、"木秀于林,风必摧之"、"出头的椽子先烂"这些教条紧紧束缚了我们的行动。20世纪末期,网络经济一路飙升,".com"公司遍地开花,所有的投资家都在跑马圈地卖概念,IT业的CEO们在比赛烧钱,烧多少,股票就能涨多少,于是,越来越多的人义无反顾地往前冲。

2001年,一朝泡沫破灭,浮华尽散,大家这才发现在狂热的市场气氛下,获利的只是领头羊,其余跟风的都成了牺牲者。传媒经常充当"羊群效应"的煽动者,一条传闻经过报纸就会成为公认的事实,一个观点借助电视就能变成民意。游行示威、大选造势、镇压异己等政治权术无不是在借助"羊群效应"。

当然,任何存在的东西总有其合理性,"羊群效应"并不见得就一无是处。这是自然界的优选法则,在信息不对称和预期不确定条件下,看别人怎么做确实是风险比较低的(这在博弈论、纳什均衡中也有所说明)。"羊群效应"可以产生示范学习作用和聚集协同作用,这对于弱势群体的保护和成长是很有帮助的。

"羊群效应"告诉我们:对他人的信息不可全信也不可不信,凡事要有自己的判断,出奇能制胜,但跟随者也有后发优势,常法无定法!

(3)股市中的"羊群效应"。在资本市场上,"羊群效应"是指在一个投资群体中,单个投资者总是根据其他同类投资者的行动而行动,在他人买入时买入,在他人卖出时卖出。导致出现"羊群效应"的还有其他一些因素,例如,一些投资者可能会认为同一群体中的其他人更具有信息优势。"羊群效应"也可能由系统机制引发。例如,当资产价格突然下跌造成亏损时,为了满足追加保证金的要求或者遵守交易规则的限制,一些投资者不得不将其持有的资产割仓卖出。

在投资股票积极性大增的情况下,个人投资者能量迅速积聚,极易形成趋同性的"羊群效应",追涨时信心百倍蜂拥而至。大盘跳水时,恐慌心理也开始连锁反应,纷纷恐慌出逃,这样跳水时量能放大也属正常,只是在这时容易将股票杀在地板价上。

这就是为什么牛市中慢涨快跌,而杀跌又往往一次到位的根本原因。但我们需牢记,一般情况下急速杀跌不是出局的时候。

10.2.3 证券市场常见的异象行为

格雷厄姆和多德在 1934 年《证券分析》一书中对 1929 年美国股票市场价格暴跌做出了深刻反思,认为股票价格的波动是建立在股票内在价值基础上的,股票价格会由于各种非理性原因偏离内在价值,但随着时间的推移这种偏离会得到纠正而回到内在价值。因此,股票价格的未来表现可通过与基础价值的比较而加以判断,而基础价值取决于公司未来盈利能力。

然而,令人吃惊的是股票市场价格长期偏离基础价值。股票市场和债券市场的价格波动比单纯由基础价值来决定的更剧烈。股票价格长期偏离基础价值的市场异象,使得股票价格只随基础价值变化而变化的观点受到挑战。大量事实表明,股票价格除了对影响基础价值的信息做出反应以外,还在一些非基础信息因素下做出显著的波动和调整。

大量的实证研究和观察结果更表明股票市场并不是有效的,而存在收益异常的现象,这些现象无法用有效市场理论和现有的定价模型来解释,因此,被称为"异象"(anomalies)。

1. 股票溢价之谜

股票溢价是指股票相对债券所高出的那部分资产收益。所谓的"谜"是指理论模型在定量分析中难以解释现实中如此高的股票溢价,即理论模型的数值模拟和实际经济数据间存在着难以解释的差距。

(1) 股票溢价之谜的表象。股票溢价不但发生在美国、英国、日本、德国、瑞典和澳大利亚等发达国家,而且印度等新兴国家的证券市场也存在显著的股票溢价,由此可见高股票溢价的普遍性。美国、英国、日本、德国、瑞典和澳大利亚证券市场的收益见表 10.1 和表 10.2。

表 10.1 1802—2005 年美国证券市场收益

时间	市场指数平均收益率	无风险证券平均收益率	风险溢价
1802—2004 年	8.38%	3.02%	5.36%
1871—2005 年	8.32%	2.68%	5.64%
1889—2005 年	7.67%	1.31%	6.36%
1926—2004 年	9.27%	0.64%	8.63%

表 10.2 英国、日本、德国和法国证券市场收益

国家	时间	市场指数平均收益率	无风险证券平均收益率	风险溢价
英国	1900—2005 年	7.4%	1.3%	6.1%
日本	1900—2005 年	9.3%	−0.5%	9.8%
德国	1900—2005 年	8.2%	−0.9%	9.1%
瑞典	1900—2005 年	10.1%	2.1%	8.0%
澳大利亚	1900—2005 年	9.2%	0.7%	8.5%
印度	1991—2004 年	12.6%	1.3%	11.3%

(2) 股票溢价之谜的解释。为什么股票的收益率会高于无风险证券的收益率呢?

通常的解释是,股票相对于无风险证券承担了更多的风险,由于风险溢酬的存在,股票应该获得更高的收益率。

短期股票市场回报率存在的风险很大,因此股票必须提供更高的回报率来吸引投资者。但股票短期风险并不能对股票溢价做出完整的解释,在长时期内,实际上是固定收入的长期债券,而不是股票拥有更高的风险,因为消费价格指数尽管每月变动很小,但在长时间间隔里是变化很大的,因而具有很大的购买力风险。

2. 封闭式基金之谜

研究发现,封闭式基金单位份额交易的价格不等于其净资产现值,虽然有时候基金份额与资产净值比较是溢价交易,但实证表明,折价 10%～20% 已经成为一种普遍的现象。这种与有效市场假设相矛盾的价格表现就是所谓的封闭式基金之谜(Closed-end mutual fund puzzle)。

行为金融学学者认为,基金折价率的变化反映的是个人投资者情绪的变化,由此认为具有相同投资者结构的投资品种,将会受到类似的投资者情绪的影响。

(1) 封闭式基金发行上市时,由于认知偏差的存在,噪声交易者对封闭式基金会非常乐观,这种乐观的程度远远超出了对基金未来业绩的理性预期,从而导致基金的过度交易,使基金的交易价格高于其资产净值,产生溢价。

(2) 封闭式基金折价水平随投资者对基金未来收益水平预期的情绪波动而波动。

3. 动量效应与反转效应

(1) 动量效应与反转效应的概念。动量效应(momentum effect)亦称惯性效应,是指在较短时间内表现好的股票将会持续其好的表现,而表现不好的股票也将会持续其不好的表现。

在一段较长的时间内,表现差的股票有强烈的趋势在其后的一段时间内经历相当大的好转,而表现好的股票则倾向于其后的时间内出现差的表现,这就是反转效应(reversal effect)。

(2) 动量效应和反转效应的解释。代表性启发可用于解释"赢者输者效应"。输者组合是一些在连续几年内带有坏消息的典型公司，而赢者组合是一些在连续几年内均有好消息的典型公司。投资者依赖于过去的经验法则进行判断，并将这种判断外推至将来。由于代表性启发的存在，投资者对过去的输者组合表现出过度的悲观，而对过去的赢者组合表现出过度的乐观，即投资者对好消息和坏消息都存在过度反应。这将导致输者组合价格被低估，而赢者组合的价格被高估，价格偏离各自的基本价值。但是错误定价不会永久持续下去，在输者组合形成期后这段时间，错误定价将会得到纠正。输者组合的业绩将会超出市场的平均业绩，而赢者组合的业绩将会低于市场的平均业绩。

4. 过度反应和反应不足

过度反应是指投资者对最近的价格变化赋予过多的权重，对近期趋势的外推导致与长期平均值的不一致。反应不足是指证券价格对影响公司价值的基本面消息没有做出充分的、及时的反应。

(1) 过度反应和反应不足的表现。对于过度反应，是由于人们过于重视新的信息而忽略老的信息，使得在市场上升时变得过于乐观而在市场下降时变得过于悲观。

反应不足在证券价格的变动上表现为当影响价格的消息到来后，证券价格会在最初价格反应的基础上，没有调整到其应有的水平，或者需要很长的时间才调整到其应有的水平。在这个价格调整过程中投资者可以通过在利好消息时买入证券和在利空消息时卖空证券来获得超额收益，这显然违背了有效市场的半强式有效，即不可能通过对公开信息的分析获得超额收益。

(2) 过度反应和反应不足的解释。代表性启发和保守主义是造成这一现象的重要心理因素。人们进行投资决策时，代表性启发法使投资者过分重视近期数据的变化模式，而对产生这些数据的总体特征重视不够，而且代表性启发法使人们太过于使用小样本的形式进行推断，于是可能造成人们对某种类型信息过度反应。一般说来，人们会对很容易处理的信息做出过度的反应，而对难以获取或处理成本高的信息反应不足。

过度自信和自我归因(serf-contribution)偏差是导致这一现象的另一个重要的心理和行为因素。过度自信导致投资者夸大自己对股票价值判断的准确性；自我归因偏差则使他们低估关于股票价值的公开信息。

再有，投资者对信息处理的方式不一样，也可能导致这一现象。

5. 日历效应

股票收益率与时间有关，也就是说在不同的时间，投资收益率存在系统性的差异，这就是所谓的日历效应(calendar effect)。

(1) 一月效应。一月份的收益率明显高于其他十一个月的现象称之为一月效应。

数据表明，1802—2004年间纽约股票交易所的股价指数的统计表明，其一月份股票的平均月收益率为1.10%，而其他十一个月的月平均收益率为0.7%，一月比其他月份的投资回报率高出 0.4%,如果将时间进行分段计算,发现股票市场的一月效应更加明显,在最近的时间段 1987～2004 年期间,其一月份平均收益率为 2.16%,而其他月份的平均收益率为 0.92%,收益率差异高达 1.24%;而日本东京证券交易所近 30 年的统计数据也表明其股票指数的一月份收益率比其他月份高出 3.3%。进一步研究表明,在英国和澳大利亚也存在一月效应。

(2) 周一效应。不但股票市场的投资收益率存在月度收益率异常现象,在日收益率上也存在异常现象。研究表明,股票市场的周一的平均回报率比其他交易日要低得多,我们称之为"周一效应"。表 10.3 是美国、日本股票市场 1953～1983 年间平均日投资收益率比较。

表 10.3 美国、日本股票市场 1953～1983 年间平均日投资收益率比较

国家	时间	周一	周二	周三	周四	周五	周六
美国	1953～1977	−0.17%	0.02%	0.10%	0.04%	0.09%	
日本	1970～1983	−0.01%	−0.06%	0.12%	0.03%	0.06%	0.10%

不过,有趣的是,可能由于大家都知道周一效应的存在,纷纷进行套利,经过长时间的交易,投资者的套利行为使股票市场的周一效应逐渐消失。

(3) 中国证券市场的春节效应。所谓"春节效应",指的是一种 A 股特有的现象,即春节前 1 个交易周(5 个交易日)市场上涨的概率远大于下跌的概率。事实上,从 2002 年开始至 2011 年的 10 年中,春节前以 1 个交易周为周期计算,上证综指全部取得了正回报 (2011 年的情况仅考虑了除 2 月 1 日以外的 4 个交易日)。10 年中,其平均涨幅为 3.4%,最小涨幅为 1.2%,最大涨幅为 9.8%,累积算数加总涨幅为 33.6%,累积复合涨幅为 38.8%。即使算上 2002 年以前的情况,考虑到大概在 1996 年开始春节假期才普及到全国,则在 16 年的数据中,节前 1 个交易周里只有两次市场下挫,且平均跌幅仅为 2.5%。

这种现象怎么解释呢?为什么在节前这样一个特殊的交易周里,上证综指能够持续 10 年取得正回报呢?当然,一种解释可能是巧合,但我们并不十分倾向于这种解释。事实上,10 年都保持正回报,而且其中很多年市场十分低迷(例如 2011 年),这本身不是一件概率太大的事。另一种解释就是心理作用,节前大家心情都比较好,所以预期容易转正。

心理作用这个东西,说起来比较玄,实证起来却不难。玄与不难之间的区别在于,一个总是在定性上折腾,所以听起来比较玄(实际上做起来更玄),另一个则试图通过定量的手段统计总结,所以实证起来不难。

在早期,美国的投资者多集中于纽约地区的时候,统计者曾经发现,纽约晴天的日子

里市场上涨的概率要显著大于阴天,并最后将原因归结于晴天时候投资者心情比较好。这个解释奇怪吗?奇怪,但确实靠谱!因为几十年以后我们的研究员也在上证综指上发现过类似的现象。

10.3 证券投资策略与技巧

要想成功地进行证券投资,除了要了解一般的投资策略外,还需掌握一些成功有效、随机应变的投资方法。投资者在证券市场上为了规避风险,获取收益,总结出了一些经验,形成了带有一些专业性的投资技巧。本节将对几种方法做一扼要介绍。

10.3.1 证券投资基本策略

1. 资产组合策略

当投资者的投资目标和投资限制被确定后,就可以形成与自己相适应的投资策略。投资策略必须反映出一个适宜的风险投资收益率、资产流动性、收入层次和税收状况。例如,针对其投资组合,投资者所要做的最重要的决策是将多大比例的资金投到风险大的资产中去,多大比例的资金投到无风险的资产上去。这是投资者控制风险的最基本的方式。投资者进行的第一个决策就是投资分配决策。资产分配指资产组合在主要的资产种类之间进行分配。其主要的资产有:存款、货币市场资产、债券、股票、投资基金、衍生证券、国外股票、外汇、不动产以及贵金属等。那些相对具有高风险承受能力的投资者将会选择一个相对风险较高的资产分批方式。例如,进行衍生证券或股票投资来获取相对高的收益。保守的投资者将会选择存款或债券所占资产组合比率较大的资产分配方式。

2. 消极投资策略

投资者在作投资时,必须面临的一个选择就是:其投资组合在多大程度上实行积极的或消极的管理策略。消极的管理策略基于这样一个信条:市场是有效的,证券价格总会接近一个均衡价格。投资者不用花费大量的时间和其他资源来"击败市场",就是说,在市场上不可能发现那些错误定价的、具有不同寻常风险收益特征的证券。因此,投资者只要承受一定风险就会得到补偿,那么选择一个适合的风险承受能力的投资组合就够了。

消极型投资策略可以用在资产分配过程和证券选择过程。在决策资产分配时,投资者无论对不同市场上的证券预期有何变动,都不改变其投资组合中各资产的投资比例。只有随着时间的推移,年龄和财富出现的变化引起风险承受能力的变化时,资产组合的投资比例才会被加以调整。

消极的投资策略一般认为投资者所了解证券的程度与别人完全一致,并且其所了解的信息已经反映在证券市场的价格上,所以市场上的证券价格定价合理。如果不能预测出哪只证券有超额收益,最好的投资策略就是投资多样化,避免将所有的鸡蛋放在同一个篮子里。

所以,消极投资者的策略一般是持有一个指数化的投资组合,该投资组合复制了整个市场的收益率,而不是把赌注押在某个证券或某一部分证券上。

3. 积极的投资策略

积极的投资策略是指投资者假定他具有一种超出市场上其他投资者的能力,他相信市场都是有效的,市场上的某些证券定价不合理,其价值被高估或低估,这样他通过卖出价值高估和买进价值低估的证券,来获得超过市场平均收益的超额收益。

积极的投资策略包括两层含义:证券分析和证券选择。证券分析侧重特定的行业和公司,对其所处的市场地位进行评估。积极的投资策略就是利用许多分析者的报告筛选出所要投资的证券。然后运用对市场状况的预测来进行资产分配决策,选择每一类资产下应购入的证券。

4. 行为金融学下的投资策略

进入 20 世纪 80 年代以来,与现代金融理论相矛盾的实证研究不断涌现,主要体现在投资策略的改变上。下面介绍几种典型的行为金融策略。

(1) 小公司效应。小公司效应是指小盘股比大盘股的收益率高。Banz(1981 年)发现股票市值具有随着公司规模的增大而减少的趋势。同一年,Reimganum(1981 年)也发现了公司规模最小的普通股票的平均收益率要比根据 CAPM 模型预测的理论收益率高出 18%。最近 Siegl(1998 年)研究发现,平均而言小盘股比大盘股的年收益率高出 4.7%,而且小公司效应大部分集中在 1 月份。由于公司的规模和 1 月份的到来都是市场已知信息,这一现象明显地违反了半强式有效市场假设。Lakonishok 等(1994 年)的研究发现,高市净盈率的股票风险更大,在大盘下跌和经济衰退时,业绩特别差。市盈率与收益率的反向关系对 EMH 形成严峻的挑战,因为这时已知的信息对于收益率有明显的预测作用。

(2) 反向投资策略(contrary investment strategy)。反向投资策略就是买进过去表现差的股票而卖出过去表现好的股票来进行套利的投资方法。一些研究显示,如选择低市盈率(PE)的股票;选择股票市值与账面价值比值低、历史收益率低的股票,往往可以得到比预期收益率高很多的收益,而且这种收益是一种"长期异常益"(long-term anomalies)。Desia、Jain(1997 年),Ikenberry、Rankine Stice(1996 年)也发现公司股票分割前后都存在着正的长期异常收益。行为金融理论认为反向投资策略是对股市过度反应的一种纠正,是一种简单外推的方法。

(3) 动量交易策略(momentum trading strategy)。动量交易策略即首先对股票收益和交易量设定过滤准则,当股市收益和交易量满足过滤准则就买入或卖出股票的投资策略。行为金融定义的动量交易策略源于对股市中间收益延续性的研究。Jegadeeshkg 与

Titman(1993年)在对资产股票组合的中间收益进行研究时发现,以 3~12 个月为间隔所构造的股票组合的中间收益呈连续性,即中间价格具有向某一方向连续的动量效应。事实上,美国价值线排名(value line rankings)就是动量交易策略利用的例证。动量交易策略的应用其实就是对 EMH 的再次否定。

(4)成本平均策略和时间分散化策略。成本平均策略指投资者根据不同的价格分批购买股票,以防不测时摊低成本的策略,而时间分散化指根据股票的风险将随着投资期限的延长而降低的信念,随着投资者年龄的增长而将股票的比例逐步减少的策略。这两个策略被认为与现代金融理论的预期效用最大化明显相悖。Statman(1995年),Fisher、Statman(1999年)利用行为金融中的期望理论、认知错误倾向、厌恶悔恨等观点对两个策略进行了解释,指出了加强自我控制的改进建议。

行为金融理论已经开始成为金融研究中一个十分引人注目的领域,它对于原有理性框架中的现代金融理论进行了深刻的反思,从人的角度来解释市场行为,充分考虑市场参与者的心理因素的作用,为人们理解金融市场提供了一个新的视角。行为金融理论是第一个较为系统地对效率市场假说和现代金融理论提出挑战并能够有效地解释市场异常行为的理论。行为金融理论以心理学对人类的研究成果为依据,以人们的实际决策心理为出发点讨论投资者的投资决策对市场价格的影响。它注重投资者决策心理的多样性,突破了现代金融理论只注重最优决策模型,简单地认为理性投资决策模型就是决定证券市场价格变化的实际投资决策模型的假设,使人们对金融市场投资者行为的研究由"应该怎么做决策"转变到"实际是怎样做决策",研究更接近实际。因而,尽管现代金融理论依然是对市场价格的最好描述,但行为金融的研究无疑是很有意义的。

10.3.2 证券投资技巧

1. 顺势投资法

对于小额股票投资者来说,由于投资能力有限,无法控制股市行情,只能跟随股价走势,采取顺势投资法。当整个股市大势向上时,宜做多头交易或买进股票持有;而当股市不振或股市大势向下时,则宜卖出手中持有的股票,以持现待机而动。

顺势投资法只有在判明涨跌形成中期趋势或长期趋势时才可实施,而在只有短期趋势时,则不宜冒险跟进。有些时候,顺势投资也不遂人意,例如,股价走势虽已明确为涨势,但已到涨势顶峰,此时若顺势买进,则可能因迅速的股市逆转而受损;当股价走势肯定为跌势,但也到了回升边缘,若这时顺势卖出,则同样可能因此而受损。因此,采用顺势投资法常常可能因看错趋势或落后于趋势而遭受损失。故此,采用这种方法必须注意两个基本前提:一是善于判断股市涨跌趋势;二是对于这些趋势及早确认,并及时采取行动。这就需要投资者随时观察股市变化的征兆。

2．摊平投资法

投资者在买进股票后,如遇股市行情急剧下跌,便会在价格上遭受亏损,但在未卖出了结之前,还没有完全失败,只要经济发展前景仍有希望,耐心地持股等待,总会有扳回成本的时期,甚至还有可能扭亏为盈。如果投资者希望早日收回成本或赚取利润,就可运用摊平投资法。

摊平投资法就是指在投资者买进股票后,由于股价下跌,手中持股形成亏损状态,当股价再跌一段以后,投资者再低价加码买进一些以冲低成本的投资方法。摊平投资法主要有两种方式:

(1) 逐次等数买进摊平法。当第一次买进股票后便被分档套牢,等股价下跌至一定程度后,分次买进与第一次数额相等的股票。使用这种方法,在第一次投资时,必须严格控制,只能投入全部资金的一部分,以便留存剩余资金作以后的等数摊平之用。如果投资者准备分三次来购买摊平,则第一次买入1/3,第二次和第三次再各买进1/3。采用这种方法,可能遇到股市行情变化及获利的机会有几种情况:

① 第一次买进后行情下跌,第二次买进同等数量的股票后,行情仍下跌,就再作同等数量的股票第三次买进。其后,如果行情回到第一次买进的价位,即可获利。

② 第一、第二、第三次买进之后,行情继续下跌,不过行情不可能永远只跌不涨,只要行情有机会回到第二次买入的价位,就可保本,略超过第二次买进价位便可获利。

(2) 倍数买进摊平法。这一方式是在第一次买进后,如果行情下跌,则第二次再买进第一次倍数的股票,以便摊平。倍数买进摊平可以做两次或三次,分别称为两次加倍买进摊平和三次加倍买进摊平。两次加倍买进摊平,即投资者把资金作好安排,在第一次买进后,如遇股价下跌,则用第一次倍数的资金作第二次买进,即第一次买进1/3,第二次买进2/3。例如,某投资者开始以每股20元的价格买进1 000股,现价格跌落到每股14元,投资者决定在此价位买进2 000股,这时平均成本降为每股16元。等股价回升超过每股16元时,即可获利。三次加倍买进摊平的操作方法是指在第一次买进后,遇股价下跌,第二次买进第一次倍数的股票,第三次再买进第二次倍数的股票,即三次买入股票金额的分布是:第一次1/7,第二次2/7,第三次4/7。采用三次加倍买进摊平法,如果在第二次买进时就回升,则只要从第二次买进的价格回升1/3即可全部保本。如果行情到第三次买进后回升,则回升到第三次买进价格时即可获利。

3．"拔档子"投资法

该方法是多头降低成本、保持实力的操作方式之一。所谓"拔档子"就是投资者卖出自己持有的股票,等股票价位下降后再补回来。投资者"拔档子"并非对股市看跌,也不是真正有意获利了结,只是希望在价位趋高时,先行卖出,以便先赚回一部分差价。通常"拔档子"卖出与买回之间不会相隔太久,最短时只有一两天,最长也不过一两个月。

具体地说,"拔档子"投资有两种方法:一种是行情上涨一段后卖出,回降后补进,称为"挺升行进间拔档"。这是多头在推动股市行情上涨时,见价位已上涨不少,或者遇到沉重的压力区,就自行卖出,使股价略为回涨来化解上升阻力,以便于行情再度上升。另一种是行情下跌时,在价位仍较高时卖出,等下跌后再买回,称为"滑降间拔档子"。这是套牢的多头或多头自知实力弱于空头时,在股价尚未跌底之前先行卖出,等股价跌落后再买回反攻。

4. 分段交易法

分段交易法包括分段买进法和分段获利法两种。

(1) 分段买进法。许多投资者采取谨慎小心的策略,他们不是将手中拥有的资金一次性投入购买某种股票组合,而是将所有资金分成若干部分,多次分段买进股票,这就是所谓的分段买进法。具体有两种做法:

① 当股价在某一价格水平时买进一批,然后等股价上涨一小段后再买进第二批,以后依次再陆续买进若干批次,这种分段买进法叫做买平均高。

② 与前一种情况相反,在某一股价水平上买进一批,待股价下降一小段后再买进一批,以后再陆续买进若干批次,这种分段买进法叫做买平均低。这两种做法的区别是买平均高可以在投入资金时就可同时获得利润,而买平均低则是在价格下跌时先购进,需要等到该股票价格反弹后方能获得利润。

(2) 分段获利法。对于稳健保守的投资者来说,可以采用这一方法。所谓分段获利法就是当所购买的股票创下新的高价行情时,便将部分股票卖掉,及时赚取相应的价差,再将剩下的股票保留下来,一旦买价呈现疲软时,即使股价下跌,也可以安心持有,因为已有赚得的部分差价,不至于赔得太多。

有时不少投资者发现所持股票的市场价格上涨时,便急不可待地全部抛售,这种做法可能会赚钱很多,但如果估计失误,价位继续上升,就会失去赚更多钱的机会。相比之下,分段分次抛售股票虽然会因价格下落而减少所得利润,但比一次买卖要稳妥,而且如果股价居高不下,还有可能提高利润率。

5. 保本投资法

在经济景气不明显,股价走势脱节,行情变化难以捉摸时,投资者可采用保本投资法来避免自己的本金遭受损失。采用保本投资法时,投资者应先估计自己的"本",即投资者心目中主观认为在最坏情况下不愿损失的那部分金额,也即处于停止损失点的资金额,而不是购买股票时所支付的投资金额。

保本投资的关键在于作出卖出的决策。在制定出售股票的决策时,首先要定出心目中的"本",要做好充分的亏损打算,而不愿亏损的那部分即为"本";其次是要确定卖出点,即所谓停止损失点。

确定获利卖出点是针对行情上涨所采取的保本投资策略。获利卖出点是指股票投资者在获得一定数额的投资利润时,决定卖出的那一点。这里的卖出,不一定是将所有持股全部抛出,而是卖出其欲保的"本"的那一部分,例如,某投资者在开始投资时以每股50元的价格买进某种股票100股,这时的投资总额就是5 000元,如果该投资者将其所要保的"本"定为总投资额的50%即2 500元,那么,在行情上升的市场上,当价格上升到使其所持有股票的总值达到投资额加上其所要保的"本",即达到获利卖出点7 500元时,股价是每股75元,这时,该投资者就可卖出一部分持股,只要能保证原来的"本"即2 500元,这部分股数为2 500/75=100/3股,即可卖出原有持股的1/3。保本之后的持股量为余下的2/3,即100×2/3股,股价总值为100×2/3×75=5 000元。就是说,保本后持股数量虽然减少了,但其所持股票的价值仍与其最初投资总金额一样。实际上,投资者可将其所收回的"本"2 500元视为投资利润。

在第一次保本以后,投资者还可以再确定要保的第二次"本",其比例可以按第一次保本的比例来定,也可以按另一个比例来定,一般说来第二次保本比例可定低一些,等到价格上升到获利卖出点时,再卖出一部分,行情如果持续上升,可持续地卖出获利,以此类推,可以做多次获利卖出。

停止损失点是当行情下跌到投资者心中的"本"时,立即卖出,以保住其最起码的"本"的那一点。简言之,就是投资者在行情下跌到一定比例的时候,全部卖出所有持股,以免蒙受过多损失的做法。停止损失点是指当股价下降到持股总值仅等于投资总额减去要保的"本"时的那一点。假定上例中股价不是上升而是下降了,此时的停止损失点就是(5 000-2 500)/100=25(元),这时若把全部持股卖出,正好保住要保的"本",即100×25=2 500元。

6. 投资三分法

稳健的投资者在对其资金进行投资安排时,最常用的方法是"投资三分法"。这种方法是将其资金分为三个部分:第一部分资金存于银行,等待更好的投资机会出现或者用来弥补投资的损失;第二部分资金用于购买股票、债券等有价证券作长期投资,其中1/3用来购买安全性较高的债券或优先股,1/3用来购买有发展前景的成长性股票,1/3用来购买普通股;第三部分资金购置房屋、土地等不动产。投资三分法是投资组合原理的具体运用。购买债券或优先股尽管收益有限,但安全可靠。购买具有潜在增长能力的成长股,目的是获取预期丰厚的未来投资收益。购买普通股,目的是希望获得买卖差价收益。

10.4 证券投资业绩评价

一般股票的投资收益率高于国库券的收益率,但并不表明股票是更优越的投资工具,因为没有考虑到股票的波动性较大这一因素。因此,投资组合业绩的评估必须将风险和收益补偿考虑在内,通常使用风险调整方法,即基于均值-方差分析的风险调整业绩法。

目前,同时考虑到投资收益率与风险这两个因素的主要的评价指标,即风险调整后的投资业绩评价指标有夏普指数、特雷诺指数、詹森指数和 M^2 指数,是威廉·夏普(William Sharpe,1966)、杰克·特雷诺(Jack Treynor,1965)、迈克尔·詹森(Micheal Jensen,1968)以及弗兰克·莫迪利安尼和利亚·莫迪利安尼(Franco Modigliani and Leah Modigliani,1997)以资本资产定价模型为基础建立起来的。

10.4.1 夏普指数

夏普指数又称夏普比率(Sharpe Ratio),等于投资组合在选择期限内的平均超额收益率除以这一期间收益率的标准差。分子是投资组合与无风险资产投资相比所增加的收益,而分母是投资组合的波动性,即投资组合的总风险。该指数的计算公式为

$$S_P = (R_P - R_F)/Q_P$$

其中:S_P——夏普指数;
R_P——投资组合的实际收益率;
R_F——无风险收益率;
Q_P——投资组合的总风险(标准差)。

夏普指数是依据资本市场线的观念而来,它以投资组合内的风险性资产为基础,反映了投资组合每承受一单位的总风险会产生多少的超额收益,也刻画了投资人每增加一单位风险可以带来的投资回报。夏普指数越大,表明投资组合的表现就越好,反之则越差。当夏普指数为正值时,投资组合的报酬率高于波动风险,反之则表明操作风险大过报酬率。

在使用夏普指数时,一般先计算市场上各样本投资组合在样本期间的夏普指数,然后进行比较,较大的夏普指数表示较好的业绩。

10.4.2 特雷诺指数

特雷诺指数又称特雷诺率(Treynor Ratio),也是对单位风险的超额收益的一种衡量方法,但它使用的是系统风险而不是总风险。该指数的计算公式为:

$$T_P = (R_P - R_F)/B_P$$

其中:T_P——特雷诺指数;
B_P——投资者的系统性风险;
其他符号含义同前。

特雷诺指数是以投资组合收益的系统风险作为绩效调整的因子,反映投资组合承担单位系统风险所获得的超额收益。指数值越大,承担单位系统风险所获得的超额收益越大,投资组合的表现越好,反之则相反。

特雷诺认为,投资管理者通过足够分散化的投资组合应能消除所有的非系统性风险,

因而仅剩下与市场波动有关的系统性风险。为此,他用单位系统性风险系数即 B_P 来衡量投资组合的业绩。

如同使用夏普指数一样,在使用特雷诺指数时,一般先计算样本期间内各投资组合的特雷诺指数,然后比较它们的大小,较大的特雷诺指数则意味着较好的业绩。

10.4.3　詹森指数

詹森指数(Jensen Index)是 1968 年美国经济学家迈克尔·詹森在其发表的《1945～1964 年间共同基金的业绩》一文中提出的一种基于 CAPM 的测度投资组合绩效的指数。詹森指数等于证券组合的实际期望收益率与位于证券市场线上的证券组合的期望收益率之差,它通过比较报告期基金的投资组合收益率与由 CAPM 得出的预期收益率之差,即基金的实际收益率与它所承受的风险所对应的预期收益率之差来衡量基金的业绩优于市场证券组合的程度,从而评价基金经理的投资业绩。该指数的计算公式为

$$J_P = \alpha_P = [R_P - B_P(R_M - R_F)]$$

其中:J_P——詹森指数;

α_P——投资组合实际收益率超过 CAPM 预测的收益率的部分;

R_M——市场证券组合收益率;

其他符号含义同前。

可见,詹森指数是在给出市场证券组合收益率或市场平均收益率 R_M 和投资组合所承担的系统风险 B_P 的前提条件下,投资组合收益率超过 CAPM 预测的收益率的部分,即投资组合的 α 值。所以,詹森指数也称阿尔法值。

詹森指数为绝对绩效指标,表示投资组合收益率与相同系统风险水平下的市场证券组合收益率之间的差异。当其值大于 0 时,表示投资组合的绩效优于市场组合的绩效,在各投资组合业绩之间比较时,詹森指数越大越好。

詹森指数直接建立在资本资产定价理论基础之上。按照这一理论,随机选取的投资组合,其 α 值应该等于 0。因此,如果某一投资组合的 α 值显著大于 0,则表明其业绩好于大市;如果投资组合的阿尔法值显著小于 0,则表明其业绩落后于大盘。可见,由于詹森指数是在度量投资业绩时引入了市场证券组合,能够告知不同的投资组合优于市场证券组合的具体大小。而在运用夏普指数和特雷诺指数时,只能对不同投资组合绩效的优劣进行排序,这是詹森指数优于它们的地方。

在基金投资中,衡量其相对业绩即能否战胜市场时,合理的方法是从其收益中减掉与系统风险相关的那部分超额收益,而这正是詹森指数所代表的内容。为此,在基金投资中,投资者可以参考詹森指数,来对基金投资的期望收益与证券市场的期望收益进行比较。某投资基金可能在某一段时期收益是一个负值,但这并不表示这个基金不好。只要在这一阶段詹森指数为正,尽管基金的收益是一个负值,还是可以认为这个基金是一个优

秀的基金;相反,即使某一段时期投资者所购买的开放式基金有显示的现金收益,但如果它的詹森指数是一个负值,那么就表示投资者所购买的基金是一个劣质的基金,因为别的投资者100元能赚20元,而这个基金管理人只能帮投资者赚10元,投资者应当考虑重新选择新的基金。由于将基金收益与获得这种收益所承担的风险进行了综合考虑,詹森指数相对于不考虑风险因素的绝对收益率指标而言,更为科学,也更具有可比性。

10.4.4　M^2 指数

M^2 指数是利亚·莫迪格利安尼和她的祖父——诺贝尔奖得主弗兰克·莫迪格利安尼对夏普指数进行改进后引入的一种变形指数。其目的是纠正投资者只考虑投资组合原始业绩的倾向,鼓励他们应同时注意投资组合业绩中的风险因素,从而帮助投资者挑选出能带来真正最佳业绩的投资组合。与夏普测度类似,M^2 指数也把全部风险作为风险的度量。该指数的计算公式为

$$M^2 = R^* - R_M$$

$$R_{P^*} = E(R_{P^*}) - R_F = E\left[R_P \times \frac{\delta_M}{\delta} + \left(1 - \frac{\delta_M}{\delta_P}\right)R_F\right] - R_F$$

$$= E\left[\frac{\delta_M}{\delta_P}(R_P - R_F)\right] = \frac{\delta_M}{\delta_P}E(R_P - R_F)$$

$$R_M = E(R_M) - R_F$$

其中:R_{P^*} 为经风险调整后的投资组合的实际收益率;

其他符号含义同前。

P^* 表示相对于原来的投资组合,经过风险调整后的投资组合的风险与市场组合的风险一致。例如,某一投资组合的标准差是市场组合标准差的1.5倍,调整后的投资组合必须有2/3投资于原来组合,1/3投资于无风险资产,使调整后的投资组合 P^* 的标准差与市场组合的标准差一致。由于市场组合的标准差与 P^* 的标准差一致,所以可以简单地比较它们的收益率,从而来比较它们的业绩。

本 章 小 结

根据投资目的或手段的不同,可将投资者划分为套利型、参股型和经营型,稳健型、激进型和温和型,长期型、中期型和短期型,投资型、投机型和赌博型,以及大户、中实户和散户等多种类型。

在证券市场上,投资者表现出的各种不同的投资心理,包括盲目跟风心理、犹豫不决心理、贪婪心理、赌博心理、惊慌心理、偏执心理和嫌贵贪平心理等,这些心理都会影响到投资者的行为。

参与证券市场投资,投资者应当做好充分的准备,具备一定的条件与知识,包括熟练掌握证券投资的基本知识、熟悉和遵循投资的基本程序、熟悉和熟练运用各种投资技巧等。

投资者在选择证券时,应当充分考虑:资金的安全性,如风险与收益的对称程度和风险与投资者的适合程度;收益的稳定性,如收益率、股票价格、手续费、税金、证券流动性和便利性等基本要素。在证券投资过程中,应当遵循效益与风险最佳组合、量力投资、理智投资、分散投资等基本原则。

在证券市场上,可供投资的证券种类很多,包括股票、债券、基金、可转换公司债券及金融衍生品等,投资者应当根据不同投资品种的特点,结合自身的风险-收益偏好进行投资。投资者可以根据自身的投资目标和投资限制,形成与自己相适应的投资策略。

通常可以将投资策略分为消极的投资策略和积极的投资策略。消极的投资策略一般是持有一个指数化的投资组合,该投资组合复制了整个市场的收益率,而不是把赌注压在某个证券或某一部分证券上;积极的投资策略是指投资者假定具有一种超出市场的判断和投资能力,发现价值被高估或低估的证券,通过卖出价值高估和买进价值低估的证券,来获得超过市场平均水平的超额收益。

在证券市场投资过程中,投资者为了规避风险,获取收益,总结出了一些经验性也带有一定专业性的投资技巧,包括顺势投资法、摊平投资法、"拔档子"投资法、分段交易法、保本投资法和投资三分法等。

衡量证券投资组合业绩,必须同时考虑到投资收益率与风险这两个因素,通常采用基于均值-方差分析的风险调整业绩法,评价指标包括以资本资产定价模型为基础的夏普指数、特雷诺指数、詹森指数和 M^2 指数等。

推荐参考网站

1. http://www.hexun.com 和讯财经
2. http://www.cnfol.com 中金在线
3. http://www.stock91.cn 证券投资网
4. http://e.epaper.cs.com.cn 中国证券报电子报纸

综 合 练 习

一、名词解释

顺势投资法　摊平投资法　"拔档子"投资法　分段交易法　保本投资法　投资三分法　夏普指数　特雷诺指数　詹森指数　M^2 指数　积极投资策略　消极投资策略

二、问答题

1. 分析不同的证券投资者类型、投资心理及其特点。
2. 在证券投资前,投资者应做怎样的投资准备?
3. 在证券投资上应考虑哪些基本要素以及遵循怎样的投资原则?
4. 简述消极投资策略与积极投资策略的基本特点。

主要参考文献

1. 吴晓求.证券投资学[M].第三版.北京:中国人民大学出版社,2008
2. 霍文文.证券投资学[M].第二版.北京:高等教育出版社,2004
3. 任淮秀.证券投资学[M].北京:高等教育出版社,2004
4. 梁莱歆等.现代财务会计理论[M].北京:清华大学出版社,2006
5. 邢天才.王玉霞.证券投资学[M].大连:东北财经大学出版社,2003
6. 周宗安.证券投资学[M].广州:中山大学出版社,2004
7. 柯原.证券投资分析[M].北京:北京大学出版社,2005
8. 教育部高等教育司组.证券投资学[M].北京:高等教育出版社,2005
9. 荆新、王化成、刘俊彦.财务管理学[M].北京:中国人民大学出版社,2006
10. 曹凤歧、刘力、姚长辉.证券投资学[M].第二版.北京:北京大学出版社,2006
11. 郑忠、何佩莉.新编证券投资学[M].上海:立信会计出版社,2006
12. 中国证券业协会.证券投资分析[M].北京:中国财政经济出版社,2006
13. 姜金胜.技术宝典——经典技术分析理论精解与妙用[M].上海:东华大学出版社出版,2005
14. 姜金胜.指标精萃——经典技术指标精解与妙用[M].上海:东华大学出版社出版,2004
15. 郑忠、何佩莉.新编证券投资学[M].上海:立信会计出版社,2001
16. 李向科.证券投资技术分析[M].北京:中国人民大学出版社,2000
17. 邓威帝、方旭.证券投资学[M].上海:立信出版社,2008
18. 马骥.证券投资学[M].北京:科学出版社,2008
19. [美]弗兰克·J.法伯兹等,康卫华译.金融市场与机构通论[M].大连:东北财经大学出版社,2005
20. [美]安东尼·M.桑托莫罗等,郭斌 译.金融市场、工具与机构.大连:东北财经大学出版社,2004
21. 中国证券业协会编.证券市场基础知识[M].北京:中国财政经济出版社,2010
22. 中国证券业协会编.证券交易[M].北京:中国财政经济出版社,2010
23. 刘克.证券投资学[M].北京:中国铁道出版社,2009
24. 欧阳莹、章劼.金融投资分析与技巧[M].上海:复旦大学出版社,2011
25. 张炳达、李琦.证券投资理论与实务[M].上海:上海财经大学出版社,2012
26. 陈文汉.证券投资学[M].北京:机械工业出版社,2010